当代齐鲁文库·20世纪"乡村建设运动"文库

The Library of Contemporary Shandong

Selected Works of Rural Construction Campaign of the 20th Century

山东社会科学院 编纂

/10

许莹涟 李竟西 段继李 编述

全国乡村建设运动概况

中国社会科学出版社

图书在版编目(CIP)数据

全国乡村建设运动概况 / 许莹涟、李竟西、段继李编述 . 一北京：中国社会科学出版社, 2018.11（2020.11 重印）

（当代齐鲁文库 . 20 世纪"乡村建设运动"文库）

ISBN 978-7-5203-1751-1

Ⅰ. ①全… Ⅱ. ①许…②李…③段… Ⅲ. ①城乡建设—中国—文集 Ⅳ. ①F299.21-53

中国版本图书馆 CIP 数据核字(2017)第 314147 号

出 版 人	赵剑英
责任编辑	冯春凤
责任校对	张爱华
责任印制	张雪娇
出 版	中国社会科学出版社
社 址	北京鼓楼西大街甲 158 号
邮 编	100720
网 址	http://www.csspw.cn
发 行 部	010-84083685
门 市 部	010-84029450
经 销	新华书店及其他书店
印刷装订	北京君升印刷有限公司
版 次	2018 年 11 月第 1 版
印 次	2020 年 11 月第 2 次印刷
开 本	710×1000 1/16
印 张	29.5
插 页	2
字 数	484 千字
定 价	108.00 元

凡购买中国社会科学出版社图书，如有质量问题请与本社营销中心联系调换
电话：010-84083683
版权所有 侵权必究

《当代齐鲁文库》编纂说明

不忘初心、打造学术精品，是推进中国特色社会科学研究和新型智库建设的基础性工程。近年来，山东社会科学院以实施哲学社会科学创新工程为抓手，努力探索智库创新发展之路，不断凝练特色、铸就学术品牌、推出重大精品成果，大型丛书《当代齐鲁文库》就是其中之一。

《当代齐鲁文库》是山东社会科学院立足山东、面向全国、放眼世界倾力打造的齐鲁特色学术品牌。《当代齐鲁文库》由《山东社会科学院文库》《20世纪"乡村建设运动"文库》《中美学者邹平联合调查文库》《山东海外文库》《海外山东文库》等特色文库组成。其中，作为《当代齐鲁文库》之一的《山东社会科学院文库》，历时2年的编纂，已于2016年12月由中国社会科学出版社正式出版发行。《山东社会科学院文库》由34部44本著作组成，约2000万字，收录的内容为山东省社会科学优秀成果奖评选工作开展以来，山东社会科学院获得一等奖及以上奖项的精品成果，涉猎经济学、政治学、法学、哲学、社会学、文学、历史学等领域。该文库的成功出版，是山东社会科学院历代方家的才思凝结，是山东社会科学院智库建设水平、整体科研实力和学术成就的集中展示，一经推出，引起强烈的社会反响，并成为山东社会科学院推进学术创新的重要阵地、引导学风建设的重要航标和参与学术交流的重要桥梁。

以此为契机，作为《当代齐鲁文库》之二的山东社会科学院"创新工程"重大项目《20世纪"乡村建设运动"文库》首批10卷12本著作约400万字，由中国社会科学出版社出版发行，并计划陆续完成约100本著作的编纂出版。

党的十九大报告提出："实施乡村振兴战略，农业农村农民问题是关系国计民生的根本性问题，必须始终把解决好'三农'问题作为全党工作重中之重。"以史为鉴，置身于中国现代化的百年发展史，通过深入挖掘和研究历史上的乡村建设理论及社会实验，从中汲取仍具时代价值的经验教训，才能更好地理解和把握乡村振兴战略的战略意义、总体布局和实现路径。

20世纪前期，由知识分子主导的乡村建设实验曾影响到山东省的70余县和全国的不少地区。《20世纪"乡村建设运动"文库》旨在通过对从山东到全国的乡村建设珍贵历史文献资料大规模、系统化地挖掘、收集、整理和出版，为乡村振兴战略的实施提供历史借鉴，为"乡村建设运动"的学术研究提供资料支撑。当年一大批知识分子深入民间，投身于乡村建设实践，并通过长期的社会调查，对"百年大变局"中的乡村社会进行全面和系统地研究，留下的宝贵学术遗产，是我们认识传统中国社会的重要基础。虽然那个时代有许多的历史局限性，但是这种注重理论与实践相结合、俯下身子埋头苦干的精神，仍然值得今天的每一位哲学社会科学工作者传承和弘扬。

《20世纪"乡村建设运动"文库》在出版过程中，得到了社会各界尤其是乡村建设运动实践者后人的大力支持。中国社会科学院和中国社会科学出版社的领导对《20世纪"乡村建设运动"文库》给予了高度重视、热情帮助和大力支持，责任编辑冯春凤主任付出了辛勤努力，在此一并表示感谢。

在出版《20世纪"乡村建设运动"文库》的同时，山东社会科学院已经启动《当代齐鲁文库》之三《中美学者邹平联合调查文库》、之四《山东海外文库》、之五《海外山东文库》等特色文库的编纂工作。《当代齐鲁文库》的日臻完善，是山东社会科学院坚持问题导向、成果导向、精品导向，实施创新工程、激发科研活力结出的丰硕成果，是山东社会科学院国内一流新型智库建设不断实现突破的重要标志，也是党的领导下经济社会全面发展、哲学社会科学欣欣向荣繁荣昌盛的体现。由于规模宏大，《当代齐鲁文库》的完成需要一个过程，山东社会科学院会笃定恒心，继续大力推动文库的编纂出版，为进一步繁荣发展哲学社会科学贡献力量。

山东社会科学院

2018年11月17日

编纂委员会

顾　　问　徐经泽　梁培宽
主　　任　李培林
编辑委员会　唐洲雁　张述存　王兴国　王志东
　　　　　　　袁红英　杨金卫　张少红
学术委员会（按姓氏笔画排列）
　　　　　　　王学典　叶　涛　刘显世　孙聚友
　　　　　　　杜　福　李培林　李善峰　吴重庆
　　　　　　　张　翼　张士闪　张凤莲　林聚任
　　　　　　　杨善民　宣朝庆　徐秀丽　韩　锋
　　　　　　　葛忠明　温铁军　潘家恩
总 主 编　唐洲雁　张述存
主　　编　李善峰

总　序

从传统乡村社会向现代社会的转型，是世界各国现代化必然经历的历史发展过程。现代化的完成，通常是以实现工业化、城镇化为标志。英国是世界上第一个实现工业化的国家，这个过程从17世纪资产阶级革命算起经历了200多年时间，若从18世纪60年代工业革命算起则经历了100多年的时间。中国自近代以来肇始的工业化、城镇化转型和社会变革，屡遭挫折，步履维艰。乡村建设问题在过去一百多年中，也成为中国最为重要的、反复出现的发展议题。各种思想潮流、各种社会力量、各种政党社团群体，都围绕这个议题展开争论、碰撞、交锋，并在实践中形成不同取向的路径。

把农业、农村和农民问题置于近代以来的"大历史"中审视不难发现，今天的乡村振兴战略，是对一个多世纪以来中国最本质、最重要的发展议题的当代回应，是对解决"三农"问题历史经验的总结和升华，也是对农村发展历史困境的全面超越。它既是一个现实问题，也是一个历史问题。

2017年12月，习近平总书记在中央农村工作会议上的讲话指出，"新中国成立前，一些有识之士开展了乡村建设运动，比较有代表性的是梁漱溟先生搞的山东邹平试验，晏阳初先生搞的河北定县试验"。

"乡村建设运动"是20世纪上半期（1901到1949年间）在中国农村许多地方开展的一场声势浩大的、由知识精英倡导的乡村改良实践探索活动。它希望在维护现存社会制度和秩序的前提下，通过兴办教育、改良农业、流通金融、提倡合作、办理地方自治与自卫、建立公共卫生保健制度和移风易俗等措施，复兴日趋衰弱的农村经济，刷新中国政治，复兴中国文化，实现所谓的"民族再造"或"民族自救"。在政治倾向上，参与

"乡村建设运动"的学者，多数是处于共产党与国民党之间的'中间派'，代表着一部分爱国知识分子对中国现代化建设道路的选择与探索。关于"乡村建设运动"的意义，梁漱溟、晏阳初等乡建派学者曾提的很高，认为这是近代以来，继太平天国运动、戊戌变法运动、辛亥革命运动、五四运动、北伐运动之后的第六次民族自救运动，甚至是"中国民族自救运动之最后觉悟"。① 实践证明，这个运动最终以失败告终，但也留下很多弥足珍贵的经验和教训。其留存的大量史料文献，也成为学术研究的宝库。

"乡村建设运动"最早可追溯到米迪刚等人在河北省定县翟城村进行"村治"实验示范，通过开展识字运动、公民教育和地方自治，实施一系列改造地方的举措，直接孕育了随后受到海内外广泛关注、由晏阳初及中华平民教育促进会所主持的"定县试验"。如果说这个起于传统良绅的地方自治与乡村"自救"实践是在村一级展开的，那么清末状元实业家张謇在其家乡南通则进行了引人注目的县一级的探索。

20世纪20年代，余庆棠、陶行知、黄炎培等提倡办学，南北各地闻风而动，纷纷从事"乡村教育""乡村改造""乡村建设"，以图实现改造中国的目的。20年代末30年代初，"乡村建设运动"蔚为社会思潮并聚合为社会运动，建构了多种理论与实践的乡村建设实验模式。据南京国民政府实业部的调查，当时全国从事乡村建设工作的团体和机构有600多个，先后设立的各种实验区达1000多处。其中比较著名的有梁漱溟的邹平实验区、陶行知的晓庄实验区、晏阳初的定县实验区、鼓禹廷的宛平实验区、黄炎培的昆山实验区、卢作孚的北碚实验区、江苏省立教育学院的无锡实验区、齐鲁大学的龙山实验区、燕京大学的清河实验区等。梁漱溟、晏阳初、卢作孚、陶行知、黄炎培等一批名家及各自领导的社会团体，使"乡村建设运动"产生了广泛的国内外影响。费正清主编的《剑桥中华民国史》，曾专辟"乡村建设运动"一节，讨论民国时期这一波澜壮阔的社会运动，把当时的乡村建设实践分为西方影响型、本土型、平民型和军事型等六个类型。

1937年7月抗日战争全面爆发后，全国的"乡村建设运动"被迫中

---

① 《梁漱溟全集》第五卷，山东人民出版社2005年版，第44页。

止，只有中华平民教育促进会的晏阳初坚持不懈，撤退到抗战的大后方，以重庆璧山为中心，建立了华西实验区，开展了长达10年的平民教育和乡村建设实验，直接影响了后来台湾地区的土地改革，以及菲律宾、加纳、哥伦比亚等国家的乡村改造运动。

"乡村建设运动"不仅在当事者看来"无疑地已经形成了今日社会运动的主潮"，[①] 在今天的研究者眼中，它也是中国农村社会发展史上一次十分重要的社会改造活动。尽管"乡村建设运动"的团体和机构，性质不一，情况复杂，诚如梁漱溟所言，"南北各地乡村运动者，各有各的来历，各有各的背景。有的是社会团体，有的是政府机关，有的是教育机关；其思想有的左倾，有的右倾，其主张有的如此，有的如彼"[②]。他们或注重农业技术传播，或致力于地方自治和政权建设，或着力于农民文化教育，或强调经济、政治、道德三者并举。但殊途同归，这些团体和机构都关心乡村，立志救济乡村，以转化传统乡村为现代乡村为目标进行社会"改造"，旨在为破败的中国农村寻一条出路。在实践层面，"乡村建设运动"的思想和理论通常与国家建设的战略、政策、措施密切相关。

在知识分子领导的"乡村建设运动"中，影响最大的当属梁漱溟主持的邹平乡村建设实验区和晏阳初主持的定县乡村建设实验区。梁漱溟和晏阳初在从事实际的乡村建设实验前，以及实验过程中，对当时中国社会所存在的问题及其出路都进行了理论探索，形成了比较系统的看法，成为乡村建设实验的理论根据。

梁漱溟曾是民国时期宪政运动的积极参加者和实践者。由于中国宪政运动的失败等原因，致使他对从前的政治主张逐渐产生怀疑，抱着"能替中华民族在政治上经济上开出一条路来"的志向，他开始研究和从事乡村建设的救国运动。在梁漱溟看来，中国原为乡村国家，以乡村为根基与主体，而发育成高度的乡村文明。中国这种乡村文明近代以来受到来自西洋都市文明的挑战。西洋文明逼迫中国往资本主义工商业路上走，然而除了乡村破坏外并未见都市的兴起，只见固有农业衰残而未见新工商业的

[①] 许莹涟、李竟西、段继李编述：《全国乡村建设运动概况》第一辑上册，山东乡村建设研究院1935年出版，编者"自叙"。

[②] 《梁漱溟全集》第二卷，山东人民出版社2005年版，第582页。

发达。他的乡村建设运动思想和主张,源于他的哲学思想和对中国的特殊认识。在他看来,与西方"科学技术、团体组织"的社会结构不同,中国的社会结构是"伦理本位、职业分立",不同于"从对方下手,改造客观境地以解决问题而得满足于外者"的西洋文化,也不同于"取消问题为问题之解决,以根本不生要求为最上之满足"的印度文化,中国文化是"反求诸己,调和融洽于我与对方之间,自适于这种境地为问题之解决而满足于内者"的"中庸"文化。中国问题的根源不在他处,而在"文化失调",解决之道不是向西方学习,而是"认取自家精神,寻求自家的路走"。乡村建设的最高理想是社会和政治的伦理化,基本工作是建立和维持社会秩序,主要途径是乡村合作化和工业化,推进的手段是"软功夫"的教育工作。在梁漱溟看来,中国建设既不能走发展工商业之路,也不能走苏联的路,只能走乡村建设之路,即在中国传统文化基础上,吸收西方文化的长处,使中西文化得以融通,开创民族复兴的道路。他特别强调,"乡村建设,实非建设乡村,而意在整个中国社会之建设。"[1] 他将乡村建设提到建国的高度来认识,旨在为中国"重建一新社会组织构造"。他认为,救济乡村只是乡村建设的"第一层意义",乡村建设的"真意义"在于创造一个新的社会结构,"今日中国问题在其千年相沿袭之社会组织构造既已崩溃,而新者未立;乡村建设运动,实为吾民族社会重建一新组织构造之运动。"[2] 只有理解和把握了这一点,才能理解和把握"乡村建设运动"的精神和意义。

晏阳初是中国著名的平民教育和乡村建设专家,1926年在河北定县开始乡村平民教育实验,1940-1949年在重庆歇马镇创办中国乡村建设育才院,后改名中国乡村建设学院并任院长,组织开展华西乡村建设实验,传播乡村建设理念。他认为,中国的乡村建设之所以重要,是因为乡村既是中国的经济基础,也是中国的政治基础,同时还是中国人的基础。"我们不愿安居太师椅上,空做误民的计划,才到农民生活里去找问题,去解决问题,抛下东洋眼镜、西洋眼镜、都市眼镜,换上一副农夫眼

---

[1] 《梁漱溟全集》第二卷,山东人民出版社 2005 年版,第 161 页。

[2] 同上。

镜。"① 乡村建设就是要通过长期的努力，去培养新的生命，振拔新的人格，促成新的团结，从根本上再造一个新的民族。为了实现民族再造和固本宁邦的长远目的，他在做了认真系统的调查研究后，认定中国农村最普遍的问题是农民中存在的"愚贫弱私"四大疾病；根治这四大疾病的良方，就是在乡村普遍进行"四大教育"，即文艺教育以治愚、生计教育以治贫、卫生教育以治弱、公民教育以治私，最终实现政治、教育、经济、自卫、卫生、礼俗"六大建设"。为了实现既定的目标，他坚持四大教育连锁并进，学校教育、社会教育、家庭教育统筹协调。他把定县当作一个"社会实验室"，通过开办平民学校、创建实验农场、建立各种合作组织、推行医疗卫生保健、传授农业基本知识、改良动植物品种、倡办手工业和其他副业、建立和开展农民戏剧、演唱诗歌民谣等积极的活动，从整体上改变乡村面貌，从根本上重建民族精神。

可以说，"乡村建设运动"的出现，不仅是农村落后破败的现实促成的，也是知识界对农村重要性自觉体认的产物，两者的结合，导致了领域广阔、面貌多样、时间持久、影响深远的"乡村建设运动"。而在"乡村建设运动"的高峰时期，各地所开展的乡村建设事业历史有长有短，范围有大有小，工作有繁有易，动机不尽相同，都或多或少地受到了邹平实验区、定县实验区的影响。

20 世纪前期中国的乡村建设，除了知识分子领导的"乡村建设运动"，还有 1927－1945 年南京国民政府推行的农村复兴运动，以及 1927－1949 年中国共产党领导的革命根据地的乡村建设。

"农村复兴"思潮源起于 20 世纪二三十年代，大体上与国民政府推动的国民经济建设运动和由社会力量推动的"乡村建设运动"同时并起。南京国民政府为巩固政权，复兴农村，采取了一系列措施：一是先后颁行保甲制度、新县制等一系列地方行政制度，力图将国家政权延伸至乡村社会；二是在经济方面，先后颁布了多部涉农法律，新设多处涉农机构，以拯救处于崩溃边缘的农村经济；三是修建多项大型水利工程等，以改善农业生产环境。1933 年 5 月，国民政府建立隶属于行政院的农村复兴委员会，发动"农村复兴运动"。随着"乡村建设运动"的开展，赞扬、支

---

① 《晏阳初全集》第一卷，天津教育出版社 2013 年版，第 221 页。

持、鼓励铺天而来，到几个中心实验区参观学习的人群应接不暇，平教会甚至需要刊登广告限定接待参观的时间，南京国民政府对乡建实验也给予了相当程度的肯定。1932年第二次全国内政工作会议后，建立县政实验县取得了合法性，官方还直接出面建立了江宁、兰溪两个实验县，并把邹平实验区、定县实验区纳入县政实验县。

　　1925年，成立已经四年的中国共产党，认识到农村对于中国革命的重要性，努力把农民动员成一股新的革命力量，遂发布《告农民书》，开始组织农会，发起农民运动。中国共产党认为中国农村问题的核心是土地问题，乡村的衰败是旧的反动统治剥削和压迫的结果，只有打碎旧的反动统治，农民才能获得真正的解放；必须发动农民进行土地革命，实现"耕者有其田"，才能解放农村生产力。在地方乡绅和知识分子开展"乡村建设运动"的同时，中国共产党在中央苏区的江西、福建等农村革命根据地，开展了一系列政治、经济、文化等方面的乡村改造和建设运动。它以土地革命为核心，依靠占农村人口绝大多数的贫雇农，以组织合作社、恢复农业生产和发展经济为重要任务，以开办农民学校扫盲识字、开展群众性卫生运动、强健民众身体、改善公共卫生状况、提高妇女地位、改革陋俗文化和社会建设为保障。期间的尝试和举措满足了农民的根本需求，无论是在政治、经济上，还是社会地位上，贫苦农民都获得了翻身解放，因而得到了他们最坚决的支持、拥护和参与，为推进新中国农村建设积累了宝贵经验。与乡建派的乡村建设实践不同的是，中国共产党通过领导广大农民围绕土地所有制的革命性探索，走出了一条彻底改变乡村社会结构的乡村建设之路。中国共产党在农村进行的土地革命，也促使知识分子从不同方面反思中国乡村改良的不同道路。

　　"乡村建设运动"的理论和实践，说明在当时的现实条件下，改良主义在中国是根本行不通的。在当时国内外学界围绕乡村建设运动的理论和实践，既有高歌赞赏，也有尖锐批评。著名社会学家孙本文的评价，一般认为还算中肯：尽管有诸多不足，至少有两点"值得称述"，"第一，他们认定农村为我国社会的基本，欲从改进农村下手，以改进整个社会。此种立场，虽未必完全正确；但就我国目前状况言，农村人民占全国人口百分之七十五以上，农业为国民的主要职业；而农产不振，农村生活困苦，潜在表现足为整个社会进步的障碍。故改进农村，至少可为整个社会进步的张本。第二，他们确实在农村中不畏艰苦为农民谋福利。各地农村工作计划虽有优有劣，有完有缺，其效果虽有大有小；而工作人员确脚踏实地在改进农村的总目标下努力工作，其艰苦耐劳的精神，殊足令人起敬。"[1] 乡村建设学派的工作曾引起国际社会的重视，不少国家于二次世界大战后的乡村建设与社区重建中，注重借鉴中国乡村建设学派的一些具体做法。晏阳初1950年代以后应邀赴菲律宾、非洲及拉美国家介绍中国的乡村建设工作经验，并从事具体的指导工作。

总起来看，"乡村建设运动"在中国百年的乡村建设历史上具有承上启下、融汇中西的作用，它不仅继承自清末地方自治的政治逻辑，同时通过村治、乡治、乡村建设等诸多实践，为乡村振兴发展做了可贵的探索。同时，"乡村建设运动"是与当时的社会调查运动紧密联系在一起的，大批学贯中西的知识分子走出书斋、走出象牙塔，投身于对中国社会的认识和改造，对乡村建设进行认真而艰苦地研究，并从丰富的调查资料中提出了属于中国的"中国问题"，而不仅是解释由西方学者提出的"中国问题"或把西方的"问题"中国化，一些研究成果达到了那个时期所能达到的巅峰，甚至迄今难以超越。"乡村建设运动"有其独特的学术内涵与时代特征，是我们认识传统中国社会的一个窗口，也是我们今天在新的现实基础上发展中国社会科学不能忽视的学术遗产。

历史文献资料的收集、整理和利用是学术研究的基础，资料的突破往往能带来研究的创新和突破。20世纪前期的图书、期刊和报纸都有大量关于"乡村建设运动"的著作、介绍和研究，但目前还没有"乡村建设运动"的系统史料整理，目前已经出版的文献多为乡建人物、乡村教育、乡村合作等方面的"专题"，大量文献仍然散见于各种民国"老期刊"，尘封在各大图书馆的"特藏部"。本项目通过对"乡村建设运动"历史资料和研究资料的系统收集、整理和出版，力图再现那段久远的、但仍没有中断学术生命的历史。一方面为我国民国史、乡村建设史的研究提供第一手资料，推进对"乡村建设运动"的理论和实践的整体认识，催生出高水平的学术成果；另一方面，为当前我国各级政府在城乡一体化、新型城镇化、乡村教育的发展等提供参考和借鉴，为乡村振兴战略的实施做出应

---

[1] 孙本文：《现代中国社会问题》第三册，商务印书馆1944年版，第93-94页。

有的贡献。

由于大规模收集、挖掘、整理大型文献的经验不足，同时又受某些实际条件的限制，《20世纪"乡村建设运动"文库》会存在着各种问题和不足，我们期待着各界朋友们的批评指正。

是为序。

2018年11月30日于北京

编辑体例

一、《20世纪"乡村建设运动"文库》收录20世纪前期"乡村建设运动"的著作、论文、实验方案、研究报告等，以及迄今为止的相关研究成果。

二、收录文献以原刊或作者修订、校阅本为底本，参照其他刊本，以正其讹误。

三、收录文献有其不同的文字风格、语言习惯和时代特色，不按现行用法、写法和表现手法改动原文；原文专名如人名、地名、译名、术语等，尽量保持原貌，个别地方按通行的现代汉语和习惯稍作改动；作者笔误、排版错误等，则尽量予以订正。

四、收录文献，原文多为竖排繁体，均改为横排简体，以便阅读；原文无标点或断句处，视情况改为新式标点符号；原文因年代久远而字迹模糊或纸页残缺者，所缺文字用"□"表示，字数难以确定者，用（下缺）表示。

五、收录文献作为历史资料，基本保留了作品的原貌，个别文字做了技术处理。

编者说明

《全国乡村建设运动概况》第 1 辑（上下部）由许莹涟、李竟西、段继李编述，山东乡村建设研究院 1935 年出版发行。编述者在"自序"中说："乡村建设运动无疑地已经形成了今日社会运动的主潮，我们只要看各地机关团体的蓬勃兴起，就可以知道这不是一时一地或几个人的偏见问题。我们知道社会运动的形成，完全根据现实社会的客观条件，形势所趋，好恶无与，所以当这个潮流正在澎湃涌跃的今日，凡是关心国家民族前途的人，都不应当把它轻松的放过去，我们应当平心静气，从切实处着想，看看国家民族的历史文化，看看现实社会的破碎支离，考量一下未来社会的前途，再批评一下各种各样的救国意见，然后再把乡村建设运动的各种理论与方法细细的用一番心，大概多少会给自己一点路子，一点自信，一点力量的。"本次编辑，以山东乡村建设研究院 1935 年版本，收入《20 世纪"乡村建设运动"文库》。

序　文

　　许莹涟，李竞西，段继李，三同学，编辑《全国乡村建设运动概况》既成，属余为之序。三子尝从余于邹平，致力于乡村建设之研究者一年。于菏泽，于定县，于无锡，于青岛等各地工作，皆尝参观考察。辄以所闻于余者，所得于各地方者，笔之于书。搜罗甚勤，不期而蔚为巨帙。年来乡村工作之风气渐开，往来参观者踵相接，其以考察笔记出版者亦所在多有。实则匆促游观，难于得真；而理论主张辗转传述于口耳之间，尤多失真。今三子所为，余虽未加核定，料亦未能免也。然物之胜劣美恶，本为比较的，今此册视其他考察笔记，材料加丰，甄录或亦较正确，举以饷世，其亦未为不可乎？书中载述余之言论不少，除转载既经公表之文字不计外，其余多为诸生笔记，余未寓目，应由笔者负其责。读者善为考量，或亦不无所取耳。

二十四年十二月梁漱溟

自　　叙

　　书已经印成，序就不能再拖延不写了。

　　要编这本书的原因也很简单，自己是乡村建设运动中人，眼看着这个运动一天天的扩大，觉得这个事业并不孤单，不是少数人看差了而走入的一条错路，同时也就想在这个大方向里，明了各地同志们各种不同的做法，各种已有的成绩。你的对，我学你；你的不对，跟我来学。要一家的事弄好，还须兄弟们的互相了解与合作；一个国家，一个民族，那能各自闭着眼瞎干呢？于是见一点材料，就宝贝样的收集起来；见一个地方，一个团体做这种事业了，也尽其可能的去看看。一人的时间、精力、财力不足，就约了两三个兴趣相投的朋友一齐做，你有的材料给我看，我到过的地方讲给你听，积日累月也就很可观。因为这样，这本书的材料来历，大致就可以分做两种：一种是书本上的，如像工作报告，参观记之类的东西，有的是自己的宣传品，有的是外人的批评文，正面的，反面的，综合起来，参照一下，多少整理出一个近客观的事实，然后再根据（第二种）亲自观察所得，一老一实的把它写来一处，有什么工作，就记什么文字，反正那时候并不打主意公开出来给各方的同志看，给全国的同胞看，自己对自己总不应该不忠实，所以也就不必故意去歪曲它了！

　　材料一天天的多起来，实地去看的地方也不算少，因此自己能相信的材料也就有了，尤其应当说及的是我们几个人都非时人，不是官，也不是学者，到什么地方，离开什么地方，自然不容易惹起人的注意；但来接待我们指引我们去参观的也有不少的地方，因此我们曾经实际加入了某一个团体的工作范围内，或者实际尝试了某个团体的生活，从下层了解了某个团体的种种；然而某个团体还没有知道的，也有好多地方。为着这样，对于材料的获得有不便的地方是在所不免，有疏漏的地方更是理所当然；可是既得的材料的真确性就比任何方式得之的来得大了！

　　不过三个人的力量，终久也有限，不知道的，知道而找不着书面材料的，知道而为事实所限，不能亲自到的地方，太多了，太多了！于是我们就尽我们的知道范围去信征求材料，我们应当感谢很多的团体机关，在极短的时期内寄给了我们很多很不容易得的材料；并且还有用笔现抄好了寄来的，我们真不知怎样感激才好！也有些机关团体没有给我们回音，我们相信是信没有寄到，或者书面材料一时没有，——我们明白这个，乡村建设运动是要工作不要空口宣传，书面宣传的。

　　材料一多，为了自己们研究的便利，就分别一处处的整理出来，写成了文章似的样子，——自然，有一些几乎完全是人家写好了的东西，因为好，觉得没有变动的必要，也就原著写下去了。或者为着简明起见，也多少做一点删剪的工夫，弄得一点不差，可不敢说，但自己做的时候，总是求得最大的真实的。还有本来材料缺着的，在上下文里可以明显的知道是怎样的情形，为了明白起见，也不免做点缀补的工作，假若是补错了，缀差了，当然自己负下了责任。——师友们见了我们这种工作，每每给以一种鼓励，甚至于帮助，并且说这些材料都是很难得的，都是人们所欲知的，不应当独自享用，干脆的说，拿出去出版。

　　提到出版，马上就有三种困难：一点是材料虽丰富，然而不能说完全，有很多地方只知道名字而没有材料，挂一漏万，觉得对不起各处苦心工作的同志们；二是材料一多，篇幅自然不少；在这个不景气的时候，叫人出两三元大洋来买这样一本书，恐怕难得有销路，虽然这本书是怎样的值得看，值得买。书店老板一想到这点，那个拿出千把块钱来下这个资本的心登时冷了下去，干脆的说就没有书局肯印；三是乡建运动已经形成了今日中国社会的主潮，注意的人多，发表的文章也多，成单行本的也有，——如像孔雪雄先生的《中国今日之农村运动》，——似乎不必再来这么一个重复。这三点困难一提出来，勉励我们去出版的那位朋友就替我们来解决了，他说：「材料不完全没有什么紧要，就是写错误了也没有什么紧要，假使你把这些拿去出版了，那么有错的自然会来找你更正，不完全的自然请你增加完全。或者再版时修正增加，或者在一年以后继续出第二辑时增补，任何人的文章，绝对不会是点点完善，全无瑕疵了才拿出来的，你永远不拿出来，你永远不会得到改正错误的机会。况且这材料已经不算少，值得人们参考的实在很多，现在的中华民族，已经走入一个怎样危急的阶级，怎样迫切着得到一些救命的法子，怎样让你慢慢的弄完善了才拿出来呢？不如早一点发表，使有志乡村事业的朋友们，获得各种各样的建设方法，还可以间接的替国家增加些气力。若是怕没有材料或者材料少而不收进去。有埋没英雄的意思，那吗在后面附一个表；不也就完了？等到有材料时，又再整理出来，有何不可？至于第二点，说怕没有销路，怕没有书店肯印，即更不成问题。书籍销路的有无，只在这本书是否有真价值，是否为社会所真需要？假如真是没有意义，没有价值，那当然不行的。送人也不要，何况卖钱呢？再从实际的方面说，现在中国社会对于书籍的购买力，本也薄弱，假若这本书是画报，有美人图片之类的，那么就贵一点也不要紧，否则真也难，尤其是这一类板起面孔来讲道理，开口民族，闭口国家的东西！都市中有些人是没有感觉到建设乡村的必要的。要他们花两三块钱去买这本书，怕是比登天还难，至于实际需要这本书的乡村工作同志，他的精力财力都用在他的事业上，书价贵了，也实在买不起，所以书店老板不敢承印，倒也是事实。但是没有书店印，我们可以自己印，两三个人的力量不够，我们虽穷，朋友们还多，一凑两凑，也就勉强能够过去。大约销路也不见得就顶成问题，岂不是又把这第二点解决了？至于第三点，那更不成问题了。单篇的报告批评文，是零碎的，片断的，不系统的，不完全的，……读了那种文章，更需要来看一看这种系统的客观的具体介绍，没有读过那种文章的，自然更应当来看这一种完全的叙述了。所以有人写过发表的单篇不少，那是不成问题的。就是成本的东西，又何足为这本书出版的阻碍？各人的观察不同，各人的记载不同，而且你是纯客观的叙述，那么你可以互相比较一下，他的不同于你的，你更有介绍出来的必要，因为或许是事实被人歪曲了；他的同你的一样，就不妨说得简略一点。也可以省篇幅呀！哪里能因为一点一滴的相同就不印出来呢？……"

　　材料变书的命运就这样决定下来，因为要使它像本书，就不能不分章分节，分个次序前后，但也仅是想有个次序罢了，并没有给它挂牌子高下的意思；也没有拿次序来分工作好坏的意思；或前或后完全是偶然。我们也听了那位热心朋友的话，把一些人们已经记述得很好，再没有新的材料可说的，就不再重复写；若是因为前后关联，不能不说的，也就尽量的略，总不希望多费纸张。把材料少的就附在性质或地域相近的部分里，或者竟自列到附录的调查表内，打算编辑第二辑时又详细的写入。后面再附上一点参考书目，和两个会的情形，算算字数，居然也有了七八十万了。

可是上海的几家书店，都不肯冒一个险花一笔本钱，结果只好自己来印。

还需要说一点的是这些材料都在民国二十四年三月以前搜集整理，有些截到二十三年底，有些仅自只到二十三年六月，这也是事实的限制，一切缺陷，只好等编第二辑的时候来补偿了。

乡村建设运动无疑地已经形成了今日社会运动的主潮，我们只要看各地机关团体的蓬勃兴起，乡村工作讨论会的盛况——第一届在邹平，第二届在定县，详情均见本书附录内，笔者属此文时，第三届大会已在无锡举行，参加团体之踊跃，更较第二届为盛——就可以知道这不是一时一地或几个人的偏见问题。我们知道社会运动的形成，完全根据现实社会的客观条件，形势所趋，好恶无与，所以当这个潮流正在澎湃踊跃的今日，凡是关心国家民族前途的人，都不应当把它轻松的放过去，我们应当平心静气，从切实处着想，看看国家民族的历史文化，看看现实社会的破碎支离，考量一下未来社会的前途，再批评一下各种各样的救国意见，然后再把乡村建设运动的各种理论与方法细细的用一番心，大概多少会给自己一点路子，一点自信，一点力量的。

很多的朋友，把"乡村建设"看做了一时一地的工作，他们以为乡村工作者无非改良一点农业，增加生产；办理一点平民教育，扫除文盲；做上一点自治工夫，补路修桥……之如是而已，如是而已。所以他们在听人讲"乡村建设"以后，微微一笑，"中国这样的危急，还等得你来建设乡村?!"诚然，假若乡村建设是等于乡村自治，等于识字教育，等于改良农业的话，现阶段的中国，的确也不需要这个！幸而好的是乡村建设运动还没有堕落到只是如此；虽然他们也还做着这一些小的工夫，但绝不能说这便是乡村建设运动。读了这本书的朋友，大概可以明白这个意思，在这里，我想提出三点比较重要的意义来说一说：

一、中国社会的真实性被发现　要改造中国社会，要解决中国社会问题，我们先问中国社会在哪里？翻开了自己的历史看看，远者且不说，就以变动最大，关系至深的近百年而论，一切兴革损益，大都忽略了社会的实际性，——或者说就没有顾及真正社会。我们看鸦片战争以后，所谓"变法维新"，所谓"种族革命"，所谓"政治革命"所谓……这些口号的被提出，或因为这些口号的被提出而发生了政治上、经济上、文化上若干大的变动，甚至政体更改；但是我们很容易感觉到的是各种运动的产生，不是社会问题的内发而是世界问题的升华作用，外铄于我而引起的！它浮在社会的表层，它由一部分的人去办了，它是这一部分的人因为环境特殊的缘故，知道世界上有了某一些事情，又想把这一些事情在中国社会里实现起来而这样做了的。因为几乎是一种主观的好恶或要求，所以无意间就忽略了一个根本的东西——社会。他们只是迫切地努力去实现自己的要求或理想，没有考虑到这个根本东西的各种特殊性质或普遍性质；更没有想法去使这个根本东西很理性地跟着自己的要求或理想走，结果是各种运动还是各种运动，这根本的东西依然还是这个根本的东西，就是说各种兴革损益并没有变动了真实社会的一丝一毫；还说得真一点是这种种的兴革损益者，就没有想到去变动真正社会的一丝一毫，更没有想到如何去变动真正社会的一丝一毫。社会整个的被忽略了！——而整个的社会运动（假如可以叫做社会运动的话）也在此上气不通下气的情况里失败了，消灭了！我们看着一个个社会运动的巨潮，滚滚而去，没有带着一点结果的滚滚而去，不禁感到无限的悲哀，更感觉到种种牺牲的可惜可痛！

我们检讨过去，我们发现了中国社会运动的忽略了社会的实际性而遭遇失败——至少，它是失败原因之一种。我们从这一个观点上来看乡村建设运动，就很明显的见出这一个通病他已经能避免；不惟是避免，而且简直是抓住了真正的社会，从根本的地方去着手，去努力，他们一致地承认中国社会有问题，他们一致地否定了拿极少数的都市社会来代表真正中国的见解，他们一致地指出中国真正社会是那占全国百分之八十五以上的人口分散居住着的广漠的乡村。要解决这样一个乡村社会的问题，天然不能忽略了或弃置了他们本身。固然，社会问题发生的主因我们要顾到，如帝国主义者的侵略，世界经济恐慌的影响，天灾人祸的交循等，至于怎样去求得问题的解决或乡村建设运动能否解决这问题，是另一问题，但乡村建设运动至少是指出了真正的中国社会在乡村，使一些睡在象牙塔里的人们有一个较清晰的认识，扩清了若干"都市病者"的迷梦，这一个意义是很重大的。

二、社会组织的基层被发现　乡村建设运动第二个重要的意义是因此运动的兴起而发现了社会组织的基层。由上节我们知道过去的各个社会运动，因为他浮在社会的表层，忽略了真正的社会，所以遭遇了失败；这里我们更要说，即使能看见了真正的社会，若不能使这个社会自身发出力量来，他仍然要失败的。照我们的看法，社会的改造，绝对不是外铄的力量可以做得了的，那一个社会的本身没有自发的力量，那一个社会将永远没有办法，也永远没有希望；所谓自发的力量是说那一个社会的大多数组成分子，有感觉问题的智慧，有解决问题的决心，有获得解决问题的方法的热愿，有努力实现解决问题的能力，换句话说，就是社会有个动的可能，要这一个动的可能有了，然后才会有动的事实发生，然后才谈得到社会的改造。所以说发现了真正的社会还不够，更要紧的是这个社会的动力，要培养这个动力就不是虚浮敷衍可以做得了的事。尤其是中国社会的伟大力量，完全散漫的潜伏在广漠的乡村里，这一个力量不把他启发出来而大谈其社会的改造，真不知怎样改，谁来造？你替得了我做，替不了他做，偌大的一个中国，偌大的一盘事情，谁也包办不了，谁也管不了谁的，要紧的是大家起来做大家的事。但是这个"大家"不会自己起得来的，他需要一番启发功夫，他受了几千年历史文化的陶铸，养成了一个消极的习惯，更因为天灾人祸之侵袭，他看不见他的前途，丧失了民族的自信，于是自然而然地丧失了一切的力量，简直动一动的力量都没有，这时要他"起来"，要他自己"起来"应付这变的环境，要他自己"起来"改造他的社会，简直是不可能——在这一个不可能中，多少的社会运动潮流滚滚的逝去了！

我们还应当知道的是社会的力量不是空讲得了的，他有他的基础，他的基础就是各个人的自动与自觉。自动的反面是被动，自觉的反面是盲目，盲目而不动，没有什么关系，盲目的被动，那真不能想像他的危险？我们今日而谈社会的改造，当然不能领着人们盲目地走，必定是使社会的各个人，开明的、智慧的、了解的、自动的、自发的……起来组织他们的社会，以谋得他们问题的总解决，这种个人的自动与自觉，我们想叫他做社会组织的基层。有了他，有社会组织；没有他，没有社会组织——就有，也不是我们所谓的社会组织。乡村建设运动者深入到真正的社会里去，做这一种自动与自觉的启发功夫，指出社会组织基层的重要，这是第二个重大的意义。

三、解决中国问题的路向被指出　中国的出路在哪里？这个问题的提出也有好多年了！综合各种意见，大概有两个不同的大方向，一是全盘接受近代西洋文化，产业化中国；一是批评的接受外来文化，由农村建设以复兴民族。我们在这里不想对二者给予严格的批评，但当指出几点值得注意的地方：

（1）现代自由竞争的商业资本主义社会已经走到了最高点，同时也是走到了末路。在这一种情形下，一则是中国不必走这条路，二则是就要走这条路也绝不是追得及的。从前一点说，是主观上的不愿如此；从后一点说，是客观上的不能如此。我们知道民治主义下的自由竞争，是十九世纪的热潮，由这种热潮颠覆了中世纪沿留下来的多少人的神的黑暗专制；由这种热潮促进了科学的发达，铸成了工商业的盛兴；由这种热潮酿成了商业资本帝国主义和抢夺殖民地的各种战争；以至于人类大屠杀的世界大战！他曾经开了最美丽的花朵，也曾经演了最惨痛的悲剧——直到现在，他仍然嚣张着他的余焰！但我们明白这一种思想已经不能再使我们憧憬着下去，二十世纪的今日，我们已经有了更进步的思想做领导（在中国如孙中山先生的三民主义）；我们不愿意再造成一个商业资本帝国主义的国家，自己种苦果给自己吃，如像其他的国家一样；同时，以现在的自己实际情形说，也没有那么一个条件去造成商业资本，就有若干的条件不成问题，但今日而言自由竞争，已经进一步成了国际竞争，殖民地分割得好好的，到处严阵以待；不惟对外无可竞争之路，就在自己国内尚无法应付帝国主义对中国殖民地化的企图，那么我们从哪一点上看得出走自由竞争之路，以产业化中国的可能？！

（2）国家应当现代化，产业化，那是不成问题的，但就是因为自由竞争之不必与不可，我们就不能不回转头来从自己本身上想法子。我们看见这广大的土地，众多的人口，是货品的销售地，是原料的供给所，同时我们也看见天灾人祸的交侵，众多的人口死亡流离了；广大的土地荒芜弃置了。购买力丧失到没有；原料的供给也毫无把握，如是情形，徒说产业化是没有意思的。不要说新兴的工商业不能立足，就是已有的各种工厂、企业，也因为对外不能抗争，对内无可立足而纷纷倒闭，这种事实已有若干确实可靠的报告，然则讲产业化者将何以为途?！我们是不是需要放弃了对外竞争的野心；是不是需要从自己身上求得广大的市场与丰富的原料供给地？那么除了先使农村安定下来，生产增加，购买力提高而外，还有什么更高明的办法?！

（3）我们不否认帝国主义者向我们的压迫，在今日已经走到了最严厉的阶段，我们绝对没有瞻顾徘徊的余地，只有集中目标，集中力量的去想法如何摆脱这一副枷锁，然后才谈得到所谓建设。但我们也应当知道应付此巨大艰难，绝不是少数人于一时中所能为力，他必然是整个民族的兴起，整个民族自决的斗争。我们若能求得民族自身的觉醒，意识地，自动地，有目标地齐心向前，我们就不必恐惧现在国难的如何如何；然而要求得整个民族的动力，我们却又不能不返到乡村——真正的中国社会里去。

（4）一个社会，总具有那一个社会的特殊性，这种特殊性是由这一个社会的时间性和空间性——历史，地理——所决定了的。这种特殊性也可以说是这一个社会特有的精神。这一点精神，是这一个社会的代表，所以成功这个社会的地方，所以为这个社会的地方。有了他，是这个社会；没有了他，不成其为这个社会，做文章的人所谓"国于天地，必有与立"者。中国社会的特殊精神在哪里？是什么？我们在此可不敢武断地指出，但是要保存这一点精神，发扬这一点精神是无可非议的。若是忘记了自己，一味地唾弃自己，那么"外化"的一天，即是沦亡的一天，在求中国出路者，对于这点不能不予以深切的注意。

以上四点只是大略的说明；详细讨论，当然没有这样简单，但我们单就这四点来衡量乡村建设运动，我们觉得他已经能大略地指出了一个解决中国问题的路向，这是他的第三个重大意义。

乡村建设运动具有了这三点重大的意义，所以几年之间，形成了今日社会运动的惟一主潮；但我们假若拿这三点去衡量现有的乡村建设，我们也不必隐讳，他是很少能尽了他的责任的。我们看见各地方有各地方的做法，各团体有各团体的理论，各自为谋，不相联系，使我们隐约地感到一种叫众人团体里去而自己先划分的悲哀；固然，在一个社会运动的初兴，不能求强合，也不必求强同，他正是需要从各地各方作各种不同的试验以求得最近的真理，同时以中国幅员的广大，地方情形的复杂，也决不能以现成的一套去求得处处的适用。然而，我们也应该知道，中国问题已经形成一种整个性，而社会的各个部门——政治、经济、军事、文化……也是勾锁连环，互为影响的，所以除非不是一个解决办法则已，假若真是一个办法的话，那必定是从全体上着眼，从根本上着手的一个总解决办法；惟其如此，他又决不会有几条路子，几个方式，他几乎形成了一种只是如此做，只能如此做，非如此做就不行的局面，所以社会运动初兴时期的"分"是必然的，是需要的，而慢慢的向"一致"里去，走向"合"里去，也是必然的，非此不可的！我们愿意今后的乡村建设运动团体能够本此信念，互相参照，互相联系，一种实验，不必重复的花费，你有成功，我尽量的模仿采用。失败了不必隐讳，公开出来给旁的人做殷鉴，成功了不要秘密，公开出来请大家来探讨。大家虚心，大家诚恳，避免了一切人事的纠纷，消灭了种种无谓的门户！（假若是有门户的话）。大家认定了是为国家民族谋出路，不是为团体个人造地位，造名誉，有共同的努力，有切实的联系，你的成功，就是我的成功，你的失败，就是我的失败。乡村建设运动的成功，就是中华民族复兴的日子；乡村建设运动的失败，就是中华民族失却了前途。负着这个重大干系的乡村建设运动，乡村建设运动者，是应当怎样慎重今后的途程啊！

——这是编者诚恳的一小点期望，也是我们致力于乡村建设运动者所不能忽略的一个根本点。社会国家，已经走到了怎样一个境地，大家都明白，真不能再作牺牲了！至于其他在工作上要注意的，在工作上少不了的，读者比编者知道得多，在此不必说了，而且我们也知道，现在只有"少说话，多做事！"

要感谢的是梁漱溟先生，在百忙中给我们做序；陈晋华先生耗费许久时间代我们专任校对之劳。

在这里还有一点声明，就是当我们三个人开始编这本书时，虽然曾经讨论过整个的编述方法，或者也注意到条理内部文字，但各人的体裁和笔调，大都保持固有面貌，其中语体文言，颇不一致。至于采用原文时，有的是加上引号，有的却忽略了，这都是不应该有而仅有了的缺陷，我们只有祈求读者原谅！

最后希望各处团体机关，各处工作同志，看见有记错误了的！记疏漏了的；甚至于有其他不妥当的地方，请不客气的给我们指正，最好是通函给我们，我们可以在再版或出第二辑的时候能够改正。更希望供给我们各方面的材料，告诉我们所不知道的工作地方。（通讯处：邹平山东乡村建设研究院出版股转　武昌察院坡武昌中国书局转）

中华民国二十四年十月，编者。

目 录

上 部

第一编 山东乡村建设研究院

第一章 梁漱溟先生与乡村建设理论 …………………… （5）
 第一节 乡村建设运动家梁漱溟先生 ………………… （5）
 第二节 乡村建设理论提纲 …………………………… （28）
 第三节 建设人类社会之四大原则 …………………… （56）

第二章 研究院 ………………………………………… （59）
 第一节 概况 …………………………………………… （59）
 第二节 人才训练 ……………………………………… （75）
 第三节 农业之改良与推广 …………………………… （80）
 第四节 卫生院 ………………………………………… （117）

第三章 第一分院 ……………………………………… （126）
 第一节 缘起 …………………………………………… （126）
 第二节 组织与经费 …………………………………… （126）
 第三节 人才训练 ……………………………………… （127）

第四章 邹平实验县 …………………………………… （130）
 第一节 试验区与县政建设实验区 …………………… （130）
 第二节 邹平县政建设实验计划 ……………………… （132）
 第三节 县政府之改革 ………………………………… （145）
 第四节 由乡农学校到村学乡学 ……………………… （152）
 第五节 自卫训练 ……………………………………… （218）
 第六节 农村金融流通处 ……………………………… （240）

第五章　菏泽实验县 ……………………………………………（247）
第一节　设立缘起及其实验计划 …………………………（247）
第二节　县政组织之改革 …………………………………（253）
第三节　整理财政 …………………………………………（258）
第四节　乡农学校 …………………………………………（260）
第五节　城镇公所与市民学校 ……………………………（283）
第六节　县立医院 …………………………………………（283）

下　部

第二编　中华平民教育促进会定县实验区

第一章　由平民教育到乡村建设 ……………………………（291）
第二章　四大教育与三大方式 ………………………………（293）
第三章　定县 …………………………………………………（295）
第四章　六年计划与工作原则 ………………………………（297）
第五章　实验工作概述 ………………………………………（302）
第一节　调查工作 …………………………………………（302）
第二节　文艺教育 …………………………………………（304）
第三节　生计教育 …………………………………………（309）
第四节　卫生教育 …………………………………………（311）
第五节　公民教育 …………………………………………（315）
第六节　学校式教育 ………………………………………（315）
第七节　社会式教育 ………………………………………（327）
第六章　研究院与平教会 ……………………………………（330）
　　附　涿县平民教育促进会 ………………………………（331）

第三编　江苏省立教育学院

第一章　概况 …………………………………………………（337）
第一节　旨趣 ………………………………………………（337）
第二节　民众教育与乡村建设 ……………………………（337）
第三节　组织 ………………………………………………（338）
第四节　经费 ………………………………………………（338）

第五节　人才训练 ………………………………………（341）
第二章　实验工作 …………………………………………（343）
　　第一节　研究实验部 ……………………………………（343）
　　第二节　三年之黄巷民众教育实验区 …………………（346）
　　第三节　三年之高长岸民众教育馆 ……………………（350）
　　第四节　北夏普及民众教育实验区 ……………………（354）
　　第五节　惠北民众教育实验区 …………………………（358）
　　第六节　南门实验民众教育馆与实验民众学校 ………（370）
　　第七节　一种值得注意之收获 …………………………（370）
　　附　江苏省立俞塘民众教育馆 …………………………（373）

第四编　中华职业教育社之农村事业

第一章　中华职教社农村事业之起源 ……………………（379）
第二章　中华职教社改进农村事业之宗旨及其实施办法 …（381）
第三章　所及范围 …………………………………………（386）
第四章　对农村事业之三点意见 …………………………（389）
第五章　事业概况 …………………………………………（392）
　　第一节　徐公桥农村改进试验区 ………………………（392）
　　第二节　黄墟农村改进试验区 …………………………（406）
　　第三节　善人桥农村改进区 ……………………………（413）
　　第四节　顾高庄农村改进区 ……………………………（417）
　　第五节　善庆农村小学校 ………………………………（420）
　　第六节　诸家桥农村试验学校 …………………………（421）
　　第七节　中华新农具推行所 ……………………………（422）
　　第八节　上海漕海泾农学团 ……………………………（424）
　　第九节　昆山县自治实验区 ……………………………（435）

全国乡村建设运动概况

(上部)

第一编　山东乡村建设研究院

第一章　梁漱溟先生与乡村建设理论

第一节　乡村建设运动家梁漱溟先生

中国乡村建设运动，因事实之需要，首由少数学者热心倡导，继经政府择要推行，分工合作，实事求是。表面上似有相当联络，究其实情，尚未臻集会商讨执行决议之境地。此不约而同致力一种倾向之工作，自非偶然；是必有其理论根据以资导引者。虽精粗深浅，所见各殊，而相与讨论或躬行实践之士，靡不自成一说。但从理论以产生办法，具有整个性之系统者，尚不多觏！

梁漱溟先生为国内有名学者，离开都市到乡村，从大学教授转变为社会运动家，个中情形，简捷言之，由其对于人生和政治的烦闷，发现了乡村建设之路。并且构成了精深的理论，与整个的办法。

吾人若不忽视今日澎湃兴起之乡村建设运动；不误解此种运动为一时的，局部的，则举凡是项理论与办法，均有研究之必要。编者以纯客观立场，从梁先生已发表之文字及其讲演笔记中，将其整套主张具体写出，介绍国人之前，以供参考之资料。

为使读者知梁先生思想变迁之经过及其从事乡村建设运动之所由，特将梁氏自述一文，列在篇首，俾得借此明了；且可以帮助对其理论之了解：

"今日所讲之内容将先说明我自己，在说明我自己时最可使诸君明白上面'解决烦闷'之意。今日所讲与昨日所讲实相连贯。诸君如已经看过我所发表的文字，其中有两篇皆是说明我自己的。其一即'如何成功今天的我'见三十后文录（商务印书馆发行）。此文系民国十七年在广州中山大学的讲稿，在此文中我曾说明，外间对于个人，往往有许多不同之猜测，以为我为一学问家，哲学家，国学家，或其他专家，仿佛看我为学问中人：其实我并无学问，我省思再四，我自己认识我，我实在不是学问中人，我可算是'问题中人'，如果有人问我现在何以有一点关于哲学，佛学，经济学，政治学等，各方面的知识？何以在社会中的有此地位？我的答复，乃是由于问题逼出来的，我当初并无意于求某一方面的学问，或者是哲学，或者是佛学，乃至于政治学，经济学等等，而结果则都知道一点，其所以致此者，问题逼之使然也。当初我亦无意于社会中如何做那种事业，成就一种地位，而结果能做点事业，有点地位：其故无他。亦问题逼之使然也。

"最近我有中国民族自救运动之最后觉悟一书的出版，此书系汇集我在村治月刊各期内所发表之论文而成。其中第一篇'主编本刊之自白'一文，也是表白我自己，说明我自己所以成为今日的我，所以主编村治月刊的原因，无一非问题逼迫我，不得不如此也。诸君如已看过这两篇文字，皆可以了解：但我在今日讲辞中仍愿为诸君说明我自己。

"因为本院招收讲习会会员时，曾嘱诸君先写一篇'自述'，俾本院同仁对于诸君有一了解：以故我亦应为诸君叙述我自己，使诸君对于我亦得以了解。我之所谓今日所讲与昨日所讲彼此有关系者，意即在此。以下且先说明我自己。

"我之籍贯系广西桂林，我之祖父生于桂林，先父与我则皆生于北京，先母为云南籍。我生于清光绪十九年，今年为四十一岁。我生后身体极弱，较于寻常儿童皆有不及。六岁时，头目时刻晕眩，有时顿感地动天摇，自己无力支持，医生曾语先父，此子恐难永年，殊可忧也。

"八岁时入北京中西小学堂，此处系北京最先设立之小学堂。入中西小学堂后，即读西文 ABC……与教科书等。所可惜者，西文程度迄未见好耳。此中最可注意者即我从小时候即读教科书，未尝致力于中国学问，读《四书五经》等，大约凡与我年相若之朋友类皆读过《四书》，而我则始终未之读也。我之所以从小时候即入学堂读教科书，实因先父之思想趋向'维新'，不欲我讽诵古籍之故。

"小学未届毕业，即入顺天中学（北京原为顺天府）。十九岁时，毕中学业。我之受正式教育的时日，即此于此。此后即未能再受正规的教育，入较高的学校求学。因此之故，诸君或可明白我不够讲学问，亦无学问可讲,良以讲学问必须具有相当的条件,与工具;讲中国学问,非知文字学,(即小学)经学等不可;讲西洋学问,西文不具备相当之根基,亦实不可能。兹二者我皆未尝下过功夫,我又何能讲中国学问或西洋学问?我当初所受的教育,如此浅薄,讲学问的工具,如此不够用;而一般人视我为学问家,目我为学问中人,宁不可怪?然我对于种种学问,又似乎都知道者,实即上文所说问题逼之使然也。我所知者,实是于不知不觉中摸索中得来,当初自己并未能料到,乃是误打误撞而来,自己实未尝想到学问究属何事也。

"某年应清华大学之请,作短期讲课,当时梁任公先生介绍我说:'梁先生(指我)家学渊源'。我即刻声明,我实缺乏学问,更谈不到家学渊源。但从别一方面言之,我之一切,受先父所影响者却又很大。所谓渊源,无宁谓之为性情脾气渊源之为愈也。因此之故,在未说明我自己之前,又不得不先说明先父之为人。

"先父为人,天资并不算高,只是太认真,太真实。此点由其思想上可以看出。先父有他个己的思想。本来,为人子者,似不该用批评的口吻纵论其父若祖,但欲诸君了解我,与了解先君之为人,能清楚计,又不得不尔。征实言之,先父之思想,原是浅薄,但他有思想;所谓有思想,即是肯认真,以为这样是对,那样则是不对。他有主见,(即是思想)所以有主见,因为他肯认真。徒以天资不高,虽有主见,而所见者甚单简耳。

"最可怪者,先父之思想,实与西洋相近。他实在是一个功利主义者。他时时持有一个标准,而依此标准评论一切。他所持有之标准即是'有用处'三字。他批评世间一切事有用处即是好,无用处即是不好。此点仿佛与詹姆士 James 杜威 John Dewey 等之思想相近,——所谓实用主义。他自己虽也曾读书中举,但他最看不起读书人,最看不起做文章的人。因为读书人不中用,因为文章亦不中用。依之,读书人要不得,文章亦不必要。他最不惯看人做诗词,写文章,他时常叹息痛恨中国国事为文人所误。一个人如果读书中举,便快成无用之人;如再中进士点翰林,则更将变成废物而无用。

"先父思想之所以如此者,不外下列数种原因:其一由于他的天资不高,所见未免着重事物,稍涉虚渺处,即不能知之,于是所见者皆甚单简。其二由于当时之社会国家情势,与先父以莫大之刺激与影响。彼时正在曾胡用兵之后，开出崇尚'事功'的风气。与在乾隆嘉庆时，中国的风气，正是讲汉学者不同。迄于光绪中叶，国际侵略日加，甲午一战，关系尤大，在使先父感伤国势之危殆，问题之严重，不能自已，同时先父又看到西洋各国之强盛，事事有办法，有功效，有用处；而反观中国，则一无办法，事不见功效，人又无用处。先父之倾向维新者，实即其人感情真挚，关切国事，及其一种实用主义哲学，主张务实，不务虚之故。惟其如此，故不令我读经书，而使我入学堂也。

"以下须转过说明我自己。我自己的性情与脾气，颇多相似于先父之处。先父天资不高，我自己亦甚笨：我越幼小时越笨，此点诸君或不肯置信，而实则我自己反省时确确如此也。在我说明我自己时，仿佛我站在旁边看我的为人，全是客观的态度，用好字样讲自己的好处时，并非夸大；用不好的字样，亦不是谦虚。此点最盼诸君能加留心。

"我为人真挚，有似于先父。在事情上认真，对待人也真诚。即先父之视我，亦自谓我与他相似。当我十七岁时，先父曾字我曰'肖吾'，于此可见。在今日我自己反省时，我感觉到我所以如此者，无一不是由于我的性情脾气所造成。诸君能了然于此后，请进而言事实。

"吾人幼小时，心胸中空空洞洞，势不免于先入为主，况加我之性情脾气，既同于先父，于是先父的思想，乃成为我的思想，先父为一实用主义者。我入中学时十四岁，国文教师，教我唐宋八大家的古文，我最不高兴，国文讲义，我向例不看，尤其不喜欢空洞的议论，如苏东坡之万言书，至若庄子上的文字，更叫我头痛痛恨。因为庄子上的文字，富有哲学意味，玄妙极顶，类如'此一是非，彼一是非，是是非非，非非是是'，实在是故示玄妙，完全骗人误人的东西。所有《庄子》《老子》一类书，我全不以为然。其他如古文词章，文选派之六朝文章，我无一不厌恶。我从来没有在国文上下过功夫。由此种至狭隘之见解中，亦可以看到我之愚笨为何如。我之认真为何如。此种狭隘之见解，二十余岁以后，才渐次解放。我所有的这半生中，变化极多，许多事从前与日后完全不同样，俨若两人。这在我当初实不及料。在今日我反省过去，我却有以下之'四不料'。其第一不料，即当初最反对高玄最嫌厌哲学，却不料以后反到大学中去讲哲学，致为人目之为哲学家也。

"我的至狭隘之见解，几经变化，才得逐渐解放。第一次发生变化时，即在顺天中学。同学中有郭君其人者，年长于我两岁，在校中则较我低一班。此君天资极高，彼时不过十八九岁，专看《佛经》《易经》《老子》《庄子》等书。因为我们不同班，不多往来。某日，在校内假山上遇见，乃相偕攀谈。我述我的思想，我说我愿为社会、为国家做一番事业，慷慨陈词，自命不凡。郭君笑而不以为然。彼所以语我者，认为我即是想做事业，自己必须先有身心的修养。我语之，我亦看理学宗传，阳明语录等书。彼又语我，吾人必先将世间得失成败利害等等，看来无动于中，由此方可有大无畏之精神，不因少感挫折，而遽尔心灰意懒，如果以我如此之拘谨、狭隘、呆板，专讲有用之学，实不能成大事。必须先明白了很高之学问，日后才有办法。郭君一席谈话，打动了我的心肝，因为这些话无一不是就我之当时的思想而加诱导的。自此之后，我不时与他亲近，不时与他往还。他最爱讲谭嗣同之'仁学'。郭君每为我讲时，我即记录其说话，我不敢认他为同学，乃尊之为郭师。每日课后即前往就教，他讲我听，且一一记之。在记录之簿本上，题名为'郭师语录'。由此不难看出我之认真与愚笨，但好处即在于愚笨与认真。因为愚笨，思想的过程不能超过他人先走一步；必须走后一步，碰着钉子，乃又反省，转移，变化，'每一步皆是踏实不空，以后又继续追求，向前走去，追求时碰着钉子，乃又反省，转移，变化'。以故我此生时时在变化中。因为有变化，先前狭隘之见解，乃是渐次解放，不敢谓佛老为绝无道理矣。以上可说是第一次的解放。

"第二次的变化，亦即是第二次的解放。乃是从人生问题烦闷中发生厌世出世之思想，而转变了我之为人。关于我的所以发生厌世思想种种，说来话长，非在此短时期内所可言之无遗。三十前文录（商务印书馆发行）'究元决疑论'一文，可以参看。此篇文字系一出世主义之哲学，今日不必在此再赘言之。原其所以然，盖有三层缘故：一，感情真挚，易多感伤感触，佛家所谓烦恼重；二，事功派的夸大心理，易反动而趋消极；三，用思太过，不知自休，以致神经衰弱，而神经过敏。但在主观上，则自有一套理论。持之甚坚且确。因为发生厌世思想，则根本否认人生，更不再讲实利，于是以前之狭隘实利主义乃大解放矣。

"我看的佛学书，是自己已经先有了与佛家相近之思想而后才去看佛家书。我看任何书都是如此，必是自己先已经有了自己的一些思想，而后再参考别人的意见，从未因读书而读书。看西洋哲学书亦复如此。友人张松年（申府）先生以我之思想与叔本华之思想相近，于是乃将叔本华之著作与相关之别人著作介绍给我，这是我看西洋哲学书的缘起。总之，我自己必先有问题与思想然后才去看书，如此展转，如此过渡，如此变化，乃成为今日的我，乃有今日的思想。

"讲到这里，可以结束我今日我说的话。关于我的人生思想之转变，或是哲学的变化，可分为三期。第一时期为实用主义时期，从十四五岁起，至十九岁止。在此时期中，一心想出家做和尚，以受先父之影响为多。第二时期即为上文所讲之出世思想，归入于佛家，从二十岁起至二十八岁止。在此时期中一心想出家做和尚。第三个时期由佛家思想转入于儒家思想，从二十九以后，即发表东西文化及其哲学一书之际。在此三个时期中，令人感觉奇巧者，即是第一个时期可谓为西洋的思想，第二个时期可谓为印度的思想，第三个时期可谓为中国的思想。仿佛世界文化中三大流派，皆在我脑海中巡回了一次。

"我本来无学问，只是有思想，而思想之来，实来自我之问题，来自我的认真。因为我能认真，乃会有人生问题，乃会有人生思想，人生哲学。不单是有哲学，因为我不是为哲学而哲学。在我的出世思想必要出家而后已。当初我的思想是从实在的问题中来，结果必回归于实在的行动中去。譬之佛家的实在处所，即在不吃荤，不结婚，出家做和尚，我当时就要如此做去。我二十年余茹素习惯，即由彼时养成。我中学毕业之后原须升学，求学问；但当时的我，一心想做和尚，则又何用升学为？

"我之所以能如此者，先父之成就我极大。因先父从来不干涉我，勉强我，从未要我准备功课，督促我升学。此实常人所难及也。先父甚不喜欢佛学，但他不禁止我看佛经，先父希望我升学，但他未尝明白语我要升学。先父希望我结婚，但他从未一言及我应当早日结婚。而在我自己，亦未尝不明了先父之意旨，希望我升学，希望我不要研究佛学，希望我结婚。当民国七年，先父以感伤国家的多故，痛心社会的坠落，早怀自杀之念，废历十月初十日，系其生辰。在他六十岁生辰前三日，从容留下许多信件，即行自尽。此中种种，商务印书馆出版之桂林梁先生遗书可以参着。普通人一值晚年，类皆希望有后代，能见到后代，先父当亦如此。在他怀下自杀之念时，家兄结婚已十年，未尝有子，此在旁人必督促我结婚，而先父则始终未肯言之。我每念及此，未尝不眷眷于先父之不强逼我，其玉成我之重大也。

"在我过去之半生中，从最初迄于今日，我皆有我的意志，由我自己去碰钉子，发生转变，自此摸出路子来。如果有人稍加干涉，则步骤必乱，先父不强逼我升学，结婚，一任其自然，实所以成就我。给我以绝对的自由，让我上前追求，转移，用自己的力。否则今日的我，必非如此。我又推究先父对待我所以如此者，盖其心目中以为此子现在要这样，又要那样，事虽荒谬，而动机则为向上心的驱使，处处是要好，并非自甘沦入下流，所行所为，心中经过揣量审决，并非一味乱来。现在不能'对'，在将来，他总会有改转'对'的一日。如果我是趋于下流，则亦必加以干涉与督责了。实则彼时先父如果干涉我，我亦不受，要我听他的说话，我亦是不听。因我意志太强，但我推究先父的心理，他确是了解我，而信任我。

"今日将继续日昨之讲词，仍说明我自己的为人。日昨曾提及我二十岁起，倾向出世主意，意志异常坚决，而先父不干涉我，一任我之自然，虽然他心目中不愿我如此。先父在世未能目睹我之转移，且亦未知我日后果有转变，在先父辞世后二三年间，我即转变，由佛家思想转变到儒家思想。关于转变种种前因后果，在此有限之时间内，实无法详细言之。语其时期，则在民国九年至十一年春间。此次转变之深刻，前后绝不相同。我编完先父遗书（即桂林梁先生遗书商务印书馆有版本）之后，曾有'思亲记'一文之作。"在此文中有下列一段说话：

"溟自元年以来，谬慕释氏。语及人生大道，必归宗天竺；策数世间治理，则矜尚远西。于祖国风教大原，先民德体之化，愿不知留意；尤伤公之心。读公晚年笔墨，既辞世遗言，恒觉有抑郁孤怀，一世不得同心，无可诉语者。以漱溟日夕趋侍于公，向尝得公欢，而卒昧谬不率教，不能得公之心也。呜呼！痛已！儿子之罪，罪弥天地已！逮后始复有瘝于故土文化之微，而有志焉。又狂忘轻率言之，无有一当。则公之见背既三年矣，愿可赎哉？愿可赎哉？"

"由上列一段说话中，亦可看出我转变之概略。先父辞世后三年，我即有东西文化及其哲学一书之发表，以阐明中国文化之深微。不知我者，恒以为我之喜欢讲中国文化，系受先父之影响，实则先父在日，我最不留心中国文化。此在'语及人生大道，必归宗天竺；策数世间治理，则矜尚远西'数言中，以及上文所讲种种，不难知之也。"

"我转变之后，即发表东西文化及其哲学一书，在此书最后所下之结论，我认为人类的最近的未来，是中国文化的复兴。书中赞扬孔子，阐明儒家思想之处极多。诸君聆我之讲话到此际时，至须注意：东西文化及其哲学一书之所以产生，实系问题逼出来也。

"民国六年，我应北京大学校校长蔡子民先生之邀，入北大教书，其时校内文科教授有陈独秀、胡适之、李大钊、高一涵、陶孟和诸先生。陈先生任文科学长。兹数先生，即彼时所谓新青年派，皆是崇尚西洋思想，反对东方文化的。我日夕与之相处，无时不感觉压迫之严重。（我对于儒家思想之了解系先前之事，而思想转变，由佛家而儒家，则在此时之后也。）我应聘之前，即与蔡陈两先生说明，我此番到北大，实怀抱一种意志，一种愿望，即是为孔子为释迦说个明白，出一口气。（出气二字或不甚妥当。）其时文科教授中诸先生有讲程朱老庄之学者，更有其他教员，亦是讲中国的学问。新青年杂志之批评中国文化，异常锋利动听，在他们不感觉到痛苦：仿佛认为各人讲各人的话，彼此实不必相干。仿佛自己被敌人打伤一枪，犹视若无事也。而我则十二分的感觉到压迫之严重，问题之不可忽略，非求出一解决的道路不可。在我未肯定我的答案以前，我一时可以缄默不言，但必是时时去找路子不可。探求答案，不稍甘一如他人漠不关心也。

"民国九年，蔡校长出国，赴欧洲考查，北大同人为之饯行。席间讲话，多半认为蔡先生此行，与东西洋文化之沟通，关系颇大。蔡先生可以将中国文化中之优越者介绍给西方去，将西方文化之优越者带回到中国来。在各人讲话完了之后，我即提出质问。我说：诸先生今日的说话，似颇耐听，但不知东方文化中有什么可以介绍给西方去？诸先生如不能确实言之，则今日一席话，实有类似于普通饯行之客套话，甚少意义与价值。

"由上以言，可见我凡事成为问题的，在我心目中从来不肯忽略过去。推究其故，还是不外我肯认真，不能不用心思，不能不加以考究。决不容许我自己欺瞒自己。如果我们说不出某一个问题中的道理，我们看到别人家是好或是对，则别人家即是好或是对，这点不能有迟疑的。我往常恒以旁人之忽略对方的意见，对方的见地之可怪。因为每一个人都会有他的见地，即便为荒谬的见地或意见，亦必有其来源。我们须认清了解对方，（即是与我不同者）的见地，明白对方的意见，是一件极重要的事。而普通人往往不能注意及此，宁不可怪。诸君中如曾注意阅读我业经发表之文字，可以看出我写文章的方法，多半为辩论体裁。先设身处地将别人的意见叙述的有条不紊，清清楚楚，而后再转折说出我的意见。我以往凡是批评西洋民主政治，以及批评俄国现行的制度，无一不是先把人家的意见研究过透澈，说得明明白白，然后再转折到我的批评。批评其不通，批评其不行。在东西文化及其哲学一书中，我对于西洋文化的优点，先阐明无遗；东方的不行处，说个淋漓痛快。然后归折到东方文化胜过西洋文化之处。我原来并不曾想到著书立说谈学问，只是心目中有问题，在各个问题中都曾用过心思，无妨将用过的心思说给大家听。因为我的问题，实即是大家的问题。我自己实实在在，无心著书立说，谈学问也。过去所以讲东西文化及其哲学的原因是如此，现在所以讲'乡村建设理论'的原因，仍复如此。

"我讲话至此，愿附带为诸君言者，即是我心目中愿写出以下四本书。第一为东西文化及其哲学，此已有讲稿出版。第二为'人心与人生'，此书内容于十六年春会为北京学术讲演会讲过三月，约得原书之半，全稿则未暇着笔。第三为'孔学绎旨'。第四为中国民族之前途亦名乡村建设理论。即此次为诸君所讲者。拟将记录稿加以修正，再行付样。所以想写人心与人生的原因，乃以东西文化及其哲学一书发表之后，我自己发觉了自己的错误。在此书中赞扬孔子与阐明儒家学说之处，不幸有两大不妥。我在此书第八版'自序'中曾有一段说话：

"这书的思想差不多是归宗儒家。所以其中关于儒家的说明，自属重要。而后来别有新悟，自悔前差的亦都是在此一方面为多。总说起来，大概不外两个根本点：一是当时所根据以解释儒家思想的心理学见解错误；一是当时解释儒家的话没有方法，'或云方法错误'。

"大凡是一个伦理学派，或一个伦理思想家，都必有他所据为基础的一种心理学。所有他在伦理上的思想主张，无非从他对于人类心理抱如是见解而来。至我在此书中谈到儒家思想，尤其喜用心理学的话为之解释。自今看去，却大半都错了。盖当时于儒家的人类心理观实未曾认得清，便杂取滥引现在一般心理学做依据，而不以为非。殊不知其适为根本不相容的两样东西。至于所引各派心理学，彼此脉路各异，亦殊不可并为一谈，则又错误中的错误了。

"'人心与人生'一书的内容，即在于纠正东西文化及其哲学一书中的此种错误。至若'孔学绎旨'一书之所以必须写出，亦复根由于东西文化及其哲学一书。因为在此书中我引证古书，解释古书时，又缺少方法，与从前的人犯了同样的病症，随随便便的说来，漫无准则。有意地或无意地附会牵和，委曲失真。从前的人解释古书时，往往如此。譬如大学上所讲之'格物致知'，各人即有各人的解释。朱子（熹）有朱子的解释，王阳明有王阳明的解释，其门下人又有各种不同的解释，有人统计过，关于'格物致知'的解释，古今有六百余种之多。如果我们解释古书有一种方法，而此种方法又为人所公认，则路子相同，结果亦必相同也。'孔学绎旨'一书之内容，即愿在这一方面有所贡献，能说明出孔子学说，以及解释中国古书的方法来。亦即是同时纠正东西文化及其哲学一书中的错误。总之，'人心与人生''孔学绎旨'两书之导源，皆系来自东西文化及其哲学一书。而东西文化及其哲学一书之产生，实由于我对于人生问题的烦闷。因为我对人生问题的烦闷，乃由实力主义思想，转变为出世的思想；又由出世的思想——即佛家思想，转变为儒家的思想。这都是沿着人生问题而发生变迁，而产生的问答。日昨曾讲及最近我省思的过去竟不知会有四不料。以下乃可以结束上文，讲到第二个不料。

"第二个不料，我小时候未尝读四书五经，而后来乃变为一个拥护儒家思想，赞扬孔子的人。普通人以为我赞扬孔子，阐明儒家的思想，必是曾经熟读过古书。殊不知我对中国重要古籍，不过仅如看闲书，看普通杂志般的浏览过。我须引证古书时，必须翻检原文，而且常常不能寻找得到。拥护儒家阐发孔子思想，乃偏偏出于我这样一个人，实所不料也。

"我的问题虽多，但归纳言之，不外人生问题，与社会问题两类。以上所讲皆涉及人生问题，以下请进而为诸君讲我的中国社会问题。此处所谓中国社会问题，是以中国政治问题为中心。我今日所提倡并实地从事之乡村运动，即是我对中国问题，政治问题的一种烦闷而得来之最后答案或结论。至若我之于社会问题，社会问题对于我之刺激究竟如何，此有待于按步说明下去。

"日昨我曾为诸君讲及，我肄业顺天中学时，我即很想做一个有用之人，为社会为国家做一番事业，有所建树。于此亦可看出我之关切大局，热心爱国。我记取彼时因为发生国际问题的原故,(究为何事,已不复记起。)全校同学,莫不慷慨激昂,痛心疾首,自愿受严格之军事训练,作御侮之准备。一若'九一八'事件发生后,各地学生之行动。其时我与同学雷国能君,被举为军事训练队队长,要求学堂监督,(校长)聘请军官到校授课,此一事也。日昨又曾为诸君讲及我对于国文一科,从来未曾下过功夫。可是我一向爱看爱写。其时最爱看之杂志即是新民丛报,国风报(此系新民丛报之后身)两种。又极爱看普通之日报。每日不看报,则无异于未曾吃饭饮水。这也是留心时事,与关切社会问题的表现。当时国内政见有两大极不相同之派别:其一为立宪派,即梁任公先生所领导者;又其一为革命派,即孙中山先生所领导者。革命派的文字,因其时北京尚在皇室之下,不易多得;但胡汉民、汪精卫诸先生之见解亦有若干小册子,由日本转寄得之,可以看到。至若立宪派之文字,则取阅较易。当时我最爱看'立宪论与革命论之论战'一书。因书中系搜集双方不同意见而成。我与此书,几于无时或离。日间则携而走,夜间则枕之睡。又因其时年岁尚小,无法参加立宪论与革命论之大战,乃参加小战。因彼时校中有同学甄亮甫者(曾入同盟会,后来担任中山先生秘书,现在在美国)系一赞成革命派之人,而我则赞成立宪派之意见。于是乃互相辩论,以书信体之文字发表,给予互相传观,此又一事也。在此种事实中,无在不是表示着我对于社会问题的关切,或兴味。

"革命论立宪论,皆是当时改革政治的主张。因为大家看出清廷无诚意实行君主立宪,所以许多人由立宪论者而转入为革命论者。辛亥革命随之而发生。其时我亦由立宪论者而转入为革命论者,并参加秘密工作。民国元年,我乃与甄先生办报纸,做新闻记者。在此时期,(即二十岁)曾有一短期,非常热心于社会主义。当时中国本有所谓'社会党',虽有声势,但内容空虚,颇不健全。(按即江亢虎所领导者)我并未与之发生关系。其时我偶然从故纸堆中检得一本张溥泉(继)先生翻译的日本社会主义者幸德秋水所著社会主义之神髓一书,阅后,心乃为之大动。且深深地反对私有财产制度,认为世间一切罪恶,皆渊源于私有财产制度。私有财产制度一日不废除,任凭世间有很严的法律,如军队、警察、司法官维持着不许大家轶出范围,结果都属劳而无功。当时曾有'社会主义粹言'一书之写作。自己向人借来钢板钢笔,自己缮写,自己印刷数十份,分送友好。此点在三十后文录一书'槐坛讲演之一段'一稿中曾经提到。槐坛者山东曹州第六中学唐槐下之讲坛也。但此时期（即热心社会主义之时期）颇短促无多日，由此时期乃一变而入于佛家思想，出世思想。此种变化，乃在热心社会主义思想之后。换言之，即是否认了社会主意理想社会之后，乃确定了我的出世思想，转入于佛家一途。这应归并于人生问题中言之，而无用在此论列也。

"我二十岁至二十四岁期间，既不欲升学，又不欲做事，谢绝一切，闭门不出，一心归向佛家；终日看佛书。在此时期内自己仍还关心中国问题，不肯放松，不肯不用心想，此点在'思亲记'一文中曾言及：

'公尤好与儿辈共语，恣之言，一无禁。吾兄既早就外传，及长，又出国游；两妹则女儿稚弱；健言者惟漱溟。公固关怀国家，溟亦好论时事。于是所语者什九在大局政治新旧风教之间。时在光宣间，父子并嗜读新会梁氏书。溟日手新民丛报若国风报一本，肆为议论，顾皆能得公旨。洎入民国，渐以生乖，公厌薄党人，而溟故袒之。公痛嫉议员，并疑其制度，而溟力护国会。语必致忤，诸类于是，不可枚举。时局多事，倏忽日变，则亦日夕相争，每致公不欢而罢。然意不解则旋复理前语；理前语，则又相持。当午或为之废食，入夜或致晏寝，或又就榻前语不休。其间词气暴慢，至于宣声达户外者有之；悖逆无人子礼，呜乎！痛已！儿子之罪不可赎已！'

"在彼时我父子两人，既非党员，又非议员，自己皆不在漩涡中，原可闭户安居，而仍如此争辩者，亦无非我父子二人对于社会问题之不肯放松一种呆气尔。（在三十前文录中有'吾曹不出如苍生何'一文，亦系此时所作；当时关切时局战祸的心情与对政治问题的见地，文中颇可见）。

"先父六十岁生辰将届之前数日，家人原拟邀约亲友，举行祝贺。因屋宇须加修葺，乃请于先父。先父认可，即去北京城北隅一亲戚家小住，该处有湖名净业湖，其后即投水自尽。先父离家时系在早晨，在他心意中早怀下自尽之念，惟家人不知耳。临行前偶从报上一段国际新闻引起闲谈，尚忆及他最后问我'世界会好吗'？我答复说：'我相信世界是一天一天往好里去的'。他点头说：'能好就好啊'。从此就没见到先父。父子最末一次说话，还说的是社会问题。自从先父见背之日起，因他给我的印象太深，事实上不容我放松社会问题，非替社会问题拼命到底不可。

"日昨已叙述到我从前对于社会问题之关切情形，但尚未说明我如何从对于社会问题之关切而转变到'乡村建设'的主张。今日将为诸君讲述此中种种，亦即是我对于社会问题之所以有此项答案之缘由也。

"此中种种，即从头至尾，转变之历程。似可分为若干段落说明。其最初之一段，即是上文也已说过者：我从前非常信佩西洋近代政治制度，认为西洋政治制度是非常合理的，其作用是非常巧妙的。我彼时总是梦想着如何而可以使西洋政治制度到中国来实现，从十五岁起，一直到二十余岁，都是如此。所谓'策数世间治理，则矜尚远西'者是也。在此际亦正是与先父的思想背道而驰的时候。诸君如果需要明白我彼时对于西洋政治制度之了解与思想，可参看中国民族自救运动之最后觉悟一书中第四篇'我们政治上第一个不通的路——欧洲近代民主政治的路'一文，此篇文，前半篇皆是阐明西洋近代政治制度之优良，巧妙也。

"日昨又曾为诸君讲及我在清末时原为一立宪论者，其后而转变为革命者。当我所以赞成立宪论时，实鉴于美国法国的制度。当时我对于中国问题之见解，以为最关紧要的是政治改造问题而不是对满州人报仇问题。如果认为是报仇问题则推翻满人，赶回满人到关外去，故甚当也。因为认作是改造问题，而西洋政治制度安排最妥善者莫如英国，则趋向于英国，乃自然之理。迨至清廷对于立宪无诚意时，大势所迫，不得不转而革命。但我之视辛亥革命仍是认作一种政治改造运动。民国成立之后，我以为政治改造之要求已属达到，或可说已有希望，而事实上乃大不如此。反至一年远似一年，一年不如一年，开始时还似有希望，而日后则越来越绝望。当此时也，一般人类多责难彼时三数强有力者之破坏政治制度，如袁世凯之破坏约法，以及其他军阀之攘夺竞争，而在我则始终认为这决不是某几个人所能破坏的。我们仅责难少数人，实已蹈于错误之境地。即如今日之国民党，党内种种不健全和失败，亦决不是某一个人的过失，或是某某等几个人的过失，我常喜欢对人如此说：我们看任何事，不要只看中心点，须看四周围，看背境，看环境；不能只看近处，还须得看远处；不能只看浅处，还须得看深处；不能只看一时，还须得看过去所以如此的成因与由来。所以在当时一般人都责难袁世凯和其他军阀有力者，而我则不然。我由此而转变到第二段思想中去。

"我深悟到制度与习惯间关系之重大，我深悟到制度是依靠于习惯。

西洋政治制度虽好，而在中国则因为有许多条件不够，无法建立起来。许多不够的条件中最有力量者即习惯问题。或关系其他条件，而可以包括许多其他条件者即为缺乏习惯这一极重要条件。因为中国社会，中国人（一切的人）缺乏此种习惯，则此种制度便建立不起来。

"我常如此说：我之看一个人，就是一团习惯，一个社会（不论是中国的社会，意大利的社会，乃至于其他的社会）甚么都没有，亦不过是一团习惯而已。中国社会之所以成为中国的社会，即是因为中国人有中国人的习惯。吾人须知道人类与其他动物不同，人类受后天影响极多，极大；而其他动物则不然，以先天所型者为多，人类之生长，即习惯之生长。此在稍稍了解教育学心理学者，类皆能知之也。吾人一举一动一颦一笑，皆有其习惯。所谓'习惯'，换言之，即是'路子'。譬如我写字时有我的习惯，有我的路子，一提笔即是如此。推而至于说话，亦复如此。两唇一张，即'那么来'。中国人一向就是'那么来'，有他那种习惯，有那样路子。而他的路子与西洋人本来不相同。夫然，西洋政治制度不能在中国建立起来，何足怪异？

"民国元年公布之临时约法，（即或是其他的新法令，新制度，如国会议员选举法等），在彼时虽然订成，虽然实行；但是这一件东西，只不过投入吾们大社会中一个很小之因子而已。只不过投入很有历史有习惯之社会中一个新的因子而已。这小因子（如上文所说国会选举法）投入社会之后，虽然因着刺激也可以发生反应的事实，（即是大家选举国会议员）；但是吾人应该明了，任何事实之构成，因子至多决不是单纯而简单的。新投入之小因子，不过很多因子中之极少极小部分，其比例必不及九与一；即新因子不迨旧因子之什一也。以故所得之结果有十分之九不是新的。此种结果，当然不是吾人当初所预期之结果也。征实言之，在公布临时约法时，其希望超过事实上所可做到者。约法之破坏，在一般人视为出乎意料之外，而在我则视为并非意外之事。应该认那最初草订临时约法者自己错误了。因为他们看着社会如白纸一般，看社会中人与软面条无异，可以任凭染色，任凭改变，欲红则红，欲绿则绿，欲长则长，欲短则短。而不知事实上所昭示于吾人者，乃大谬不然。我们虽然给予刺激，虽然看到反应，但不过动一动而已。其结果决非吾人当初所预期者也。总之小的因子，决不能有把握要社会到怎么一种地步去。

"所谓因子多,即是条件多;所谓旧势力大,即是旧习惯深。民国初年之后,国事日非,当时我并不责难某一个或少数人,我惟有深深叹息,叹息着中国人习惯与西洋政治制度之不适合。此时我已不再去热心某一种政治制度表面之建立,而完全注意习惯之养成。惟其如是,又从而引入了以下之转变。

"当我注意到养成新政治习惯时,即经想到'乡村自治'问题。此种过程颇明显,因为我心目中所谓新政治习惯,即团体生活之习惯。国家为一大团体。国家的生活即团体的生活。要培养团体生活,须从小范围着手,即从乡村小范围,地方团体的自治入手。亦即是由近处小处短距离处做起。我心目中所谓新政治习惯可分方面言之:其一即团体中之分子,对于本团体或公共事务之注意力,须徐徐培养起来。又其一即为培养其活动力。因为既经有了注意,即有'要如何'之方向。发生是非利害,赞成反对等意思,并奔走活动。希望活动力大,非团体中人对于此种活动发生兴趣不可。活动力不大,则团体无生气,无进步。我们要培养新的政治制度习惯,即是培养分子注意力,活动力,或即是团体力。因为我有这些觉悟,所以特别注意乡村自治。今日从事于乡村建设运动,实萌芽于彼时。简要言之,我是从政治问题看到习惯问题,从习惯问题看到团体力之培养,从团体力之培养问题看到由小范围做起,于是有乡村自治之主张也。

"关于上文所述种种,即是我的思想在此一阶段中转变的历程。忆民国十七年在广州政治分会曾有'开办乡治讲习所建议书'之提出,此稿尚可看到。其中即从养成新政治习惯立论也。又有'乡治十讲'之笔记稿一束,即在广东地方警卫队编练委员会为各职员所讲述者;惟未暇校正,时下亦未印行耳。

"我彼时注意政治习惯问题,很自然的转变到乡村自治(即今日之乡村建设)的主意。实在说来,尚不能算是深刻。因为彼时我虽然觉悟到中国如果要实现西洋式的政治制度,非先从培养此种制度之基础,即养成新习惯入手不为功。而未悟此种制度原不能实现于中国。日后我乃觉悟到决无法使中国人养成西洋式的政治基础,(即是新习惯)决不能培养成此种新习惯。因为其中有梗阻处,有养不成处。而其梗阻则由中国数千年文化所陶铸成的民族精神不同于西洋人而来。我所谓民族精神系包含以下两层:其一是渐渐凝固的传统的习惯;其二是从中国文化开出来的一种较高之精神。这两层皆为养成西洋式政治制度或政治习惯的梗阻。关于第一层之所以成为梗阻者，还容易看到：因为中国人，类多消极怕事，不敢出头，忍辱吃苦，退缩安分。此项阻梗或可矫正，不过比较费事耳。但在第二层则成为真的梗阻，真的不可能，而又为一般人所不容易看出者。因为西洋的政治制度或是习惯，较之于中国民族文化开出来的一种较高之精神为粗浅，为低下。在已经开发出较高的精神，实无法使之再降低，使之再回转过来。关于第一层乃是吾们中国人的短处，但在第二层则为中国人之优越处。而此优越所在，即是西洋人近代政治制度不能在中国建立起来的根本窒碍，无可设法解决的困难。中国人不能不别求其政治的途径。至若什么是中国文化较高之精神，中国文化较高之精神，为什么回不过来，我在中国民族自救运动之最后觉悟一书最前四篇论文中已分析言之矣。其中尤以第三篇'我们政治上第一个不通的路——欧洲近代民主政治的路'一文之后半节说得透澈。诸君可参看原文，兹不申论。

"我们回想最近二三十年来的经过，是不是政治改造运动失败史？较远之辛亥革命运动，以及十五年国民党北伐后厉行之党治，乃至于其间各次的政治改革。哪一次不是失败？有哪一次未曾失败的到家？我们回想其间的原因固由多数人不习惯、不明白为障碍，更有一种积极的力量，即是那些从事于政治改造运动者，他们不自觉的反对他，否认他，取消他自己的政治改造运动。此乃真正失败原因之所在也。从他们意识方面而言之，可以说他们是向西走或向南走，走向西洋政治制度的路子上去，而一究其实，则是向东走，或向北走，不向西洋政治制度的路子上走去，不自觉的背道而驰，或者说是一足向东，一足向西。而所以使他们如此者，实由于他们本身有不好的习惯，而同时又有较高之精神，要他们否认他们自己所要的路子；要他们自己拒绝自己的要求。这却是一般人所未能见到之处。

"吾人今日所处之地位，为最苦闷。即是因为政治上旧的新的道路都没有了。旧的道路再不能走回去，因为我们在意识上明白的积极的否认了他。在此情势之下，实无异乎吾人当前筑起一面高墙，阻着道路，想回去亦无方法通过也。从别方面言之，新的道路又未能建立起来。不仅未能建立起来，而且又在无意中，不知不觉中挡住了自己的前进，否认了自己所认为的新的道路。以故新轨之不得安立，实与旧辙之不能返归，同其困难。此亦为世人所不之知者。"

"这种觉悟（即是上文所述各节），比较稍迟。民国十年发表东西文化及其哲学一书时，犹未之知也。彼时一方面固然觉悟到中国文化开发出来的一种较高之精神，但在同时仍信服西洋政治制度为必由的途径。如果中国能建立西洋政治制度，则经济，工业等等皆可有办法。洎乎民国十一年至民国十六年间，才切切实实认识了，决定了西洋政治制度与中国不能相连。中国虽然可以有政治制度，但决不是近代西洋的政治制度。经过此番觉悟之后，即坚决而肯定了我的主张：从乡村起培养新政治习惯。（与先前所主张者，表面上虽相同，而实在则有别也。其大别不在答案之形式而在有此答案之由来）培养中国式的新政治习惯，而不是西洋式的。培养之方惟有从乡村起为最适宜。舍此以外，别无方法。并且我相信中国今日之地方自治，都市的成功，一定是在乡村自治成功之后。从表面上看来似乎都市中的自治容易办，因为都市方面物质较富，人民有知识，可以开会，选举，仿佛具备着相当的条件。而其实都市自治，要想办成，虽圣人亦不能也。当初的我，是从小范围的观点上注意到乡村；这时的我却是从新习惯之必为中国的而更加注意到乡村。

"明日当开始讲述乡村建设理论，今日将结束我的自述。日昨曾讲起我觉悟到中国人不能用西洋制度，于是吾人遂觉悟到一切现成政治制度于我们皆用不上。换句话，要吃现成饭不行的，必须自己创造。我希望大家明了此项确定的重要：因为我们既经明白了中国旧有制度以及欧洲近代之政治制度乃至于俄国式的政治制度，皆无法拿来应用，则我们非从头上来不可。前者所云，必须培养新习惯，从小范围，从乡村做起；这虽是从头上来之觉悟，但此种觉悟，尚未到家。待至此时恍然知无可假借，非从根苗处新生新长不行，这才是到家的觉悟。我这样的意思在心头盘旋往还，在上文内也已讲及，开始于民国十一年；但心头上老是不能决定，老是迟疑，因为还希望眼前能有一个对付的办法，可以使国家略好。盖此心颇不忍国家命运日濒于危境。直到民国十六年之际，我方始明确断定，在政治上，当前实没有办法。虽然在民国十五年国民党北伐时，胸怀中曾也满储着希望以为这或许是一个转机，或许是一个办法，而且在彼时既有种种传说，又有种种事实，不由得不使我怀着这种希望。迨至民国十五年底十六年初，我先前从朋友中分出的人由南方回北平之后，为我报告此行所得印象与感想等等，其时虽在国民党气势极盛之际，我既已明白了这条路子还是走不通，还是非失败不可。因为中国人都不会走西洋路，一切现成的制度，都无法拿来应用。

"民国十六年五月间，我因南方诸友好之殷殷邀约，乃偕友人南行，抵广州，晤会李任潮（济琛）先生。（时李先生以总参谋长代总司令留守后方），此中经过情形，我于中国民族自救运动之最后觉悟一书'主编本刊之自白'一文中第三节曾有所叙述；现在不妨把原文引征于下：

'自民国九年底，任潮先生离北京回粤，我们已六七年不见。我一见面，我问他，从他看现在中国顶要紧的事是什么，任潮先生原是'厚重少文'的一位朋友，向不多说话。他很迟重地问答我：'那最要紧是统一，建立有力的政府'。他又慢慢的申说，从前广东是如何碎裂复杂，南路邓本殷，东江陈炯明，又是滇军杨希闵又是桂军刘振寰，以及湘军豫军等等；人民痛苦，一切事无办法。待将他们分别打平消灭，广东统一起来，而后军令军制这才亦统一了，财政民政亦逐渐都收回到省里了。内部得整理有个样子，乃有力出师北伐。所以就这段经历而论，统一是最要紧的。现在的广东，实际上还有不十分统一之处，假使广东的统一更进步些，那我更可作些事。一省如是，全国亦复如是。我问他怎样才得统一呢？他说：'我是军人；在我们军人而言其责就在军人都拥护政府'。他更补说一句：'这所谓政府自是党的政府，非个人的'。我冷然的说道，'国家是不能统一的，党是没有前途的，凡你的希望都是做不到的'——他当下默然许久不作声；神情间，似是不想请问所以然的样子。——我们的正经谈话就此终止'。

"当时李先生的说话自是根据事实而来的。他既不能再说话，我亦不愿多说。因为其时他负有坐镇后方之责，我何敢扰乱他的心思。我乃离开广州城回到乡间（即新造细墟）去住。其后任潮先生似乎有点同味我初见他时所说的怪话，我才和他在一起共事，替他帮忙（担任政治会议广州分会建设委员会代理主席——代李先生）。关于民国十六年以后十七十八两年政治大局种种，将来回另行为诸君讲述。总之，在此时我觉悟到一切现成的政治制度都无法拿来应用于中国。中国在最近的未来，实际上将不能不是些分裂的小局面，每个小局面都还是大权集中在个人之手，将无法统一。即使统一亦不过表面形式而已。换言之将成为一个军阀割据的局面；所以不能避免此种局面的症结之所在，仍是由于中国无现成之政治制度可由轨循也。任何政治制度决不能在此短时期内建立起来。

"在此际，我的用思，有一展开。我很迅速的从政治制度问题而旁及于经济问题；从政治上之无路可走而看出于经济上之无路可走。原来，经济进步，产业开发不外两途：其一即是欧洲人走的而为日本人所模仿的路子。即是近代国家制度能确立，社会有秩序，法律有效力，各个人可以本营利之目的以自由竞争，成功的资本主义经济。其二即是俄国的制度，由政府去统制经济，若工业之收归国有，农业亦徐徐因国家经营农场之故而改变其私有的局面等等。这两条路，不论是自由竞争，或是统制经济，都须有其政治条件，或其政治环境。如前者之须有安宁的社会秩序，后者之须有强有力的政府，而此两大前提，在中国则全不具备。夫然，又何能走向欧洲或俄国的路子上去？但在另一方面看，舍此而外，又别无第三条路子可走，委实令人苦闷，彷徨，没办法。（在民国十八年时我准备写《中国民族之前途》一书时，曾列有我们政治上的第一个不通的路，第二个不通的路，我们经济上的第一个不通的路，第二个不通的路四章）。

"我又很迅速的开悟出中国经济的路子须与先前所觉悟到的政治制度或习惯，同时从乡村培养萌芽起，二者可算是一物之两面。政治习惯之养成，有赖于经济问题之解决；经济问题之解决，又赖于政治习惯之养成。所谓政治习惯，在上文内曾一再申说，即是团体生活习惯；而团体生活之培养，不从生计问题上培养不亲切踏实，同时生计问题，要有一解决，又非借结合团体的办法不行也。因此之故，我又看透了中国社会本来所具备的那全套组织和构造，在近数十年内一定全崩溃，一切一切只有完全从头上起，另行改造。我先前则以为政治制度是如此，现在却明白整个的社会，社会的一切，皆是如此，总须从头上起，另行改造。从那里改造起？何从理头绪？何处培苗芽？还是在乡村。

"我的思想上开展之处，尚不至此。当我看出中国社会组织构造已属崩溃时，便在比较中西社会组织构造之不同中，一方面寻求西洋社会的组织构造，如何从历史之背景演变而来？我们何以不能成那样的社会？依之，过去是那样，现在当然另是一个样子，将来另是一个样子。于是我先前所用之心思，所有的思想，遂随即落实而不是流于空洞之处。我的主张便更坚决不疑。在这些地方，得益于马克斯和共产党各方面之启发不少。我的主张虽不相同于马克斯和共产党。正因不相同而思想上获得许多帮助也。先前喜欢比较的研究东西文化，现在更上下沟通成为一体。如上文所提及之中西社会组织构造以及历史背景等等，其间何以不相同？东西文化及其哲学一书实开发出一副窍门也。我的许多实际而具体的主张，无一不本诸我的理论；而我的理论又根由于我对于社会之观察以及对于历史之推论分析等等。在观察社会与推论分析历史时，又无不在有关于东西文化之分析研究也。征实言之，我使用心思时有如下图所表示者：

（图：横的范围／纵的历史；圆圈内含政治问题、经济、社会组织构造）

圆圈所表示者为思想范围之横的扩展，箭头所表示者为过去未来之纵的通达。因为我是看的通体，是看的整个，不是看的片面，不是看的局部，便不由得向上追寻，向下推究。越向上追寻，越会看清楚下面，越看清楚下面，越会知道上面。在这样看透了通体整个之后，我一方面很快慰的认清过去对于东西文化所研究，一方面更成熟了我今日乡治的主张。此项主张之成立，过去对于东西文化之研究启发，实在很多。

"我提出'乡治'的主张，是民国十七年的事，而主张前后之贯通，完全成熟，则近三年间事也。此中详细经过，日后必须为诸君讲及。在此际惟有一点须先为诸君提者，诸君须认清我之用思过程，乃是从眼前实际问题起，（如先前因为对于中国政治问题之烦闷，以迄于日后归究到培养政治习惯等等，无一非眼前实际问题也。）绝非从高处理想起。因为是从眼前实际问题起，最初乃有一种很浅之觉悟，或主张；（如先所主张之培养政治习惯须从乡村起，）有此主张之后，乃实际去做，或继续不断的研究探索，于辗转而入于深微之处，辗转而入于比较抽象之处。或者说是入于哲学方面去了。可是关于这一点，我所见到者与罗素则不相同。应该在此附带作一声明与叙述。

"英儒罗素对于中国文化与精神,颇致佩服与爱赏。他由中国回归英土之后,时常讲到中国的文化。我数曾引征之。他说:'中国今日所起之问题,可有经济上、政治上、文化上之区别,三者互有连带关系,不能为单独之讨论。惟余个人为中国计,为世界计,以文化上之问题为最重要,苟此能解决,则凡所以达此目的之政治,或经济制度,无论何种,余皆愿承认而不悔。'(见罗素中国之问题一页)

"他又说:'余于本书屡次说明中国人有较吾人高尚之处,苟在此处以保存国家独立之故,而降级至吾人之程度,则为彼计,皆非得策。'(见前书二四一页)

"罗素认为中国文化决不可有损伤,这是他的成见。而在我心目中,本来却一无所有,空空洞洞,但是从眼前实际问题起向前去追求,凡可以解决实际问题者,我皆承受。其损及中国精神与否,我是不管的。但追求的结果,乃识得'中国文化''民族精神'这两个东西。虽然说像是抽象的,不可捉摸的,但从别一方面言之,却又是实在的,可以看出的他好似一面墙壁,如果不依顺他,则不能通过这墙壁。而达到此面墙壁时,非转弯不可。非至一定路程时,亦不能转弯也。所以我又说他不是空洞的东西,可以拿出来也。

"曾有人因为我好标举'民族精神'这名词,乃以什么是'民族精神'?'民族精神'在那里?两问题相垂询。推测问者的用意,或是以为我讲空话,其实我在发表东西文化及其哲学一书,尚未曾用到'民族精神'这名词。此不难从原书中得其证明也。其后发现了这个东西,遂名之曰'民族精神'。在上文中我曾屡屡说及我个人是呆笨认真的一个人,你便让我空空洞洞不着实我都不会。我非把捉得实际问题争点,我便不会用思,不会注意。我是步步踏实的。我非守旧之人,我因呆笨认真之故,常常陷于苦想之中,而思想上亦就幸免传统的影响,因袭的势力。'民族精神'这回事,在我脑筋里本来没有的。'东方文化'这大而无当的名词,我本是厌听的。我皆以发现实际问题争点,碰着钉子,以后,苦思而得之。原初都是不接收的。这点以后当慢慢向诸君道来。

"实在,在罗素先生他本人尽可放心,我们如果要在政治问题上找出路的话,那决不能离开自己的固有文化。即使去找经济的出路,其条件亦必须适合其文化。否则必无法找寻得出。因为这是找的我们自己的路，不是旁人的路。所以我们在先前尽可不必顾虑到中国文化，中国民族精神。在问题追求有了解决，有了办法时，一定不会离开他。许多人的用思，起于理想要求，这是一个绝大的错误。我之用心乃是从眼前实际问题起，罗素悬一个不损及中国文化的标准，倒使人无解决实际问题了。

"我所主张之乡村建设，乃是想解决中国的整个问题，非是仅止于乡村问题而已。建设什么？乃是中国社会之新的组织构造。（政治经济与其他一切均包括在内）因为中国社会的组织构造，已完全崩溃解体，舍重新建立外，实无其他办法。至若应用这个名词，亦有几度修改，十七年我在广州时用'乡治'，彼时在北方若王鸿一先生等则用'村治'。如出版村治月刊，在河南设立村治学院等等皆是也。民国十九年，河南村治学院停办，时今山东省政府主席韩向方（复榘）先生邀约在豫办理村治学院诸同人来鲁创办类似于村治学院性质之学术机关。我等来鲁之后，金以'村治'与'乡治'两名词不甚通俗，于是改为'乡村建设'。这一个名词含义清楚，又有积极的意味。民国二十年春季，即开始应用。但我之主张，则仍继续以往之村治主张，并未有所改变也。还有我们所主张之乡村建设，可以包括一般人口中所常说的'乡村建设'；但一般人口中所常说的'乡村建设'，则不能包括我们所主张者。因为他们的主张还多是局部的，非若我们之整个也。最近六七年我皆是在研究并实际从事于此种乡村建设运动中。

"在上文内，我曾提及，我现在反省我的过去，我发觉到自己有四不料：第一个第二个不料都已说过，第三个不料也已经说的分分明明，即是不料我自生长于北京，而且好几代皆生活于北京，完全为一都市中人，未尝过乡村生活，而日后乃从事于乡村工作，倡导乡村建设运动；以一个非乡村人而来干乡村工作，真是当初所不自料的事。现在再继续下去讲第四个不料。

"第四个不料即是当初我不自料乡村建设运动与民众教育或说是社会教育为一回事。记取十九年率领河南村治学院学生赴北平参观时，现任师范大学校长李云亭（蒸）先生招待同人等于公园内，席间他演讲曾提到在他心目中看村治学院是民众教育的工作。（李先生为一热心倡导民众教育者，曾先后任江苏省立民众教育院劳农学院即今日教育学院之前身，教授实验部主任,教育部社会教育司司长)彼时我心实未敢苟同此意。以为我们所办理明明白白为乡村自治自卫,我们何尝从教育出发,何尝在办教育?但过了数年,到此间,我已经回味到李先生说的不错,乡村建设也就是民众教育。民众教育不归到乡村建设就要落空;乡村建设不取道于民众教育将无办法可行。在实事上无处不表现出这个样儿:我们不妨提出几种略加说明:

"去年夏季七月半前后,在邹平举行之乡村建设讨论会,(其后改为乡村工作讨论会)前来参加者,以教育机关为多。如定县平民教育促进会无锡江苏省立教育学院,上海中华职业教育社等;明明为一乡村工作讨论会而乃以教育机关前来参加者为多。又如去年八月间,中国社会教育社举行第二届年会于济南,本院亦前往参加。年会讨论之中心问题且为'由乡村建设以复兴中华民族'。明明是一个教育团体的年会,而讨论之中心问题亦复是'乡村建设'。本院定名为'乡村建设研究院',并未标榜其目的在谋中国教育之改造,而中外人士之视本院则多认为本院乃是从事于教育改造工作的机关。如美国哈佛大学教授霍金,哥伦比亚大学教授罗格等来华考察教育之结果,莫不视本院是一个谋教育改造的机关。广州中山大学教育研究所主任庄泽宣先生(现已不担任此项职务)于去年赴欧参加世界新教育会议,讲及中国之新教育运动时,特于本院在邹平之工作介绍颇多。各省人士来本院参观之后,多北上又去定县参观,本院与定县双方自身,并未自己说我们是相同的工作,而外人之视本院与定县,则为同样工作,这些都是事实。

"又如二十一年,南京国民政府内政部召集之全国第二届内政会议,被邀参加者有本院,有定县平民教育促进会,有无锡教育学院。本来内政会议讨论地方自治问题,而请本院出席,原无足异,但又邀请定县与无锡参加者,可知在内政部方面看,不论邹平、定县、无锡,皆是做的地方自治的工作。又事前曾简派各省地方自治筹备员,山东为我,河北为晏阳初先生,江苏为高阳先生亦可见。再次二十二年一月间,教育部召集之民众教育会议,定县、无锡被邀出席,固极应当,但亦请本院参加;可知教育部的看我们都是从事于民众教育工作者。当真的,我们乡村建设之推行机关,所谓乡农学校,或乡学村学者,亦就是民众教育机关,因此之故,不待为理论之申明乡村建设与民众教育已不可分,事实上已合而为一矣。

"我们再推究其间的原因，即是这两个方面的所以合流，不难知道这是由于中国社会问题的管束，使之不得不然也。因为大家身躯上都有中国社会问题的负担与压迫，在探求方向时，在寻求自家工作，或自家事业如何办法才对之时，不期然而殊途同归。办教育者除非不想办真正的教育，如果想如此，非归到乡村建设不可。从事于乡村建设工作者，除非不欲其工作之切实，欲其工作之切实，亦非步教育的路子不为功。乡村工作者在探求方法时，只有归之于教育；教育者在寻找方向或目标时，也只有归之于乡村建设。这都是中国社会问题逼迫他们如此走。

　　"回想到去年夏季在邹平举行之乡村工作讨论会，我敬聆各方面的报告，得有一个很好的启发，即是今日社会中有心人士，来从四方八面各不同的方向，无一不趋归于一处，即是趋归于乡村建设，这也是在他们当初所不自料的。譬如我们听华洋义赈会，定县平民教育促进会，上海中华职业教育社华北工业改进社，燕京大学社会学系主办之清河试验区，以及来自河南村治学院同学会，镇平汲县遂平各处友好的报告，（如由上列每个团体工作进行之经过与转变考究之，亦可得知以下之结语）不论他们办事业的最初动机在救人，在提倡识字，在训练工商应用人才，在研究学术，在乡村自救，（或自卫）而演变结果，皆归到乡村建设来，均认定于此处着手，方始根本有办法。此点实给予我们一个最大、最关切要的启发。我们与其说乡村建设运动是人为的，真不若说是自然而然的。我们与其说乡村建设运动倡导于我，不如说这是历史的决定。我亦是被历史决定的，所以我亦料不到我自己啊！"

第二节　乡村建设理论提纲

　　由上节吾人已可略明白梁漱溟先生之思想理路，下应详细解说乡村建设理论；然其全部理论，博大思精，若蕉分缕析，恐无如许篇幅。即梁氏在研究院讲演时，每日二小时，尚需六七个月以上，故只能提纲挈领，列其大概。

甲部　认识问题

一、乡村建设运动由何而起？——

（甲）浅言之，起于中国乡村的破坏，即是救济乡村运动。

总计破坏乡村之力量有三：

1. 政治属性的破坏力　兵祸，匪乱，苛征等；
2. 经济属性的破坏力　外国之经济侵略等；
3. 文化属性的破坏力　礼俗风尚之改变等；

而三者又相连环，辗转影响，加重其破坏。

中国近百年史即一部乡村破坏史。

1. 前大半期　顺着近代都市文明的路学西洋而破坏中国乡村。
2. 后小半期　又由反近代都市文明的潮流学西洋而破坏中国乡村。

（乙）进一层言之，是起于中国乡村无限止的破坏，迫得不能不自救；乡村建设运动实是乡村自救运动。

三大破坏力以文化居先，而政治最大。因破坏不外两面，国内的与国外的。国内的固当由政治负责，即国际的侵略，其责亦在政治，政治于乡村为害为益，可分四层：

1. 为益于乡村之政治——人类未来文化乃得有此。从来所谓政治，无不有剥削在内，无非利于少数人而不利于多数人者；尤不利于乡村。
2. 为害为益均甚少的政治——此指中国旧日不扰民的政治。所谓政治，大抵均为阶级统治，而旧日中国独不然。有统治者而无统治阶级演成消极无为之局，遂得如此。
3. 为害乡村较大的政治——此谓封建阶级统治下之政治，其剥削最甚。资本阶级下之政治，其妨碍乡村最甚。然为一个统治力究有秩序，故犹有保全。
4. 为害最大的政治——此谓今日中国之政治。统治力为多个的，无复法律秩序。但有一往不顾之破坏。每个统治力各顾自己，乃绝不稍顾惜乡村，乡村于此乃纯落于被牺牲地位。

例如河南镇平等地方，非靠自己保卫不可，乃至乡村自卫的讲求，成普遍风气，皆不得不自救之表征。

（丙）进而言第三层，是起于积极建设之要求。乡建运动，即我民族社会的新设运动。但其他国家之建设，未闻必为乡村；即如日本，亦为东方农国，其自维新以来之建设，固未尝为乡村建设。中国建设何为而必于乡村求之？

1. 从过去言之，中国未能如日本之走上近代工商业路，此其原因可分两方：

　　a. 国内情势不同之比较：日本皇室，万世一系，尊王为新空气。中国皇室则为外族，排满是旧仇怨。使中国当时非外族，必较好；或外族而新入主中华尤好。但均非是。故满洲皇室不能不倒，而中国政治制度顿然随以一同倒废。全中国社会，无复可以尽维系作用之政治中心。且日本维新与复古同时，借旧精神吸收新文化，借新朝气维系旧系统。政治有办法，故经济有办法，于是走上近代工商业之路，而模仿成近代都市文明。中国则政治无办法，一切无办法，走入破坏之路，无建设可能。

　　b. 国际情势不同之比较：日本维新，距今六十年。其时（1）欧洲国家正在侵略澳非等洲，尚未集中力量，进攻东亚，故所受外力压迫较松缓；（2）科学技术不逮今日进步，因而所受威胁亦较小，追步西洋亦易；（3）正当追步西洋之际，适欧战爆发，予日本以发达工商业之最好机缘。凡此较好情势，中国均错过，未得利用。

　2. 自今后言之，中国将永久不能如日本之走上近代工商业路，其故：

　　a. 近代工商业路今已过时，人类历史已走入反资本主义阶段。

　　b. 近代工商业路为私人各自营谋，而不相顾的。不合现在国家统制经济，计划经济之趋势。在今日国际间盛行倾销政策下，威胁太大，亦无发展余地。

　　c. 近代工商业路所需政治条件，（政府能安定秩序，并保护奖励）。在我亦不具有。

　　或又问：日本之近代式建设不可学，何不为现在式之建设如苏俄？在技术进步，国际威胁最大之今日，言经济建设诚无逾苏俄所走之路；但其所需政治条件乃更大，为我所不具。在各不同国度内，经济建设之所取径，将一视其政治条件（政治环境）为转移，决定今后中国政治所从出之途，适与苏俄相反，而为作始于救济乡村，乡村自救之乡村运动所构成特殊形态之政治，因而中国之经济建设乃必为乡村建设。此政治的理由，俟后自详；兹且言其经济的理由：

　　所谓中国建设（或云中国经济建设）必走乡村建设之路者，即谓必走振兴农业，以引发工业之路。换言之，即必从复兴农村入手。今日国际大势：（1）技术与经营组织猛进，有所谓产业合理化。生产过剩，向外倾销；（2）国家统制经济，计划经济之趋势日见；（3）着眼于有以自给，农业与工业并重；极力拒守关税壁垒益严。中国承兹影响，土货出口，惨遭排斥，外货入口，转见激增，农业工业，相率凋落。将来设有产业复兴之机，其势亦断非求市场于外国者。而国内连年以来，农村破坏，已成普遍现象，以致资金偏集二三大埠，内地悉就涸竭，全国金融滞而不通，产业乃益从而凋落，此时唯一关键，要在：

1. 使内地农村能利用外埠过剩资金，以恢复生产，增进生产。因而增进一般购买力，以促兴民族工业，而后工业乃至一切产业，以次可兴。

2. 使外埠屯集之资金，得进输于内地农村，以冀农产原料之增加而输出，工制品及工具之需要而输入，俾资金环转流通，而后全国金融可以活泼流通而不滞。

更分条言之：

a. 中国农产有基础，而工业没有；恢复农业生产力，当较兴起工业生产力为简便迅速。例如眼前如何求米麦棉花之有以抵代外货，即最要着，亦最有可能者也。

b. 农业生产所需要件为土地，在我为现成；而工业生产所需要件为机器，适我所缺。工业后进国，例必以农产出口易机器，而后工业可兴，不能先从工业入手也。

c. 农业技术比较许我徐图进步。

d. 在农业技术前进程中，工业自相援相引而俱来。如因农业化学而引起之工业，因农业机械或工程而引起之工业，因农产制造而引起之工业等。

e. 在农业前进程中，农民购买力增加，许多工业乃因需要之刺激而兴起。

f. 如是生产力购买力辗转递增，农业工业叠为推引，而产业乃日进无疆。

盖中国图兴产业于世界产业技术大进之后，自己手工业农村破坏之余，外无市场，内无资本，舍从其社会自身辗转为生产力购买力之递增外，更有何道？是即所谓必由复兴农村入手者也。

（丁）进而言其第四层：今日中国问题在其数千年相沿袭之社会组织构造既已崩溃，而新者未立。乡建运动为吾民族社会建设一新组织构造之运动，此为其真意义所在。当知：

1. 中国社会日趋破坏，向下沉沦，在此大势中，其问题明非一乡一邑所得单独解决；故乡村建设实非建设乡村，意在为整个社会之建设，或可云一种建国运动。

2. 此社会向下破坏沉沦之所由致，主要在其内部之矛盾冲突；而此矛盾冲突，则为外界潮流，国际竞争所引发。以内部矛盾而社会组织构造崩溃，以组织构造崩溃而矛盾冲突益烈，如是辗转无已。于此际也，若不能把握其矛盾所在，而条理之，转移之，惟茫然泛然求好，求进步，或求一部分进步，某方面之好，乃盲瞽全无头脑者之所为。乡村建设初非泛然求社会进步，盖将以转移社会大势，启其向上进步之机，而求有一新组织构造之开展出现。新组织构造有一点萌芽，而社会有一分进步；社会进步一分，而新社会构造乃益开出。如是辗转无已，而新社会建设成功。

人非社会不能生活；而社会生活，则非有一定秩序不能进行。任何一时一地之社会，必有其所为组织构造者形著于外，而成其一种法制礼俗，是即其社会之秩序也。于此一时一地，循之由之则治；违之离之则乱。是在古人谓曰治道。中国此时盖其社会组织构造根本崩溃，法制礼俗悉被否认，夙昔治道已失，而任何一秩序建立不成之时也。处此局中者，或牵掣抵牾，有力而莫能施；或纷纭扰攘，力皆唐捐；或矛盾冲突，用力愈勤而为害愈大。总之，各方面或各人，其力不相顺益，而相妨碍。所成不抵所毁，其进不逮其退。外国侵略虽为患，而所患不在外国侵略。使有秩序，则社会生活顺利进行，自身有力量，可以御外也。民穷财尽虽可忧，而所忧不在民穷财尽。使有秩序，则社会生活顺利进行，生息长养，不难日起有功也。识得问题所在，则知今日非根本上重建一新组织构造，开出一新治道，任何事不必谈。

二、欲明乡村建设所以为重建新组织构造，开出新治道之理，且先言中国旧社会之组织构造，及其所谓治道：

（甲）在昔西洋以个人直接教会，今以个人直接国家，尤以近世来，个人主义盛行，遂形成一个人本位的社会。既不胜其弊，乃翻转来企图，改造成一社会本位的社会。旧日中国社会，于此二者，皆无所似；乃若以伦理为本位者。人生必有其相关系之人，此即天伦。人生将始终在与人相关系中，此即伦理。亲切相关之情，发乎天伦骨肉，乃至一切相关之人，莫不自然有其情。情谊所在，义务生焉；父义当慈，子义当孝，兄之义友，弟之义恭，夫妇朋友，乃至一切相关之人，莫不自然互有其应尽之义。伦理关系，即表示一种义务。一个人似不为其自己而存在，乃仿佛互为他人而存在者。近世之西洋人反是，处处形见其自己本位主义，一切从权利观念出发，试从社会经济政治三方面征之：

1. 社会方面　于人生各种关系中，家乃其天然基本关系，故又为根本所重，谓人必亲其所亲也。人互喜以所亲者之喜，其喜弥扬；人互悲以所亲者之悲，其悲不伤。外则相和答，内则相体念，心理共鸣，神形相依以为慰，是所谓亲也。人生之美满非他，即此家庭关系之无缺憾。反之人生之大不幸非他，亦即于此种关系有缺憾。鳏寡孤独，人生之最苦，谓曰无告；疾苦穷难，不得就所亲而诉之也。此其情盖与西洋风气不孤而孤之，（子异居，有父母而如无父母）不独而独之，（有子女而如无子女）不期于相守，而期与相离，又乐为婚姻关系之不固定者，适异矣。由是而家庭与宗族，在中国人生上占极重要位置。乃至亲戚乡党，亦为所重。习俗又以家庭骨肉之谊准推于其他，如师徒、东伙、邻右、社会上一切朋友同侪，或比于父子之关系，或比于兄弟之关系，情义益以重。举凡社会习俗国家法律，持以与西洋较，在我莫不寓有人与人相与之情者，在彼恒出以人与人相对之势。社会秩序所为维持，在彼殆必恃乎法律；在我则倚重礼俗。近代法律之本在权力，中国礼俗之本则情与义也。

2. 经济方面　夫妇父子共财，乃至祖孙兄弟等亦共财。若义庄义田，一切族产等，亦为共财之一种。兄弟乃至宗族间有分财之义务；亲戚朋友间有通财之义。以伦理关系言之，自家人兄弟，以讫亲戚朋友，在经济上皆彼此顾恤，互相负责。有不然者，群指目以为不义。故在昔中国人生计问题上，无形有许多保障；在西洋则夫妇异财，其他无论。在西洋自为个人本位的经济，中国亦非社会本位的，乃伦理本位的经济也。

3. 政治方面　但有君臣间，官民间相互之伦理的义务，而不认识国家团体关系。又比国君为大宗子，称地方官为父母，举国家政治而亦家庭情谊化之。以视西洋近代之自由主义的宪法，在政治上又见出其个人本位与国家相对待者，又适不同。

（乙）在昔西洋社会以贵族与农奴阶级对立，今以资本家与劳工阶级对立，中国社会于此二者，亦无所似。若称西洋为阶级对立的社会，则中国殆可云职业分立的社会。所谓阶级对立者，以其社会中生产工具，生产工作，分属于两部分人，一部分人据有生产工具，而不任生产工作；（贵族资本家）一部分人为役于生产工作，而不能自有其生产工具。（农奴劳工）遂成彼此对立之势。所谓职业分立之社会不然。生产工具无为一部分人所垄断之形势，殆人人得而有之，以自行其生产。各为生业，分途并进，对立之势不成，其所以致此者有三：

1. 土地自由买卖，人人得而有之；
2. 遗产均分，而非长子继承之制；
3. 蒸汽机电机未发明，乃至较大机械亦无之。

由前二因，而土地之垄断如封建社会者不成；由后二因，而工业资本之垄断，如资本社会者不成。经济上无垄断，则政权之垄断亦不能有。此即官吏贵族分开两事，而以考试制度取官吏之制也。政权之相对的公开，许人人得有机会参与其事，乃更以减免经济上之垄断趋势，而稳固此职业社会焉。

（丙）此伦理本位，职业分立，之二者又交相为用，和互相成。例如经济上之伦理本位，大足以减杀经济上之自由竞争而分其集中之势；消极不使趋于阶级对立，即是积极助成职业分立。同时此职业分立的小农小工小商，恰好以家庭经营为宜，使其夫妇父子兄弟益感生活上相依为命之情，而巩固其伦理。又职业分立，各有前途可求；富贵贫贱，升沉无定，由是有家世门祚观念，或追念祖先，或期望儿孙，使人倍笃于伦理，而益勤于其业。

（丁）在伦理本位，职业分立的中国旧时社会中，从未有革命而只有周期的一治一乱。革命者推翻社会之组织构造而重新建立一新秩序之谓也。中国社会是：

1. 伦理本位的。以情谊关系连锁众人，彼此顾恤，力求相安；人与人间无相对之势，重情谊而各归于自责，不至发生革命。
2. 职业分立的。人人机会均等，各有前途可求，每一个人皆向内用力，鞭策自己，以开拓自己的命运。前途无障碍，找不着对方，不能发生革命。

中国向来政治局面的维持，大都少用武力，多用教化，少用法制，多用礼俗。就是说中国社会组织构造中只是需要以礼俗来维持社会的相安，不能拿武力来统治。中国一向只有统治者而无统治阶级。官吏与贵族分开，而官吏又是来自乡间，与统治者不成一利害一致的阶级。故以消极的维持求相安，不以积极的强制求统治。

英国有句老话，说："国家政治是一种恶。但是这个恶是个必要，是个少不得的东西。"日本长谷如是闲氏于现代国家与中国革命中谓："近代的英国人以国家为必要之恶，中国自数千年前之古昔，已把国家当做不必要之恶了。"中国人之所以不要国家，无国家观念，其故：

1. 即由于政治构造之特殊，只有统治者而无统治阶级，在上者不敢积极的管理人民。

2. 由于外面的环境使然。中国以前无国际竞争，人民不感到国家保护的必要；国家不需要人民与国外竞争。中国社会没有革命，但有一治一乱的乱；乱者即此社会构造之暂时间断，然非变革，故不久又回到原像。所以说中国文化是表现一种盘旋不进的状态。

（戊）中国社会所赖以维持的几个要点：

1. 中国社会之所以平安，是中国人用力方特殊的缘故。要紧的是中国人的人生态度是对人的而非对物的；也就因为这样才成功了伦理情谊的，职业分立的社会。因为是人与人的，伦理关系的，处处向内用力，有问题就在自己身上求解决，各人求之于己，于是社会就维持了。因为职业分立的，各有前途可求，只要自己努力，没有不能开拓出更好的未来，这自己努力，又训练了中国人的向里努力。此向里努力，即所以维持中国社会之第一要点。

2. 社会是伦理情谊的，自然维持这个的是教化而非强制。此教化（此所谓教化非教育，亦非宗教，近似社会教育。）即所以维持中国社会的第二要点。

3. 靠教化也就是靠礼俗，而不靠法律。在中国只有强有力的传统礼俗，而缺乏有力的法律制度。此礼俗即所以维中国社会的第三要点。其实，教化、礼俗、自力、都是交相用，都是一件事，可如此表示之。

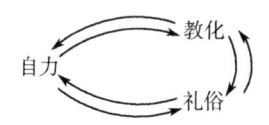

（己）理性

自力礼俗教化三者，内容是一非二，同是人类的理性。欲知中国社会之组织构造，欲知中国之文化，中国之民族精神，不可不知中国人所认识的人类的理性。

礼者理也，礼俗本于理性。

教化所以启发理性。

自力的本身即是理性。

何谓理性？人类平静通达而有情的心理，即理性。人与人间说话最容易通时，即理性。理性又可释做情理，俗谓近情近理者是也。

中国文化的特点与优点，就在能发挥人类的特长——理性。

理性为人类所独有，为人类所普有，但其开发是渐次的。中国社会开发理性的条件尚不够，但理性早已开发，故谓之曰"人类文化的早熟"。

中国人的理性开发，让宗教在中国永不得成功；历史上很早就几乎没有宗教。

中国圣哲如孔孟以及一切儒者，都不以宗教力量来统摄人，却特别信任人相信人。相信人人有可说得通者，——理性。其着重点在唤起人的理性，点醒人的理性，开发人的理性。叫人从"是非""善恶"来判断，而不是从"罪"与"福"的观念，叫人趋吉避凶。

理性非理智，只近于理智。他包涵两种理：一是情理，一是物理。

中国圣哲要启发人的理性，故把社会一切"礼"化。"礼"者本乎人情自然之谓。即叫人一切事情从情礼上做。"礼化"的结果，化除了（一）强暴；（二）愚蔽。把人与人之敌对心化去，把人之近于禽兽性心化除，使人举动言语都很文雅温和清明，一切礼化，一切帮助了理性的启发。

中国人的理性开发最早，故能让彼此最易冲突之各种宗教在中国并行而不悖，云："教虽不同，其理则一。"中国人是直接信理，间接信教。

（庚）理性之代表者

代表理性以维持中国社会秩序的是士。理性最高，故士之地位亦最高。士是公平正直之理的代表者，主持教化，维持礼俗。所以他是"师"。中国社会最尊师，其地位高于天子，高于庶人。

```
士──(师)<　天子
　　　　　庶人
```

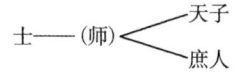

而社会的构造上却如是——

君——士—→众庶

士居于君与民之间，维持和平，缓冲两面。其用以挡住两面者是理。

（辛）所谓周期的乱

周期的乱是由于承平日久，向里用力之社会中，有一部分向外用力，或

（1）由于君主，

（2）由于众庶，

（3）由于士人，

渐次三种人互相冲突，而发生大混乱。此时君主推翻，众庶死亡，士人新陈代谢，于是人心厌乱，贤民辈出，天下又入于平治。但承平既久，又要乱，如是反复。然前后社会之组织构造，所以维系社会之秩序者，并未有何改变也。

三、旧社会组织构造的崩溃

中国过去之乱是周期的，已如上述。现在的乱与前不同，乃社会组织构造的崩溃。因为中西文化的相异，中国社会受西洋文化的影响，与国际势力的压迫，消极散漫无力的社会，不能应付；乃枝节变更自己以求适应，然每度变化，皆无结果，只正面的使自己崩溃而至于解体。盖：

（甲）今日之乱不同从前，是由于世界潮流，国际压迫引发出来的。引发出来了中国人的问题，否认了旧有道路，使中国旧社会组织构造崩溃。

一方面是自觉的，为要求新的（奔赴于理想）因而破坏了旧的；

一方面是不自觉的，因受西洋经济影响，不知不觉的学取西洋，改变自己，因而破坏自己。

（乙）中国之所以失败，很显然的有两点：

（1）缺乏科学技术，

（2）缺乏团体组织，

而尤重在后者。中国人虽有家庭亲戚乡党宗族等关系，但只有消极的

顾恤，无积极的有所作为。无团体意味，只有伦理关系；无团体观念，故亦缺乏国家观念。无公德，自私。

谁叫中国人无团体？是孔子。孔子启发人的理性，使中国人无宗教，使宗教不能在中国成功。用理来代替偶像，以维系社会。将社会标准放在个人心中，放在各个人的理性上。这是中国文化之优点，亦即使中国社会散漫无组织之故。惟中国理性开发太早，无宗教，无阶级，除身家观念，一秉大公，以至于无公。西洋人公从私来，其私是一阶级的私，一宗教团体之私，他是为公即为私，为私非为公不可，他是到家的私。中国人与人不分；无所分，就无所合，无分无合，故成一散漫的，而无团体。

中国人无团体组织，致有下列二大缺欠：

（1）无纪律习惯，

（2）无组织能力，不会商量着办事。

中国人缺乏科学技术，团体组织，故与外来文化相遇，节节失败，节节破坏。

（丙）伦理本位社会的破坏

旧社会组织以伦理为本位，以义务为出发点。自西洋传入个人本位，权利观念，伦理本位社会乃被破坏。由以对方为重的，一变而为对外抗争。政治上如辛亥革命，与十五年十七年的北伐。再由政治的变动，影响到法律的改定。社会上出现以保护私人权益为职业的律师。社会风气因经济之进步，起了质的变化，尤其思想方面，因中国人之勇于服善，爱好真理，很快的接受新知识、新道理，与旧的社会一再冲突。而西洋近代潮流尚在努力接受时，又传来一反近代潮流思想，风气，均截然相异。陷中国人于左右莫知所从违之境。于是出现二大矛盾于今日之社会：

第一，中国社会病在散漫，要求团结，而个人主义的输入，则盛昌分离，自由社会主义的输入，也专讲斗争反抗。我们需要"向心力"，外来的却增加了我们的"离心力"。一面要团体，一面要反团体，此矛盾冲突之一。

第二，我们由专制中求解放，要尊重个人，而反近代潮流，输入了"专政""统制"；在自由未建立，尊重个人的习惯尚未养成的中国，又大讲其无限制干涉主义，此矛盾冲突之二。于是使中国陷于左右来回的双重矛盾中。从此各是其是，各理其理，社会失去价值判断，自然变乱相循，迄无安定。

（丁）职业分立社会的破坏

职业分立的社会，是机会均等，各有前途，就是说没有垄断。士可以为农工商，农工商也可以入仕途。惟"名""利"则不可得而兼。做官（士）不能要钱，经商品级最下。自西洋功利思想输入，士不以言利为耻，且以言利为尚；同时工商业进步，学术知识，与工商业日愈亲近，有知识者能运用巧思以谋利之士商与没有知识不能运用巧思出卖苦力之农工，显然分立。于是：

教育机会被垄断，

经济机会被垄断，

政治机会被垄断，

三者具有连环性，得其一亦得其余；于是机会均等，各有前途之社会，遂渐形破坏。

然此垄断又苦于不成功，盖垄断所需要之条件，是社会秩序；中国现在无秩序，社会无保障，所以垄断终不成功，阶级始终不能对立。也正因中国无阶级，统治力无所寄放，使政治无办法，社会更无秩序，更不能有垄断，更不能有阶级。

中国社会无秩序，故不能成功垄断剥削之局，而成一争夺之局。中国不是秩序不平的问题，而是秩序没有的问题，所以一乱而不可遏。

总结以上，中国伦理本位之社会破坏后，个人本位，社会本位皆未成功。中国职业分立的社会破坏后，阶级对立的垄断的社会也未成功。循分自进之路既绝，阶级革命之局不成，只有武力争夺，秩序纷乱，故中国此时为最苦。

四、中国政治无办法，国家权力建立不起

中国旧社会组织构造破坏，让中国政治无路走，无办法；中国政治无路走，无办法，让中国旧社会组织构造更加崩溃。所谓政治无办法，即国家权力之不能建立。其故有六：

（甲）中国向来是消极无力的政治，不能骤然积极发出力量，也不可积极发出力量。

（乙）中国向来是礼让客气的社会，大家向里用力，而不对外用力，无法变为抗争，打倒，阶级对立。

（丙）此时的中国，思想极其纷歧，无共同问题，共同信仰，亦即无法统一。

（丁）中国没有阶级，历史上也没有阶级，现在也没有阶级，这是使中国国权不能建立的主因。上述三点，亦由此而来。

辛亥革命，民国建造；十五年北伐，党国建造；两度努力，都归失败。其主因因为中国没有阶级。民治与阶级统治，本来相反；但民治的成功，必先靠阶级作过渡，而中国恰无有。故国权始终未能建立。多说一点，就是中国社会原来即不成为两面，自清室倒后，更没有了可做社会中心的阶级；知识分子亦因种种关系，不能自成一阶级，大多数人更是无知散漫，不能结合。无阶级则与西洋民治所需条件不合，那种准民治，寓阶级统治于民治之中的办法，在中国事实上无依据，故民治不能成功。混乱十余年，又作第二次的试验，此为直接用武力的阶级统治试验。但中国下面农工，一面散漫分离，无法团结，无共同问题，因之不能构成自下往上翻的革命，而成了知识分子的革命。社会没有反面力量督促，虽有党亦是主观的，没有阶级基础，没有革命对象，而中国的知识分子又都是浪漫、自由、散荡、个性强，不能结成一真正的党。因是尔只有个人，没有党。武力亦只有交给个人去了。故第二次试验，因为（一）阶级基础难；（二）革命对象难；（三）理论统一难，党治又没有成功。

（戊）社会事实与意识要求不符合

大概社会有三方面：

一、社会事实——实际生活；

二、社会意识——理想生活，价值判断；

三、社会秩序——法制礼俗；

由社会事实以产生社会意识，由社会意识以产生社会秩序，三者相符，一致协调，此为第一例。社会事实进步，社会秩序未进步，而社会意识却比较前进，修整秩序，与事实一致，此为第二例。社会事实进步，社会意识成功两个方面，形成阶级，因发生革命，造成一个有力的社会意识，而建造新秩序，此为第三例。中国今日之社会，皆不如此。中国今日是东西文化接触后，有一新意识要求非由社会事实的进步来，一面否认了旧的社会秩序，并且推翻了旧的社会秩序，而社会事实却仍是旧的社会事实。意识与事实相距太远，急切造不出社会秩序来，因是尔国家权力无法建造。

革命要有对象,革命的对象是社会的秩序。革命是否认秩序,推翻秩序,建造秩序。普通以为我们的革命对象是帝国主义,是军阀;其实是错误的。帝国主义与军阀都不成其为革命对象。他们在今日中国之社会上,并不是一社会秩序。中国今日是没有秩序的,即因意识要求与社会事实相距太远。帝国主义与军阀都是在这个意识与事实相距的漏洞下生活而存在。这漏洞不填补了,只唤打倒他,或真用武力去打,毫无用处。他是继续的应事实而产生存在。他有待于新秩序的建造好而消灭。

（己）中西精神之不同

中国问题是由外引发而生的,而这两次的外来,近代民治主义,与反近代社会主义的潮流,在中国只有破坏了旧秩序而不能建造新的国家权力,即因为中西文化在精神上有其截然相异之点。可由中国民族自救运动——五页以下及一七〇页以上见之。兹不具列。

以上为乡村建设理论之甲部认识问题。首言乡村建设所由起之四因,其中第四原因为最深刻,最根本之原因,说中国社会崩溃到最深处,故建设亦须由最深处建设起,由此意以分析中国社会如何组织,如何崩溃,以下为乡村建设理论之乙部,解决问题,即如何建设新社会也。

乙部　解决问题

一、新社会组织构造的建立

由甲部知中国问题的症结在旧社会组织构造的崩溃,新社会秩序之未能建立,然则解决中国问题,即建造新社会组织构造。

第一项　组织原理

（甲）建立中国新社会构造,即建造中国新社会礼俗。中国旧的社会构造大都寄于地方礼俗,故新社会构造亦将不能不寄于礼俗。其故：

（1）中国社会是个理性的,中国新社会尤其是要理性的。我们现在要往团体组织中去,往进步的团体组织中去,形成一新建造,不能不从中国人自觉的,思维的而来;不能强迫捏造。完全靠理性以自然结合。此种自动的组织之路,即礼俗之路也。

（2）中国国权不能建立,故不能走法律之路,反逼着不得不由礼俗。

（乙）中西具体事实之沟通调和

新建设是建设新礼俗，此礼俗即中国固有精神与西洋文化的长处，二者为具体事实的沟通调和。中西之所以能沟通，因为：

（1）中西同是人类，同具理性，彼此之间，有可通处；

（2）事实的变迁，促成中西的融合。如

a. 中国往团体组织中走，是向西走；

西洋团体组织之道要变，也要从自觉理性中来。

b. 中国尊尚贤智之精神，似与少数服从多数之进步团体之意义相冲突；然因事实的变迁，团体的事，渐趋于专家管理之途，与中国尚贤尊师之意，互相沟通。

c. 由近世独裁政治之抬头，可见"人治"与"多数政治"的沟通；多数政治中也必须有人治，而人治不必为少数政治，他仍含有多数政治在内。法治者多数人同意于法，人治者多数人同意于人，以活人换死法，仍为多数人所同意。故可谓为多数人的人治政治。此种人治政治，并不反乎民治精神，而是民治政治的更进一步。

d. 中国政教合一，人生向上之精神，本与西洋个人自由相冲突；但因社会事实进步，对于自由的解释渐有不同，渐近于人生向上之意，有自由乃团体帮助个人向上之趋向。由此趋向，中西又有可沟通融合之点。

e. 中西义务权利之观念，根本异趣。中国只言义务，权利置之对方；西洋只言权利；义务课之对方。但又因事实之进步，由个人本位之路，渐入于社会本位。最近西洋法学思想，亦只言义务，而不言权利矣。其欠缺之点，又在社会过重，占在团体方面言个人义务，故尚需有待于中国精神的采用。于互相尊重中，得一真正的平衡，均常平衡，不偏不倚，此乃人类正常文明也。

（丙）中西既有可沟通者，而事实之变迁又是必然要融合，则吾人可有一团体组织，其内容包含：

（1）伦理情谊的——真精神在互以对方为重；

（2）政教合一的——目标是人生向上。

有此二面，则

（一）根据中国固有精神，容纳西洋团体组织，而不落于团体偏重。

（二）团体分子对团体生活都为有力参加，矫正中国团体分子被动之弊，而又不落于团体分子与团体对抗。

（三）尊重个人，增进个人社会地位，而又不落于离心倾向。

（四）能容纳财产社会化之趋势，补足零碎生产不进步生产之病；也不落于一般生存竞争之经济，与绝对的团体统制。

（丁）此种组织，显然为以中国为主，而吸收西洋文化之组织，彻头彻尾是一理性的团体分子之团结。是由人与人的互相了解，互相承认，互相尊重；是自觉的，思维的，此种组织，在人类历史中未曾有过。今日之人类社会组织是机械性的。互以对方为手段，无互相的了解，承认尊重，故日趋于毁灭之途。最明显如，民族间的斗争，阶级间的斗争，无非毁灭他人，毁灭自己。如，人类而绝灭也，其将来之社会关系，必自觉的趋于上述之途，盖此乃人类社会之正常文明，人类社会，必由是而后完满也。

但此非理想，此最接近事实与要求。中国眼前事实亦唯此最可能，除此无其他路可走。已成一趋势，非走此途不可。非吾人主观的选择如此，实客观事实非如此不可，盖东西洋之二大优越文化相遇，必然彻底沟通，产生一新的，最理想的，亦最事实的正常文明。

（戊）本伦理情谊之原则，人生向上之精神，以组织团体，建造新社会秩序，即解决中国问题。在此当知者，事实之进程是辗转而来，非一蹴而就，亦非全国组成上述之团体，然后始号成功。但本此原则进行，慢慢凑合，互相牵引，由此进行，政治上即可有一相当办法；由此相当办法中，吾人之组织，更容易进步。如是转相引发，至到最理想之境界，他是非直线的，是曲线的，其辗之式如图：

∽∽∽∽∽∽∽∽∽∽∽∽∽∽

第二项　组织办法

（甲）组织由乡村入手。组织之原理既明，则将求组织之从何入手。曰：中国新社会组织构造，必由乡村出发。其故：

1. 中国社会是一乡村社会，除极少数之都市外，皆为乡村，故谈中国问题天然是乡村问题。

2. 培养新组织，训练新习惯，乡村为最适宜之范围，或单位。

3. 要训练团体分子对团体生活作有力的参加，则其注意力与活动力必不能在过广之范围中能得适宜应用，而乡村则最为适合。

4. 中国之新经济建设，必由复兴农村入手，增进农村生产力，以增进其购买力，然后有产业兴起为可能。故必先由乡村求组织。

5. 中国数千年文化，至今日已总崩溃，仅余有形无形二老根。无形者为理性，有形者即乡村。甚似大树已枯，枝干皆亡，只余老根，稍留活气。故求中国文化之复兴，必由此老根上发新芽。发新芽谓由理性与乡村重新建造中国文化，非复古之谓也。故组织入手，必由乡村。

6. 理性最适宜在乡村发挥。乡村最适宜产生**理性**组织。乡村群众在自然环境，职业工作时间……中，都很容易培养起他的理性。若都市中人，尤其是工商业者，只有冷酷计算的理智，很排除感情；而我们的理性组织，是由情理中包含了要求，给人以生活方向，行为指示，行为方针，并且都市工业破坏了家庭组织，只有乡村农业社会中，最能培养那种伦理情谊的理性。

（乙）乡约之补充与改造

中国旧有之乡约，指宋初关中吕氏所倡导者。其组织精神，颇与吾人上所言之组织原则相近：

1. 其发起是由伦理情谊而来，认识人生之互倚；
2. 其规约皆发挥人生向上之精神，互相劝勉顾恤。

乡约之组织，甚近于吾人理想之组织；但尚有待于补充，有待于改造。其最要点即由消极转入积极。

乡约大都是消极的，其故有二：

1. 经济的　小规模的生产方式，无结合积极进行之必要；
2. 政治的　结党有所作为，为政府社会之大忌。

代表较积极派之乡约者，为清初陆桴亭先生其文集中有治乡三约，包括社学，保甲，社仓三种工作。即教育、自卫、经济三方面。但未必实行，盖事实环境限制故也。

乡约之补充改造，即乡约之引伸。以今日言，应有下列各点。

1. 由临时消极的顾恤，改为平常积极的有所警醒；
2. 相勉于善，要于个人的向上之外，还有社会的向上。并且不只是标举有所限的善，而是开展无限进步的善。
3. 由（一）（二）两点，则当认定：

a. 乡约不限于一乡一村，必须进行广大联合；

b. 乡约中必须有一讲求进步，积极做的机关，如邹平今日之乡学村学。

4. 乡约须认为是一社会运动，以社会运动之方式出之，必不可由政府来做，否则即失去人生向上之本义。

（丙）社会文化运动团体与现政权

组织是一事实，事实以经济为最要。同时组织之运用是人，故经济与人之二面，为社会组织之二大条件。新社会构造的组成，一需要经济的进步，一需要人的进步。经济的一面，有待于政府力量，以促其进展；人的一面，则非政府所能做，必需要社会文化运动团体，以启发引导。在他国，大抵是社会运动团体取得政权，以实现在其社会改造工程；在中国则恰需此二系统分工以完成工作，而实际上且以文化运动团体为主力，现政权系统为副力，以无法取消任何一面故也。盖：

1. 文化运动团体不能吞并现政，最大理由是中国争斗的问题，盖过了剥削的问题；乱的问题，大过了不好的问题。走夺取政权之路，将形成无已之乱。不能解决乱的问题，即无法形成新社会秩序。故任何暴力革命，皆非解决中国问题之道，即现政权不能夺取。

2. 政府本身在问题中，当然不具解决问题之力量，故必需要其他一力量，文化运动团体，以用之，然后发生力量。与政府异其地位之文化运动团体所以必要之故有二：

1. 中国现在是探求新方向，新路线，是一个新创造；需要政府开出一个机会来让各方面作不同的试验。自然非政府的事，而是社会文化团体的事。

2. 新中国的社会构造是理性的，自觉的，思维的。一切秩序寄于礼俗，而不寄于法律。天然不需要机械的，被动的政府来做，而是靠启发自力的文化团体。

且因国权之不能建立，虽欲走政府强制之路亦不可得；故亦客观事实限制如此也。

社会运动之方式包含二条件：

（1）从人的志愿出发；

（2）志愿的各个人组织起来活动。

有志愿的组织，则其本身是有生命的，他能往前适应问题，解决问题；不会失败，不会腐朽。乡村建设运动由此途以保证其必成功。

（丁）乡农学校

乡农学校是以社会文化运动的立场来组合全乡约中人，成为一个人生向上，讲求进步，形著组织的机关。换言之，即一乡村组织。

乡农学校所以异于一般平民学校之点有三：

1. 平民学校于区域上无限制，不能成为一地方组织；而乡农学校是划定区域的。

2. 平民学校学生为乡民之一部分，乡农学校学生是全区域内之乡民。

3. 平民学校无校董会，所谓平教促进分会，大多于平校成立时，无形消灭。乡农学校有校董会，以地方领袖人物组成，以主持乡农学校，二者合为一体。

总之，平民学校是个学校，乡农学校是个组织。

乡农学校所以异于一般乡村改进会之点有二：

1. 乡农学校重在学，乡村改进会重在事。

2. 乡村改进会注意地方领袖，而忽略农民，少含有组织乡村之意，且缺乏教学意味与办法；乡农学校无此缺欠。平民学校着重学，乡村改进会着重事，乡农学校兼二者之长而无其缺欠。且以生活放在人生向上，意义较深，办法较圆。

乡农学校之教员是站在他力以启发乡民自力之人，以落在自力则社会无从进步；落在他力则社会将为被动也。

乡农学校之构成分子有四：

（一）校董会
（二）校　长 ——乡村领袖

（三）教员——社会文化运动者

（四）学生——乡民

教员对乡民做功夫，同时对乡村领袖做功夫。表面上多对乡民做功夫，实际上还是多对领袖做功夫。合乡村之二成分为一整个往前进步，此乡农学校之最大运用也。

乡农学校即乡村组织，所以异于所谓地方自治者有三：

1. 地方自治必在国家法令下始能做，乡农学校可以私人努力，有促成地方自治之功用，而无不便于国家法令之点。

2. 地方自治有自主自决之倾向，不易接受外来之领导指引；乡农学校以学为口号，叫人齐心向上好求进步，易于接受指引，容易有进取心。

3. 地方自治亦重事而不重学。

若以自卫组织领导乡村其不便亦有三：

1. 偏而不全；

2. 缺乏求学求进步之意；

3. 自卫组织是军事的，一则着重临时，二则尊崇少数领袖指挥，不能培养民治精神，而且多数人是被动的。

其他如合作社，如农会，如中心小学，大都偏而不全，不能如乡农学校之完备活动。

乡农学校之最大作用在：

1. 能解决乡村问题的主力之乡民，且能引导此主力齐心组合以极有组织的方式解决乡村问题；

2. 能引入解决问题的方法于乡村，且能使此新方法通过解决问题主力者之经验，切实行去。

换言之，乡农学校一面能使乡民合作，产生解决乡村问题的主力；一方能使政府或学术机关与当地的事实当地的经验沟通，如是以解决乡村问题，组织乡村，建设乡村。

乡农学校重要分子之教员，乃代表一新运动而来乡村，有横的联合，与纵的系统。乡农学校虽为一小单位，而在广大联合中有其相当之统属。即乡农学校乃广大联合中之一员，可以利用较高之学术机关，以为解决一切问题之方法；可利用至世界的学术研究机关，故在想像中有建立一中枢之必要与可能。其必要之点有三：

（1）问题非局部所能解决，必在整个问题中求局部解决；

（2）解决问题之方法必需有不断的供给；

（3）此运动为建设新文化运动，必赖一总脑筋以指挥正确方向。

此大系统之建立，即所以推进中国社会，使有方向的前进，可谓之曰文化建设系统，亦可谓之曰教育系统。（参阅社会本位教育系统草案一文）此而实行，则将有二大成功：

（1）社会建设的成功。

（2）学术研究的成功。

（戊）乡农学校之扩大

乡农学校不仅为一村一乡之组织，且可扩大为地方自治组织，且可发展为未来之政治制度。因为组织之进步，则

1. 日往密实中去，
2. 日往开展中去，
3. 日往分化中去，

即由简到繁，由浑至分。将来可因事实之需要而增加各种机关，但不出乡农学校之四个方面——校长之监督，教员之推动设计，校董会之执行，学生之立法。为求明了其大概，列为下表：

名称	发展所自	作用	与现行法令之比较	系统所属
乡长（或县，或省，或国府主席）	校长	监督教训机关	似乡长而非是，从作用言，似近于监委会与调解委员会	文化系统
乡农学校（县学，省学，国学）	教员	推动设计机关	形式似国民补习学校而性质不是	文化系统
乡公所（县各科，省各厅，国各部）	校董会（常务董事）	执行机关（或行政机关）	相当于乡公所	现政权下之行政系统
乡民大会（县民大会，省民大会，国民大会）	学生	立法机关	相当于乡民大会	现政权下之行政系统
附注	假设的分化四方面↑	乡农学校之四方面↑		二大系统各不相混↑

推动设计机关是永远必要的，在今日一般团体组织中，很缺乏这一面作用，即历史上之团体组织中，亦未曾有过。他之所以必要，是从尊尚贤智来，是从众人有权，贤者有能之义而来。他的作用：

1. 提醒，
2. 专门设计。

乡长之一方面，亦有其特殊作用，他的地位是"师"，而非一行政领袖；代表人生向上之一意义，为众人之楷模。且可解决普通团体运行上之三种困难问题：

1. 职权上的毛病，
2. 互相间的冲突，
3. 停摆不动。

盖其为一地方领袖，群众表率，超然于行政责任之外，而以人生向上之意义，积极化除团体中之不幸者也。

（己）礼与法

吾人所取之路为礼之路，而非法之路。寄团体组织于柔性习惯上，而不求硬性的法律。

礼的内涵，一面是人生向上，一面是伦理情谊。

所谓柔性习惯是无一定的标准，无最后的制裁。

一事之从违，行之于团体生活中，人情以为安，此即谓之"礼"。故表面虽无定则，而各人心中若有一准绳焉；彼此相喻而共守，无或能逾。团体生活中有此内心标准，其作用固胜于有形之条文万万矣。且有形之条文，亦未能生作用于小团体组织中。

所谓无最后之制裁，亦谓无如现世法律上之制裁耳，实则制裁之大，莫大于"为世所共弃"。故柔性习惯，非无制裁，有反若干之习惯，即将有若干之制裁。弃之程度，由反习惯之程度而来。其轻重之间，较法律条文更为公允。故问题在习惯之能否养成。标准，制裁，均在习惯中，均在"礼"中，均在"礼"而不在"法"。

法者于事为便，便于从违之决定者，常于情理不顺。且法令条文，后于习惯情理；最进步之团体，安能舍先而从后？

中国社会事情之取决，向来不取决于势力，而取决于理性。所谓有理走遍天下，无理寸步难行者。欲求团体意思之决定，亦非由情理上找不可。

由上述乡长一作用之安排中，可见得礼之作用，可见出重视情理之意。尚有数点可得言者：

1. 我们对团体意思，不用法律表决，而是要求团体一致。惟情谊之合和归一而后能一致。情理一致，则团体一致，乡长即此情理之代表。

2. 团体需要一代表团体之领袖，团体分子对领袖必需有愿意受教，愿意领导之意。亦可谓由此代表者帮助情理，发挥团体一致。

3. 遇有众意难协时，折中之要点在以情动，以理喻。而不可以势相胁。

4. 总是众人尊重领袖，领袖体念众人。而实际上是众人尊重领袖所代表之情理，领袖离开情理无从体念众人。质言之一情理——礼而已矣！

（庚）礼乐仪文

吾人言组织，走礼的路而非走法的路；即谓建设新礼俗，建设新社会制度。组织本身即礼，而社会制度之礼怎样行得通，行得好，还需礼乐仪文为之助。非礼乐仪文不能表达人恳切向上之心，非礼乐仪文不足透露伦理之情。

新社会是要自觉的，思维的，以求组织；是一个理性发挥到最高限度之社会。此时社会秩序之维持，不能靠外力，亦无外力可靠；而是靠个人之自身。自身的维持，不能靠自身之意识，而是靠自身之无意识或潜意识。故必养活其整个生命，使生命之所发，无往而不妥帖，则秩序可安。礼乐仪文，即所以去人暴戾之气，计较之心，使人和平雍穆，清明无我，让社会于不知不觉中融和相安。礼乐仪文能跳开现实，变化生命。

礼乐仪文为中国儒家所独有。是一种艺术，诗，文学。具有任何大的宗教之伟大力量，而非宗教。受其熏陶者，能潜移默化于无形。此其故，因中国古人认识人类生命之核心——理性——。所以异于物类之和平清明，而有情之那一个心。由本能中解放其生命，超脱于本能，故创制礼乐仪文，使理性更开明，和平，有情，纯正。中国历史上的社会，赖此以维持其秩序；今后之理想社会，亦必赖此以维持秩序。则制礼作乐为必要，而非其人于人类生命确有所窥，于人类心理最能了解；了解自己，了解旁人，弗克荷此巨任也。

第三项　解决眼前问题完成理想社会

如是之乡村组织，将发生二种作用：一可以解决眼前问题；二可以完成理想社会。

（甲）解决眼前问题

眼前的问题最大莫过政治问题，与国际压迫问题。此留在后言，先解决。

1. 乡村自身之日趋于腐烂败坏问题：欲解决此问题，必须是：

a. 以自力来改革，

b. 以积极来振兴。

山西村政禁毒之失败，原因皆反乎上述二因。而吾人之乡村组织，则正是以启发群众力量为主；积极的，创造的。除非不做，做则决非做假成绩而是开真生机。使腐滥败坏之乡村，一反而有其前途。

2. 治安问题：在今日之乡村治安，已非乡村以外之力量所能维持；故有乡村自卫发生。然非以吾人之组织来，则不易做好，因为普通之乡村自卫组织，易于

a. 助长土豪劣绅，武断乡曲；

b. 加重乡民负担。

而我们的组织！

a. 文化气味重，是开明的；

b. 各人认识社会关系，以人生向上，伦理情谊组合。

故能免去种种弊害。

3. 共产党问题：共产党在中国从某一点上看，是一种农民运动。解决之道，在积极的有所替代，消极的有所防止。吾人之组织，即所以替代错误的农民运动者。

我们的乡村运动，所以不同于共产党之农民运动者。

a. 共产党是斗争于乡村内的，而我们以乡村为整个，认为外的问题大过了乡村内部的问题。故不取乡村斗争的方式，亦所以号乡村运动而不号农民运动之原因。

b. 共产党是斗争的，破坏的；我们是由社会分析的结果，认为今日社会已无可破坏，需要的是文化的补充改造，是建设。

共产党与吾人所以不同之由来，盖因

a. 对于农民二字解之不同；

b. 对于农民利益看法之不同；

故途亦异。

（乙）完成理想社会

新社会组织之端倪，于吾人之乡村组织见之。由乡村组织渐次培养，使经济条件进步，自然促进社会新构造。中国今日社会欲求经济进步，必

由农业引发工业，使生产力购买力辗转递增，农业工业互相推引，而入手处必由农业之改良推广起。此乡村组织于农业推广即有甚大贡献。

1. 从人生向上振起农民精神，往前求进步。
2. 组合农民，便利接受农业推广。
3. 开科学技术，输入农村之路。
4. 于金融流通上有最高信用保证。
5. 促进合作组织。
6. 增殖社会财富——财产社会化。
7. 个人贫富于公共财之增殖下渐次隐微其比较。
8. 增殖财富方法比苏俄好：
   a. 由合作到共产——由散而合；
   b. 在社会化之进程中有适可而止之可能。

至此，吾人愿用一名词来帮助说明吾人对于经济的主张，即"合作主义者"一词是。吾人愿以合作为理想，合作为目的，合作为最终点。由合作以解决眼前困难，由合作以作过渡手段，到达理想社会，经济制度仍是合作，盖合作乃弱者在经济压迫下之一种自救，最适宜于中国之农业国家，散漫社会也。

走合作的路，为消费而生产，不营利，即理想社会基本条件之一。由斯以趋，即至生产分配社会化，个人生存由社会来保障，使人类共同站在一立场以对付自然，达到真正的经济行为。人与人间无竞争，大概可免除人间一切罪恶的端；同时开出一发挥人类优点之门。故曰，此理想社会之基础条件。

以吾人之意，即欲从乡村组织中发达社会关系。走伦理情谊之路，以彼此保障救济。走合作之路，以增殖社会财富，促成财产社会。由小范围渐次扩充联合而建造成一大的理想社会。政治、经济、教育三方面皆合在一组织中，此中国往前必由之路也。

二、经济建设

所谓经济建设是欲于极强之国际经济压迫威胁中，寻一稍较可活动，能活动之点，慢慢翻身之谓。此点以吾人视之，只有农业。因为

1. 工商业无法在国际竞争中兴起，
2. 工商业之被阻抑，即予农业以较可松之机会，由此渐可使农业抬

头，而带起工商业。

分析言之，可略举四点：

1. 可活动：因为：

a. 农业所受之压迫，较为和缓：工业国需要原料，国际竞争尚未到原料上，且因农产品的商品化，可使中国农业奋兴。

b. 农业都有自足意味，在此点上，压迫力达不到。

c. 工商业被挡住，资金易于流入农村。

2. 本身急于活动；农业为中国之命根，而

a. 从国际贸易上看，近年农产品输入甚巨，穿衣吃饭，俱有靠外人之势；此生产不足为最大原因之一。故急切谋活动。

b. 输出之农产品占总贸易百分之六十一，而近年则输出日减，为求输出之平衡，急切要谋活动。

c. 由a、b二点，影响整个社会，农村经济大崩溃，全国金融停滞、财政困难，更不能不由此急谋活动。

3. 能活动，有现成之广大土地，有勤苦耐劳的农民。过去的失败是妨碍多而非不能生产。

4. 如何活动？

a. 方针：完成大范围自足主义——非盈利的经济建设。

b. 路线：生产力购买力辗转递增，农业工业互为推引。

由上之方针路线之进行，即由农村复兴到农村建设。怎样做呢？

1. 去四大障碍：

a. 安定秩序，

b. 便利运输，

c. 减轻负担，

d. 防除灾害。

2. 形成总头脑——文化系统大联合。以下面的统一统一上面的不统一。

3. 金融，技术，组织的联合。即农业促进之三位一体。如图：

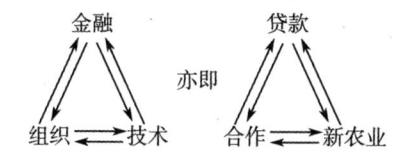

```
        金融                    贷款
        ↗ ↘         亦即         ↗ ↘
       ↙   ↘                   ↙   ↘
    组织 ⇌ 技术              合作 ⇌ 新农业
```

4. 为欲达到此三方面的融合运用，地方政府似因需要而有如下之组织：

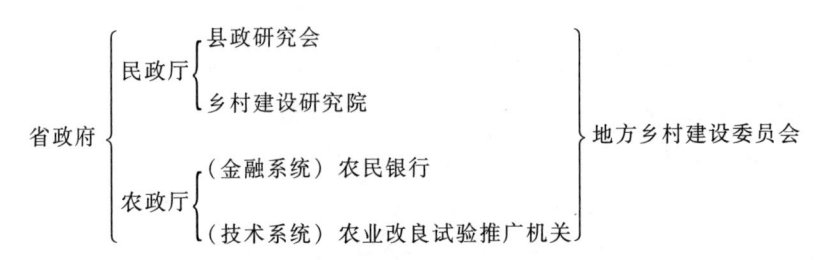

$$
省政府\begin{cases}民政厅\begin{cases}县政研究会\\乡村建设研究院\end{cases}\\农政厅\begin{cases}（金融系统）农民银行\\（技术系统）农业改良试验推广机关\end{cases}\end{cases}地方乡村建设委员会
$$

（以十三委员组成之，代表民政厅者三人，农政厅者三人，地方乡村者七人）

三、政治问题之解决

欲实现上述理想制度，必先于现在之政治问题有相当解决，否则俱属空言，无从做起。必于政治上开出机会，然后产业开发，经济建设，始可得而言。

先分疏几个问题：

（甲）政治与社会：政治与社会是互为影响，政治为社会之反映，社会乃政治之背景。社会为政治之基础条件，同时社会的进步不能不有他所需要的政治环境，政治条件。今日似是社会与政治距离稍远，但实非远，乃下手处与所要求者远。故若看清楚问题，则办法将是同时解决两面问题的，所谓双管齐下。

（乙）一步解决与两步解决：在新政治制度未建立前，需要一个过渡时期的政治制度，以开出建立新政治制度机会。此为需要两步解决之必要。但此时之社会已崩溃到无可凭借，故无法靠政治来度此过渡期，而是靠社会来度此过渡期。

总之，是要乡村建设者自己开出机会来让乡村建设。过渡期的政治，即是自己开出机会来自己享用。换言之，乡村运动者申达出自己的意思，使政治顺着自己走；但非以暴力夺取政权，只站在文化运动之立场以指导政府。但如何达于此？

（甲）当知中国社会无秩序，政治不成其为一面，因其分裂单弱不固定，无集团势力，故与社会不很隔，因而各种意思有申达的机会。

（乙）亦因上述之因，乡村常被牺牲，无建设机会。故必解决 1. 武力横行，法律无效，2. 政治腐化，3. 下情隔膜，4. 内战之四点：

1. 怎样解除武力横行，法律无效？武力横行，法律无效之成因有：

a. 国内不统一；

b. 社会无力量。

则解决之道在

a. 稳定政局，使无分裂用武之机会；

b. 积极培养社会力量，使武力无法横行。

2. 怎样解政治腐化问题？政治腐化由武力与政治相合而来，武力所以能支配政治，即因

a. 国内不统一，同时

b. 社会无力量，不能监督政府，故腐化日深，则解决之道在：

a. 稳定政局，使武力减少支配政治之机会；

b. 积极培养社会力量，以监督防止政治腐化。

3. 怎样使下情上通？此下情指乡村而言，都市之下情是常能上达的，其故在都市有力量。故欲使乡村社会之下情上达，只有积极培养社会力量，使能呼号表达其问题。

4. 怎样防止内战？内战的发生亦因：

a. 国内不统一，

b. 社会无力量。

故防止之道，仍在：

a. 稳定政局，使无可战；

b. 积极培养社会力量，使不能战。

所谓中国政治问题之相当解决，即是把上述四点做到。但统一稳定政局，启发社会力量，人人皆知，何有于用？但吾人求统一，求稳定，是由下层着手，由理性以联合组织，统一社会。以理性启发社会力量，由统一社会以统一国家。最忌避之点有二：

（1）武力——用武力则使社会分化，

（2）上台——一上台则与社会分家。

第三节　建设人类社会之四大原则

乡村建设运动，不只是解决中国眼前问题，建造中国未来文化；且是开辟人类社会正常形态的文明。建设此理想社会——实则非理想，客观事实必然如此——有四大原则，此原则根据心理学对于人类之认识而来，梁氏云：

"在本院'设立旨趣及办法概要'一文中，所云'要认清题目；……题目便是辟造正常形态的人类文明'者，正是谓此。

"认识人类　吾人欲求得此正确鹄的，必须探本穷源，先求认识人类。以有人类，才有乡村；乡村本是为人类而有的一种社会也。

"经济为人生一桩普遍而且基本的事　人为生物，当然要维持其生命之延续（兼括个体生命及种族生命而言），则非对付自然利用自然不可。假非架屋，即无以避风雨；非种谷，即无所得食，此对自然界费一些力，使于人生上发生一种效力而用之，即为"生产"与"消费"，统称"经济"。经济，盖指于不可免之费事中又求省事，以省事而不免又费事，（如为省事而行大机械生产，又引出制机之事），环转无已之打算而言。人生于此，莫能有例外，故曰普遍；亦惟有此，而后有其他种种事，故曰基本。乡村，自一面言之，即从此经济关系而筑起者。然人岂徒求得生活而已乎？

"人类生活方法的特殊，一切生物，诚盘旋于生活问题，以得生活而止，无更越此一步者；唯人类则悠悠长往，突破此限。此人类生命之特殊，当于其生活方法，各不相同。然大体言之，则不外植物之定驻吸食的生活方法，与动物之游走觅食的生活方法。于动物游走觅食中，又有节足动物之趋重本能，与脊椎动物之趋重理智，两不同。前者，依先天安排的方法以为生活，蜂若蚁是其代表；后者，则有待后天之用思与学习，惟人类能达其域。于是合前植物之定驻以言，生物之生活方法，盖有如是三大脉路。三者以植物为最省事，依本能者次之，而理智一路为最费力。脊椎动物，自鱼类鸟类哺乳类猿猴类以讫人类，依次而进于理智，亦即依次而远于本能。盖虽同此趋向，而于进程中稍有偏违即不得卒达也。试表之如图——

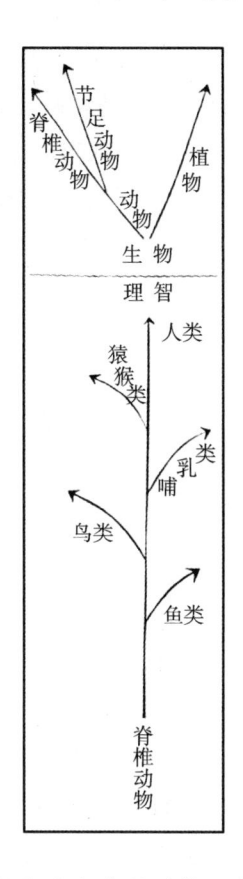

```
            ↖节  ↑
         ↖  足  植
         脊  动  物
         椎  物
         动  ↖
         物   动
              物
             ─────
              生  物
              ─────
              理  智
                     人类
             ↖      ↑
             猿
             猴
             类      ↗乳
                    ┘类
                    哺
             ↖
             鸟
             类
                    ↗鱼
                    ┘类

              脊
              椎
              动
              物
```

于理智虽见萌芽而未得卒达之脊植动物，仍依本能为活；其生活盖年年如是，代代于是，无有创新。实则一切生物，自人类而外，固悉自陷于一境，如驴转磨，盘旋而不得进。惟人类能运用理智，辟造文化，日有迁进，为独不然焉？

"何谓理智 本能作用不离具体事物；而所谓理智，即指离开具体事物而起之分别区划计算推事等作用以为言。吾人生活上所用之工具机械文物制度；即以此等作用而创造出；而依本能为活者，则其工具即寓于其身体。

"人类整个生命之特殊 动物于特定之具体事物，发生特定之兴趣行为；其关系有如系定（如蚕与桑叶）。因之宇宙间与有关系之事物，为数乃甚有限。人类则于任何事物，均可发生兴趣行为而无所限。以惟平视泛观，周及一切，乃为理智。惟人到达乎理智，故惟人能无所系定；其生命豁然开朗，曾无局限，实得一大解放焉。

"人类社会建设的原则之一　由此一大解放，人类生命遂得廓然与物同体，其情无所不到。见人创伤，我动惨恻；抑于物亦然，匪独对人，古人所谓万物一体之情是已。语曰，'有福同享，有罪同受'苟能如此行之，则虽受罪亦不甚苦，以其一体之情得所发舒也。故吾人当建设一个能代表人类此一体之情之社会。

"人类社会建设的原则之二　无私的理智，开发出无私的感情；故人心有是非，不以利害而泯。语云'所欲有甚于生者'，人类生命之高强博大于是见焉。革命运动之必推翻旧秩序，不徒为生存斗争，亦以不得于理而否认之也。故人类社会之建设，当求其如义得理；如或未然，不得停止。

"人类社会建设的原则之三　本能者有所能而止于所能；人初若无一能，而顾有无限之创造力，故其究也无所不能。此创造力之必求得所发抒，盖人类最强要求之一；亦惟得所发抒，乃不负其所以为人。人之创造力各有所偏，亦曰个性。尊重个性，鼓劲创造，此建设人类之社会所必不可忽。社会所以必许个人以自由，其义亦在此。

"人类社会建设的原则之四　惟于人类生命而后教育为可能；亦惟人类生活乃需要教育。然教育非徒为生活而已，将以为人类生命之无限的开展焉。其见于外者，到为社会文化之得继续创进无已；其存乎内者，则为个人心理日造乎开大通透深细敏活，而映现之理亦无尽。古人有言，'寡过未能'；即其歉然不足之情，人类向上求不失于理者见焉。此情莫能已，此理益以辟，人生不可一日废学。故人类社会之建设，应处处出之以教育眼光，形成一教育的环境，启人向学之诚而萃力于创造自己。社会于人，至此乃尽其最大之效用。

"结论　人类生命的特殊，更有一点，则于美的领略欣赏。盖饮食而知其味，惟人为能尔。吾人生活中处处有美不美的问题，不徒苟求生活而已焉。社会建设于此宜有讲求；然不另立一则者，以美育可并括于教育也。总上四则，人类精神于以寄矣。自非表见人类精神，难乎其为人类社会；然而是未易言。"

第二章 研 究 院

第一节 概 况

第一目 缘起

民国十八年初,山东有一刊物出世,题曰"村治月刊"。倡求治必于乡村之说,主其事者为山东王鸿一先生,河南彭禹廷先生。同年冬,创办河南村治学院于辉县百泉,甚得执政者之赞助。翌年,村治学院因受政局之影响而停办,但此社会运动团体仍无形存在,且愈努力于村治之研讨,时乡村自治之主张,已为社会所注意,且因社会事实之昭示,有不能从乡村入手以求得民族之复兴者;于是山东主席韩复榘氏乃聘"村治同志"往山东商讨建设地方改革农村事;因于邹平成立乡村建设研究院,即以该县为其试验区。二十年春研究院正式成立,即以梁仲华先生,孙廉泉先生担任正副院长,主持进行。

研究院在形式上虽为山东省府直辖机关,然除经济关系,与行政隶属外,一切设施,均可自由。而院中同人,每以社会运动团体自视,故极少官厅之机械意味,而纯为一学术研究实验处所,此点极堪重视,关系亦甚重要也。

第二目 院址及社会环境

研究院在山东邹平县东门外,占地三十余亩,系购置旧日盐店房舍修葺而成,大都因陋就简,与民屋无稍差异。研究部在东邻,为天齐庙旧址;农场在东南半里许,为旧基督教会医院所在地,卫生院在东门内,占地六七亩,均朴质无华。

邹平古称梁邹,居山东中部,位济南西北百七十里,由济南乘胶济铁路火车东行至周村站，（约二小时余）换公共汽车直达院门，或雇乘人力车亦可。计程三十里，二小时即可到达。全境东西四十三里，南北八十里，面积二六二三方里，耕地五七六六顷，（此据前建设局报告，另据研究院调查当在七十一万亩之数），人口一五五七六八，于鲁省列三等县。县之西南多山，皆长白山脉，其山有摩诃山、白云山、于兹山、黄山、会仙山、玩湖峰等；峰岚起伏，花木繁盛，颇饶风景。浒山泺在玩湖峰西，东距县城十五里，汇诸山之水，圆广约三十里；往年水旺，颇多芰荷鱼虾之利，今则冬春每易干涸矣。东南地土平沃，于普通农作物外，兼有蚕桑。西北地势较高，向多植棉。邹平民风除东南一部邻近周村，受商业影响外，大都朴质，勤苦耐劳。土地分配颇均平，——约有百分之八十六之自耕农，所占耕地亦如之。居民八九务农，类能自给，少有叫化行乞者。

古迹有汉伏生故里，宋范文正公读书处及范公祠。

邹平之所以择为实验区者，其故有：

一、在山东全省为比较适中地点，不偏于一隅；

二、交通不为不便，但又非要路冲繁；

三、大体为农业社会，受工商业影响较小；

四、不甚瘠苦，亦非甚富庶，颇合于一般性；

五、小县易治。

第三目　旨趣及办法概要

读者若已读毕第一章，则固已知乡村建设从何而来，所做何事，如何去做；更可知本其理论以实验之研究院为何种旨趣，走何路线矣。惟为详其步骤办法，故录其旨趣与办法概要一文如次：

"中国原来是一个大的农业社会；在他境内见到的无非是些乡村，即有些城市（如县城之类）亦多数只算大乡村，说得上都市的很少，就从这点上说，中国的建设问题，便应当是'乡村建设'。

"假使中国今日必须步近代西洋人的后尘，步资本主义路发达工商业，完成一种都市文明；那么，中国社会的底子虽是乡村，而建设的方针所指犹不必为乡村。然而无论从那点上说，都不如此的。近代西洋人走的这条路，内而形成阶级斗争，社会惨剧，外而酿发国际大战，世界祸灾。实为一种病态的文明，而人类文化的歧途；日本人无知盲从，所为至今悔之已晚的；我们何可再蹈覆辙？此言其不可！西洋其实亦何尝愿为工商业偏倚的发展，都市的畸形发达？然而走资本主义自由竞争的路，则农民受到桎梏，乡村是要归于衰落的。在他们那地势，那时际，犹且吃得住，索兴走上工商业的偏锋，回头再谋救济农村；在我们如今则万万吃不住，此言其不宜，抑更有进者，我们今日便想要走西洋的道儿亦不可能。在这世界上个个俱是工商业的先进国，拼命竞争，有你无我；我们工商业兴发之机早已被堵塞严严地不得透一口气。正不是愿步他们后尘或不愿的问题，而是欲步不能了。因此，除非没有中国建设问题可说；如其有之，正不外谋其乡村的发达，完成一种'乡村文明'。

"所谓乡村文明，初非与都市文明相对待的；'乡村的畸形发展'是没有这句话的。因为乡村发达就是他的文化增高，物质设备，近代都市的长处不妨应有尽有，如此则是调和了，而非趋于一偏，而且乡村文明的开发，天然是要植基于经济上一条平正路子内。前面说过，农业在资本主义下受到桎梏；那么，农业的发达是在什么道儿呢？那便是'合作'。工业国家所以救济其农村的方策在其农民的'合作'；农业国家（如丹麦）所以立国之道在其农民的合作；即以共产为旨归的苏俄，其入手处亦要促进其农民的合作。西洋所以陷于工商业之偏倚发达的，全从个人本位自由竞争而来。合作既异乎所谓个人本位，亦异乎所谓社会本位，恰能得其两相调的分际，有进取而无竞争；由此道而行，自无偏倚的结果。并不是利于农业者，又将不利于工业。唯此农业工业自然均宜的发展，为能开出正常形态的人类文明；而唤他为'乡村文明'的，以其为由乡村开发出来的文明也。此由乡村开发出来的文明，一切既造于都市文明的国家，大都不容易去成就他了；只有中国人尚未能走上一条路，前途可有此希望。那么，亦就是只靠中国人负此伟大使命。从此意言之，中国的乡村建设不单在他自己是没疑问的，而且具有如是重大关系，深远意义在！

"我们且不说远的罢。摆在眼前最大的问题，不是许多人没饭吃么？天灾待赈先不计；自求官谋差，投军从匪，以至官无可求，军无可投，匪无可为，与西洋失业又自不同的一种劳力过剩，年年逐增未已，情形何等严重而急迫？就从解决这问题上说，那么，又是应当走农业路而不应当步趋于工商业：——这是几如东西之异途的。现在资本主义下的工商业，只是发财的路。而不是养人的路。不要说他在中国没有发达的可能，即便发达到美国今日之盛，亦不是有七百万失业之众么？农业则不是发财的捷径，而正是养人的路；尤其是从合作发达起来的农业，最是养济众人的一条大道。诚然，中国所患在生产不发达；但这不是徒然生产发达能了的事，其中更有如何使之发达均宜，和如何分配问题在，不可不注意。而想要农业之发达，不是农业片面的事；在其社会的方方面面（政治经济教育）都有密切关联，而实为整个乡村的事。如此方方面面都顾到的促兴农业，换句话说，那便是'乡村建设'了，——只有乡村建设，促兴农业，能解决这多数人没饭吃的问题。

"更进一层，试检问这许多没饭吃的人何由而来？其始大都是安住乡村的；皆由不得安于乡村而来。最易见的：频年兵祸匪祸是破坏乡村，驱迫着人离开乡村散荡在外觅食的；数十年来与此乡村社会全不切合的西式学校教育是专门诱致乡村人于都市，提高他的欲望而毁灭他的能力，流为高等乞丐的；轮船火车的交通，新式工商业的兴起，都市文明的模仿，皆是诱致人离开乡村而卒之失其简易安稳生涯的。更有其间接而致之于此的普遍形势，则自欧人东侵以来，一面以他们对我之侵略，一面以我们对他的模仿，经济上，政治上，教育上，内外两重一致的朝着侵略乡村摧抑农业的方向猛进；乡村乃日就枯落凋敝。然而中国所有者，则只是乡村，只是农业。使果得如日本人之机缘凑合走上工商业路，亦还算别开生机；无如国际资本帝国主义者又将此路压挤得严严的。于是乃前后无路；其不致没饭吃的人一天一天增加，还有什么结果可得？民族生命其犹得维持至今者，盖唯赖吾农民过人的勤勉耐劳与过人的节约耐苦。因此，离乡流荡无归者固属没饭吃；其株守乡井者亦多在生活最低线以下，与饥饿没什么分别的。

"那么，我们可以明白了，今日的问题正为数十年来都在'乡村破坏'一大方向之下；要解决这问题，唯有扭转过这方向而从事的乡村建设；——挽回民族生命的危机，要在于此。只有乡村安定，乃可以安辑流亡；只有乡村产业兴起，可以广收过剩的劳力；只有农产增加，可以增进国富；只有乡村自治当真树立，中国政治才算有基础；只有乡村一般的文化能提高，才算中国社会有进步。总之，只有乡村有办法，中国才算有办法，无论在经济上，在政治上，在教育上都是如此的。

"现在中国社会中吃饭最成问题的，似更在受过教育，有些知识的那般人。在简拙的旧农业上用不着知识分子；而像前所说农民勤苦的习惯能力，他又已没有；因此，在农业道上没处养活他。况他生活欲望已高，亦自然要竞趋于都市的。但这没何等工商业可言的中国，都市中又何曾替他们开辟出许多位置来？于是就都拥到军政学界来了。其无处安插之苦，生存竞争之烈，已是有目共睹，无烦多说。大局的扰攘不宁，此殆为有力原因；他们固自不同乎无知无识的人比较好对付的。

"乡村向来是在文化上，在政治上全都被都市占了上风的。有知识的人均奔向都市，乡村乃愈加固蔽愚昧；亦愈加没人理会，没人注意；因之，其所受政治上压榨，与经济上的剥削亦愈甚。智力与金钱与权势三者原是相连环的：愈愚，愈弱，愈贫；愈贫，愈弱，愈愚。而此时都市人染接欧风，生活欲望愈提愈高，政治上名色愈出愈多，经济上手段愈来愈巧，其压榨剥削于乡村者愈厉。因既无工商业为对外生财之道，都市人生活的奢费自唯仰给于乡村，直接间接要农民血汗。乡村凋敝，都市亦无所托；军政学界的生存竞争愈烈，大局的扰攘益无底止。因果相寻，都市上一天一天知识分子充斥拥挤，乡村中愈感贫枯。过剩的过剩，贫乏的贫乏，两趋极端；其势愈亟，其象愈险，而中国问题亦愈陷于无法解决！

"其实何必这样自走死路呢？不单为民族着想，这样是走死路；即为知识分子个人计，这亦是愈走愈窄，终于无幸的。大家尽想吃一碗现成饭，而且要吃便宜饭，安得有那许多现成而且便宜的饭可吃？——只有自家创造出饭来吃才行，尤其知识分子不要自家看得太贱，自承是个高等乞丐，只好混饭吃。在教育发达的国家，受过教育的人或者是不稀罕的；在中国社会则云何不足珍贵？无论如何要算一社会中有力量的分子；民族自救的大任，除了我们更将靠谁？须知民族的兴亡，系于乡村的破坏或建设；而其关键正在自家身上。只看脚步所向，一转移之间，局面可为之一变的。大家一齐回乡，骈力作广义的促兴农业功夫——乡村建设功夫，开出乡村建设的风气，造成乡村运动的潮流，则数十年来'乡村破坏'之一大方向，又何难扭转过来？自身的出路，民族的出路，一一于此可得；不过总要自己去求罢了。

"在都市过剩的知识分子，好像没得处用；然而挪到乡村来，其作用自现。即最无多知识能力的，在乡间至少亦有两种伟大作用：

"1. 乡村最大病症是愚蔽；从他的一知半解，总可替乡下人开一点知识，最低程度亦能教乡下人认识几个字。

"2. 乡村最大缺憾是受到祸害没人理会，自己亦不能呼唤令人注意；而他则容易感觉问题，不似乡间人疲钝忍默，亦有呼喊的工具——即文字。

"第一种作用，好比为乡村扩增了耳目；第二种作用，好比为乡村添了喉舌，如果不是回乡来作土豪劣绅，图占乡间人的便宜，则我想此两种作用是一定可以见出的。尤其是回乡的人多了，此作用必自然发生无疑。果真化除得几分乡村人的愚蔽，果真乡村人受到祸害能呼喊出来，中国民族前途便已有了希望；乡村建设便算成功了一半。其作用还不伟大么？

"若是较有能力的知识分子，其在乡间将见出第三种更进一步的作用；那便是替乡间谋划一切建设事宜，好比为乡村添了脑筋一样。

"所谓乡村建设，事政虽多，要可类归为三大方面：经济一面，政治一面，教育或文化一面。虽分三面，实际不出乡村生活的一回事；故建设从何方入手，均可达于其他两面。例如从政治入手，先组织乡村自治体；由此自治体去办教育，去谋经济上一切改进，亦未尝不很顺的。或从教育入手，由教育去促成政治组织，去指导农业改良等经济一面的事，亦可以行。但照天然的顺序，则经济为先；必经济上进展一步，而后才有政治改进教育改进的需要，亦才有作政治改进教育改进的可能。如其不然，需要不到，可能性不够，终是生强的作法。我们从事乡村建设，原是作促进社会进步的功夫，固不能待其天然自进；然于此中相因相待之理不知留意，建设必将无功。

"所谓乡村经济的建设，便是前所说之促兴农业。此处所说农业，并概括有林业，蚕业，茶业，牧畜，养鱼，养蜂，各项农制造等，——一切乡村间生产事业皆在内。所谓促兴农业，又包括两面的事：一是谋其技术的改进；一是谋其经济的改进，技术的改进，是求生产的品质与量数有进益；诸如改良种子，防病除虫，改良农具，改良土壤，改良农产制造等事皆是。经济的改进，是生产费之低省与生产值之优厚；一切为农家合算着可以省钱或合算着多赚钱的办法皆是；其主要者即为各项'合作'，如信用合作，产业合作等，这两面的改进自有相连相需之势。即技术上的改进，每有需合作才能举办者；而合作了，亦会自求其技术的改进。二者交济，农业之发达是很快的。农业果然兴起，工业相因而俱来，或应于消费的需求，径直由消费合作社举办；或为农产原料之制造，由产业合作社举办，其矿冶等业则由地方自治体以经营之。由此而来之工业，自无近代工业所酿的危害，在适宜情形之下，农民并可兼作工人；近代工人生活机械之苦于此可免，那是文化上更有意义的事。

"说到政治一面，大家都常听到'要赶快完成地方自治'——包含乡村自治——一句话；其实这是未假思索之言。政治都是以经济为背影的。照原来中国乡村的旧经济状态，本不会有'欧化的地方自治'——'地方自治'是欧洲政治里面的一回事，故冠以'欧化'字样；普通所说，类皆指此。照现在中国一天一天枯落的乡村，便没法子有这事实现，非待中国社会经济有进展，是不会完成'自治'的；然而中国经济问题又不会走上欧洲那条路，是中国终不会有那种'地方自治'很明白的，中国经济问题的解决，天然只有一条路如上所说者；因此中国亦将自有其一种政治。（包涵地方自治），中国从合作这条路走去，是以'人'为本的，不同乎资本主义之以'钱'为本。又从乡村而建设起来，层层向上建筑，向大扩张；虽然合作社的联合中枢机关在都市，而其重心则普遍存于各乡村。由是，其政治的重心亦将自普在乡村，普在人人。像欧洲那样钱膨大起来驱使人，而人转渺小；又由都市操纵国权，乡村轻末不足齿数，上重而下轻者，这里都不会有。可以说欧洲国家政权好像偏起而耸立的；此则平铺安放的，尤其是个人本位自由竞争的经济，其经济属私事，政治乃为公事；二者分离。此则合作经营，即私即公，经济与政治固可以不离为二，孙先生遗教曾说，'地方自治体不单为一政治组织，抑并为一经济组织'；指示甚明。大概事实上，亦非藉经济一面之合作引入政治一面之自治不可，不然，则虽将区乡间邻按照法令编制起来，自治公所的招牌悬出来，至多不过奉行上面命令，办些行政事务而已；不能举自治之实。

"眼前若成立自治组织，宜注意担任自治公职者之人选，取谦谨平实一流使其消极地少些流弊，其积极的功用，则要以能和睦乡党，尽诱导教育之劳，使于自治生了解生兴趣者为最上。

"乡村建设之一面，眼前可作之事甚多；而要以民众教育为先，小学教育犹在其次。民众教育随在可施，要以提高一般民众之知能为主旨。经济一面政治一面之得有些微进行，统赖于此，内地乡民之愚暗，外间多不深悉，一为揭看，便将兴叹无穷，倘于此多数民众不能有所开启振拔，则凡百俱不相干，什么都说不上。丹麦之兴，盖全以其农民教育为推动力；

其事有可仿行者，但非下乡之知识分子倾注于农业改良研究，为其先导不可。"

"乡间礼俗的兴革，关系乡村建设问题者甚大，不好的习俗不去，固然障碍建设；尤其是好的习俗不立，无以扶赞建设的进行。所谓合作，所谓自治，都与从前疏离散漫的社会不同。人与人之间关系日密，接触日多，所以行之者必有其道。此道非法律而是礼俗。法律只可行于西洋，行于都市；若在中国社会，尤其是在乡党之间，是不行的。何况有法律，亦要有礼俗才行；即法律之行，亦莫不有资于习俗。古时如《吕氏乡约》等，于此是一种参考，第如何因革损益，大不易言。

"以上就乡村建设三面，略陈其义；其具体事项，若者先办，如何办法，则各地情势不同，要在谋划的人善为揆度，不能一概而论。一则要看当地是什么情形，一则要看自己是什么力量。乡村建设的事，什么人皆可做；政府做；社会团体做；私人居乡亦可做，所以力量是不一样的。力量不一样，自然做法不一样。地方情形，又有地理的不同和人事的不同。就地理说，不但南北异宜，即一省之中，一县之中，正复不能一样。总要因其土宜为之兴利，因其所患苦为之除害。例如苦旱的地方，自然要兴水利；——怎样兴法又不一样。产棉的地方，自然改良棉种；或棉种已有办法，而指导其为棉花贩卖合作亦不一定。他如山地可以造林，交通不便者急需修路，等等不一。人事不同者，如其社会经济情形不同，政治情形不同，教育情形不同，或风俗人情不同等。万般不齐，随宜施设，说之不尽。但有三桩事可以提出来说说的：

一则地方不靖者，莫先于举办乡村自卫。孙先生遗教，原有警卫完成再及自治之说，最近国民政府为肃清匪患安辑地方计，亦极力督促地方保卫团之成立。诚以秩序未安，人心不定，一切建设无从谈起。中央及地方政府法令所示，仅属一种大概办法；认真去做，仍须当其事者悉心讲求。最要众志归一，先安内部。先清内部，则根本已立；无论平常时或有匪患时，都应该作此功夫。

一则地方有红枪会或其他帮会有组织者，亟宜作一种化导功夫，务使其尽相当之用而不为害。乡民愚迷而有组织，且为武装组织，其危险性实大。第一要化导他向开明进步的方向去；不然，必将为乡村改进的绝大障碍。第二要慎防他势力扩大，为人利用，酿出祸乱。这是一件最不易对付的事；然只许用软功夫，不可以强硬手段摧毁之。——这是违背乡村建设之理的。

一则洋烟毒品发现流行的地方，亟宜公议查戒杜绝之法。毒品流行，为祸最烈；然其始必自村中有不务正业之游民，又每与娼赌等事相缘，实为村风败坏的问题，非单独的一件事。唯靠村中老成端正之士，团结一致，共负起挽救整顿之责，建树良好村风，别无他法。此虽为法律所厉禁，却终非外面官府力量所能及的。

"在今日纷纭杂复的中国社会，问题岂胜枚举，方法何可预定，只要认清题目，握定纲领，事情到手，自有办法；——即不然，办法亦无难讲求。我们总揭上文大意，以为我们的题目和纲领，即此作结：

题目便是辟造正常形态的人类文明，要使经济上的'富'，政治上的'权'，综操于社会，分操于人人。其纲领则在如何使社会重心从都市移植乡村。乡村是个小单位社会，经济组织政治组织皆天然要造端于此的；一切果从这里建造起来，便大致不差。恰好乡村经济建设要走合作的路，那是以人为本的经济组织，由是而政治亦自形成为民主的。那么，所谓富与权操于人人，更于是确立。现在所急的，是如何遵着这原则以培起乡村经济力量，乡村政治力量；这培起乡村力量的功夫。谓之乡村建设。——乡村建设之所求，就在培起乡村力量，更无其他。力量一在人的知能，二在物质；而作用显现要在组织。凡所以启发知能，增植物质，促进组织者，都是我们要做的。然力量非可由外铄；乡村建设之事，虽政府可以做，社会团体可以做，必皆以本地人自做为归。

"山东省政府为谋本省的乡村建设，经政务会议议决而有本院——山东乡村建设研究院之设立，所有一切办法，或秉承省政府命令所示，或由院拟订呈请省政府核准备案；其既经公表之文件，则有本院组织大纲，本院学则及课程，兹分项撮要，概叙如此。

"本院所要作的事，是一面研究乡村建设问题，一面指导乡村建设的实施，本院内部组织，即准此而分为：

一、乡村建设研究部；

二、乡村服务人员训练部；

三、实施乡村建设的试验县区。

乡村建设研究部的命意，约有两层：一层是普泛的提倡这种研究，以为学术界开风气；一层是要具体地研究本省各地方的乡村建设方案。大概初创之时，以前层意思为多；渐渐才得作到后一层，——因为这不但要萃集各项专门人才，并且要有几个机关协同着作才行的。此项研究生的招收，原是要受过高等教育者为合格；不过亦不愿拘定大学专门毕业的资格，致失劝奖知识分子转向乡村去的本意，所以又有同等学力的规定。大抵以具有较高知识，对于乡村问题向曾留意者为合适。其研究程序，先作一种基本研究：——那便是乡村建设根本理论的研究。次则为专科研究；随着各人已往学识根底的不同，和现在兴趣注意的不同，而自行认定一课或数科研究之。例如原来学农业的，就可以从事于农业改良研究；而现在有志于乡村教育的，就可以从事乡村教育的研究。各科的范围宽狭不同，细目亦得别为一科。但科目的认定，必得研究部主任的审量许可；作业的进行，须听部主任及教师的指导。本部课程，除间有必要外，不取讲授方式：或各别谈话，或集中讨论：并于南北各大学聘有特约导师担任指导；以函授行之。修业期限，规定二年，但于修业期间；得研究结果，提出论文经部主任及导师评定合格者，亦得请由院长核准予以提前结业。

"此项研究部学生，差不多都要到觅求职业的时间，颇难再由家中供给费用。所以本院定章，除供给膳宿外，并给予津贴每月十元，其学有专长者，在适宜情形之下，并得在院中兼职兼课（训练部功课）；要无非掖进有志，扶助苦学之意。将来学成结业，自本院希望言之，实以留院服务为期，因本院训练部第二期必须扩充办理，正多需才之处。以是本院学则，于此有'酌留本院服务'及'呈请省政府录用'之交。

"本院第一届招生。研究部限招三十名，并以一切费用均出公家供给之故，其省籍即限于山东本省。但为提倡这种风气起见，外省自备资斧，请求附学者，亦得酌量容纳；其名额不逾本院学生十分之一。（最近办法，略有变更：研究部学生必为国内公立或已立案之私立专科以上学校毕业者为合格，修业期限缩为一年，除供膳宿外，每月并给津贴二十元，并取消省籍限制，惟外籍生不得超过全额三分之一，——编者注）"

"乡村服务人员训练部和特定之试验县区，是从'指导乡村建设的实施'那一面工作而来的两个机关。我们对于实施乡村建设的进行，计划第一步要预备到乡村服务的人才。这不须说，当然是要就地取材的；其条件略如下开为合适：

一、世代居乡，至今其本人犹住家在乡村的，——这是为他不失乡村生活习惯；尤其紧要的，为是他熟谙乡村情形。

二、曾受过相当教育（略如初中），具有普通知识。——非有知识和运用文字的能力，不能为公众做事。

三、年纪在二十岁以上，三十五岁以内的，——这是为年力正富可以有为，而又不要太年轻。

（最近亦变更为必须在中等学校毕业者，如得应考，且收外省附学生——编者注）

大概果能具此三条件的人，多是在乡村教过学或曾在乡村供职者；亦可说是于乡村服务有些经验的。因其受过相当教育，年达二三十岁，而没有升学或作事于外，则其末后居乡的几年总不免要做点事的；其升学或做事在外而新回乡的，成数必然很少。前项闷守乡村的，诚未必是俊才；然在这知识分子回乡尚未成风气的今日，舍此更无可求。后一项新回乡的，或有英发之士；而多年在外，情形隔膜，亦是缺欠。无论那项人，非经一度训练之后，总还不能担任乡村建设的工作。此所以有乡村服务人员训练部之设，所要训练于他的，约计有三：

一、实际服务之精神陶炼——要打动他的心肝，鼓舞他的志趣，锻炼他吃苦耐劳，坚忍不拔的精神，尤其要紧的，是教谦抑宽和处己待人之道。

二、为认识了解各种实际问题之知识上的开益——非有一番开益其智识的功夫，则于各种实际问题恐尚不易了解。

三、为应付解决各种实际问题之技能上的指授——例如办公事的应用文，办合作的应用簿记，办自卫的军事训练等。必须受过了这三项训练，而后乡村服务人才的条件才得完具。因此本院于训练部的课程，有五大部之安排：

甲、党义之研究；概括三民主义，建国大纲，建国方略，及其他等目。

乙、乡村服务人才之精神陶炼。

丙、乡民自卫之常识及技能之训练；概括自卫问题研究，军事训练，拳术，及其他等目。

丁、乡村经济方面之问题研究；概括经济学大意，农村经济，信用生产消费各项合作，簿记，社会调查及统计，农业常识及技术，农产制造，水利，造林，及其他等目。

戊、乡村政治方面之问题研究；概括政治学大意，现行法令，公文程式，乡村自治组织，乡村教育，户籍土地各登记，公安，卫生，筑路，风俗改良，及其他等目。

我们为实行'就地取材'，所以对于招生特别仔细；为训练得有实功，所以对于课程不得不认真。所谓招生特别仔细的，就是训练部学生的招收，由招考委员会分组出发到各县，召集当地人士，宣布乡村建设的意义和本院进行的办法，唤起地方上的人同情愿来参加，而后分区就近考试，——其如何分区分届招生办法详后。所谓课程认真的，则有部班主任制和一年到头不放假的办法。

"本院训练部学生以四十名为一班，班置班主任及助教各一人。班主任对他一班的学生之身心各方面的活动，皆负有指导照管之责；凡学生精神之陶炼，学识之培益，身体之保育锻炼等，固自有各样的课程作业，但必以此班主任的指导照管作个别训练的中心，所以班主任有'应与学生同起居共饮食''以时常聚处为原则'的制定。学生每天都要自己写日记；这日记亦是由班主任为之阅改。各班学生成立其自治团，凡经本院划归该部自行办理之教务庶务卫生清洁等事；亦都是在班主任指导之下，进行自治。各班主任之上，更有部主任总其成——是所谓部班主任制。

"训练部课程期以一年结业；这一年到头是不放假的。不但不放寒暑假，并星期例假及一切纪念节假都没有。一则是因为功课多，而修业期短，不得不加紧；一则是农家生活除农暇外，没有那天放假停工之说，本院在养成乡村人才，于此不合农业社会的习惯，应于予正。在此一年之中，每日二十四小时生活依画作夜息分为二大段，排定公共生活时序表，全院遵守。例如自某时起床，盥漱，朝会，健身拳术，早餐，作业，晚餐，洒扫，作业，写日记，夜息为止；大家同作同息，计午前，午后，晚间三个作业段共八小时。这虽似太紧张，行起来却亦很自然。因所谓作业包括种种活动，不定是讲课读书。尤其是星期日多为出院外的活动，如野外操练，巡回讲演，乡村调查等。

"仔细取材之后，犹恐学生中有难于造就的所以有随时甄别的办法，本院学则规定，'学生在修业期间，本院得随时就其资性、体质、思想、行为，加以甄别而去留之'，认真训练之后，临时结业，犹恐其有出外作事难副所期者，因而本院学则有规定云：'本院期在培养实地服务人才，凡学生结业必须具有解决乡村各种问题之知识能力及勤劳奋勉之精神；其修业期满而不足以副此者，本院得缓予结业'。

"以上都是说本院如何预备乡村建设人才的办法。但这招生训练之事，山东全省一百零七县实不能同时举办；此其困难有二：

一、本省各地方情形不同——鲁西不同鲁东，鲁南不同鲁北，——要同时了解他、研究他、替他想办法，势所来不及；而这是在训练学生时，多少要指点给他的，尤其是在指导实施时，要帮他解决地方上的问题；普泛地照顾，万照顾不到。

二、训练后回本地作事者，每县人数若过于单少，则事情不易进行。假定每县有十人左右，同受训练，便达一千余人；本院人力财力一时似均有不及。

因此，本院计划划分区域，分散次第举办。其区域即以本省旧日行政区之四道为准。现在第一届招生，即就第一区旧济南道属二十七县先行办理。将来第二届或就第二区旧济宁道属办理；或办量宽裕，第二三区合并举办，亦不一定。

"第一届之二十七县，除指定之试验县特别招收四十人外，每县招取人数规定八人至十人；其总数约为三百以内。招考委员会拟分五组出发；分赴各县宣传后，就济南，邹平，蒲台，惠民，泰安五地点举行考试。其报名手续，考试项目等，另详招生简章。

"在储备人才的时候，即应就一地方试行乡村建设；这有两层用意：

一是训练学生不徒在口耳之间，更有实地练试做之资。

一是以此为各县乡村建设的示范；以此为本省乡村建设的起点。

故此特由本院请省政府指定一县为本院之试验县区，此试验县区的条件，要以地点比较适中，县分不过大，不甚苦而亦非富庶，不太冲繁，而交通又非甚不便者为合适。现已奉省政府指定，在离胶济路周村站三十余里之邹平县。照本院组织大纲规定，本院院址应即设置于此；并以该县县长兼本院试验县区主任。县长人选亦经发表；将来尚须成立一委员会，以为设计进行之机关。

"又在训练上为学生实地练习之资，在乡村建设上为各地示范者，尚有本院农场。农场场址亦随本院置于试验区内。举办之初，规模有限；必须应于实际需要次第扩充之。例如棉业试验，牧畜试验，蚕桑试验，或若其他，审其为地方所切需，陆续添办。或商请省政府农矿厅举办，协同进行。我们总希望有个可以为试验县区及第一区其他二十六县，农业技术改良上之一研究指导机关的农场。

"然我们对于建设进行，颇主张先侧重经济上种种合作；其确实计划，此时尚不能言。我们将先举行两个调查工作：一、试验县区的农村经济调查；二、第一区其他二十六县的农村经济调查。前一调查工作，有训练部的本县学生四十人为助，当易进行，后一调查工作，拟向省政府请款举办，必此两调查办完，如何建设，方有计划好商量。

"至苦建设的实施，在第一届学生训练期间，所可着手者只限于试验县区；在第一届学生结业回乡服务时，其他二十六县始能着手。训练部各县学生回乡如何服务，与各县建设实施从何着手，殆为一个问题。本院于此，有两种策划：假使各该县政府秉承省政府命令，于此乡村建设之事从上面有所兴举（例如县农场，县农民银行，县自治筹备事宜，县办民众教育等类），自应照本院学则所规定，分派各地方或发交本县服务；其所着手之事，即因所兴举而定。假使上面机缘不好，或政府未暇兴举，或徒有名目难期实益，则各该学生应各回乡里，在本院指导之下，自行办理一种'乡农学校'为宜。此种'乡农学校'的办法，随宜解决当地问题，俾信用渐孚，事业自举；其详须得另陈。

"总之，事属创举，须一面试做，一面规划，有难于预定者；待第一届办过后，当可开出些道路来。"

第四目　组织

研究院的组织依据事实而来，以其工作为：

一、研究乡村建设问题；

二、指导乡村建设实施。

故内部分为：

一、乡村建设研究部（省称研究部，下仿此）

二、乡村服务人员训练部（省称训练部，下仿此）

三、实施乡村建设实验区

除此三部实施——研究部，训练部，实验部外，有总务处以掌理全院事务，另有农场，卫生院，图书馆，社会调查部，乡村服务指导处等，皆各设主任一人，惟实验部有二实验区——邹平，菏泽，即各以行政上之县长负责外，不另设主任，另于菏泽实验区设第一分院以指挥实验工作。其系统有如下表：

第二章 研究院　73

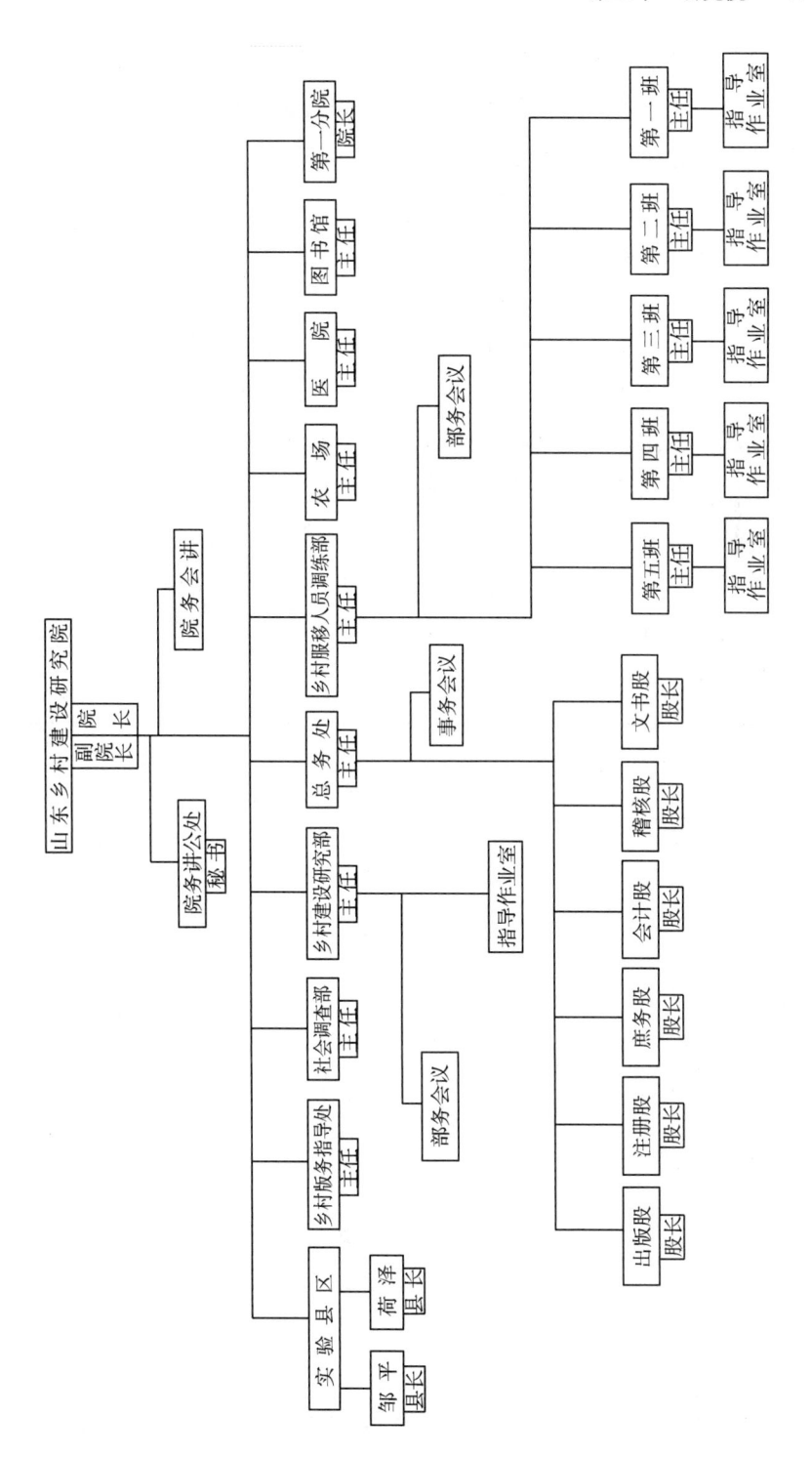

山东乡村建设研究院
- 院长
- 副院长
- 院务会议
- 院务谈话
- 院务谈话处秘书

├── 乡村服务指导处 主任
│   └── 实验县区
│   ├── 邹平县县长
│   └── 菏泽县县长
├── 社会调查部 主任
│   └── 部务会议
├── 乡村建设研究部 主任
│   └── 指导作业室
├── 总务处 主任
│   ├── 事务会议
│   ├── 文书股 股长
│   ├── 稽核股 股长
│   ├── 会计股 股长
│   ├── 庶务股 股长
│   ├── 注册股 股长
│   └── 出版股 股长
└── 乡村服务人员训练部 主任
    ├── 部务会议
    ├── 农场 主任
    ├── 医院 主任
    ├── 图书馆 主任
    ├── 第一分院 院长
    │   ├── 第一班 主任 — 指导作业室
    │   ├── 第二班 主任 — 指导作业室
    │   ├── 第三班 主任 — 指导作业室
    │   ├── 第四班 主任 — 指导作业室
    │   └── 第五班 主任 — 指导作业室

自民国二十四年一月起，山东省政府设立第一区行政督察专员公署于鲁西，第二实验县区菏泽改隶行政督察专员公署为县政建设实验县区，故今后研究院直接指挥之实验区为邹平一县，分院则仍设于菏泽。

第五目 经费

研究院经费由省府支给（县政府经费另有预算）按月由财政厅拨取，每年度均先呈核预算，审定后绝对不能超过，如有临时事项，则可请临时费，二十年度常年经费为十万〇七千五百八十元，二十一年度第一届训练部学生结业，各回本县组织民众学校，省政府令增加巡，回导师巡回指导各生工作，经费因略有增加，年支十一万七千七百八十元。二十二年三月省府划邹平、菏泽两县为其县政建设实验区，经费支付又较前增加，二十二年度为十二万〇九百元。二十三年添设第一分院于菏泽，另编分院预算三万〇三百元。本院则减为十一万六千七百元，其分配比较有如下表：

科目		年度			
		二十年	二十一年	二十二年	二十三年度
俸给费	俸薪	五〇、六六四	五七、五〇四	五九、五二〇	六一、三二〇
	工资	二、六四〇	二、六四〇	三、〇二四	三、〇二四
办公费	文具	二、七六〇	三、三六〇	三、三六〇	三、三六〇
	邮电	七二〇	七二〇	九六〇	九六〇
	消耗	四、二〇〇	五、四〇〇	五、七六〇	五、一六〇
	印刷	九、六〇〇	一〇、二〇〇	一〇、二〇〇	七、八〇〇
	租赋		四八〇	四八〇	四八〇
	修缮	一、八九六	一、八九六	一、八九六	二、四九六
	旅费	二、四〇〇	四、五六〇	四、〇八〇	二、八八〇
	杂支	二、八八〇	一、二〇〇	一、二〇〇	一、二二〇
购置费	器具	一、八〇〇	一、八〇〇	一、八〇〇	一、二〇〇
	图书	二、四〇〇	二、四〇〇	二、四〇〇	一、八〇〇

续表

科目		年度			
		二十年	二十一年	二十二年	二十三年度
特别费	学生膳费	一九、二〇〇	一九、二〇〇	一九、二〇〇	一二、四八〇
	学生津贴	三、六〇〇	三、六〇〇	三、六〇〇	四、三二〇
	学术研究费	二、八二〇	二、八二〇	二、八二〇	四、六二〇
	卫生事业费	——	——	——	三、〇〇〇
	招待费			六〇〇	六〇〇
合计		一〇七、五八〇	一一七、七八〇	一二〇、九〇〇	一一六、七〇〇

（金额以元为单位）

第二节 人才训练

第一目 研究部

研究部为乡村建设研究部简称，其意义有二：

一、普泛提倡学术界对于乡村建设之研究；开辟知识分子下乡的风气。

二、具体研究本省各地方乡村建设方案。

简单言之，研究部实为一学术研究机关，以培养设计指导人才者。现在学者为第二届，第一届于民国二十二年六月毕业，计正式生三十人，外省附学生二人，大部留院及派往实验区服务。其办法等项，一二届稍有出入，兹分述之：

入学资格：入学资格初不限于专门以上毕业，凡与试经取录者俱得入学，故第一届学生之资格程度不大一致；有大学毕业者，有中学肄业者，有各种短期学校毕业者。至第二届则非持有专门以上学校毕业证书者，不得预试。又第一届仅限山东省籍方得投考；第二届则并招收外省学生，惟外籍生不得逾总额三分之一，（现在学者本籍五人，外籍九人，内一人因故停学，盖又略事变更矣）！

在学待遇：研究部学生经录取入学后一律由院供给膳宿，每年发给单棉制服各一套，并给予每月津贴十元，至第二届则增为二十元，以程度提高，缩短名额故也。

在学时间：研究部修业期间初定为二年，自第二届起则缩为一年，但在修业期间能提出研究论文，经部主任及导师评定认可者，得请求院长给予提前结业。

研究课程：研究部之作业课程，初定为二大类：

甲，基本研究：党义，社会进化史，乡村建设理论，军事训练等目。

乙，专科研究：农村经济，农业改良，产业合作，乡村自治，乡村教育，乡村自卫，及其他等目。

第一届学生即按此分组研究者，至第二届则废除上列分类，着重自动研究，除乡村建设理论为主要科目必须共同研讨外，其余则按已往专长科目继续研究，现在学之第二届学生计有如下之各科研究：县行政，土地问题，中国经济史，农村经济，产业合作，农业改良与推广，乡村教育，劳作教育，造林等。

第二目　训练部

训练部为乡村服务人员训练部之简称，顾名思义可知其为培养乡村建设干部人才而设者，其训练目标有三。

一，实际服务之精神陶炼——要打动他的心肝，鼓舞他的志趣，锻炼他吃苦耐劳，坚韧不拔的精神，尤其要紧的是教以谦抑宽和处己待人之道；

二，为使其认识了解各种实际问题之知识开益——非有一番开益其智识的功夫，则于各种实际问题恐尚不易了解；

三，为应付解决各种实际问题之技能上的指授——例如应用公文，合作簿记，自卫训练等。

学生来源　训练部为造就山东全省乡村建设实施人才，故分别由山东一百〇八县中按籍分配招收，每县八人至十人不等。取材资格，以世代居乡，现仍在乡居住，曾受初中教育或具有相当程度者，年在二十岁以上，三十五岁以下为合格。第一届就旧济南道二十七县中招收学生二百八十余人，又前后收附学生二十余人；第二届招收鲁西四十一县学生二百八十余人，又附学生四十余人；第三届程度略提高，以在初中高中毕业者为合格，并得依程度分别训练，就鲁北鲁东四十县共招收学生二百九十名，除鲁东二十六县学生一百九十名在本院训练外，鲁北十四县学生一百名归菏泽分院训练，此外并招收自费生（不限籍贯）一百三十名，本院五十名，菏泽八十名，训练办法与官费生同。

作业课程：训练部之作业课程，别为两类，如次：

甲、普通训练：包含党义之研究，乡村建设方向之认识，乡村服务人才之精神陶炼，及乡村自卫常识及技能之训练。

乙、分组训练：约分乡村教育，产业合作，农业改良，乡村自卫，卫生医药，乡村礼俗等组。其各组应习科目另订之。

其详细课时分配则如下表：

第一届训练部课程全年时数分配如下：

1. 党义——五二小时
2. 乡村建设理论——五二小时
3. 乡村自治——五二小时
4. 乡村礼俗——一〇四小时
5. 农村经济——三九小时
6. 合作——一一七小时
7. 乡村教育——一〇四小时
8. 农村自卫——一〇四小时
9. 军事训练——三一二小时
10. 造林——五二小时
11. 农村常识——三六小时
12. 土壤肥料——九二小时
13. 应用文——五二小时
14. 社会调查及统计——一〇四小时
15. 畜种改良——四六小时
16. 病虫害——四六小时
17. 簿记——二六小时
18. 水利——九二小时
19. 农作改良——九二小时

20. 蚕桑——三九小时

21. 农家副业——五二小时

22. 现行法令——五二小时

第二届训练部课程，前半年与第一届同；后经部主任会议议决，增进教学效率便于研究功课起见，对于以前之教务分配，班次编制，重行划分改组，计分第一班为精神陶练教材研究组，第二班为自卫训练组，第三班为国学教材研究组，第四班为农村问题教材研究组，第五班为凿井训练组，任学生自由选定加入各组，切实求进，以期高深造诣。

第三届训练部课程全年时数分配如下：

1. 党义——二〇小时

2. 精神陶练——八〇小时

3. 乡村建设理论——八〇小时

4. 实验县区办法——四〇小时

5. 军事训练——一二〇小时

6. 农村经济——四〇小时

7. 教育问题研究——一二〇小时

8. 实验区教育计划——四〇小时

9. 教育法——八〇小时

10. 应用文——五〇小时

11. 现行法令——五〇小时

12. 乡村教育——一〇〇小时

13. 调查统计——六〇小时

14. 专长科目教材教法研究——八〇小时

15. 教育实习——一二〇小时

16. 教育研究讨论——一一〇小时

17. 专题讲义——六〇小时

18. 合作——一二〇小时

19. 簿记——六〇小时

20. 珠算——六〇小时

21. 会计学——六〇小时

22. 实验区建设计划——四〇小时

23. 农业常识——六〇小时

24. 医药概论——六〇小时

25. 药物学——八〇小时

26. 病理学——八〇小时

27. 诊断学及其实习——一二〇小时

28. 公共卫生——六〇小时

29. 流行传染病之防治——五〇小时

30. 自卫研究——五〇小时

31. 军事训练——一二〇小时

32. 军事学——八〇小时

33. 拳术——六〇小时

34. 刀枪术——六〇小时

35. 军机学——五〇小时

36. 世界大势与各国军备之研究——四〇小时

37. 中国农村问题——六〇小时

38. 畜牧——九〇小时

上列课程自第一至十七为普通训练。后为分组训练，共分四组：合作组（包括第十八至二十三各课目），医学组（包括二十四至二十九各科目），自卫组（包括第三十至三十六各科目），农业问题组（包括第三十七至四十二各科目），自二十三年七月至二十四年三月为普通训练期，自二十四年三月至六月为分组训练期。二十三年十月卫生院正式成立，医药组由卫生院负责训练，（学生另招，现有十余人），训练部则另添乡村教育组。

大略入学之初即受极严格之军事训练以锻炼其体力，讲授精神陶炼以陶冶其身心；为期三月，然后下乡实习，体验乡村生活。经此一般训练后凡认为难以训练或学生自愿退学者，即行退学。后则分组训练，以迄结业。

第三目 班部主任制

于人才训练中有一制度可述者，即班部主任制。研究部及训练部各设主任一人，训练部各班并置班主任一人。此部主任或班主任不仅为学术课室上之指导者；且是学生整个生活之模范者，训导者。主任与学生共同起居，共同饮食，共同操作，凡学生精神之陶炼，学识之增益，身体之保育锻炼，均负有整个责任。对于学生，以身作则，人格感化为主，并不采取任何形式上之训管。故学生与教员之间，如家人父子，亲洽异常。各主任对于学生之性情资质，习惯，思想，家庭环境等，均极明了，可以因材施教，学生亦得了解院中之各种措施，能够服从遵守，或加以帮助。各部班主任，对于该部该班，关于课程之订定，科目之损益，教材之选择，教学之方法，教学之设备等，均可自由酌量，提出意见以为院中参考改良。各部班主任并指导学生之各种自治活动。学生之成绩考核，以主任所评定者为半数依据，各科成绩之均数为半数依据。此班部主任制实为研究院训练人才之特点。

第三节　农业之改良与推广

第一目　农场概况及其计划

农场在研究院东南半里许，内设主任一人，技士二人，事务员三人，练习生数人。全部面积二十余亩，另租附近民地四十余亩，为作物育种试验之用。二十二年以邹平县有农场繁殖苗木及棉花麦种子，本农场专作各种育种及试验工作。二十三年因改良美棉之推广为培殖纯种计，又租民地一百三十五亩，专为繁殖美棉之用。同年，省政府又拨济南荒地六百亩，为农场试验地，现正拟与各农业学术机关合作，专供作物育种之试验。至其整个组织则如下图：

农场设置之目的有二：一为普及农业科学于农民，以增加农民生产；一为供给研究院学生研究实验，以便推广。各股工作，均依此目的，拟定整个计划分别进行。亦略述于下：

一、研究股工作

a. 原则：研究所得结果，必须为农民所能采用，研究道程须与农民实际生活相辅而行。

b. 事项：

（子）畜牧组：

1. 改良猪种工作：

农场组织系统表

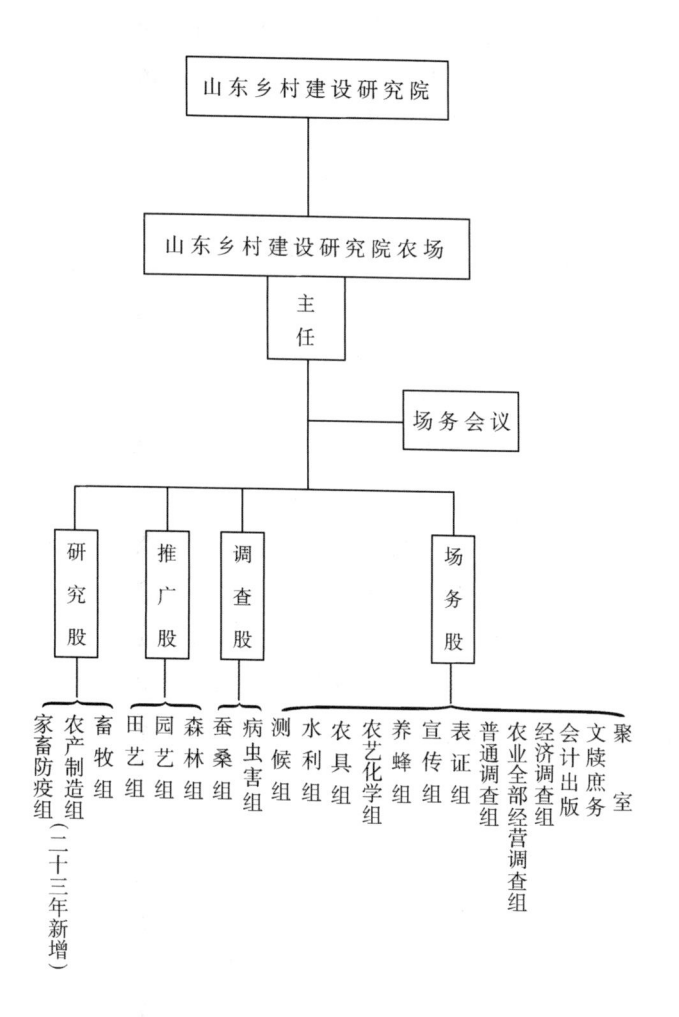

```
                    山东乡村建设研究院
                           |
                  山东乡村建设研究院农场
                           |
                          主任
                           |———————————场务会议
                           |
    ┌────────┬────────┬────────┬────────┐
   研究股   推广股   调查股          场务股
    │        │        │              │
  家畜防疫组 畜牧组  蚕桑组  测候组    表证组   会计出版组
  农产制造组 田艺组  病虫害组 水利组   宣传组   经济调查组   文牍庶务
  (二十三年  园艺组           农具组   养蜂组   普通调查组   聚室
   新增)    森林组           农艺化学组        农业全部经营调查组
```

甲，用波支猪种改良本地猪种。

乙，改良繁殖曹州猪种：一面用选种方法改良，一面用波支种杂交，育成新种。

2. 改良鸡种工作：

甲，用来克行白公鸡改良本地鸡种。推广方法，拟每家农民分与来克行鸡一只，与之定订合同，从此不再养本地公鸡，由此方法逐渐杂交演变，五年后，即可使邹平境内变为有来克行鸡性质之杂种区。

乙，改良繁殖鸡种，一面育纯种，一面与来克行种交配产生改良种。

3. 改良牛种工作：

甲、改良繁殖本地优良牛种：择好种以资交配。

乙、用荷兰牛改良本地牛种。

4. 繁殖瑞士奶羊及改良羊种工作：

甲、繁殖瑞士奶羊。

乙、用美利奴羊改良本地羊种。

（丑）田艺组：此组进行工作专于改良玉蜀黍、小麦、谷子、棉花及豆籽。（进行选种改良方法，以所涉过于专门，故略。）

（寅）园艺组：

1. 果树改良：葡萄，亚梨，蜜桃，苹果等，

2. 蔬菜改良：白菜，萝卜，甘蓝等，

3. 花卉：提倡农家种花并供给花种。

（卯）森林组，选择优良树种，繁殖于本场苗圃，以为推广之资；并注意于共有林及树景之促成。

（辰）蚕桑组：

1. 以统一白茧种，消灭土制种为唯一目的。

2. 防除蚕病。

3. 改良饲育方法。

4. 改良蚕室蚕具。

5. 改良干茧制丝及提倡合作。

（巳）病虫害组：

1. 用炭酸筒，除麦子、高粱、谷子、等之墨丹痛。

2. 用石油浮剂除棉花等农作物蚜虫。

3. 用诱蛾灯诱杀害虫飞蛾。

4. 收集益鸟，害鸟及病虫标本以资研究。

（午）测候组：

1. 研究关于测候事项及与农作物之关系。

2. 观测及记载各项纪录。

（未）水利组：

1. 促成农家水利合作。

2. 努力防水防旱工作。

（申）农具组：

1. 改良本地农器。

2. 组织合作社购用新式农器。

（酉）农艺化学组：

1. 调查土壤并研究改良方法。

2. 肥料试验。

3. 食品及饲料研究。

4. 调查农产制造各种土法，加以改良。

（戌）养蜂组：

1. 养意大利蜂以为研究育种之用。

2. 改良蜂箱试养中国蜂。

二、推广工作

a. 原则：推广工作以推广员协同学生办理。以实利诱掖及适宜刺激为主，以听谈辅之。务使乐于从事养成其自己独立创造精神。

b. 方法：

（子）先设法与农场附近各村农户，联络感情，约其至农场参观，鸡、猪、棉、麦及驱除病害之药剂等，借资宣传。再招收聪颖青年，作为练习生，到场工作，教以诸种改良方法，成绩优者，用为推广员，一二月后乃将场内之改良鸡、猪、棉、麦、玉蜀黍，除病杀虫等药剂，指导热心农业，在自己农场内实行一种或几种，以为其他农家之榜样。

（丑）农村巡回学校本场推广员协同院中学生按期将各种农业设计之表证材料，用大车数辆，载至农村市镇，巡回讲演，并佐以电影幻灯。

（寅）农产物比赛会：当秋收后本场举行一次农产物比赛会，通知各表证农家，及普通农家，将农产送场陈列，本场特聘专家评定等级，奖以奖章，或优良种子。

c. 事项：

1. 来克杂鸡及其鸡种；

2. 寿光鸡种；

3. 波支猪及其杂种；

4. 曹州猪种；

5. 本地牛种；

6. 荷兰牛及其杂种；

7. 瑞士奶羊美利奴羊及其杂种；

8. 改良之棉花种；

9. 改良之高粱种；

10. 改良之小麦种；

11. 改良之谷子种；

12. 改良之大豆种；

13. 用碳酸铜防除小麦高粱谷子等之黑丹病之方法；

14. 用石油浮剂消除棉花蚜虫之方法；

15. 诱蛾灯；

16. 防除蝗虫法；

17. 改良诸桂新元蚕种；

18. 桑树之接木及整枝。

三、调查股工作：

a. 先制定下列各项调查表：

1. 农家经济调查表；

2. 农村人口调查表；

3. 农业全部经营调查表；

4. 农家副业及手工业调查表；

5. 合作调查表；

6. 农产物调查表；

7. 农村金融调查表；

8. 生产及分配制度调查表；

9. 买卖状况调查表；

10. 土壤及肥料调查表；

11. 病虫害调查表；

12. 农具及其他调查表。

b. 调查之先务必与农家感情融洽求其实在不求速效。

c. 整理统计。

四、场务股工作

a. 布置场务制造预算；

b. 购买什物，招雇工人；

c. 管理文件，整理统计；

d. 编辑报告，指导实习生；

e. 其他一切属于前三项之事务。

第二目　研究室工作

农场工作不外二大项，一研究；二推广。推广部分，于下节述之。关于研究部分工作，在二十一年度，有小麦之十杆行品种比较及穗行试验。高粱，粟作，均作穗行试验。大豆则一面作株行试验，一面作高级品种比较。脱字美棉作株行试验，复用华棉与之作二区种比较。二十二年度仍继续育作，小麦除十杆行品种比较外，复作二杆行纯系育种。高粱，粟作，均取上年度严行淘汰升级所得，作二杆行纯系育种试验。大豆仍作高级品种比较，复作十杆行纯系育种。美棉则作初次遗传试验，株行试验仍继续，并作五区品种比较。至本年度（二十三年度）则小麦作高级品种比较，并继续二杆纯系育种之工作，作五杆行纯系育种试验。高粱，粟作，均进为五杆行纯系育种。大豆仍继续上年试验，脱字棉则试二次遗传，同时再继续初次遗传，试验与株行试验。各种成绩有如下表：

年份	作物种类	试验名称	试验系数	升级系数	留级系数	淘汰系数	备注
二十一年	小麦	十杆行品种比较	二八		一三	一五	因超过标准品种者只有一种故不升级
	小麦	穗行试验	三四七〇	九八四		二四八六	
	高粱	穗行试验	一〇〇〇	五六		九四四	因下年地缺乏故严加淘汰
	粟作	穗行试验	一二三〇	八八		二四二	因下年地缺乏故严加淘汰
	大豆	高级品种比较	五		五		

续表

年份	作物种类	试验名称	试验系数	升级系数	留级系数	淘汰系数	备注
二十一年	大豆	株行试验	一五〇	一六		一三四	因供试种子之来源，与高级品种比较试验的品系种相同，今年各种产量亦正相符合；故严加淘汰，而将一六系升入十杆行试验。
	脱字美棉	株行试验	八三	二〇		六三	
	脱字美棉及华棉	二区品种比较	八	四		四	
二十二年	小麦	十杆行品种比较	二三				
	小麦	二杆行纯系育种	九八四				
	高粱	二杆行纯系育种	五六	二八		二八	
	粟作	二杆行纯系育种	八八	二二		六六	
	大豆	高级品种比较	一五	四		一一	
	大豆	十杆行纯系育种	一六	二	一四		
	脱字美棉	株行试验	四八	九		三九	
	脱字美棉	初次遗传试验	二〇	五		一五	
	脱字美棉	五区品种比较	五			五	
二十三年	小麦	高级品种比较					本年度系数均未算出
	小麦	五杆行纯系育种					
	高粱	五杆行纯系育种	二八				
	粟作	五杆行纯系育种	二二				
	大豆	高级品种比较	六				
	大豆	十杆行纯系育种	一四				
	脱字美棉	株行试验	二二				
	脱字美棉	初次遗传试验	九				
	脱字美棉	二次遗传试验	五				

在上列作物试验中，以脱字棉最有成绩。此项改良美棉，现普及于邹平全县。（详情另见）经上海华商纱厂联会，及上海商品检验局评定，认为居国产之第一位，质量在灵宝花以上。故梁邹美棉运销合作社之出品，价格常高于普通棉花最高价格，各纱厂犹争购不置。其质量可由三年选种成绩表中见之：

脱字美棉育种最近三年选种成绩表

年份	试验项别	性别	维 m，m	衣分%	衣指%	籽指 gr	每株产量 gr	每亩产量斤
二十年	单本（八三株）	最高	二六·二八	三六·九八	七·七八	一五·六四		
		最低	二一·〇〇	三一·〇七	五·三八	一一·九八		
		平均	二二·八三	三二·四六	六·四六	一三·六四		
二十一年	单本（四八株）	最高	二六·六八	三四·五〇	八·〇〇	一六·二〇		
		最低	二二·五一	三一·〇〇	六·一〇	一三·〇〇		
		平均	二三·四六	三二·四二	六·七四	一四·一二		
	株行试验（二〇系）	最高	二五·三一	三五·一〇	八·〇〇	一五·四〇		
		最低	二二·四三	三一·一〇	五·八六	一二·二〇		
		平均	二三·六四	三二·五四	六·六〇	一三·八九		
二十二年	单本（二二株）	最高	二六·四三	三六·一九	八·六〇	一六·六〇		
		最低	二三·〇六	三一·〇〇	七·〇〇	一三·四〇		
		平均	二四·〇一	三三·四五	七·三七	一四·六七		
	行试验（九系）	最高	二五·三二	三四·五九	七·九五	一五·一〇	八八·九	二一三
		最低	二三·四五	三一·〇二	六·五五	一二·八〇	六二·九	一六四
		平均	二四·四一	三二·六一	六·九九	一四·二四	七三·八	一九〇
	初次遗传试验（五系）	最高	二四·五四	三五·三九	七·五〇	一五·九〇	八七·三	二二七
		最低	二二·六八	三二·四七	六·五〇	一三·七〇	七六·一	一九五
		平均	二三·七五	三三·二一	七·〇六	一四·四二	七八·一	二〇七

以上为植物之作育概况，动物之试验则有猪，鸡，兔，牛，羊，蜂，蚕等项。农场所畜，除供给研究外，尚让与其他研究机关及农民饲养，其

数目略如下：

项目	种别\头数	现存头数	让出头数	合计
猪	波支猪	一六	一六	三二
	曹州猪	五	八	一三
	邹平猪	一	○	一
	太原猪	二	○	二
	波×邹一代杂交猪	二	八九	九一
	波×邹二代杂交猪	三	三四	七七
	波×曹一代杂交猪	三	四四	四七
鸡	寿光鸡	三六	二七	六三
	力行鸡	二九	六三	九二
	邹平鸡	一三	一八	三一
	力×寿一代杂交鸡	四	○	四
兔	昂格郎长绒兔	三	六	九
	法国白色兔	九	三七	八六
	英国灰银兔	一五	六七	八二
	英国栗子色兔	一七	五四	七一
	英×中一代杂交兔	一二	四六	五八
荷兰乳牛		二	○	○
瑞士乳羊		六	三	九
意大利蜂		一三箱	○	一三箱

关于猪种改良之试验，系以波支猪与邹平母猪交配，其第一代所生之杂种猪为最好，产肉在二百磅以上，超过邹平猪一倍有余，较波支纯种猪尤强。现在邹平所推广者，即系此种一代杂交猪。惟此种杂交猪，二代以后，便又退化，不能成为定种；故农场中正研究一种改良种，作波支邹平之五代杂交试验，期获得二种猪之优点而又不致退化之一种猪，现试验至第四代，成绩如何，尚不可知。上项波支邹平杂交试验，经表列其成绩，

可比较观之。

各种猪种生长率比较试验成绩比较表

项目 \ 种别数量	试验开始时体重	均满一年时体重	平均每日增加体重	增长速率百分比	屠宰净肉重量	肉百分比
波支猪	二三·五磅	二三五磅	·六六一磅	九七·一一%	一六九磅	七一·九一%
邹平猪	一九磅	一三九磅	·五四四磅	七九·七五%	一二七磅	六六·八七%
波×邹一代杂种猪	二七磅	二八七磅	·八〇一磅	一一八·五%	二〇九磅	七二·八二%
波×邹二代杂种猪	二一磅	二五三磅	·七一二磅	一〇四·一%	一七八磅	七〇·三五
备注			以出生日起至屠宰日为止	四种猪的生长率比较	头蹄杂碎均不在内	以宰前体重除宰后净肉

又山东曹州猪，与山西太原猪，均为较优之猪种，农场亦欲以此二者作改良试验，与之与波支猪交配，所生杂种猪，成绩亦佳，惟不如波邹一代杂交种之良好。

鸡种有力行鸡及寿光鸡两种。力行鸡（又译来克行鸡）知者甚多，不多述。寿光鸡为山东寿光县所产，卵甚大，而多；生肉，亦快，盖肉卵两用种也。现正试验力行寿光鸡交种，成绩如何，尚未可知。目的盖欲免去力行鸡种之易于生病及不服中国气候之弊。中国鸡种，已往无人注意，故血统极混杂，于其毛色形象之极不一致可知。现农场欲求此较纯种，故作隔杂圈养试验，数代以后，毛形都稍整齐矣。鸡种试验虽有成绩，但在邹平尚未推广，据负责者言，本年拟选一村作纯种试验，专养力行鸡，一切杂鸡均先除去，不久即可实现云。

农场所有蚕种为诸桂，新圆，白新，班新，鲁黄，基绿，新绿，数种，就中以诸桂为佳，原购自山东大学农学院。自二十三年度起，渐行推广。自制种子，总数年有增加，录其统计如后：

种名 \ 年度 项目	诸桂	新圆	白新	班新	鲁黄	基绿	新绿
二十一年 原制张数	四八六	一六四	一〇一	三五	四四	一四	
淘汰张数	二四	三七	一五	八	一四	六	
存留成种张数	四六二	一二七	八六	二七	三〇	八	
二十二年 原制张数	五二〇	六四	一七一	一〇六	一五六	二一	
淘汰张数	三〇	一六	四三	二七	三九	五	
存留成种张数	四九〇	四八	一二八	七九	一一七	一六	
二十三年 原制张数	三五〇	一六五	一九〇	一五三	四四五	六二	四〇
淘汰张数							
存留成种张数							
备考	二十三年春所制蚕种尚未检查故淘汰及存留两栏均未填写							

意大利蜂原有五群，原意作分种之用，故特注意分房工作：故至次年即增加十倍，计五十群。现已改变方针，专做酿蜜工作，每箱可出蜜四十斤至六十斤。现有十三箱，约可出蜜六七百斤。其每年增加额如下：

项目 数量 \ 年度	二十年	二十一年	二十二年	二十三年
原有群数	五	五〇	八〇	
新分群数	〇	三〇	五〇	
总群数	五	八〇	一三〇	
采蜜斤数	〇	九三	三六三	
每群框数	五——七	六——八	七——一〇	八——一〇
备注	本年秋新购			

其他尚有家畜防疫组之研究家畜防疫，农产制造组之制造农民用品，现已出科学酱油三种，销行周村各地，价廉物美，乡人多乐用之。

以上所及，均荦荦大者，其他琐细，不及一一叙述，读者欲知详尽，可阅乡村建设农场每月报告。

第三目　美棉推广与运销合作社

美棉之推广与运销合作，为邹平乡村事业最成功之一种。三年之间，棉田由八百亩增至五万余亩，合作社由二十四社增至二百余社，（尚有数十社未能如愿成立）棉子由几千斤增加到二十余万斤。在量的发展上，已足惊人；而在质的方面，如棉花之品格，售出之价值，以及合作社之组织等，均为其他各处所不及。至于合作社之性质办法等，尤有其特殊之点，成为今日中国合作事业之一派。兹略纪其概要如次：

一、推广计划

邹平县北境，向系产棉区域。民国十一二年间，有日人运来大批美棉籽种，散与农家种植；秋后并设庄收买，邹平美棉。在市场上颇有一度之美誉。后因品种退化，品质渐低、花贩棉商、掺假润水，于是信用大失，销售无路。研究院成立后，鉴于邹平土质，其适播种美棉，乃联合山东大学农学院及山东省立第二棉作试验场，于第六区（今属十一二三乡）合作推广纯良美棉。其目的在于以纯种代替一切不良棉种，造成一美棉纯种区。种子规定为改良脱里司美棉种，先以孙家镇附近村庄为起点，然后渐次扩充。大概计划如下：

（一）目的——提倡普及种植纯良美棉，代替一切不良棉种，造成美棉纯种区。

（二）区域——推广区域，现因纯良种籽数量之关系，先以孙家镇附近村庄为起点，渐次推展。

（三）棉种——规定以脱里司美棉为推广品种，其种均经驯育多年。第一年先贷给表证农家种植，秋后所收之种子，用作翌年普通农家种植。普通农家连续种植数年后，经鉴定种子退化时，再行更换新种。

（四）表证农家——就每一村庄全棉田地积所需纯良棉种数量之多寡，择定表证农家若干户，其户数以所繁殖之种子足供本村普通家作种之用为标准。表证农家之择定，须以中产集约之农家，棉地接连成片段者为合格。表证农家择定后，逐年贷给纯良棉种，俾其栽培繁殖。秋后所轧取之种子，除照原领数归还以便续增表证农家外，余者议定价格供给本村农户作种之用。

（五）栽培及选种——领种农户，每户发给种棉浅说及选种浅说各一册，以作参考。指导员随时巡行乡间，实行田间指导。表证农家如遇棉作上之问题，并当协助解决。

（六）轧花及运销——各村表证农家所产之籽棉，为保持纯洁起见，以各自轧花为宜。所轧出之花衣，共同销售之。俟其全村普及美棉，而一村之美棉运销合作组织成立时，各项问题可共同办理之。

（七）种子交换所——各表证农家所产之优良棉种，照议定价格，悉数送交其本村种子交换所收存。种子交换所，将此项种子照公议办法分配本村各农户种植，各普通农户所轧出之种子，经鉴定尚属优良者，代为出售，供给他村种植之用。

（八）宣传指导及调查——春季赴乡村宣传种植纯良美棉之利益，择定表证农家，登记需用纯种之数量，分发棉种后，即宣传植棉方法，并指导粒选棉种法。播种时，巡行田间，实地指导。五月，调查各户出苗情形，指导补种及匀苗手续。六七月间，指导除草中耕及施用新农具，与驱除疾虫害法，并施行去伪去劣之手续。八月指导打尖，整枝，及选种拾花等手续，并调查棉作生育状况，估计产量，同时宣传运销合作之利益。九十月指导留种，合作轧花，并棉业贷金之通融。十一月指导合作轧花，保留纯种，并介绍纯良花衣之出售，同时调查各户确实产量。十二月将各户栽培状况，详查填表，比较研究其成绩。

（九）棉产品评会——秋收后，征集各种植棉农之产品，开棉花品评会，参照田间调查表，评定优劣，择优给奖，以资鼓励。并藉此扩大宣传，改良棉作之方法。

（十）取缔乡镇轧花户及棉商掺水作伪等弊端——年来各乡镇轧花户及棉商，为侥幸牟利计，花中掺水掺伪等恶习，甚为盛行，以致市场无干纯真货，棉价贬低，纱厂棉农，多受其害。各地改良棉业功效杂著，此实为重要原因。拟在本推广区内，对于轧花户及棉商，随时宣传掺水作伪之流弊，并指导其组织公会，共同设法取缔，以期增高市场声誉，而利棉花销售。

二、推广概况

第一年（二十一年）开始推广，微感困难。初由乡农学校教员向乡民宣传，选择乡农学校优良学生为表证农家，由农场发给种子；一切种植方法，均受指导员之指导。表证农家可委托农场轧花及代销花衣。轧花免费，只保留种子。下年再由农场发给更良棉种。其所余新种子，则由农场按市给价，以为推广之用，由表证农家再劝导其他农民播种美棉，合计共推广美棉种子四七八八斤，散布于二十七村中，农户一百七十四，占地八七四〇二亩。共收籽棉九七七二二斤。

本年因初种，农民囿有旧习，不能尽信指导者之方法，如行距太狭，以致阳光不透，下部棉铃，多腐烂脱落；即存留者，亦迟迟不开。又如美棉织维成熟期较长，乡人不及待，即往撷取，于花衣品质，亦有损伤。除表证农家，确实遵守指导员之指导，获得极好之收获外，一般农民，结果都不甚佳；因而乡民对于美棉之怀疑顿消，于旧方法亦知其不对，倾心悦服于新的指导。此期未得谓为成功，然实预伏翌年之发展也。

二十二年度棉田数量，激增十余倍，盖因美棉产量，每亩收至一百四十斤以上，而其他棉种，不过百二十斤而已。同时美棉棉铃较大，一百五十枚即可收籽棉一斤。其他棉种则须二百二十枚以上。又且织维长细，可纺三十支以上细纱，价格较普通市场平均高售三元。而运销合作社组成，大量售出，价格尤高。且合作社与济南中国银行订立借款合同，春秋二季，均可贷款。故农民纷纷预定棉种，请求加入运销合作社。计棉田有二万亩，收籽棉二百余万斤。

二十三年度棉田又形倍增，共计五万余亩。所有种棉，均集中合作社。除分给邹平播种外，且推广于各处，或售与研究试验机关。以邹平为一纯种区之预期目的，盖已完全达到矣。

三、运销合作——第一年——

邹平以往棉花之产销，向由轧花商在集市或径往农家购入籽棉，轧成花衣，卖于花客；或于镇内驻设花栈，打包运销外埠（张店最多）花行，经花号或洋行手转入纱厂。计棉花自农家到纱场，中间经过手续四层之多！榨取方法，因层而异：买贱卖贵，操纵价格者有；利用衡器，加磅泼称者亦有之；计量估值，索抽税佣者有之；掺粗施潮，欺人渔利者亦有之。于纯净之美棉，均杂入小花；原干花衣，必施以潮份：习惯日坏，品质愈劣。近年来外棉涌进如潮，土棉堆积滞销此不良产销组织，实其主因也。研究院乃于推广棉籽之外，倡办运销合作社。初于乡农学校之课程中，加合作科目，使农民了解合作组织之意义与必要，以为合作组织之基本人才。并于市集之日，派员演讲宣传，每逢召集乡民大会，均详为解说开导，继有乡长训练班与小学教师训练班之开办，均以合作加入为课程之一，作实施之先导，二十一年新棉种散出后，即以孙家镇一带之表证农家二百一十九户为基本社员，组织运销合作分社十五处，复将各社联合组织，取名梁邹美棉运销合作社，社址设孙家镇，并以各村社为分社。孙家镇古名梁邹故曰梁邹也：兹录其章则如次：

梁邹美棉运销合作各村分社通用简章

第一条 定名：本社定名为梁邹美棉运销合作某某村分社。

第二条 社员：凡本村忠实勤劳之农民，种有棉花者，皆可为本社社员。惟入社后，社员有违犯本社章则者，经社员大会议决，得与以警告，或除名之处分。

第三条 资金：本社无固定之资金，需用款项时，由社员大会议决，得临时集摊，或向总社请求借款。

第四条 职员：本社社长一人，干事五人，俱由社员大会推选之。任期一年，连选得连任。社长干事俱义务职。

第五条 会议：

一、社员大会由全体社员组织之，每月开会一次，遇必要时，得由社长随时召集之。

二、干事会，由社长及干事组织之。每期由社长于必要时，随时召集之。

第六条 营业：

一、采集事宜：各社员棉花收成后，俱须交付社内，以便共同送交总社运销。

二、收存事宜：社员送交棉花时，本社得按户分等收存，如发现社员棉花有使水掺假诸情事时，得即时退回其棉花。并得酌量情形，提交社员大会议决，与以警告，或除名之处分。

三、运送事宜：棉花收集后，即由社内运交总社，评定等级。本社并得按棉花质量，向总社请求借款。

四、贷借事宜：交来棉花之社员，如急须用款时，得向本社请求借款。社内得按总社借与数目，及该社员棉花之质量，予以相当借款。

五、分配事宜：总社将货品销售后，发来货价，社内除扣除各种用费及公债金外，余俱依各人所交棉花之质量分配之。惟先期向本社借款之社员，得扣除其借款之本息，发还其余额。

第七条 种植

一、本社社员俱须一律种植改良脱字美棉，不得混种。

二、本社社员所用种籽概由总社供给。

三、本社社员须于播种前两月，将所需要量，报本社，以便汇报总社，请予发给。

四、本社社员非依照总社所颁布选种方法，施行选种手续；其所产之棉籽，作价留社，以便推广。

第八条 公债金

一、本社社员公积金按红利十分之二提充之。

二、本社公债金由干事会保管。其用途由社员大会决定。

梁邹美棉运销合作社简章

第一条 定名：本社定名为梁邹美棉运销合作社。

第二条 宗旨：本社以办理事业区域内各村美棉运销事宜，以促进乡村经济之发展为宗旨。

第三条 区域：本社暂以邹平县第六区及其附近各村庄为事业区域。

第四条 社址：本社社址暂设立孙家镇。

第五条 社员：本社以事业区域内各村分社为当然社员，但如有自请出社，经社员大会之认可；及有违反本社之章则，经社员大会之决议，认为必须除名者，得取消其社籍。

第六条 资金：本社资金无定额，得按需要，随时由社员大会决定向本社社员融借，或向外举行借款。

第七条 职员：

一、本社设社务委员三人，总理全社之事务，由社员大会推选之。任期一年，连选得连任。

二、各社须互推一人为主席，负社务提挈之责。

三、各委员俱系义务职，但得由社员大会决定提出红利若干为奖励金。其在社内办公时，所需膳宿费等数目亦由社员大会决定之。

四、社内事务繁忙时，各委员得斟酌情形，雇用短期之雇员一人至二人。

第八条 会议

一、社员大会：社员大会为社务决议之最高机关，以各分社之社长或其代表人为法定出席人。每两个月开会一次。遇必要时，得由社务委员随时召集之。

二、社务委员会：社务委员会由社务委员组织之，每半月开会一次。遇必要时，得由主席随时召集之。

第九条 营业：

一、收集事宜：各分社探集棉花，俱须送交社内销售，送社日期由社务委员先期通知之。

二、评定事宜：棉花收入时，即由社务委员会同该分社之社长或其代表人，评定等级。如发现有使水掺假等事情，得即时退回其棉花，并得斟酌情形，提交社员大会议决与以警告或除名之处分。

三、整制事宜：棉花评定等级后，本社得应用租借或置备之轧花机、打包机、打油机等设备，将棉絮棉花加以相当之整制，使之便于销售。

四、借贷事宜：各分社交来棉花有即时需用款项者，得按其棉花质量，酌与若干之贷款，但至多不得过货品市价之七成，利息由社员大会酌定之。

五、销售事宜：棉絮棉花整制后，须共同销售；其销售地点时间及方法由社务委员决定执行之。

六、分配事宜：货品销售后，所得货款，除扣除各种费用及公积金外，余俱依出售等级，及数量分配之。惟先期向本社借款之社员本社得扣除其借款之本息，发还其余额。

七、选种事宜：本地试验成功之适宜棉种，得由本社采集分配于各社员，以期本社产品标准化。

第十条 公债金：

一、本社公积金按照纯百分之十提充之。

二、本社公积金由社务委员保管，其用途由社员大会决定之。

第十一条 责任：本社如有意外损失，其责任由全体社员共同负担之。

第十二条 本社各种办事细则另定之。

第十三条 本简章自经社员大会议决公布之日施行。

第十四条 本简章如有不适宜处,得由社员大会五分之一人数之提议,提交社员大会议决修改之。

各村分社之成立,大都由研究院派员分别指导,成立后,由各分社长干事,开会成立总社于孙家镇,即选出社务委员三人负责主持。并决定社内各项事宜,如次:

(一)关于贷款事宜:

1. 社员向总社借款时,议定月息八厘。行利日期,以由银行借到贷款之日起算。

2. 社员借款时,须先将棉花送交社内,方可定其借款数目。

(二)关于消费事宜:社务委员因社内公务,所需膳宿费,每人每日大洋四角。

(三)关于交花过称事宜:社员送花到社时一律按行称(十六两)计算。

(四)关于交花分配事宜:送社棉花,凡改良脱字美棉,通收籽棉;普通美棉只收花衣。

(五)关于置备棉花标准事宜:议定各分社,各置备改良脱籽美棉花衣标本一份,棉籽标本一份,普通美棉花衣标本一份,棉籽标本一份。由各分社长负责办理,总社亦照样置备,由社务委员负责办理。

(六)制定收花标准。

(七)由分社自行轧花。

(八)立案。

合作社为求得优良种子之保存,不能不集中籽棉;同时为待价而沽,不能不予农民经济上以活动:乃由研究院向济南中国银行中棉历记公司接洽贷款,月息八厘:前后两次,共贷洋三千七百四十四元,由合作社与之定订买卖棉花合同如下:

济南中棉历记—梁邹美棉运销合作社(下称甲方—乙方)订立买卖棉花合同

（一）甲方需要梁邹出产之改良美棉及普通美棉，均向乙方购买；乙方出产之棉花，均须仅甲方选购，不得售与别家。但售货时期由甲乙双方协定。

（二）乙方售与甲方之美棉花衣，均须一律纯净原干，（潮量规定为百分之十）不掺有次货及夹有棉籽、僵瓣、草叶、暗色、砂土等项。甲方订定如于验收过磅时发现乙方有上项情事，甲方得随时拒绝不收。

（三）乙方收集产品美棉，须随时将所收数量报告甲方，以供甲方之选购。

（四）乙方须将改良美棉及普通美棉两种最高之纯净花衣样子选送甲方存储，作为交货时之标准。

（五）乙方应以济南为交货地点，每担除皮以行称一百零五斤合磅重一百斤为准。每包须以装足一百五十斤为合度。

（六）买卖货价以青岛市面价格为标准。但普通美棉，乙方应照青岛市价格减低一元为售与甲方之价，不得居奇抬涨。改良美棉照青岛市价加二元计算，但以六万斤为限。

（七）棉花买卖成交后，乙方须预支价款者，则甲方得按照所订货款价之六成或七成付以"现款钞票"；余价待货物交齐时付清。惟乙方对于该项预支货款，应按照月息八厘贴预期利息。

（八）乙方向甲方预借货款，无论受款者，为乙方之任何社员，均由乙方（本社及分社）负完全责任。

（九）乙方抵押借款，须分批办理，不得漫无限制。每批总借额以一万元为度，待第一批本息清偿后，方得续借第二批。依序办理。

（十）甲方选购乙方之货，只按第六条规定之市价计算；此外乙方不得加入佣金及一切任何使费。

（十一）关于轧花、榨包等事完全由乙方自行负责办理。

（十二）每批购成之货，乙方须照约定日期交足，至迟不得逾一星期。

（十三）乙方应交甲方之棉花，在甲方未经验收过磅前，设有发生意外事项，应归乙方自行负责。

（十四）设遇天灾兵祸及人力所难抵抗之事，致甲方不得收货时，所借与乙方之款，乙方当始终负责偿还。

（十五）乙方向甲方借到款项后，转贷给社内社员时，须将借主姓名住址及数额报告甲方。

（十六）本合同如有未尽事宜，得由双方协议另订之。

（十七）本合同有效期间为一年。期满得同意续订。

此次共收改良美棉花衣六千七百六十二斤，普通美棉花衣五千五百三十二斤半，两项共计收到花衣一万二千二百九十四斤半。由总社打包装扎，直运济南即按照前定合同价卖于中棉历记。改良美棉花衣每百斤，价值四十八元；普通美棉花衣每百斤，价值四十六元。时市价每百斤，花衣至多不过售洋四十二元，故每百斤花衣可多售洋六元。退去各项杂费洋一元一角，尚有四元九角之长款。再加上二百斤之种籽，价值五元（轧百斤花衣约三百余斤籽棉，故有二百余斤之种籽，每百斤棉花按市价二元五角计算，则可售洋五元。退去轧花工资一元六角，按当时轧花价值，每轧一百花衣则出工资八角，故五元退去一元六角，尚有三元四角），则可较在本地出卖多得八元三角矣。（普通美棉花衣，每百斤较在当时出卖亦可多得六元二角），在棉花尚未售出时，农民每每到合作社询问，要钱，怀疑种种；至售出后，主持者为鼓励农民兴趣起见，一切公积金手续费均不提成，按卖价分与农民，于是农民皆大欢喜，高呼雀跃，遂奠定邹平棉业推广与运销合作之基础。

四、运销合作 ——第二年——

第二年为民国二十二年度，因为去年种美棉与加入运销合作者之得厚利，一般农民，无不纷纷购种子，成立运销合作分社。其进展率约为十倍。可以下列比较见之：

年度	村数	社员	棉田	借款额	运销额	备考
二十一年	15	219	667亩	3,583元	6,762斤	运销额系指花衣总额 二十一年度棉田系依分布籽数推出
二十二年	35	306	3,464亩	24,128元	89,496.5斤	

整个合作社之进展则见下表：

项别		民国二十一年	二十二年	增加 数目	增加 百分率	备考
社员	社数	一五	二〇	五	二五	花衣专指改良美棉至普通美棉均不计入
社员	人数	二一九	三〇六	八七	四〇	
包括村数		一五	三五	二〇	一二五	
棉田面积		六六七亩	三四六四	二七九七	四一九	
放款数额		三五八三·〇〇元	二四一二八·〇〇	二〇五四五·〇〇	六七三	
运销额	花衣	六七六二·〇斤	八九四九六·五	八二七三四·五	一二二四	
运销额	价值	三二四五·七六元	三八五二·〇一	三五六〇六·二五	一〇九七	
全年营业费		一三四·〇五元	六八一·〇三	五四六·九八	四〇八	
盈余	社员余利		八三二、四六			二十一年度此二项均未抽提
盈余	公积金		二三七·八五	二三七·八五		
盈余	公益教育金		八三·二四	八三·二四		
盈余	职员酬劳金		三五·六八	三五·六八		

由此表中，最显而易见者，为运销花衣数额增加十二倍又四分之一，极可见出社务为如何发展。至于社员人数与社数仅增加百分之四十，与百分之二五，似与运销额之增加相去太远，其故盖因本届入社以实际交花运销为准则，打破过去以表证农家为基础之形式制度，一秉农民之自由意志。其在上届已入社未交花者，一律取消或解散。故在数量上并不见如何增加，然因品质之纯，社员均能全数交花；上届平均每户交花三十斤，本届则每户平均交花二百九十二斤半，质量上较增加九又十分之七倍矣。又营业费似较庞大，然运销额过大，（增加百分之一千二百二十四）按实际尚较减百分之三十也。

本届因业务之发达，故组织严密，分社与总社在业务上不能分离，有合作社联合会之意味。详细账目，多由总社办理。监察之职务，则付于社员大会，不另置监察机关。盖认为（一）各村分社社员能运用文字符号者多则四五人，少则一二人，职员太多，选举难得其人；（二）乡村风尚纯厚，接触较容易，若于执行之旁，设监督机关，易阻其好义负责之心，反滋掣肘攻击之弊故也。此点为邹平合作社之特色，不可不注意者。

总分社各职员均为义务职，即规章所定之伙食津贴每日四角，亦皆拒而不受。于事务忙迫，不及返家用饭时，所有开支，均由年终结算，应得酬金扣除，此种精神，实为罕见。指导员为研究院所委派，薪金亦由研究院支给，故合作社之本身上，并不负担任何薪给。

本届章则略有修改，录之如次，亦可窥见其变迁进展之迹：

梁邹美棉运销合作总社简章

第一条 定名：本社定名为——梁邹美棉运销合作总社

第二条 宗旨：本社以办理事业区域内各村美棉运销事宜，以促进乡村经济之发展为宗旨。

第三条 区域：本社暂以邹平县第十二乡及附近各村庄为事业区域。

第四条 社址：本社社址暂设于邹平孙家镇。

第五条 组织：本社由各村分社十社以上组织之对外借款负无限责任。

第六条 入社及出社：凡在本区域内依法设立之各村美棉运销合作，均得按照本社财产状况，缴纳入社费，为本社社员。其有违反本社章则，经社员大会之决议，认必须除名者，得取消其社籍。

第七条 资金：本社资金以社员委托运销美棉充之，不另征募社股；但业务上遇有必要时，得有社员大会决定向外举行借款。

第八条 职员：

一，本社设社务委员三人，总理全社之事务；由社员大会推选，任期一年，连选得连任。

二，各委员得互推一人为主席，负社务执行之责。

三，事务员一人至三人，常理文书、会计、收花、整花、运销等事由；社务委员会就委员或分社社员遴聘之。

四，本社职员暂时均系义务职，但因公需费，得经社员大会议决支付之。

第九条　会议：

一，社员大会：社员大会为社务议决最高之机关，以各分社之社长或其代表人为法定出席人。每两月开会一次，遇必要时，得由社务委员随时召集之。

二，社务委员会：社务委员会由社务委员组织之，每半月开会一次；遇有必要时，得由主席随时召集之。

第十条　营业：

一，收集事宜：各分社探集之棉花，俱须送交社内销售，送社日期，由社务委员先期通知之。

二，评定事宜：棉花收入时，即由社务委员当同该分社长或其代表人评定等级，如发现有使水掺假等事，得即时退还其棉花；并得斟酌其情形，提交社员大会议决，与以警告或除名之处分。

三，整制事宜：棉花评定等级后，本社得应用社借或置备之轧花机、打包机、打油机等设备，将棉絮棉花加以相当之整治，使之便于销售。

四，贷借事宜：各分社交来棉花，有即时需用款项者，得按其棉花质量，酌与若干之贷款；但至多不得超过货品时价之七成，利息由社员大会酌定之。

五，销售事宜：棉花棉籽整治后，须共同销售；其销售地点时间及方法，由社务委员决定执行之。

六，选种事宜：本地试验成功之适宜棉种，得由本社采集分配于各社员，以期本社产品标准化。

第十一条　损益处分：

一，本社纯利百分之二十提充公积金，百分之三作职员酬劳金，百分之七作社员教育费，其余百分之七十按社员委托运销美棉数量分配之。

二，本社如有意外损失，其责任由全体社员共同负担之。

第十二条　附则：

一，本社各种办事细则另定之。

二，本简章自经社员大会议决公布之日施行。

三，本简章如有不适宜处，得有社员五分之一人数之提议，提交社员大会议决修正之。

梁邹美棉运销合作分社通用简章

第一条 定名：本社定名为梁邹美棉运销合作社村分社。

第二条 社员：

一、凡本村忠实勤劳之农民，种有脱里斯美棉者，均得加入本社为社员。

二、社员入社后，有违犯本社章则者，得经社员大会议决，予以警告或除名之处分。

第三条 职员：本社设社长一人，干事二人至四人；分掌全社业务。社长及干事均由社员大会推选之，任期一年，连选得连任。

第四条 会议

一、社员大会：由全体社员组织之。每月开会一次，必要时召集临时会议。

二、干事会议：由社长及干事组织之。每半月举行一次，并得随时召集开临时会议。

第五条 业务

一、借款事项：调查各社员种棉亩数之多少，报告总社，预请借款。

二、收集运送事宜：各社员棉花收采后，均须交付社内，分别记载清楚。轧花脱籽后，将花送交总社评定等级，共同销售之。

三、检验棉花：社员送交棉花时，本社得按户分等记载之，遇有掺假使水等情，得即饬其退回；并酌量情形，提交社员大会，议决与以警告。连犯三次者，即予以除名之处分。

四、播种事宜：调查社员所需棉种，以便报告总社发给，作为次年播种之用。

五、分配事宜：总社将棉花脱售后，发来货价，即按照社员交来棉花之多少及品质之优劣分配之。

第六条 种棉：本社社员均须一律种植改良脱里斯美棉，不得混种。

第七条 资金：本社无固定资金，需用款项时得由社员大会议决临时摊集。

第八条 盈余处分：本社盈余按下列规定分配之：

一、公积金百分之二十；

二、职员酬劳百分之十；

三、余依各社员送交棉花之多少，及优劣分还之。

第九条 附则：本社公积金由干事会负责保管之。

本简章自社员大会通过之日施行。

五，运销合作、——第三年——

二十二年度概况略如上述，至二十三年度，则更形发达，当民国二十二年十二月间，研究院与县府分别派遣指导员赴各乡推广棉种，指导成立合作社，计全县播种美棉者有五万余亩，共推广棉籽二十余万斤，共成立新合作社二百一十三处。继则于各村严格整理，加以淘汰，凡不健全者，予以解散，精选组织最佳者正式成立一百一十三社，社员共二千八百九十人，棉田占二万一千三百四十一亩。

本届组织，又略有变更。各村分社改为村社，有独立性质；但重要业务，仍由联合会代办。联合会即总社改称。又因棉田广大，为办事上之方便计，于各棉区中心点设三办事处，以便村社就近送花，联合会则仍在孙家镇。

为求得社员与社之关系，更加密切，社员与社员之间发生经济连锁，实为必要。故此次改定社章，社员加入村社，均须认纳社股，每股二元，分两次缴清。社员认股多少，以所种棉田为准。二十亩以下者至少认一股，二十亩以上者每增十亩，多认一股，社员负保证责任。其保证额为社股之五十倍。社员如因无故退出合作社时，股款原数退还，但有违犯社章，图谋私利者，则予除名，及没收股金之处分。总计各社员缴纳股金二九六〇元，现已收到一四八〇元。

营业损益于年终结算，如盈余，除提付年息六厘股利外，以百分之二十为公积金，百分之十为职员酬金，百分之七十按社员运销额比例分配。

联合会由各村社联合组织，亦由村社认缴股款，组织委员会总理会务，为明了计，录其章程如次：

梁邹美棉运销合作社联合会章程

二三，六，四，修正。

第一条 名称：本会定名为梁邹美棉运销合作社联合会。

第二条 登记：本会于民国　年　月　日呈准邹平实验县政府变更

登记。

第三条　宗旨：本会宗旨如下：

（一）调剂乡村金融，充实社员生产资本；

（二）划一棉产品质，供给优良纺织材料；

（三）促成产销，直接交易，增加社员经济收益；

（四）促进社合作教育。

第四条　区域：本会以实验县辖境为业务区域。

第五条　会址：本会事务所设于邹平孙家镇，办事处分设于花沟镇，明家集，县城。

第六条　组织责任：本会由业务区域内各村美棉运销合作社组织之，会员负责保证责任。

第七条　会员：

（一）凡本会区域内之美棉运销合作社均得直接申请入会，但须经本会委员会之许可。

（二）本会会员不得跨入其他联合会。

（三）会员均须认本会会股。

（四）会员均须恪遵本会一切则例。

第八条　会股：

（一）会股金额每股定为国币五圆，入会时一次缴清。

（二）会员认股每社至少一股。

（三）会股利息定周年六厘。

第九条　业务：

（一）本会以代会员加工运销其棉产品为主要业务。

（二）运销产品暂以脱里斯棉为限。

（三）运销产品由会员遵照指定办事处所自行交送。

（四）前项产品送到后由会照检验方法与标准检定其品级与数量，其细则另定之。

（五）品级数量检定完竣之美棉，得按当地最高市价计值填发收据。

（六）本会为促进会务效率起见，得装设轧花机，打包机，加工整制运销产品。

（七）会员为调剂所属社员金融，发展社务，得向本会请求预支运销产品代价之一部，其办法另定之。

（八）本会为供给前项需要，得由会务委员会议决向银行或其他金融机关定立合同，抵押借款。

（九）本会为改良棉产品质，遇必要时，得设置棉花育种及技术改进机关。

（十）会员委托运销产品，本会得设置仓栈，负责保管。但遇有不可抗抵之灾害或危险时，其责任按委销额全体会员比例负担之。

第十条 会计损益：

（一）本会关于会计事项概用复式簿记，其规则另定之。

（二）本会以每年自国历二月一日起翌年一月三十一止为一会计年度。

（三）每年度终了时，制成财产目录，资产负债表，业务报告书，及盈余分配案，由会务委员会审核，提交会员代表大会。

（四）本会年度结算盈余，除提付股利外，以下列规定分配之：甲、公积金百分之二十；乙、公益金百分之十；丙、职员酬劳金百分之五；丁、百分之六十五按运销额平均摊还会员。

（五）本会公积金须存储银行生息，除因抵补损失，经会员大会议决外，不准动用。

第十一条 职员：

（一）本会设委员十一人，组织委员会，综理会务；由会员代表大会推选之。任期两年，每年改选二分之一。

（二）会务委员会互推主席一人，处理日常会务。（三）本会设会计一人，办事一人，至四人；由委员会聘任之。

（四）办事处各设主任一人，由主席就会务委员中选聘之。（五）本会会务委员除兼任雇员外，均为义务职，但因公必需费用，得由会支付之。

第十二条 会议：

（一）会务委员会每年开会四次。

（二）会员代表大会每年开常会一次，其代表人数以所属社员人数定之。社员二十人不足者，选代表一人，二十人至五十人者，选二人；以次每增五十人加选代表一人。

（三）本会各项会议遇有必要时得各开临时会。

第十三条 附则：

（一）本章程如有未尽事宜，得由社员代表大会修正之。

（二）本章程由社员代表大会议决，呈准备案之日施行。

联合会现行内部组织分轧花厂，打包厂，及总务三部。轧花厂有发动机二部，拖带轧花机二十五辆。打包机共有五架，第二、第三两办事处各一架，总会所在处有三架。凡社员送籽花至联合会者，则交轧花厂轧去花籽，交打包厂打包盖印。若社员送花衣至联合会者，则由打包厂打包盖印，入库封储，准备运销。又轧花打包工人，均为社员，并无资给。

本届放款前后共两次：第一次棉苗贷款，于本年六月施放，月息八厘，每亩至多放款三元，专为植棉工本之用。此项款数由联合会与济南中国银行订定合同，中行派人到邹平会同施放，以六个月为期，共计五万零八百二十六元。第二次运销贷款在九月，先由研究院县政府同联合会主席分赴各村协同村社职员，实地考查棉花状况，由各社员估计棉花收量，以作贷款根据。连合第一次每亩三元贷款加入计算，贷以棉花时价七成银数，此款亦由济南中国银行派人来邹平，共同发放。此项贷款数目共为七万九千七百五十一元。两次贷款总计十三万零五百七十七元。

棉花成熟后，以棉田辽阔，乃划定收花区域，分头收花。令各村社社员等就近送往各办事处。联合会事先请棉业统制委员会派员驻会，担任分级事宜。各社棉花送入本会或办事处时，由收花人员详加评定，分为特甲乙三等，并按照评定等级及送交数量，发给收据。凡不及乙等之棉，一律拒收，（按特等棉系上级棉花），后以霜来太早，社员所收纯白棉花尚不及以前估计收量三分之二，遂于白花收完之时，兼收霜花，并将所收霜花分为次白及红花两种。次白棉花仍分特甲乙三等，红花未分等次，但社员所选花成色较低者，即列为次红。此种棉花，所收数量甚少，故未评等级。其分级办法如下：

第一条 本办法参照全国棉业统制委员会棉花分级标准订定之。

第二条 本会所收棉花，以脱里司美棉为限。

第三条 本会为收花便利起见，得将所收之脱字美棉按其程度高低分为特甲乙三等，如下：

（一）特等织维长度由一又八分之一寸，至一又四分之一寸；整齐率在百分之九十以上；水分不过百之九，色泽精亮，洁白；轧工整齐，并无加杂物者。

（二）甲等织维长度在一又十六分之一以上，整齐率在百分之八十五至九十，水分在百分之十以下，色泽洁白，轧工整齐，并无夹杂物者。

（三）乙等织维长度在一寸以上，整齐率在百分之八十以上，至八十五，水分在百分之十一以下。

上列三等棉花，所出棉籽，特等粒大整齐，颜色纯白者；甲等粒大整齐，间有灰色者；乙等粒大欠整齐，色灰间有退化者。

第四条 凡送会棉花，其等级标准不及乙等者，一律拒收。

第五条 本会收花定价，逐等增高。每高一等，皮棉百斤加价一元为限，籽棉以三毛为限。

第六条 本会为鉴定棉花等级，比较优劣便利起见，特置备标本四盒分存于孙家镇本会事务所，及花沟镇，高洼庄，县城三办事处，以昭公允。

第七条 凡收纯白棉花，须依照本办法之规定；如收霜花时，得斟酌变更之。

第八条 本办法由会务委员会通过施行。

分级工作，计三月竣事，共计分级棉花一千七百四十八包。白花定为优级上级二等，霜后之次白花列为次上级及中级二等。红花则列为次中级。各级长度及数量如下表：

品级＼长度＼数	次优级	上级	次上级	中级	次中级	等外红棉	合计
$1\frac{1}{16}$	一四〇	一一三	一	二八	—	—	二八二
1寸	二二	一、〇〇〇	一〇九	二二五	四七	—	一、四〇三
$\frac{15}{16}$	一九	—	七	二二	—	一五	六三
总计	一八一	一、一一三	一一七	二七五	四七	一五	一、七四八

各社棉花送入事务所后，经评定等级，即定一较市价为高之本价；前后因时间关系，市价上落不一，最高价格每百斤为四十二元三角五分，最低价格为二十元。红皮棉花经过轧花打包后，即预备出售。各处棉商，因该会出品优良，纷纷到会接洽，后以每石五十六元九角之价格，售一百四十包于青岛华斯纱厂；以五十六元八角之价格，售五百包于济南中棉公司。共计货款四万三千八百九十二元二角。第二批六百四十七包，亦以原价格售于中棉公司，合货款五万八千二百六十四元三角。第三批都为霜花，品质不一，价格亦异：次上，次霜花每石售五十四元五角。中级花售五十一元五角，次中级售四十六元。等外红花售三十六元。均系就地售卖，共计五百四十四包。售款三万七千一百五十二元一角。前后共售货款十五万一千七百八十八元四角八分。盈余总额一万五千九百四十七元八角八分。连特别公积金二千四百七十七元。共一万八千四百二十四元八角八分。每花价百元，社员余利七元七角售价较市高六元，较去年四十六元之售价，更高十元〇八角矣。

本届以棉田过广，社数过多，虽竭缩减淘汰，尚余一百余社。指导方面，似有照顾不及之苦，而困难亦因之发生。如播种不能如法而失败者，交花时杂以次等棉花者，有过湿不及者。联合会拒绝不收，即遭乡人之忧，此皆由于事繁人少，主持无人。闻下届将有所改革筹拨专款，添聘指导人员，着重合作教育；果尔，则邹平之棉业合作事业，正方兴未艾也。

第四目　蚕业之改进与蚕丝合作社

邹平县第一二三各区，农家副业，多以养蚕为主。据五年前之估计，蚕丝丰收之年，每村平均产茧可得三千五百斤。最低茧价，可占耕地面积二分之一之麦作收入之半。其与农民关系之巨，可推而知。但近因（一）虫害，（二）病害，（三）日丝倾销，无路可出，故乡村间蚕业，一落千丈。于是研究院乃划一二三区为蚕业改进区，由农场负责除害换种，改良饲育方法，倡导组织合作社以谋蚕业之改进。二十年冬，由所在蚕业改进区之乡农学校，开始宣传；同时订定蚕业合作社规程，其办法分二种：一为催青合作，一为稚蚕合作，其大纲如下：

蚕业合作社规程

子　蚕种催青合作：

（1）蚕户欲饲养改良蚕种，并加入合作催青者，须将姓名住处及有桑叶若干等，报告本社。

（2）本社接受蚕户报告后，随时登记，支配种量，给与合作社社员。

（3）本社合作时期，在清明节至谷雨节前后；凡十四天至十六天之间。

（4）合作催青室中，应用灯油煤炭等杂费，按分种多寡，平均计算。由社员负担之。

（5）催青期中，每上午九时至十一时，本社派员讲演催青收蚁及养蚕等方法，凡为社员，一律到社听讲。

（6）催青期内，每日酌派社员数人在社轮流工作，归指导员指导之。

丑　稚蚕饲育合作社

（1）本社合作期限，自催青着手，至蚕三龄眠起为止。

（2）在催青前十天以内，蚕户须将姓名，住址，及欲订蚕种张数，报社先行登记。

（3）登记之蚕户，即为本社社员，以合作期内，一切工作，须受本社指导员之指挥。

（4）合作期内，应用蚕具，暂由本社设法借用。

（5）蚕种催青，及稚蚕饲育，皆以本社规定之种为限。

（6）支配蚕种时，以蚁量计算，不限张数。

（7）收蚁期限，约为三天，本社须视该日发生多寡，按次收蚁，分给社员，不得争先恐后。

（8）稚蚕用桑，由社员自给，每日应需多寡，由本社预先通知社员按时采入存记。

（9）合作期内。应需薪炭，油烛，净糠等类，均由本社代办，至合作期满，按蚁量多寡支配费用，由社员照数缴还。

（10）在合作期内，由本社导师及指导员随时讲演催青，及饲育等方法。

二十一年二月遂依据此规程登记社员，组织合作社计成立稚蚕饲育合作社者十村，并在院农场抱印庄，逯家庄，设立合作催青表证室，及稚蚕饲育表证室三处。其所以合作催青者，一因农民自行催青，则保护不易，且不知法；由指导员主持之合作催青，蚕种既得适当之保护，同时即所以以新法表证于农民。二便利，三，经济，故也。催青用具，大都由农场借给，在催青时期，且分别讲授育蚕新法于一般农民，故农民均用新种新法饲养，成绩大都圆满。此次共计成立蚕业合作社者十村，共用改良蚕种五百九十三张，包括七十一户。

蚕子既分出饲养，乃集各社干事商讨运销事宜，组织运销合作，其中包括烘茧，缫丝，及销售三项工作。在初只拟出售鲜茧，故订立蚕茧运销办法六条如后，

（1）本社合作运销之蚕茧，以本社社员用改良蚕种育成之蚕茧为限。

（2）本社合作运销之蚕茧，酌分上中下三等，于蚕茧收集时，由本社蚕茧品评会评定之。

（3）本社由社员中公推评判员三人，并聘请本社蚕师及指导员，共同组织蚕茧品评委员会。

（4）本社合作运销蚕茧之品评标准，约分四项：

（一）纯净

（二）色泽

（三）重量

（四）厚薄百分比

（5）本社合作运销之蚕茧，得借用山东乡村建设研究院农场设置之烘茧灶，烘干后再为运销。

（6）本社合作运销之蚕茧未售出前得应社员之请求以蚕茧市价之八成，请山东乡村建设研究院代为借款；俟蚕茧脱售后，正式清算。

但因市价低落，销售不利，乃就场中丝车，加工缫丝，然后出售，结果每斤鲜茧合售价二角八分，较普通最高市价尚多六分也。

第五目　机织合作社

机织合作社始于二十年冬，至今已告失败，盖因：（一）社员散漫，组织欠完密，（二）销路困难，不能与外货竞争。其经过情形，则大略可述：

当二十年冬，欲以合作方法，改进机织，乃由研究院拨款三千元，作为购机贷款之用。农民合购机一架，即贷与六十元。计由济共购改良机四十四架，每架价洋六十八元。当时农民多二三家合购一机，机到后分在各家经营，所织之布，则合作销售之，同时因技术关系，农民多不谙熟，故由院方聘技师三人，分赴各区合作社担任指导，兼即训练农民，授以各种智识。故不久农民即能自行运用矣。所出布匹，计有数种：如条花布，斜文布，白粗布，蚊帐布等，布面之宽，与工厂出品无异，而质地坚固，或犹过之。布匹即于本县各村镇集市出售，定价略与市价相等。时成立机织合作社者，共有三区，包括十三村，社员七十七人，共购机四十四架，纺棉轮数架，概况略如下表：

社名	村数	社员人数	机数	每月产布数	每月产带子数	备考
第一区机织合作社	二	一五	一〇	匹一五〇		
印台机织合作社	四	二三	一四	二五〇	打六〇〇	印台即第二区
第七区信义机织合作社	七	三九	二〇	三〇〇		

营业状况，第一二区较佳，第二区于二十一年终结算，每机可盈利六十余元。第七区则大都亏损五六元，十元不等。至于组织，大都不十分严密，只有合作意义，不大愿合作的形式。每村举社长一人，干事若干人，社员以一机为单位，盖先有机，后有合作社故也。

第六目　造林与林业合作社

邹平县境，西南山岭丛杂，东北河流交错，地势甚宜于造林。往者，农民囿于旧习，或互相推诿；或侵盗伐卖，致山岭童濯，河岸荒芜。研究院成立以后，乃提倡普遍造林，成立各地林业公会，惜事属草创，指导乏人，成绩未见良好。二十二年复派员到依山各村庄，宣传劝导，组织林业合作社，并由县府订定普遍植树奖惩及保护办法，颁发创办林业合作社须知，造林专号等，小册子各乡村，令理事村长等遵照办理。并派员驰赴各乡督促指导，限定农民每一大亩地，植树五株。至三月十二日一律栽齐。所需苗木，或由县府分发，或由当地自筹。组织合作社者则由县府发给。一时各乡林业合作社及林业公会纷纷成立，计有二十二处，植树五万〇五百八十七株。其他各机关、各学校及各乡村农民植树十九万三千五百〇九株。

二十三年造林运动继续努力，计成立合作社二十八处，包括四十八村庄。社员一千八百二十五人，植树八万余株。农民自植者有二十九万株。并沿县境内汽车道及县镇大道，令各地户一律栽植行道树十一万二千六百六十九株。所种树苗均为县立苗圃所育，内以槐、柳、杨、榆、橡、为最多。至二十四年，更派出催办林业专员赴一，二，三等乡村庄，指导民众划定林场，组织林业合作社，共计成立三十八处播种五十一万二千五坑其概况如下表：

乡别	社数	社员人数	共播坑数
第一乡	九	八二〇	一一二·五〇〇
第二乡	十三	一·四五五	二四〇·〇〇〇
第三乡	十六	九四八	一六〇·〇〇〇
合计	三八	三·二二三	五一二·五〇〇

第七目　庄仓合作社

庄仓合作社亦为邹平实验县倡导事业之一。盖"本中国历代常平，社仓，义仓，积谷仓之精意，参酌今世界各国所通行之农村各项产业合作先例"，于各庄设立庄仓，存积食粮。"名曰庄仓者，以仓为单位而设立之也"（以上俱见邹平实验县普设庄仓合作社办法导言）其目的在于：

一，积谷备荒，

二，储蓄致富，

三，立信用之基础，

四，平准粮价，

五，调济衣食。

办法由县政府委派各村庄长为庄仓筹备员，调查各本庄户口人数，地亩，出产，等项，并觅取仓廒地点，召集各家家长，开成立会，选举管理委员，推定委员长，庄仓合作社遂告成立。

凡有地之家，除特殊情形外，均须加入为社员。社员所负责任，限于所出之粮石，故此项合作社性质为有限责任类。

入仓数目，以有地之多寡为准。每亩入秋粮半斗，（五升）不种粮之村庄，则将所产变价，购粮存入，故各村庄均一律存储小麦、高粱等。邹平有地约六千顷，人口约十五万，按亩五升，可得三万石，继续三年可得十五万石。"每人有一石储粮"，为倡导此项合作者之希望。现全县各庄多纷纷成立矣：

存粮入仓后，农民随时可由社员二人以上之作保向庄仓借粮借钱，限期一年，月息一分六厘，请借数目不能超过存入粮额或粮价十分之七。庄仓亦即以其全部存粮向农村金融流通处抵押款项，转贷农民。（关于流通处之情形见下）金额亦不得超过现价总额十分之七。利率则为一分二厘。此三厘之差，即合作社之赢余。

庄仓合作社不惟与农村金融流通处有抵借关系，本年（二十三年）且由庄仓发行证券流通市面，农村金融流通处，为其代兑现款。现仅第一第二两乡发行，票面有一角、二角、五角三种。金额计四千元。此种办法，于乡村金融之流通，甚有供献。县政府可借此取缔各商人自由发行兑换券之恶劣习惯。

邹平乡间，虽无高利贷，但借贷利率，普通亦达三四分。农民为债务逼迫，势不能不低价出卖农产，今有此项庄仓抵押借款办法，利率只一分六厘，于农民经济上实大有帮助。

未纳粮入仓之农民，如行为端方，有正当职业者，亦得由社员二人之担保贷得现金。此项数目，大约不能超过担保者入仓额合计之半数。

庄仓合作社，年终结算时，如有余利，作如下分配：

一、管理委员酬金：10%；

二、比例分配于各社员 45%；

三、比例分配于各社员滚作入仓粮数 45%；

管理委员本为义务职，如有余利时，得十分之一的酬金除此外无其他任何开支，仓廒地址，大都在公地，如庙宇祠堂之类，间亦有用民房者，但大都为殷富社员义务借给，并不需出租金。此为最难能可贵之事也。

其中值得注意者，为庄仓证券之发行，故特录三种关系文件于下：

邹平县各乡庄仓保管委员会章程

一、本县为保管庄仓仓谷起见，于各乡设庄仓保管委员会。

二、各乡庄仓保管委员以下列人员组织之：

（甲）乡学董；

（乙）乡理事；

（丙）各庄仓管理委员长。

三、各乡庄仓保管委员会，除乡理事为当然常务委员外，应于其他各委员中，推出二人至四人为常务委员，负随时察看各庄仓之责。

四、各乡庄仓保管委员会每季至少须开全体会一次，共同察看仓房仓谷情形有无变动；其会议日期，由乡理事定期召集之。

五、依前条规定察看，如发见有虫鼠伤耗不能足原数时，须即筹划补足。

六、各乡庄仓保管委员会为活用仓贮、调剂农村金融起见，得依仓谷之时值为准，由全体委员负责发行庄仓证券。所发行之数目，须呈经县政府核准。其发行章程另定之。

七、各乡庄仓保管委员任期以各该委员原有职务之任期为任期。

八、本章程呈由山东乡村建设研究院转呈山东省政府核准之日施行；如有未尽事宜，得随时呈请修正之。

邹平县各乡庄仓证券发行章程

一、各乡庄仓保管委员会为活用仓贮，调剂农村金融起见，依各该乡所有各庄仓仓谷之时值，发给庄仓证券于各庄仓合作社社员。

二、庄仓证券之种类，分为一角，三角，五角，三种。

三、本证券平时兑现，由各乡庄仓保管委员会与本县农村金融流通处妥定契约，由其代兑。

四、遇荒年时，持证券者得按时价支取庄仓仓谷。

五、本章程若有修改增加之处，须由各乡庄仓保管委员三分之二通过，并呈请县府核准后，方能施行。

邹平县农村金融流通处代兑庄仓证券办法

一、本县农村金融流通处，为调剂农村金融起见，对各乡庄仓保管委员会发行之庄仓证券，经与各该乡妥立契约后，即须代为兑现。

二、金融流通处代庄仓保管委员会证券兑出之现款，于每年六月、十二月，各结算一次。

三、结算时，由各乡庄仓保管委员会自行检验流通处兑存证券实数，按月息一分出息。

四、各乡庄仓仓贮倘有短欠，不敷抵补金融流通处兑出之款及利息时，应由该乡各庄仓负连带摊还之责。

五、金融流通处得随时派人至各庄仓察看仓储情形；保管欠周时，并得予以警告。

六、各乡庄仓保管委员会所发行之证券如有伪券发生时，须由各庄仓完全负责。

七、本办法自呈由山东乡村建设研究院转呈山东省政府核准后施行。

第八目　波支猪种之推广

农场改良试验之家畜，有牛羊鸡猪蜂等，究中以波支猪之成绩为最佳，推广亦极顺利。二十一年初成立时，以波支猪、曹州猪、太原猪、本地猪分别杂交试验，结果以波支猪与本地猪杂配所生之一代杂种猪为最良，食料与本地猪无异，甚易饲养，抵抗力强，疾病不易侵入。生长力大，数月即可供食用。据农场之实验记载，以同样月日所生之本地猪、曹邹杂配猪、波邹杂配猪三种，用同样之食料与方法饲养，一年之后，本地猪长大一百四十斤，曹邹杂配猪长大一百七十斤，波邹杂配猪长大至二百八十斤。此项一代杂交之波邹猪种，为利最大，宜于利用推广。乃以村学乡学为中心，先向农民宣传本地猪种与波支猪种之优劣，并告以用波支猪改良本地猪之办法及其结果；再利用表证办法，以事实引其注意，坚其信仰。数月之后，饲养此项杂种猪者大见其利农民遂纷纷愿以所自有之母猪，驱往农场，请求与波支猪交配，后以所需者多，为便利农民计，乃以乡学为推广中心，各借以波支公猪一头，令附近村庄农民，前往交配，并定订借用办法以保护之（见下）推广之初，均免费交配；继为加料培养猪种与坚定其信仰计，每配一次，酌收相当之费用。（大多为大洋二毛）二十一年往交配者有四千二百四十六头，二十二年有四千六百一十一头，二十三年有六千一百九十三头，为数颇巨。又纯波支种于二十一年推广六头，二十二年推广二头，二十三年推广十一头云。

第四节　卫生院

第一节　筹备经过

农村医药卫生事业之筹办，亦为乡村建设中之重要工作，如于此有良好办法，不惟能造福贫愚农民，且有助于乡村建设运动之推进。如中华平民教育促进会在定县之保健制度，中华职业教育社在徐公桥、黄虚等处之国民药库即其例也。山东乡村建设研究院于二十二年七月应政府委托办理邹平县政府建设实验区时，即计划举办医药卫生事业。以限于经费人才未能实现。后经该院院长梁漱溟先生多方奔走，始获得内政部卫生署及全国经济委员会卫生实验处之协助，成立医院一所，同时即为实验区卫生院。又商得上海市卫生局局长同意，借助主办人员，遂请准山东省政府拨发开办费四千八百元，另筹得每月经常费一千一百八十五元，于二十三年七月开始筹备，十月一日正式开幕。在筹备期间，为适应地方之需要，即已开始诊病矣。

第二目　组织

该院直属于山东乡村建设研究院，负研究院医药与实验区卫生设施之责。内设主任一人，其下分总务、医务、保健、卫生教育四组。兹将该院

组织表列后

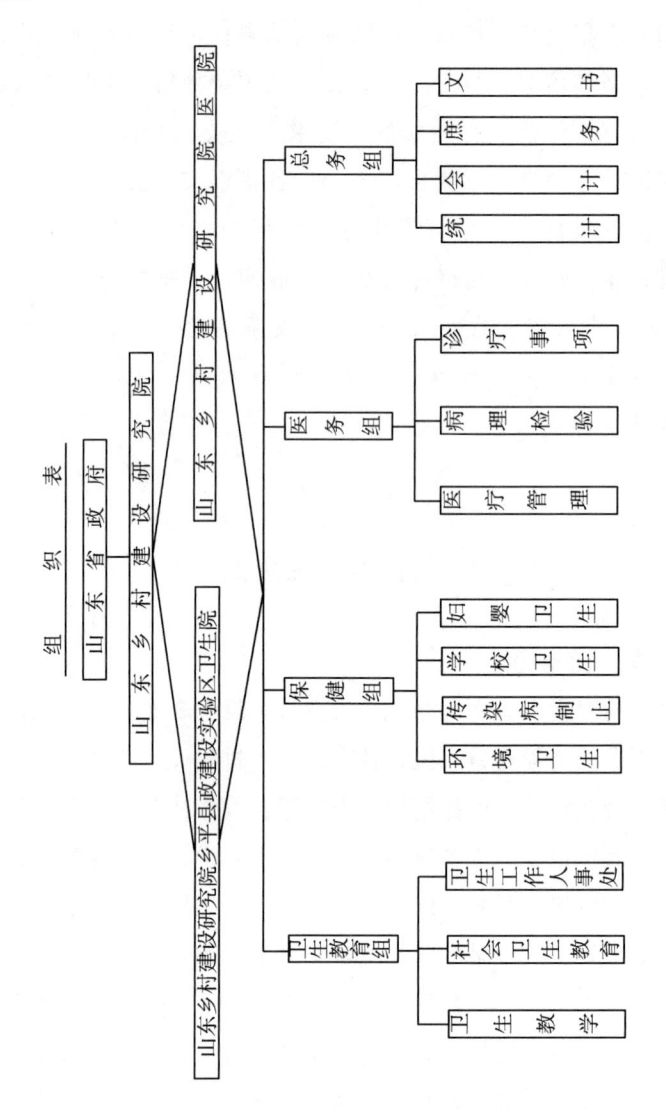

```
组织表 ─ 山东省政府 ─ 山东乡村建设研究院 ─┬─ 山东乡村建设研究院医院 ─┬─ 总务组 ─┬─ 文书
                                                                            ├─ 庶务
                                                                            ├─ 会计
                                                                            └─ 统计
                                                                ├─ 医务组 ─┬─ 诊疗事项
                                                                            ├─ 病理检验
                                                                            └─ 医疗管理
                                                                ├─ 保健组 ─┬─ 妇婴卫生
                                                                            ├─ 学校卫生
                                                                            ├─ 传染病制止
                                                                            └─ 环境卫生
                                                                └─ 卫生教育组 ─┬─ 卫生工作人事处
                                                                                 ├─ 社会卫生教育
                                                                                 └─ 卫生教学
           └─ 山东乡村建设研究院乡平县政建设实验区卫生院
```

第三目 经费来源及其支配

该院除开办费四千八百元由山东省政府拨发外，其余每月经常费一千一百八十五元，系由各方协助，兹将其来源与支配情形分别列表如后：

经 费 来 源 表

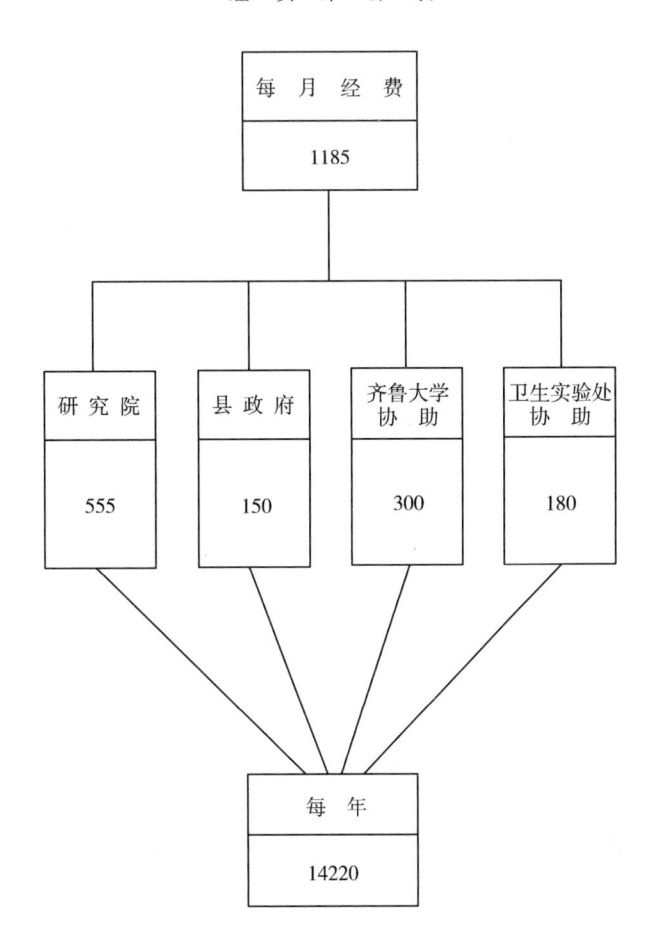

```
每 月 经 费
1185
```

研究院	县政府	齐鲁大学协助	卫生实验处协助
555	150	300	180

```
每 年
14220
```

开办费预算表

项	目	节	名称	预算
第一项	第一目	第一节	诊疗室用具	480.00
		第二节	药房用具	240.00
		第三节	手术室用具	370.00
		第四节	消毒用具	400.00
		第五节	试验室用具（显微镜除外）	180.00
		第六节	公共卫生护士用具	60.00
		第七节	交通用具	150.00

续表

项	目	节	名称	预算
第一项	第一目	第八节	瓶罐	40.00
		第九节	衣物	200.00
		第十节	药物	450.00
		第十一节	杂物	150.00
	第二目	第一节	家具	400.00
		第二节	器具	250.00
		第三节	杂件	100.00
	第三目	第一节	房屋修缮	1330.00
共计				4800.00

至于设备方面，药料及器具，尚能敷用，房舍有候诊室，挂号室，急病临时留住室，治疗室，卫生教育陈列室等大小十余间，亦称宽敞。院址在邹平城内东门正街，与研究院颇近。

第四目　工作概况

该院成立时间甚短，所拟之三年工作计划，尚未正式实行，目前大部分工作，仅偏重于考查与试行两方面。工作情形大概如后：

（一）卫生教育

1. 设立卫生陈列室：该院为启发民众卫生知识，及引起民众注意卫生起见，特设陈列室一所，陈列关于卫生之模型，图画，标本，用具，衣物等。每日上午八时至下午五时，完全开放，一般民众，可以自由入览。

2. 候诊室卫生讲演：除星期日例假外，每日下午一时至一时半，由公共卫生护士，轮流至候诊室对病人作卫生讲演。并将每月订为妇婴卫生，防疫，环境卫生及个人卫生等四周，选定适当题材，逐日周复讲演。

讲演时并对病者加以安慰。病者就诊时医师与护士亦详细告知病源与预防方法，灌输简单医药知识。

3. 举行卫生运动：该院成立之初，乡村人民尚未周知卫生之重要，乃于二十三年十一月利用废历庙会会期，（九月二十六七日）举行广大卫生运动。组织委员会主持一切进行事宜。以研究院训练部学生为工作主力，分总务、展览、戏剧、电影、国术、招待，编辑等七组，由教职员指导进行。假研究院为会场，布置戏台及电影场等，卫生及农品展览，分别在该院与农场两处举行，并约齐鲁大学医学院来邹组织医疗防疫队，施行临时治疗及预防工作，此次大会，颇能唤起民众对于卫生之注意。

（二）卫生教学：该院为灌输小学学生卫生常识，实施健康教育起见，特为邹平小学教师讲习会会员讲演卫生课程数星期，教以实施卫生教育种种知识。又为便于齐大医学院学生到邹平实习公共卫生计，每月由该院主任至齐大讲授两三日，使得明了邹平公共卫生实施办法。至于研究院训练部及联庄会会员集中训练时，均有卫生医药课程。

（三）学校卫生：邹平系以学校为改进乡村社会之中心，故该院对于学校卫生工作甚为着重。拟先将全县村学乡学之卫生办好，以为将来办理乡村卫生之基础。现已举办者，计有邹平县立简易乡村师范学校及其附属实验小学，与十一乡乡学三处。实施办法，系先由医师护士教以普通医药卫生基本知识，第二步由学校筹设简单之卫生室与治疗室。第三步由医师护士指导学生实习，训练各种简易技能，并组织卫生服务团，帮助医院及学校作各种方面之卫生活动。

（四）成立乡学诊疗所：该院以在各乡乡学设立诊疗所为将来设立乡卫生所之基础。诊疗所中除治病、种痘、及推行学校卫生外；主要工作，为关于卫生问题之各种调查，俾将来为推行卫生之根据。现已成立者，仅有十一乡乡学。该乡学诊疗所自二十三年十二月成立以来，成绩甚好，颇得地方人士之信仰。兹将设置乡诊疗所办法及十一乡学诊疗所工作办法录后：

（一）山东乡村建设研究院邹平县政建设实验区卫生院设置乡诊疗所暂行办法：

"1. 本院为普及各乡之医药救济及一般卫生事业起见，特订定设置乡诊疗所暂行办法，在各乡未能正式设立卫生所之前，均可按照此办法办理。

2. 各乡设立诊疗所，可按照下列办法，由各乡乡理事直接与卫生院接洽呈准县府办理之。

3. 各乡诊疗所之开办，经常等费，除药物医器由卫生院担任外，其余概由乡学负担之。

4. 医事技术人员由卫生院派人充任之，事务员由乡学按照需要雇用之，或派人兼理之。

5. 诊疗名称，暂定为'山东乡村建设研究院邹平县政建设实验区第乡学诊疗所。'

6. 各乡诊疗所收费办法，以研究院医院收费办法为标准。所收各费，概由乡学负责保管，作为该乡医药卫生之用。

7. 各乡诊疗所工作，暂订为治疗疾病，预防接种，学校卫生及调查等四项。工作办法，由卫生院订定之。

8. 职员住宿及一般应用器物，概由乡学负责设备之。

9. 凡在该乡之一切工作活动交通费用，须由乡学设法供给，自县城至各乡学间之往返费用，由本院负担。

10. 如同时有多处商请设置诊疗所时，得由本院斟酌情形，先后举办之。

11. 各乡商设设置诊疗所时，应有以下最低限度之设备。经常费用见附表。

12. 本办法自呈请核准公布之日实行。

13. 本办法有未尽处，得由本院随时呈准修改之。"

（二）第十一乡学诊疗所工作办法

"1. 本所工作暂定为诊病，种牛痘，学校卫生，调查，四项。

2. 技术人员，由本院医师及公共卫生护士各一人兼理之、事务人员及工役，则由乡学按照需要临时派定之。

3. 诊疗暂定每集日开诊一次五天一集，自上午八时半起，至下午四时止。在诊疗时间，同时施种牛痘。

4. 诊例除男女无时间限制外，其余与本院门诊同样办理。

5. 护士于开诊之前一日十二点以前到达，下午自一时起，办理乡学学校卫生及调查事宜。次日助理诊疗事务，后日晨九时前返院。

6. 医师于开诊日之上午九时以前到达，下午四时后返院。除处理诊疗事务外，并辅助护士办理其他各项工作。

7. 护士返院时，应将各种记录携回，以备整理统计，并将应添之医药物品，填单具报以备补充。"

（五）成立医疗防疫巡回队：现在邹平各乡学尚未普遍设立诊疗所，同时各学校卫生事项亦为初办期间，对于各乡治疗与防疫工作，尚无根本办法。该院为救急起见，特试办医疗防疫巡回队。于二十四年一月间正式成立，定期巡回各乡工作。自试办以来。成效尚好。

（六）开办卫生助理员训练班：研究院训练部本有卫生之训练，自医院成立后，即将此项人才之训练交由医院另行招生办理，遂于二十四年二月间开办训练班，招收中学毕业之男女生十五名，训练卫生助理员。待遇完全公费，每月每生连伙食等费共给十元，训练期限一年，其课程偏重各种卫生学识技术，并辅以各种医药知识。训练方法着重实习，如实地参加种痘防疫救护医疗等工作。

（七）实施诊疗：该院以地点关系，除传染病隔离室及急病留住室外，尚无普通病室设置。如须住院诊治者，多由该院介绍至周村复育医院及齐大医院优待医治。对于研究院所属各机关人员及赤贫民众，均为免费诊。至于普通人民，收费亦甚轻少。每日门诊人数平均在八十人。该院为调查与统计起见，对于病案之保管颇注意。其排列方法系以病者之住址为根据，过去试用，成绩甚佳。

（八）进行卫生疾病调查：该院工作，颇著重社会疾病之各种调查。如在十一乡举行婴儿破伤疯死亡及天花发生情形之调查，向各种就诊者详询疾病情形，及分区调查卫生情况等。据该院调查所得，邹平人民肠胃病为最多，有五年至二十年之久者。患性病者亦不少，尤以第三期梅毒为多。他如皮肤病中之疥疮，湿疹，顽性溃疡亦甚流行。至于传染病则明痢疾为甚，约占传染病总数百分之九十以上。

（九）其他事项：关于接生方法之改良，衣食住卫生之提倡，公共卫生之讲究，病理之检验等工作该院均在积极进行。又为集思广益，增加工作效率起见，该院自二十三年成立工作讨论会，于每星期举行一次，全院职员出席参加。兹将其办法录后：

"1. 本会以讨论院务进行，报告工作状况及研究工作技术为主旨。

2. 本会暂定每星期举行一次，时间订为星期六下午四时半至五时半。

3. 会议时以院长为主席：院长因故缺席时，由保健组主任代理。

4. 出席或列席人员非有特别事故，得由主席允可后，不得缺席。

5. 开会时，由书记负责记录。(□□□□□)

6. 开会秩序，为：一，开会，二，通过上次记录，三，事务报告（主任），四，工作报告（各组主任），五，提案讨论，六，技术研究，七，散会。

7. 各组提案，应由组主任于每星期六上午九时以前，填写提案书，交主席审查，编定次序，以资付议。

8. 凡提案有须计划审查者，得由主席指定出席人员若干人，审查或计划之。

9. 议决事项，由主席发交各该组负责人员，分别办理：并须于下次讨论会时，将办理结果报告之。

10. 本次讨论未毕事项，得留待下次开会时，继续讨论。"

附各乡开办诊疗所应有之设备表

开办费			经常费	
项目	数量	估价	项目	附注
房屋修缮	三间	30.00	挂号员一人	专职或兼理
诊疗台	一只	5.00	^	^
记录橱	一只	10.00	^	^
药橱	一只	5.00	工役一人	专职或兼理
挂号桌	一只	3.00	^	^
检查台	一只	3.00	^	^
椅子	四只	6.00	文书印刷	按需要置备
小方桌	一只	2.00	^	^
长凳	五只	3.00	^	^
小方凳	二只	1.00	水煤油烛	按需要置备
换药脚凳	二只	1.00	^	^
牌匾	一只	0.50	^	^

续表

开办费			经常费	
项目	数量	估价	项目	附注
秽水桶	一只	0.50	纸张文具	按需要置备
汽炉或煤炉	一个	1.00		
水壶	一只	0.50		
茶壶	一只	0.50	临时交通	按需要供给
茶碗	两个			
文具	两套	0.50		
图章	一只	0.50		
号签	一套	0.50	修缮补充	临时商定之
痰盂	二只	0.50		
油灯	二只	0.50		
总估价		74.50		

第三章　第一分院

第一节　缘　起

　　山东乡村建设研究院于二十年七月成立,关于乡村服务人员训练部之招生,系划山东全省为四区,就鲁东,鲁南,鲁西,鲁北,分期招集训练,后因鲁东,鲁西之社会环境,民情风俗,均各不同;而鲁北又略近于鲁西,乃拟设分院于鲁西,研究鲁西,鲁北,乡村建设问题,并培养适合该地之乡村服务人才,后以第二实验县设于菏泽,为便于联系,乃于二十三年六月就该地设立第一分院。

第二节　组织与经费

　　分院设院长一人,主持全院事务,正副教育长各一人,商分院院长办理教务总事宜。暂设乡村服务人员训练部三班,有必要时,并得酌设各种班次,三班置班主任三人,教员三人至五人,军事主任一人,军事教练员三人,商承分院院长及教育长,分别教导各班作业事宜。关于注册,教务,文书,会计,庶务,图书馆等事宜,则由教务员二人,事务员四人,管理员一人,录事四人,分别担任。其教育长,班主任,教员等,每日聚处一室,无论教务上事务上各种问题,均共同商酌进行。至于院务之商讨则以院务会议行之,由分院院长,教育长、各班主任及特约之教员一人至三人组织之。以其人事之健全,故从无因事务牵累教务之弊,至组织系则如下图:

　　此外并设农事试验场,现即以菏泽实验县县有农场用之。

　　分院开办费为二千八百三十五元。二十三年度经常费预算额定三万零

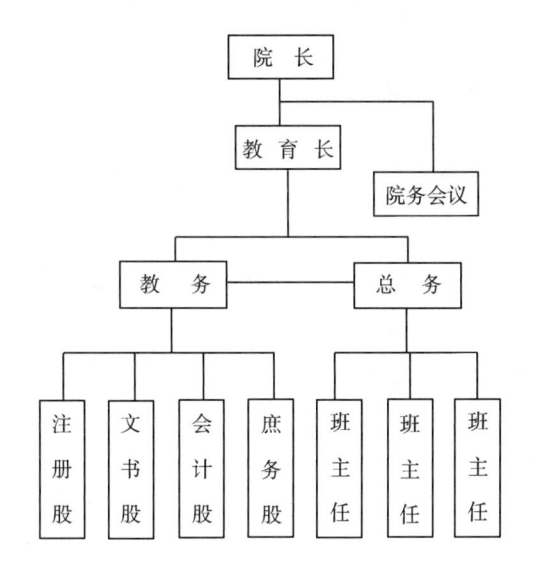

```
                    ┌─────────┐
                    │  院 长  │
                    └────┬────┘
                         │
              ┌──────────┴──────────┐
         ┌────┴────┐           ┌────┴────┐
         │ 教育长  │           │院务会议 │
         └────┬────┘           └─────────┘
              │
       ┌──────┴──────┐
   ┌───┴───┐     ┌───┴───┐
   │ 教 务 │     │ 总 务 │
   └───┬───┘     └───┬───┘
       │             │
  ┌────┼────┬────┐   ├─────┬─────┐
 注  文  会  庶  班   班    班
 册  书  计  务  主   主    主
 股  股  股  股  任   任    任
```

三百元，内中俸给费一万八千八百四十元，办公费四千七百四十元，购置费七百二十元，特别费（官费生膳费）六千元。

第三节　人才训练

第一目　招生及训练原则

该院二十三年六月开始招生，学生来源，约可分为三部分：

第一，鲁北十四县官费生。

第二，鲁西自费生。

第三，其他省县籍之自费生。

投考资格，限制初中以上毕业，计录取官费生一百名，自费生六十九名，训练期间，定为一年。其训练原则分为三阶段：第一为认识问题时期，在开学以后三月内，举凡中国政治问题、经济问题、教育问题以及各种社会问题，均使之有相当明了，并示以解决之方。第二为技术训练时期，定为六个月，授以建设乡村必需之各种技术，以资应用。第三为实习时期，此在最后三个月行之，意在求实际经验之取得，又在入学之三月内，对学生之思想，行动，学识，均作严密之考查，三月后举行甄别试验，凡不及格者，均淘汰之。

第二目　训练方法及课程

乡村工作方面众多，需用技术人才，亦极广泛，故主持者以为若在一年之内，使各个学生具有各项能力，势不可能，乃采正副选科制，先分学生为两班，一为自卫班，一为普通班，二班之下分教育，农业，合作，文艺，医学，自卫六组。由学生自行填写选修正科班次，志愿报告书，并择定副科之一组或数组呈报教育处审核，后经院务会议，就其性趣之所宜能力之所及，分别决定之，俾其充分发展以资深造，其分班训练分组研究之系统如下：

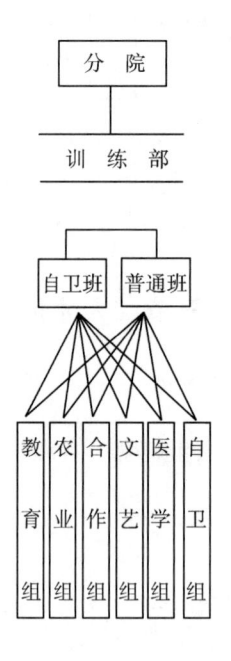

```
         分　院
           │
        训　练　部
         ┌─┴─┐
       自卫班 普通班
      ┌┬┬┼┬┐
     教 农 合 文 医 自
     育 业 作 艺 学 卫
     组 组 组 组 组 组
```

自卫班以训练学生具有基本自卫知识与技能为目的，普通班以训练学生具有一般之乡村建设知识与技能为目的。两班必修之科目为：

精神陶炼

乡村建设理论

乡村教育

合作

乡村服务指导

专修科目之属于自卫班者学科有：

步兵操典

射击教范

夜间教育

测量学

野外勤务

筑垒教范

术科为操场教练，野外教练，拳术，刺枪，劈刀，等科，属于普通班者为：

教育（民众教育，教育心理，教育行政，教育测验，教育统计，教学法等）

乡农学校实施

农业

医药常识

现行法令

应用文

中国文化要义

调查统计

军事训练

至于参加各组之学生，由教育处分清各组所设之导师，指定研究之方法。

学生每日作业秩序，约可分为三个段落，上午八时至十时为必修科，十时至十二时为选修科，晚间即为分组开会时间，在分组开会时，或为组导师及延聘之专家讲演，或采讨论方式。

学生每日须作日记及读书札记送由班主任或组导师查阅，每月在教育处开会审查一次，评定等级，择优奖励，并以其师生生活打成一片之关系，故凡学生之勤惰与修养，师长无不了若指掌，随时纠正，其所训练之学生，大都活泼有力而又不失于浮躁，潜移默化之功，深可概见。

附记

该院除训练内部之学生外，并奉山东省政府之委托，办理县长训练班，及自卫干部训练班，前者为考取待用之县长人员，后者为山东省立警官学校毕业生均于二十三年结束。

第四章　邹平实验县

第一节　实验区与县政建设实验区

研究院筹备之初，即经省府根据组织大纲划定邹平为试验县区，于二十年三月由院接收，然各项地方行政均由所属各局听命于主管各厅办理事务，研究院与实验县长均无法过问，故所谓实验县区，有其名而无其实，斯时所得为者，仅两事耳：

一、二十年冬季至二十一年春初之一期间，第一届训练部学生下乡实习，教员负指导实习之责亦一同下乡，师生在乡工作者三百余人，成立乡农学校九十余处，试验县区之工作，乃于此肇端；

二、二十年冬农场主任于鲁溪先生在邹平旧第六区所属各乡村指导学生办理乡农学校，得悉当地棉产情形，并与当地人士之接洽。于二十一年春，由农场选脱里司美棉种四千余斤，推广于孙家镇一带棉农二百一十九户，表证试种。嗣后逐年推广，并指导棉农组织运销合作，今已遍及全县各乡。

二十一年十二月中央召集全国第二次内政会议，通过县政改革，地方自治改革等各案，并有各省设立县政建设研究院县政建设实验区办法之规定。翌年春，山东省府首先根据各省设立县政建设实验区办法制定山东县政建设研究院实验区条例，划定邹平菏泽两县为实验区，今由乡村建设研究院，实验县政改革，并得信用乡村建设研究院名称，至是而试验区一变而为实验县，性质权限，均有不同，大略如次：

一、名义——由"乡村建设实验县区"改变为"县政建设实验区"。

二、性质——旧日第为一种乡村建设之试验工作今改为县政建设实验，其工作包括有三：

（甲）自县以下之地方行政改革实验，此包括行政制度之改革及各项行政之讲求刷新、未举办者如何次第举办等。

（乙）自县以下之地方自治推行实验，此包括各级地方自治之推行以讫县自治之完成。

（丙）县境内之社会改进实验，此包括产业振兴，经济进展，民智开发，风俗改善等。

三、权限——旧日除得推荐县长及院县间按照上下属行文外，未能取得进行实验工作之权，今则依据上述各办法条例等，其权限已多扩充：

（甲）实验区内县政府以次各行政组织，得本研究实验态度，酌量改组或扩充之，地方自治组织制度，亦同此例。

（乙）实验区县长由研究院呈请省政府任用之，县长以下各行政人员由研究院或县政府委任之，在区长官公署未成立之前，其职权属于研究院，所有实验区内各县政府均应受研究院指挥监督，由此研究院以教育机关学术机关兼代行政机关。

（丙）实验区拟具实验计划呈由研究院审定后转呈省政府核准备案，即根据计划进行，所有通行各县之各项法令如有与前项计划有窒碍时，得不受其拘束。又实验区执行中央及省之法令确认为有碍难时，得斟酌变更之，呈经省政府转请中央核准备案；并得应事实之需要制定各种单行规则。

关于经费一层，县政建设实验区初成立之一年（二十二年度）视前并无增加。凡向例应解缴省库各项税收一律照解，而向例应请领之各经费亦照旧额支领。同时对于本县地方担负，亦无增减。所不同于前者，唯于县地方财政厅行统收统支办法，得制定县地方收入支出预算案，呈经研究院审查转呈省政府核定后实行。质言之，实验工作别无实验费，但以原地方款统筹而变更支配之，一面打破以前分裂割据窒碍不通之局，一面极经费的用以进行实验计划上之工作，然一年试行结果，实过窘迫。乃于二十三年度开始前，呈准省政府请照各省设立县政建设实验区办法第十九条"实验区经费应就地方收入款内保留百分之五十以上充之"之规定，酌减为留用百分之三十充作实验区各该县经费及事业费之用，其百分之七十之数，则扫数报解，并所有以前各该县应请领之省款，概不再请领。此百分之三十，在邹平为五八、一七一元，在菏泽为六二、一三七元，除县署全部经费由此支出外,并余有一部分为实验之用,又两县之地方款在邹平为一〇九元、八一九元,在菏泽为二三三元、八〇〇元,其中向例有一部分为第三四五科经费,今均得腾出归作实验建设之用,视前盖稍松快矣。

第二节 邹平县政建设实验计划

邹平实验区在未划为县政建设实验区以前,未能有何工作,已如上述,自二十二年春划为实验县后,乃草就实验计划,依次进行,其目标在于"训导全县民众,使均能憬然于个人责任之重大,自动奋起,各自努力于其德性之修养,与知识之增益,成为有组织,有纪律,富于生活之能力之现代人态度;由此各个分子之集合而为村为乡为县,建设一秩然有序,活力充实之县自治体系,以为省自治之基础,而挽救民族国家之颓运"。(实验计划绪言)其进行标准有八:

一、树立信用——不空言,不搪塞,以身作则,甘苦相共。

二、尊崇贤能——成立耆英社以领导民众,鼓舞群情。

三、调查户口——办理人事登记,为实施政教之基。

四、祛去虫害——绝烟赌,清盗匪。

五、撙节费用——紧缩行政组织,整理田赋。

六、扩充生计——改良农业,增加生产,成立农村,金融流通机关。

七、整顿自卫——训练自卫,提倡武德。

八、政教合一——设村学乡学。

至各项计划大纲,节录如下。

一、关于县行政组织,自治组织及社会改进机关之计划:

甲项——关于县行政组织计划:

(一)县长下设秘书一人及五科,存留公安局另设民团干部训练所,所长由县长兼任,下设督教练一人负责,又可因事实需要,设立各种委员会。

(二)除公安局民团干部训练所外,均合室办公,统一档案收发。

(三)县政之改革实验,由县长召集秘书,科长,公安局长开县政会议决行之,于会议事项有关之乡理事及其他人员,县长得指定其列席。

(四)凡与地方有关之执行事项,应召集县地方会议,通过行之,地方会议参加之人如下：

一、县长，县政府秘书，科长，公安局长。

二、县党部代表；

三、各乡理事；

四、农会代表；

五、商会代表；

六、工会代表；

七、县长指定人员。

（五）废除乡镇公所。

（六）乡镇公所之职务由乡理事村理事负其责任，乡学村学未成立之处，仍由乡镇长庄村长负责。

乙项——关于下级自治组织计划：

（一）废除原有一切地方自治组织及区划；

（二）重划全县为十四乡并定自治组织为乡，村，闾，邻，四级；

（三）村之区划命名，仍照旧贯；

（四）成立村学乡学，以教育方法指导人民自治。

丙项——社会改进机关之设置。

（一）村学乡学之设置，其办法如下：

邹平实验县区设立乡学村学办法

一、总则

（一）本实验区为推进社会，促成自治，以教育的设施为中心，于乡设乡学，于村设村学。

（二）乡学村学，以各该区域之全社会民众为教育对象，而施其教育。

（三）乡学村学以各该学董会，于县政府之监督指导下，主持办理之，学董会之组织，另订之。

（四）乡学村学，由各该学董会，依该区民众群情所归，推举齿德并茂者一人，经县政府礼聘为各该学学长，学长主持教育，为各该区民众之师长，不负事务责任。

（五）乡学村学之经费，以由地方自筹为原则；但县政府得酌量补助之。其补助办法，另定之。

（六）乡学村学之一切设备，为地方公有，应开放于一般民众而享用之，其管理规则，由各该学董会自行订定之，凡各地方原有之体育场，图书馆，均应分别归并于乡学村学，而统一管理之。

二、村学

（七）本实验县区各村，为改进其一村之社会，促成其一村之自治，依法组织村学学董会，推举村学学长后，得成立各该村之村学。

（八）凡成立之村学，在一年以内，其教员之一人或两人，以县政府之介绍而学董会聘之，其薪给由县库支出之；一年期满后，应由其地方自行聘任，自行供给之。

（九）村学受县政府及乡学之指导辅助，视其力之所及，又事之所宜，进行下列工作：

甲、酌设成人部，妇女部，儿童部等，施以其生活必须之教育，期于本村社会中之各分子，皆有参加现社会并从而改进现社会之生活能力。

乙、相机倡导本村所需用之社会改良运动（如禁缠足，戒早婚等），兴办本村所需要之各项社会改进事业（如合作社等），期于一村之生活，逐渐改善文化逐渐增高，并以协进大社会之进步。

（十）村学为行其教学应有之分部，分班、分组等编制，办法另定之。凡村学成立之村，其原有之一切教育设施，如小学校，民众学校等，应分别归入前项编制中，以统属于村学。

（十一）村学学长，为一村之师长：于村中子弟有不肖者应加督教，勿使陷于咎戾，于邻里有不睦者，应加调解，勿使成讼。

（十二）村自治事务，经村学之倡导，以村理事负责执行，而村学学长立于监督地位。

（十三）村理事办理政府委任事项及本村自治事务，除应随时在村学报告于村众外，每月应有总报告一次。

三、乡学

（十四）本实验区各乡为改进一乡之社会，促成一乡之自治，依法组织乡学学董会，推举乡学学长后，得成立各该乡之乡学。

（十五）凡初成立之乡学，在一年以内，其教员之一人或两人，以县政府之介绍而学董会聘任之，其薪给由县库支出之：一年满期应由其地方自行聘任，自行供给之。

（十六）县政府于各乡学，得派辅导员辅导其进行。

（十七）乡学受县政府之指导辅助，视其力之所及，又事之所宜，进行下列工作：

甲、酌设升学预备部，职业训练部等——办理本乡所需要而所属各村学独立所不办之教育。

乙、相机倡导本乡所需要之各项社会改良运动，兴办本乡所需要之各项社会建设事业。

（十八）乡学对于所属各村学之一切进行，应指导辅助。

（十九）乡学为行其教学应有之部分，分班，分组等编制，办法另定之。凡乡学成立之乡，其原有之一切教育设施，除应编归村者不计外，如高级小学，民众学校高级部，应分别归入前项编制中，以统属于乡学。

（二十）乡学学长为一乡之师长；于乡中子弟有不肖者应加督教，勿使陷于咎戾，于乡党有不和睦者，应加调解，勿使成讼。

（二十一）乡自治事务，经乡学之倡导，以乡理事负责执行，而乡学学长立于监督地位。

（二十二）乡理事办理政府委任事项，及本乡自治事务，除应随时召集所属各村理事在乡学会会议进行外，并应每月举行例会一次。

四、附则

（二十三）乡学村学之设立，以政府办法，地方乐于接受；地方自动，政府善为接引为原则；无事强迫进行。除乡学因关系地方行政较多，须于本实验区工作开始后三个月内一律成立，以应行政之需要外，其村学之逐渐推广设立，不定期限。

二、关于改组警团及充实民众武力之计划。

甲、设立民团干部训练所裁撤民团大队。

乙、征训办法。

（1）由各乡保送十八岁以上，二十五岁以下之壮丁，必须身家清白，有财产，且有高小毕业程度者，方为合格。

（2）征训六个月。

（3）在训期间支给伙食等费。

（4）课程：

1. 完成整个兵士训练，学科术科。

2. 农村自卫要义。

3. 社会调查及户籍法。

（5）征训期满后，考试及格方得毕业。

（6）征训员毕业后，充任各乡学村学军事训练员，或户籍吏，对所在乡村负责有清乡及训练民众之责。

按以上编制及办法，每年可征训九十人。

丙，成立其他军训及国术训练。

（一）各学成人班军事训练——每年训练一千五百民众兵。

（二）国术会

（三）射击会

三、关于诉讼事件之计划。

甲、成立息讼会。

乙、励行简易诉讼程序。

丙、实行巡回裁判。

丁、调查民间商事习惯。

四、关于省税收及县乡财政之计划。

甲、省县税捐之整理。

（一）地丁漕米过去因积币形成如是现象：

1. 担负不平均；如粮少地多，粮多地少等情事。

2. 庄地不相符；如粮在此庄，地在彼庄等情事。

3. 粮名不真实；如死人名，假名堂号名等情事。

整理办法：

（子）消极方面：——

1. 改实粮名，以确定承完之人与承完者所在之地；

2. 严禁包封，以剔除中饱浮收之弊；

3. 组织纳税合作社，从自治方面提倡人民纳税合作，以减少花户因纳税所感手续上之不便，及金钱上糜费。

4. 厘订各种征收表册以节省征收上之时间，并求监督之便利；

5. 规定滞纳处分，以杜绝花户之玩延；

6. 核实推收，以减少地粮不符之弊。

（丑）积极方面——设立整理田赋研究委员会，其应办事项为：

1. 调查全县民有耕地荒地及官荒；

2. 调查县民完纳丁漕之习惯的详情；

3. 研究改善现行征收丁漕之方法，与征收处之组织；

4. 研究改善现行推收之方法及手续；

5. 研究达到地粮相符之方法及其实行手续；

6. 将研究结果呈由县政府采择施行。

（二）田房契税：

1. 依据现行章程，设立税契管理处，附设查催员，勘丈员若干人——其经费由留支办公费内开支；

2. 严厉施行契约纸办法；

3. 实行勘丈；

4. 切实核算应纳丁漕数目，以减少地粮不符之弊。

（三）牲畜屠宰牙行各营业税以直接征收为原则：

乙，县地方财政之收支：

（一）实行统收统支办法。

（二）厉行预算决算制度。

丙，乡村财政之监督：

（一）非经呈准不得以任何名誉收款派款。

（二）呈核收支公布细目。

（三）账簿由县府编号盖印。

（四）派员巡回查核。

五、关于设置金融机关之计划，设立一农业金融机关，以疏导全县金融。

六、关于教育改进计划，实验区系欲以教育力量引发地方自治促进乡村建设，于二十二年度内，拟做：

甲、调查全县教育状况：

乙、改革行政：

（一）与县府各科合署办公；

（二）裁撤教育委员每乡添设一辅导员，以长住乡间工作为原则；

（三）重划全县为十四学区；

（四）整理教育基金及学田；

（五）取消原有大学及中学生贷金办法，将此项经费，移充民众教育用款；

（六）裁减工友名额。事务由科中职员轮值或分任，以为全县学校试行劳作教育之倡；

（七）设读书讲习及游艺等会。

丙、充实师资。

（一）将历届检定合格人员，及新近各师范毕业生，予以全体动员，期于人各有能而才尽其用，师范毕业生，愿回县工作者，一律由县政府分派于所属各学校及各教育机关，实习两个月，期满经考查成绩后，酌予任用。

（二）筹办乡村师范班，将本县各小学教师助教，历届受检定合格人员之未就职者，及初中或高小毕业生，年事已长，有志投身教育事业者，招集一班，加以严格之训练，一年或二年满期，由本县分发各小学充当教师或助教，或为村学乡学见习员——其见习期限暂定为六个月，经考查及格者，得升为村学乡学助教，或正教员。本县村学乡学能否日渐扩充与改进，须视此项师资之能否逐渐扩充为比例；故此项设施至关重要，须于最近期内，另筹经费求其实现。

（三）续办假期小学教师讲习班，此事在民国二十年秋期，曾经举办一次，每年度秋假期内，仍拟招集合县各校教师，共同或分组讲习，并以研究院导师为导师；一面说明本实验县区各项办法，而征询其意见；一面介绍最近学说，思潮，学制，课程，及教材，教法等，以补充其学识。

（四）组织全县教育工作人员同学会，及各乡区教育工作人员同学分会，为学问及事业上之切磋与策励。

（五）于本县第五科实验学校各部，及各乡学村学，诚行艺友制，期于在各项事务上，以教学做合一之方法，培植各项实际工作人员。

（六）设置各乡学辅导员，巡视各该乡学所属各村小学之教师工作而与以指导及辅助。

（七）引用本乡村各项专门技术人才，以教授乡人农业及国术等技术。

丁，设立实验学校——县城内

戊，创设村学乡学——各乡村

己，改良乡村小学

（一）鼓励并辅助各村小学教师与家庭及社会联络，并将小学一切设备开放于该村庄一切人民，使学校尽其社会指导作用。

（二）以二部教学及导生制等方法，使各校均能尽量招收学童及教育失学成年。

（三）提倡劳作教育，鼓励各校利用隙地栽种作物，以期改良农业，增进生产，并培养儿童勤劳俭朴爱美创造之美德。

（四）注意儿童身体之健全发育。各校每日午后，由教师引导儿童作户外生活及适当之体育运动，——少年学生可以习拳，女性必须放足。

（五）指导各校改良或新建校舍，注意通光通气。

（六）研究并改良各校教学用具；如椅桌及黑板书架图表等之设置，须适于学生身心之发育。

（七）添置儿童玩具工具及体育设备。

（八）指导各小学教师改良教学方法，试行教学做合一。

（九）编审各项教材，并搜辑本地歌谣，农谚，故事，——及乡土地志，以为各校教学补助材料。

庚，注重成人教育：

（一）在实验学校设成年部，对本县城关之囚徒，烟犯，士兵，店员，职工及一般民众，施以教育。

（二）在乡学村学设立各项学团对乡村成年民众，施以适切有效之生活教育。

（三）奖励各村立学校教师，于小学中采用二部编制或时间制教学，举办成年班。

辛，推广女子教育：

（一）在实验学校设立妇女部，研究妇女教育之原理及实施方法。

（二）在乡学村学设立妇女部，推进本县乡村妇女教育。

（三）奖励各村添设女子学校。

（四）设妇女讲习会，宣演妇女卫生，育儿及理家常识。

（五）劝导城乡妇女放足，由城及乡，由学校及社会，由公务人员之家属及一般民众之家属，——先用教育力量宣传劝导，渐次采用政治力量强制执行，总期全县壮少妇女，人人天足，共登康健为旨归。

壬、注意社会教育：

（一）复兴乡村固有良好礼俗，如敬老，慈幼，礼贤，恤贫，睦邻，息讼，扬善，抑恶，及勤劳，俭朴，尚武，尚公，尚义等美德。

（二）改革城乡现有不良风习；如禁烟，禁赌，禁盗窃，贿赂，早婚，缠足及婚丧糜费等恶俗。

（三）保存名胜古迹；如范文正公读书堂，北极阁，夫子庙，伏生故墓，及古代建筑雕塑树木等。

（四）整理全县城容，乡容村容；如修道，造林，筑堰，建桥，治河，浚湖，美化墓场，立公园等。

（五）改良民间娱乐及消遣习惯。

七、关于农林畜牧水利道路工艺之计划。

甲、成立农事试验场，内有；

（一）农艺生产部：

1.作物改良组　2.园艺组　3.病虫害组　4.土壤肥料组　5.森林组　6.水利组　7.农具改良组　8.农艺化学组

（二）畜牧生产部：

1.用畜种改良组　2.乳用畜种改良组　3.本地绵羊改良组　4.猪种改良组　5.鸡种改良组　6.兽疫防除组　7.水产组　8.蚕桑改良组　9.养蜂组

（三）农业推广部：

1.宣传组　2.表证组

（四）农业经济部

1.农村调查组　2.农产贩卖组　3.合作事业组

（五）农场事务组

1.会计股　2.文牍股　3.庶务股　4.出版股　5.气象观测股

乙、改良棉业，查本县北境，向为产棉区域；据去年调查，小清河流域及浒山添明家集东西一带，总计棉田约为五万二千五百亩。兹拟先将该产棉区之第五第六两区，划作纯种美棉推行实验区，计划要点如下：

（一）棉种：规定以脱里司棉为推广品种；其种子系经研究院农场驯育多年者，产量品质，概称优良。

（二）设立表证农家：就每一村庄全棉田地积所需纯种数量之多寡，

择定表证农家若干户，其户数以所繁殖之种子足供本村普通农户应用为标准。

（三）栽培及选种：领种农户，每家发给《种棉浅说》及《选种浅说》各一册，使其遵照栽种，并随时派员指挥。

（四）轧花及运销：指导各表证农家组织运销合作社，共同轧花及运销，以防止棉商从中剥削舞弊。

（五）种子交换所：各表证农家，所产之种子，照议定价格悉数送交种子交换所，以便照公议办法分配于农户种植，如有剩余，则代为销售。

（六）开棉产品评会：秋收后开棉产品评会参照田间视察实况，评定优劣择优给奖，以资鼓励。

丙、改良蚕业：查本县一、二、三、区一带，农民向以养蚕为家庭副业。据本年调查统计，在五年前蚕茧丰收之年，该三区每村平均产茧至少在三千五百斤以上，其最低茧价可抵耕地面积二分之一农作收入之半；近年因蚕病害，桑树虫害之发生，及茧丝销售之困难，加以农民不知改良蚕种，以致蚕业势将破产。兹拟改良计划如下：

（一）关于栽桑事项：

1. 设立苗圃 2. 改良品种

（二）关于养蚕事项：

1. 设立养蚕传习所 2. 改良蚕室，蚕具，提倡稚蚕饲育合作社 3. 设立饲育表证室改良饲育方法

（三）关于蚕种事项——自制蚕种按户发给

（四）关于制丝事项

1. 筹设烘茧灶 2. 组织蚕业合作社 3. 制丝

丁、良猪种

（一）波邹一代杂种猪之利用

（二）选择本地母猪

（三）繁殖曹州猪种

戊、改良鸡种

（一）用力行鸡改良本地鸡

（二）改良繁殖寿光鸡

已、栽植果树——可植一二六〇〇亩

庚，分期造林栽树，第一期造林，十四万二千株，第二期造林十七万三千株，第三期造林十七万一千株

辛，兴办水利

（一）疏理河流——三年内完成，

（二）分期凿井——三年内凿四千四百零五眼，

壬，整理道路

癸，添设电话

子，提倡工艺

（一）在县城设立工艺传习所一处，招收年龄在十五岁以上，身体康健，能耐劳苦，并粗通文理之青年入所学习。

（二）传习科目为1农产制造2木工3油漆4印刷5织布6染色7织袜8织毛巾围巾9制造肥皂11刺绣12铁工。

（三）传习期间定为三个月，木工及铁工毕业期限，临时规定。

丑，划一度量衡

八、关于合作社之进行计划，分期办理，其进程如下：

甲、第一期（自二十二年七月初一日起至九月底止）

（一）增加指导力量，以前本县只有合作指导员一人，指挥力量不足，进行诸多困难；兹拟就县政府第四科人员中加派数人，兼办合作指导事宜，以期于不增加经费之中，而利合作之进行。

（二）编制合作社应用书表账册，以书表账册之精确周密与否，关系合作社经营之成败者至钜；消费合作社，赖以统计购买额，分配盈余；信用合作社，用以考查社员信用程度，讲求放款之安全；其他利用，运销等合作社，更非此不足以资进行。

（三）调查旧有钱会，旧有各种钱会，在调剂私人经济上，亦有相当之效用；惟在法律上无地位，且内容组织简单，因而不能利用团体信用适当今日社会之需要。所有关于此种钱会之数目，组织现状与其利弊，均应于本期内，先行调查明确，拟定改善办法，指导改组。

乙、第二期（自二十二年十月起至十二月底止）

（一）指导组织信用合作社：就本县区农村需用资金之迫切及提倡合作事业本身之便利计，自以先办信用合作社为适宜。盖信用合作社；一方可以减低农村借贷之利率，圆滑农村金融之活动；一方其本身业务

单纯，经营较易，且少失败之危险；俟农民练习有素，能力增加，再随时根据需要，兼营他种合作事务，自易收效。本县乡学成立后，实为倡办合作之最有利条件；再着手组织信用合作之先，应将各种宣传材料，分发各乡校及其他农民团体，使其了解，引起其自动的兴趣，再从事组织。本期拟先就各乡校存在地或其附近乡村，各成立信用合作社一处，以作模范。

（二）扩大棉花运销合作组织：查本县区第六区霍家坡一带，棉产素丰，经研究院指导改种美棉，并组织合作社将棉花运销济南中棉公司，事前由研究院介绍中国银行，照棉价七成贷予现金，以济棉户需要，结果尚佳；唯以初次倡办，棉户交予合作社运销之数量太少，本年该区改种美棉者加多，本期正值收花时节，应及时前往指导进行；其在去年已成合作社各村，再予以整理，使其运销棉花以后，继续经营信用业务，成为永续性之合作组织；未有合作社组织各村，重新组织；再集合各村合作社，合作一运销总社，社员收花交社，需款得由本县区农村金融机关，先行贷付；俾棉户得将所收棉花全数交社。然后分别轧籽，打包，待价趸销。

（三）举行钱会登记：在第一期内，已将各种钱会调查清楚，并拟定改善办法，指导改组；在本县区农村金融机关成立后，而信用合作社未能普遍成立之前，所有本县区现存钱会，应照前定改善办法，举行登记，改称信用预备社，使一律添订简明章程，明定责任——遇因生产用途资金不敷周转时，农村金融机关得按合作社，贷款办法，予以调剂。

丙、第三期（自二十三年一月起至三月底止）

（一）开设合作社职员训练班：经过一二两期之指导组织，按照成立信用合作社三十处，棉花运销合作社二十处计算，每社职员四人，计共有二百人，借本期农闲时，择定合作社以较密集地点二处或三处（至少须两处，因信用社与运销社经营不同），假乡学地址，召集各合作职员，施以短期训练，使其对于合作意义，有进一步的了解，并能通晓与应用经营合作社所需章则，表册，账簿及其他有关之知识。

（二）倡办林合作社：查本县区二三两区，近山村庄，已经成立不少林业公会。唯公会系属公益团体性质，无企业奖进机能——应即顺应此种趋势，提倡造林合作社，使其积极经营；已成之林业公会，照合作章程改组，明定出资植树与成林利益分配办法，并由农村金融机关予通融资金之便利。

（三）指导农民组织纳税合作：本县区田赋正赋有上中下之分，附税有省县之别名目繁多，加以种种折扣，迥非农民之所能办识，——旧有经征人员，即借此舞弊，农民因此所受损失，亦属不少；又因缴款后隔日方能领取回票（收据），耗时费钱，为数更大；欲除此弊，一面须改革经征方法，一面应指导农民组织纳税合作。凡已有信用合作各村，其居户应纳丁银税款，一律交由合作社汇缴县金库，擎取收据，再向经征处换取印收。

（四）提倡土布运销合作社：查本县区五区明家集一带，向为土布著称，畅销鲁南，泰，沂等属，历有年所，多时每年三四千匹，少亦千余匹。近年以外布影响，销路不畅，然每至春夏两季，布贩仍麇集明市收买。唯因布贩出价太低，农民见无利可图，相率停机。救济之法，拟先于产布较多各村，组织土布运销合作社，注重产品改良，共同运外销售；一面宣传实行土布运动，所有各级公务员，及各学校教职员学生，一律须著土布制服，以维此种家庭工业。

丁、第四期（自二十三年三月起至六月底止）

（一）筹办公共消费合作社：查消费合作社，重在分配问题之解决，非我今日生产落后乡村所必要，唯政府机关及恃薪金生活之公务员役军警，则极感需要；盖此项消费合作社，不但可以撙节公帑，低减生活负担；而且可以防除弊端，借以改革吏治，——因消费合作社供给物品，均附有单据，且留存根，以为年终结算购买数额分配余利之凭证，绝无如普通商店滥开发票，便于机关捏造报销之情事。其筹备进行之要点：

1. 应先调查消费用品之种类，包括机关学校社团公共消费及公务员役军警并供家属之需要。

2. 拟定组织大纲，以机关学校为法人社员，按其经费多少规定社股，可以县库预备项下拨支，以公务员役军警为自然社员，照月薪十分之一，抽认社股。

3. 根据调查，估计各项用品数量，分别进货。至组织范围及职员额数，均须依消费量调查竣事，再行规定。

（二）倡办合作仓库：本期拟于已成立之合作社，择成绩较优并产麦较丰乡村之合作社二十处，令于麦熟后兼营合作仓库，以防止粮商乘新麦登场时，压低粮价剥削农民。其办法；收集小麦若干石，由农村金融流通处照麦价七成贷予用款，暂就各村租用民房以作麦仓；再以农村金融流通处名义，分向各面粉厂接洽运销；所获余利；除按农民交麦数额比例分配外，得提出一部分作建筑仓库之基金，备来年扩大经营之需。

（三）发行定期刊物：前期业经训练各社职员此期为增加农民之合作知识计。拟再发行浅近之合作刊物，分送各乡合作社，以便社员阅览，——其不识字之社员，由识字社员于开会时代为讲述。其内容包括合作意义，解说记账实例，开会规则，各社消息，农村金融流通处情形，及农业改良常识等项，——每月发刊一次。

（四）编制年报：本年度既已终了，所有一年依据本计划各项设施，其经过情形，及现时状况，均应一一列举，作一总检讨，以为拟订下半年度合作计划之参考。

邹平整个实验工作，即依据此大纲进行，自二十二年初着手办理，至今已达二年，其中因事实上之阻碍，未能全如计划进行者，如各河流之疏导等，又有事实进行与原计划略出入者，如公安局之裁撤等，但为极少数事：大体上，两年来之邹平县政建设，确系本此大纲作计划的向前改进，其特别有成绩，可为他处之镜鉴者。分节缕述于后，其为一时一隅之事，到可略见于计划中，不详及矣。

第三节　县政府之改革

第一目　改革经过

民国二十二年第二次全国内政会议议决各省设立县政建设实验区以实验县政之改革，山东省府即以此项实验事宜委托山东乡村建设研究院办理，除指定该院试验区邹平为实验区外，并增划菏泽为实验县，二实验县政府均于二十二年七月成立。关于菏泽部分，容后另述，邹平实验县政府成立后，即依据实验计划，（见上节）从事改组。县长之下，分设五科与一秘书室，秘书室设秘书一人，各科设科长一人，第一科掌民事，第二科掌省财政，第三科掌地方财政，第四科掌建设，第五科掌教育。此外另有公安局民团干部训练所及政务警察队。县政府因事实之需要，得设各种委员会，今所存者有县政设计委员会，由县长，秘书，各科长，与所聘请之专家组成之，为县政设施之主计者。全县行政事宜，均由县政会议通过后实行，此项会议由县长秘书各科长公安局长八人组织之。另又有县地方会议之组织，除县政会议人员外，并有县党部代表，各乡学理事，各乡学辅导员，以及有关之村庄长等，凡与地方有密切关系之事务，均须提交地方会议通过，然后施行。

二十四年一月，县府组织，又有变更，原第二三科均掌财政者并为第三科，裁撤公安局，民团干部训练所，与政务警察队，凡所职掌均改属第二科，称警卫科。科下设二队：（一）警卫队。队员均以联庄会会员调充之。意在一面深造其军事技术，一面即为全县之常备警卫。每期四月，轮流调值，期满返乡。现在服役者为各村联庄会之村组长，盖改革伊始，先从村组长入手故也。（二）行政警察队。队员由裁撤之公安局，民团干部训练所，政务警察队队员中精选充之。并施以严格之训练，以为催粮，传案，值岗，卫生，户籍等事之用。

又于五科之外，设辅导员办公室，以为各乡学辅导员会商办公之地。其余县政会议，县地方会议之组织均沿旧，县政设计委员会则因事实上无此需要，似已无形停顿矣。

第二目　收支概况

自二十二年度起，邹平虽改为实验县。但经费并未增加，与其他三等县之经费相同，月支一千零五元，年支一万二千零六十元，外加警政服装费年支三千八百零八元，故二十二年度概算数为一万八千七百四十四元。内计俸给一万六千八百四十八元，办公费一千六百三十二元，购置费二百六十四元，除省款外，不敷之数由地方款拨助，所有应解省款均扫数报解。二十三年度开始，呈准省府废除提成提奖办法，按照收入正杂税款百分之三十作为县补助费，各科统筹统支，于是经费增加年约四万余元。兹列二十三年度概算书如下：

中华民国二十三年度山东省地方岁出经常门概算书

二十三年七月起至二十四年六月三十日止

行政费

第四章 邹平实验县

科目	本年度概算	上年度概算	比较 增	比较 减	备考
第一款 邹平实验政府经费	五八・一七一元	一二・四三二元	四五・七三九元		
第一项 俸给费	五八・一七一	一二・四三二	四五・七三九		
第一目 俸给费	三七・八七二	一〇・七一六	二七・一五六		
第一节 县长俸给	二・四〇〇	二・四〇〇			县长一员，月支二百元全年共计如上数
第二节 秘书俸给	一・四四〇	九六〇	四八〇		秘书一员，月支一百二十元全年共计如上数
第三节 科长俸给	六・〇〇〇	九六〇	五・〇四〇		科长五员月各支一百元全年共计如上数
第四节 技术员俸给	二・七六〇		二・七六〇		技术员五员月支五十元者三员月支四十元者二员全年共计如上数
第五节 督学俸给	一・〇八〇		一・〇八〇		督学二员月各支四十五元全年共计如上数
第六节 科员俸给	六・七二〇	一・〇八〇	五・六四〇		科员十四员月各支四十元全年共计如上数

续表

科目	本年度概算	上年度概算	比较 增	比较 减	备考
第七节 办事员俸给	三·三〇〇		三·三〇〇		办事员十一员月各支二十五元全年共计如上数
第八节 征收员薪金	四·二〇〇		四·二〇〇		征收主任一员月支三十元征收员十八人月支二十四元者二员月支十九元者六员月支十二元者四员练习生二名每名月支九元全年共计如上数
第九节 录事薪金	三·八五二	二·一六〇	一·六九二		录事长一员月支二十五元录事十四员月各支二十元又承审处增设录事一员月支十六元全年共计如上数 一员月支十六元全年共计如上数
第二目 饷项工资	六·一二〇	三·一五六	二·九六四		
第一节 警饷	四·二一二	二·七三六	一·四七六		警长一员月支三十元警目二名月各支十二元政警三十名月各支九元五角全年共计如上数

续表

科目	本年度概算	上年度概算	比较 增	比较 减	备考
第二节 工资	一·九〇八	四二〇	一·四八八		勤务十四名承审处增设公丁一名月各支九元监所增设看役三名月各支八元全年共计如上数
第二项 办公费	六·八四〇	一·八四八	五·二九二		
第一目 文具	一·四四〇	四八〇	九六〇		
第一节 纸张	六〇〇	二四〇	三六〇		
第二节 笔墨	四八〇	一二〇	三六〇		
第三节 杂品	三六〇	一二〇	二四〇		
第二目 邮电	四八〇	三六〇	一二〇		
第一节 邮费	三六〇	一八〇	一八〇		
第二节 电费	一二〇	一八〇		六〇	
第三目 消耗	一·二六〇	二八八	九七二		
第一节 灯火	四二〇	九六	三二四		

续表

科目	本年度概算	上年度概算	比较 增	比较 减	备考
第二节 茶水	一八〇	九六	八四		
第三节 薪炭	六六〇	九六	五六四		
第四目 房租	二四〇		二四〇		
第一节 房租	二四〇		二四〇		第三第五两科房租月各需十元全年共计如上数
第五目 修缮	二四〇		二四〇		
第一节 修缮	二四〇		二四〇		
第六目 旅费	二·七〇〇	四二〇	二·二八〇		
第一节 旅费	一·八〇〇	四二〇	一·三八〇		县长及职员出差旅费月需一百五十元全年共计如上数
第二节 税款解费	六〇〇		六〇〇		
第三节 人犯解费	三〇〇		三〇〇		
第七目 杂支	四八〇		四八〇		
第一节 报纸	一二〇		一二〇		

续表

科目	本年度概算	上年度概算	比较 增	比较 减	备考
第二节 杂费	三六〇		三六〇		
第三项 购置费	三九六	一六八	二二八		
第一目 服装费	三九六	一六八	二二八		
第一节 服装费	三九六	一六八	二二八		警目三名政警三十名每期六元二期共计如上数
第四项 特别费	一·八〇〇		一·八〇〇		
第一目 县长特别办公费	一·八〇〇		一·八〇〇		
第一节 县长特别办公费	一·八〇〇		一·八〇〇		
第五项 实验费	一一·二六二		一一·二六二		
第一目 实验费	一一·二六二		一一·二六二		
第一节 辅导员生活费	五·四六〇		五·四六〇		乡学辅导员十三员月支四十元者四员月支三十五元者五员月支三十元者四员

续表

科目	本年度概算	上年度概算	比较 增	比较 减	备考
第二节 实验事业费	五·八〇三		五·八〇三		
说明	一·本年度概算共列五万八千一百七十一元系奉　省政府核准按征收正杂花税款百分之三十约计编列比较上年度列数计增四万五千七百三十九元。					

第四节　由乡农学校到村学乡学

第一目　邹平教育理论

山东乡村建设研究院工作，一言以蔽之，以教育力量启发乡村，推动乡村，组织乡村而已，故工作虽繁多，而最基本者，则为本节所欲叙述之教育情况。邹平自民国二十年研究院成立起，即有所谓乡农学校，现则易曰村学乡学，其详细之意义与办法，容后详述。读者当先明白邹平之教育与其他方面大不同之点，——一则以社会为本位，一则以生活为其基础，能说明此二大原则者，一为梁漱溟先生之社会本位教育系统草案，一为杨效春先生之生活教育，兹介绍于次：

社会本位教育系统草案：

二十二年二月教育部邀集各地民众教育专家，于部内会议推行民众教育方案。社会教育在学制系统上之地位，为当时讨论问题之一，部拟办法，不外两条：

一、将社会教育加入现行学制系统；

二、于学校系统外另订一平行之社会教育系统；

愚以提倡乡村建设运动，于某一意义上，亦得说为民众教育，因亦被邀与会；众讨论及此，愚未发言。主席朱君家骅征问意见云何，愚答所见适在此两条办法以外，既非于现行学制中为社会教育讨一地位，亦非另订一平行系统，乃以社会教育为本而建树一系统；今之学校，转在此系统中，求得其地位也。众颇不以愚言为非，即席推定钮惕生高践四陈礼江孟宪承及愚共五人为起草员，而诸君更以执笔之责属愚。今草案既成，爰纪其原委如此。八月二十二日梁漱溟记。

本案为"社会本位的教育系统"之制定，系基于如次之三根本见位，——

一、学校教育社会教育不可分：

俗常以学校教育社会教育对称：大抵谓：

（甲）学校教育为教育之中心设施或正统：指小学校，中学校，专门学校，大学校等；

（乙）社会教育为片面的补充的设施，非正规教育；指民众教育馆，民众茶园，通俗讲演所，图书馆，博物馆，公共体育场，公共影戏院，识字夜班，民众学校，职业补习学校，函授学校等。然试一究问其可得而为分别之据者果何在，卒乃不易得。

（子）学校教育有一定数目之受教育者，有一定课程之进行，而社会教育如图书馆，讲演所等，每每无之。此所谓学校教育即学校式教育；所谓社会教育，即社会式教育。然此于函授学校，职业补习学校，民众学校已不然，况此两方式绝鲜有何意义，可以演绎为划分两种教育之真据者。

（丑）学校教育以一定课程施之于受教育者，其教育者之积极主动意味多；且其所照顾恒在校内（迨扩充于校外一般社会即被指为社会教育），若社会教育则每每仅有一种设备，供人自己利用或领略；其范围恒泛及一般，而无所限。然此于学校式之社会教育（例民众学校）已不然，而况学校教育应否囿于学校内，殆尤不必然也。

（寅）学校教育前后衔接，可成相连贯之一系统，而社会教育但见其为零碎补充的。无有系统。此亦不然，学校教育中之一学校教育，原多自成一事。非必以此为彼之预备，相连为一事者；而社会教育亦非必不可成系统；如今之苏俄教育制度是。

（卯）学校教育有年龄限制，且所施教偏于社会未成熟分子；而社会教育恒无年龄限制，且施教所及偏乎成人。故"社会教育"与"民众教育""成人教育"等词有时相通或混同。无学校教育非无成人（例如大学校研究院），社会教育非无儿童（例如儿童图书馆等）。况人受教育期间，是否应集中于其前小半段，正不无可商，以年龄之所偏，判分两种教育，亦难为论据。

总之，两种教育之分判，初无学理真据，即于形式上亦复有时难辨。然则何为而有此对称之两种教育见于今之世耶？曰：今之学校教育，一传统教育也；今之社会教育，一新举教育运动也。正唯传统学校教育有所不足，或且日益形见其缺短，乃有今之所谓社会教育（或民众教育，或成人教育）起为补救，此固近今史实之所昭示矣。于此，一以见今日学校教育之不不妥；一以见今日社会教育亦为一时的措施；两者各不足为准理当事的真教育。真教育行且是其为两者之融和之归一；而吾侪今日乃适丁此教育的过渡时代也。如何实现此完整合理的一个教育系统，正今日吾侪所有事。

二、教育宜放长及于成年乃至终身

教育于人类所以必要，而且可能。盖最足征见于人类，自儿童达于成年之期特长，为其他动物所莫得比。自鱼类以讫于人类之脊椎动物，其儿童期之长短，实征兆其远于本能，趋于智慧者为如何，而与后天学习资性大小为正比例也。人类社会所特意施行之教育，自昔皆置于未成熟之阶段，自非无由。然人类天具之学习力固不限于此未成熟期，殆且亘乎终身焉。桑戴克为"成人与学习"之研究，谓"年龄实在对于学习之成功失败是一件小的因系；能力，兴趣，精力和时间乃是重要原因"。——此实一重要根本见地。其假定以一万小时学习时间，五分四用于六岁自十四岁，而其余五分一作成一百小时二百小时之分段，散落的用于十四岁至三十五岁，或且未来教育改造设计之所资，未可知也。吾人试一审今日社会趋势，将见教育时间放散而延长，有事实所不得不然者。

（一）现代生活日益繁复，人生所需要学者，随以倍增，卒非集中童年一期所得尽学，由此而教育延及成年之趋势，日见重迫。

（二）社会生活既繁密复杂，而儿童较远于社会生活，未及参加，在此种学习上以缺少直接经验，效率转低，或至于不可能，势必延至成年而后可。又唯需要为能启学习之机；而唯成人乃感需要。藉令集中此种学习于童年，亦徒费精力与时间，势必待成年需要，卒又以成人教育行之。

（三）以现代文化进步社会变迁速，若学习于早，俟后过时即不适用，其势非时时不断以学之不可。

今后社会之渐归于社会本位组织，大势昭然。如是则不能不倚重多数个人，各为社会生活之有力的参加，而教育于是乃成大问题——如何而为最经济而有效的教育设施，以满足此社会需要。吾信其必为依桑戴克以及诸家所为成人学习之研究，而统盘筹划以建立一个之教育系统是已。今之有社会教育，民众教育，成人教育，汾然发达于学制系统之外，极见其不经济者，正以未能从头通盘筹划之故耳。

三、教育应尽其推进文化改造社会之功

吾人今日盖适丁人类文化之转变期，亦即社会改造之过渡时代。此就吾民族文化，吾民族社会言之盖尤为亲切的真——民族文化数千年相传至此将为一大转变，历史上久不变之社会组织结构，至此将为一大改造，设施教育于此日，实宜有一反省：社会之教育果何为乎？教育如何乃为尽其对于社会之功用？

以理言之，教育之在社会，其功用为绵续文化而求其进步，使教育果得尽其功，则社会宜无革命，以随时修缮，逐步改进，行其无所事也，然人类社会卒不免于暴力革命，此盖以从来教育之在社会，不居领导地位而处于被役使地位之故，从来支配人类社会者为政权，或曰国家。历史上之政权或国家虽有许多高下不等之形式，而语其内容始终不外一武力统治之局。其较进步的政治形式固武力渐隐渐抑，理性渐显渐扬；然社会秩序之最后维持端在武力，而非以理性。由是社会改造——社会秩序推翻与新建——乃亦不能不出于暴力。故从来社会进步虽无不赖于教育（狭义及广义），而教育卒不能改造社会也。

盖人类虽无理性的动物，而理性之在人——无论个体生命或社会生命——乃以渐次而开发者，人类社会之组织构造，自今以前概非理性的产物——概非自觉地安排设施，而具有甚强之盲目性，机械性。暴力革命即是社会问题之机械的解决，正从社会之机械的构造（武力统治）而来，虽欲回避有时而不能，然每经一度改造，必经一层自觉，亦即较进于理性；此后社会中人将易其彼此不相顾不相谋而为相顾相谋，必达于自觉地安排设施而后已，于此际也，或于暴力革命前、为宣传运动组织运动。或于暴力革命后为完成社会改造之种种工作（如今苏俄之所为），盖莫不有教育在焉。更直捷言之，盖莫不为一种教育（如苏俄在经济建设上的五年计划实可认为是一种教育）。由是而论，徒教育固未足以改造社会，而教育改造于其前后卒又不能不仰赖于教育以竟其功。前问：教育如何乃为尽其对于社会之功用？于是得分别答之如次？

（一）平时要在能为社会绵续文化而求其进步，

（二）变时（改造时期）要在能减少暴力至可能最小限度于其前，能完成改造达可能最大限度于其后。

此所云改造前之教育大抵出于当时社会秩序下设施者少，而自尔演动于秩序外者多；可以存而不论。所最当致意者，厥为旧秩序推翻后，将以完成社会改造之教育，宜应如何设施之问题。大要言之，其异于平时之教育设施者殆有下列诸根本点：

第一，社会改造期之教育宜着重于成人，与平时教育之着重在社会未成熟分子者异。盖平时教育先求绵续文化而不使断，然后因之以求进步。故如何使社会未成熟分子（儿童及少年）得如其已成熟分子（其父若兄）之能参加社会生活为第一目的。同时既成文化之改进的讲求，亦即寓于其教育设施中。至于大多数成人，其生活能力已具，殆无复再加教育之亟亟必要。既成文化之进一步的创造功夫虽不可少，然非对一般成人设施教育之谓矣。社会改造期不然。此时整个社会生活正企图转进于一新方式，大多数成人虽届成年而对于此新生活方式所需之习惯能力则方为未成熟者。势非经教育不可。既成文化（旧生活方式）将要改革，意不期其绵续而宁期其断除，对于社会未成熟分子之教育虽不可少，而正有难于着力者，仍其旧而教育之既所不可，而新社会生活未辟，又无以教之，其必附于社会改造的成人教育以行乎。

第二，社会改造期的教育宜着眼于一般社会，与平时教育每囿于少数个人者异，此其故有二：一则平时教育主于使少数未成熟的个人能适于其社会环境，而社会改造期则要在使社会环境改从吾人之所求。凡一般人之风气习惯社会间之组织关系，正为除旧颁新努力之所在。此风气习惯组织关系明非个人之事，明非少数人之事；则其教育设施不着眼于一般社会将奚为乎？再在社会改造之所求，靡不在社会多数分子之由被动地位转于主动，分子间之关系由疏而入密，则其教育设施之趋向普及多数，正有不待言者。故社会一度改造，例必为教育机会的一步开放焉。

第三，社会改造期的教育宜就其人所在环境行之，与平时恒设为特殊环境以超于现实大社会环境外者异，所谓特殊环境指学校言。学校之设，在避去复杂纷乱许多无用乃至有害的刺激，而集中精力以求学习上修养上之经济有效。此为平时之教育设施所必须，但在社会改造期则必以社会式教育为主，即参用学校式，亦必变通之。盖社会改造期的教育既着重在生产大众，而于此生产大众万不能使之脱离生产行程而教育之也。此其一。又此期教育既要在风气习惯组织关系之改进，当然从实地之社会问题着手。个人之长进即在社会进步之中，却不能使个人离开环境得到长进；再为社会之长进。例如地方团体意识养成农民合作组织能力之训练，一种生产技术之发达早婚缠足等陋俗之戒除，必无离开实地问题，别设为环境以行其教育之理也，此其二。

设施教育于兹社会改造时期，必须理会以上三根本点，非然者，必无从尽其应负荷之任务，必失其教育之功用，而不免转为社会病。

为中国而设计更应切实认识今日中国之问题为如何？中国近两千年来，但有一治一乱之循环而无革命，社会组织结构历久不变，文化已入盘旋不进状态，苟任其历史之自演固将无今日之社会问题。乃近百年来世界交通民族历史与世界历史合流，固有文化不足以应代新环境，夙昔适用之社会组织构造遽见崩溃。凡今日政治改造经济改造乃至种种改造之要求，盖悉受外围世界历史所推演，而非从其民族历史演来，为国际关系所引发，而非其社会内部自发的。此义认清，则下列两点皆其中应有之义，必须提醒不可忘者。

（一）在一般之例社会改造盖为历史演进之自然，当其革命爆发，为旧秩序之推翻之时，必其社会之新机构已孕育相当成熟。事类蝉之蜕壳，故其新社会之建设也不难，今日中国乃非其例。旧秩序以遭外来理想之否认，与激于民族自救之急切心理，骤被推翻，而新社会之机构初未有若何历史的孕育，青黄不接，则如何完成其社会改造，得一新社会建设出现，乃至艰巨矣。前既言之，完成社会改造的工程即教育。在前例中，所需之完成改造的工程不大，且有需要不甚著见者，或竟不假若何教育设施。而今日中国所需完成改造的工程——教育——乃特大非特有设施，将必无从完成其改造。

（二）中国固有文化既千余年盘旋不进，而西洋自近代以讫于现代则进步如飞，中国受此威胁，乃不得不为其自身文化之改造。所谓中国社会改造问题，自一面言之。其义实即如何企及现代文明之问题。社会改造本为无前例即创进，而中国社会改造运动每落于一种模仿，其故正坐此。虽事有不可模仿者，然当融取现代文明以求自身文化之长进则无疑义。此融取而长进的功夫固明明为一巨大之教育工程，则势且必待有其教育设施而后可。

基于以上之根本见地及对中国问题之认识，而制定本案；本案全文包括三部分如次：

甲、社会本位的教育设施之原则

一、教育设施包涵社会生活之基本教育，各项人才之培养训练，学术问题之研究实验等一切而言。其间得随宜运用学校教育，社会教育，各种方式，而无分所谓社会教育，学校教育。

二、教育设施应厘定其教育对象之区域；以社会区域之大小统属，别其等级，著为系统，各负其区域内之教育责任。

三、教育设施区域应视自然的及社会的形势条件等为厘定标准，但亦以符同于国家行政区域地方自治区域为便。今假定即以现行国家行政区域地方自治区域为教育设施之区域，则应有国学，省学，县学，区学，乡镇学，之五级。都市地方以人口密集，交通方便，除分置坊学外，不更分区域；坊学以上即为市学，无多等级。隶于省政府之市，其市学视同县学及区学；隶于行政院之市其市学视同省学县学及区学。（按现在同级之行政区域，每每大小悬殊，又犬牙相错，而不定合于自然的社会的形势条件。地方自治之区乡镇各区划尤多不合适之点，有待纠正，此特假定以示例而已）。

四、各级教育设施在其区域内应为统一的规划与管理，但非必集中于一地点。

五、各级学府应负其区域内之一切教育责任，但下级学府力所不办者其责任归属于上级。例乡力所不办者归区，区力所不办者归县，如是类推。

六、上级学府应辅导下级之进行，下级学府应受上级之指导。各级学府间，于上有统属于下有责成，期于为有统制有计划的进行。

七、各级教育自成片段，除其中一部分为升学计外，非必求其衔接连贯。

八、各级教育设施各有其偏重不同之点。例上级之国学偏重学术研究，下级之乡学重在基本教育，中级之省学县学等主于人才训练是。

九、最下一级之教育因各地方情形悬殊,程度势难齐一;且办理得法则势将随社会进步而程度逐渐提高,亦不必设为一定之标准程度。

十、在特别荒苦之地方,其教育设施应受国家之补助,于全国各地教育势难齐一之中仍应为齐一之企图。其补助应以最下一级之教育为主,为先,以次及于上级。

十一、国家行政教育行政之部分,仍应于各级学府外,独立设置其机关,于中央称教育部,于省称教育厅,于县称教育局或县署某科如今制。各级学府但为教育机关及学术机关,除教育技术上之指导暨各种教育设计事项,得与教育行政机关合组委员会办理外,凡属教育行政事宜,应尽量划归教育行政机关管理之。

十二、县以下之各级学府除教员外,其办学人员以本地人担任为原则,并期其与各该地方自治团体融合为一体(今邹平正作此实验)。

十三、在各级教育之各项编制中,其入学年龄修业期限课程标准等,应由各级学府自行拟订后,经上级学府及教育行政机关指导其同级学府会商决定之。

十四、各级教育之各项设施均应取实验态度,以各级学府自行负责实验,而国家行政机关立于监督考核奖勉纠正地位,以求实验之得有积极结果。

十五、自区以上各级学府,招收学生皆以入学试验为准,不问其毕业资格。

十六、凡两乡可以联合举办之某项教育设施,即不必归入区学;凡两区可以举办之某项教育设施,即不必归于县学。以上各级视此类推。

十七、国家为训练特种人才(如军事外交司法),得于此教育系统外,特设学校行之,又国有或地方有之特种事业如水利工程铁道邮局等,亦得于其事业机关附设其特种学校。

十八、国学为国有,各级学府为各该地方公有,于此统制的计划的教育设施系统中,应无私立学校,但私人兴学其志可嘉,其有教育上之抱负者,更宜予以实验机会,旧日私立学校经向教育行政机关及相当之某级学府请求为计划上之接洽为统制上之归并后,亦得许其以原负责办学人负责办理之,如国家或地方认为有收归公家办理之必要时得随时收办,以后有捐资兴学者例亦仿此。

十九、依本案施行后，将使现在许多县立小学，归入区学或乡学；许多省立中学师范等校，皆归入县学，许多国立大学，皆归入省学，其经费预算原操于上级政府者，仍无妨由上级政府支配之，而改以奖励补助之意用之于下级学府。

二十、本案之施行，当从一县或数县实验入手，渐渐推广以至于全国，不取乎国家立法公布，普遍施行于一朝。

乙、社会本位的教育设施（附统系图）

乡学资藉于上级学府之辅导，视其力之所及，又事之所宜，进行下列工作：

（甲）酌设成人部妇女部儿童部等，施以其生活必需之教育，期于本乡社会中之各份子皆有参加现社会，并从而改进现社会之生活能力。

（乙）相机倡导本乡所需要之各项社会改良运动（如禁缠足戒早婚等），兴办本乡所需要之各项社会建设事业（如合作社等），期于一乡之生活逐渐改善，文化逐渐增高，并以协进大社会之进步。

乡学在职能上以基本教育为主，在程度上为当地社会及国家力所能举之最低级教育，在编制上酌设成人部妇女部儿童部等；旧制之小学校民众学校等，应分别归入上项编制中（小学即儿童部民众学校即成人部），在设备上酌设大会堂图书馆体育场音乐堂等，在方式上兼用社会教育及学校教育两方式，

区学资藉于上级学府之辅导，视其力之所及，又事之所宜，进行下列工作。

（甲）酌设升学预备部职业训练部等，办理本区所需要而所属各乡学独力所不办之教育。

（乙）相机倡导本区所需要之各项社会改良运动，兴办本区所需要之各项社会建设事业，期于一区之生活逐渐改善，文化逐渐增高，并以协进大社会之进步。

区学在职能上以基本教育之高级及技术训练之预备段为主，在程度上为当地社会所办乡学教育之高一级的教育，在编制上酌设升学预备部职业训练部等；凡旧制之高级小学高级民众学校职业补习学校等，应分别归入前项编制中。在设备上酌设大会堂图书馆医院等，为乡学更进一步的设备，在方式上兼用社会教育及学校教育两种方式。

县学资藉于上级学府之辅导，视其力之所及，又事之所宜，进行下列工作；

（甲）酌设升学预备部职业训练部自由研究部乡村师范部等，办理本县所需要而所属各区独力所不办之教育。

（乙）研究并指导所属各区乡之社会改良运动，及社会建设事业促成本县之自治，并以协进大社会之进步。

县学在职能上以技术训练人才教育为主。在程度上为当地社会所办区学之高一级的教育，在编制上酌设升学预备部职业训练部自由研究部乡村师范部等，自由研究部指导有学术兴趣者之自由研究，乡村师范部则训练区学乡学教员，旧制之中学职业师范等学校，应分别归入前项编制中。在设备上酌设科学实验室农场工厂大会堂图书馆等，为区学进一步的设备，在方式上以学校教育为主，兼用社会教育方式。

市学（隶于省政府之市）视同县学，兼括区学，市内分置坊学；坊学视同乡学。

省学资藉于上级学府同级学府与下级学府之协助，视其力之所及，又事之所宜，进行下列工作；

（甲）酌设农工商医等科，举办所属各县学独力所不办之专业训练，为本省养成其建设所需人才；兼为本省人士供给专科研究上之设备与导师，以发展其不同之天才，

（乙）负责研究本省地方上自然的及社会的各项问题，供给当地政府及社会之解决各问题之方案设计等，并指导所属各下级学府社会工作之进行，

省学在职能上以专门技术教育及实际问题研究为主，在程度上为高等教育，在编制上视学术门类暨本省需要分科，所有旧制之专门学校大学校高中各科应分别归入上项编制中，在设备上酌设图书馆各科实验室研究室农场工厂等，在方式上以学校教育为主，兼用社会教育方式。

市学（隶于行政院之市）视同省学兼括县学及区学。市内分置坊学；坊学视同乡学。

国学联络国际学术机关或团体，资藉于国内下级学府之协助，进行下列工作：

（甲）酌设文理法工农医等科，养成学术人才为各科纯学术的研究，

以期有所发明；兼为国人供给学术研究上之各种便利，以圆成其天才发展。

（乙）从各科学术研究上着意于中国固有学术之整理。固有文化之阐明，一期增进民族价值之自觉，一期为世界未来文化之贡献。

（丙）负责研究国内自然的及社会的各项问题。供给政府及社会以解决各问题之方案设计等，并指导下级学府社会工作之进行。

国学在职能上以学术研究为主，在程度上为最高之教育。在编制上视学术门类分科，旧制之大学应归入上项编制中，在设备上应有一切学术上应有之设备，在方式上以学校教育为主，兼用社会教育方式。

社会本位的教育系统图

国学	省学	县学	区学	乡学
		市（隶省政府之市）学		坊学
		市（隶行政院之市）学		坊学

丙、关于本案之说明（凡十六则）

1. 自一面言之，本案盖即以学校教育而特别注重教育推广工作，勿拘守校门以内者，特如所谓"学校应为地方社会之中心，教员应以社会之指导者自任"之义，尤为本案意趣所在。

2. 自另一面言之，本案盖即以农村改进试验区，民众教育馆等机关统理学校教育者；或即以民众学校与小学校统合办理者，以社会改进，民众教育之大任，遽付小学校教师兼理，虽不无可疑；然并合办理自较经济，又在方针计划上必须一贯，则无可疑也。

3. 中国三四年来，学校教育之大弊在离开社会，以致妨碍社会于无穷，当世人士类能道之。本案盖所以矫正此弊者；抑扭转此错误方向之最贯底的办法无逾本案。

4. 三四十年来办教育者继续扩充多办学校而不知其所谓，学生更为无目的之入学与升学，有如资本主义之盲目的生产然，一批一批毕业之不已，此无目的（或忘其所谓）之弊，本案盖最能予以矫正。

5. 过去教育偏于以读书为学，或偏于知识技能之一边，而不能照顾及吾人整个生活，如本案而设施去，当能矫正此弊。

6. 中国此时不应视成人教育或社会教育为临时补充支节应付之事，而应认为教育上主要工作，本案最能实现此旨，矫正过去之错误。

7. 中国各地方社会情形不一，而教育法令设施等一切，顾不免整齐划一，缺乏自然适应之妙。本案最能矫正此弊，而实现出一种因地制宜之活教育。

8. 过去教育缺乏统筹计划，几于各级教育自为谋，各地方自为谋，各科各项自为谋，乃至各学校自为谋而均不相谋。以致畸形发展，偏枯不均，重叠多费，其弊不可胜言，国联教育考察团所作"中国教育之改进"单就全国学校分布之问题，指摘论列，已甚严切（见原书第八章），本案盖最具有矫正此弊之机能，时下谈经济问题者，好为统制经济计划经济之说；假取为例，则此殆可谓为一种统制教育计划教育乎。

9. 在今日小学教育问题下，除其本身应为种种改良外，如何谋小学教育之普及实为最大问题，闻教育行政当局已筹拟有简易小学，短期义务教育实施大纲（教育部拟），小学扩充部（山东教育厅拟）等办法，于正式教育外谋补救。在本案中则此等办法早为应有之义，亦无所谓正式非正式也。

10. "中国今日之小学经费与中学经费迥不相侔；与高等学校经费相差尤甚，在教育上有组织之国家，小学教育绝未有处于如是不利之地位者"（语见"中国教育之改进"第二编第一章）民国十九年全国第二届教育会议即主扩充横的教育，整理纵的教育，其意甚是。本案精神即着重在基本教育（民众教育与小学教育），一矫往弊也。

11. 世人有见于教育之无用，受教育者几乎转为社会之赘碍物，于是乃倡为职业教育生产教育等说以救之。用意诚是而所见未的，盖此问题不尽在教育，一半在教育，一半在社会。今日中国社会虽有专门技术人才亦无所用，或难得其用。是故教育本身固应改造，社会问题亦必须解决。不先求社会为生产社会，而徒求教育为生产的教育，其事固不可得。本案以社会运动，纳于教育系统中，直以教育解决社会问题，自一面言之，为教育本身的改造；自另一面言之，即正所以改造社会，以教育促社会于生产，还以社会促教育于生产，自来言生产教育者，未能见及此也。

12. 以农业教育计之，今日首在为中国开出其自有的新农业；新农业有一分，乃有一分新农业教育可言。但此一分新农业即一分之新农业社会；词面不同，内容全为一事，抑农业教育之目的固在求一新农业社会之出现。即从此目的以为言，亦莫要于养成新农民。日本之农业教育设施，其优富绝不后于丹麦，而目的之所成就者则远不逮，论者指为注意农学而忽于农民之过，其故可思矣。本案所谓乡学资籍于上级学府进行其教育工作云云者，用意即在上级学府以其研究实验之所得，交下级学府推广于社会。俾社会教育之内容得以充实，而学术亦得其应用之正道，同时省学国学经下级学府从社会上实地采得问题与材料以为研究，乃有真正之学术产生出来。如是上下往复相通，而农业技术与农业社会乃相偕日进于无疆。其他一切例此，农业不过其一例。

13. 关于职业教育，本案有两要点。其一，着重对农民工人商人等作教育功夫，增进其职业上的能力乃至各种能力，期于养成新农民新工人新商人等；而不着重办职业学校，养成农业学生工业学生商业学生等。职业教育家有谓将来必以补习教育为职业教育之重镇者（江问渔先生有此语），可谓得之。推进农民则农业自兴起；提挈工人则人自竞于为工人而无待督劝。此为提倡职业教育或生产教育之唯一要径。

14. 其他一要点即在职业训练中必须打破一切非必要的学校形式而无所拘，例如入学资格，修业年限，课程标准，师资限制等，均应随宜设施，而后职业训练乃有可施，此理人多已言之。

15. 学问以自己求得为真；自来名家每出于学校教育之外，故由公家供给图书及实验设备而奖励好学者之自修，实为教育设施之要图，抑今后求学术普得享受，亦非如此不可也。本案自县学以上即著供给设备自由研究之文，其意如此。

16. 本案既力求切合社会实际情形，于课程于年限均少一定标准限制，则学生程度自难齐一（实则现在齐一制度下已不能齐一），故各上级学府招收学生，只能以入学试验为准，而不问毕业资格。抑照此施行后，以前学校为学生制造无谓之程度无实之资格之弊，亦可扫除矣。

生活教育

"我的教育思想，并没有什么神秘的高深的意思，我向大家谈教育，说来说去，似乎话很多。实在呢，千言万语，主要的意思，只是四个字

"生活教育"。我想；大家懂得生活的意义，就会懂得教育的意义，明白人生的道理，也就会明白教育的道理。

每每有同学问我，怎样研究乡村教育；我就向他说：你得去了解乡村，了解教育，了解人生的道理，如不明白乡村，不会明白乡村教育；不明白教育不会明白乡村教育；不明白人生的道理也就不会明白乡村教育的道理。单看几篇关于乡村教育的书报是不够的。再看些教育原理，教育概论，教育心理学，及中外教育史等书籍也是不够的，一切自然科学，社会科学都与人生有关，都与教育有关，也就都与乡村有关。总之，你对人生的道理明白了好多，你对乡村教育的道理也就会明白了好多，我对于乡村教育的研究实在是很肤浅的，因为我对一切科学及人生道理的认识都还是很肤浅。我向大家讲乡村教育是很勉强的，心里很害怕，不是你们不信我，是怕我自己不足以见信于你们。可是我得向大家讲。因为我比你们先生在世，先生在乡村教育上做功夫，我有些经验或意见，该当向你们来讲讲。你们与我，从一面说彼此是同学，从另一面说，彼此是同事。我们大家都是相信中国问题的解决是必由村乡建设，这样说，我们彼此又都是这乡村建设运动里的同志啊。

今天我想向大家谈谈"生活教育"或"生活即教育"的道理。

人是要生，众生都是要生，人是众生之一，人也要生。秋葵向日，蚯蚓趋阴，老鼠畏猫，狗则避虎，皆是要生而已，人无论男妇老幼，鳏寡孤独也尽有要求生存的意志。说有一个老妇，她老了，没有丈夫，没有儿女，也没有一切亲属朋友，她在人世，真是孤零零的。她是残废的，眼是瞎，足是跛，她又精穷，沿门行乞为生，一天，她在破庙里，肚子饿了，天又大雨，不能出门乞食，饥寒交迫，因念一生悲苦，放声大哭，她说："老天爷！咱这样活着不如死吧"！这时候，刚巧来了一个顽皮的小学生，对她说："老太婆！快跑呀！墙要倒了！不快跑！你要压死啊；快快跑呀"；老妇听了，就飞快跑出庙门来，于是这学生问她："怪呀！你刚才说'活着不如死吧'；怎么听说墙要倒塌压死了你，你还跑出门外去呢"？这原来是个故事，其中含有真理，平常的人都是和这老妇一般是要生的，要生就是要求生命的延续，人不仅要生，而且要长。农夫有田一亩，还要十亩，有了十亩，又想百亩，商民积资百元，还想千元，有了千元，又想巨万。军人做营长的想升团长，做了团长又想升为旅长师长军长。学生，小学结业想进中学，中学完了又想入大学或留洋。他们所要求的虽不同，但他们的要长则是一样的。儒欲成圣，释欲成佛，道欲成仙，英雄豪杰则欲救亡图存，平治天下。他们所欲求的虽是不同，但他们的要长也是一样的。人是要长。要长就是要求生命的开展。

人是要生要长，因此就有人说：生活就是生长的历程。换句话说：生活就是生命延续和开展的历程。所谓"历程"不是起点，也不是终极，乃是由起点到终极中间所经历的路程。

说人要生要长，即是说人有所要，如要衣要吃要住要行；或要地要钱要名要权；或则要成圣成贤成佛成仙。人有所要，但是天不能尽如人意的。譬如人要衣着天不能给人以衣着。人必得自己会耕地，会种棉，会纺纱，会织布缝衣才有衣穿。人有种种需要，环境不能尽如人意，来适应人的种种需要。因此人不能不设法约束环境。如种棉必须会整理土地，铲除野草，防制水旱虫灾。人如不能约束环境即不能生，也不能长。是以人生须努力，须奋斗，须自新，所谓生活就是约束环境的自新的历程。

人的生活环境在一切生物中是最为复杂的。植物生在那里，就长在那里，它的生活是定着的，不必游走。它的生活环境比较说是最简单。因此它的营生也最为省事。鱼生于水，兽走于野，鸟翔于空，蚯蚓地蚕则穴居于地下。他们的生活环境都比较简单。人则须会渡海，会行陆，会航空，会在地下采煤取矿，才能适意生存。大家知道惟人类社会中才有水路空的总司令呢！别的生物的生活环境绝没有像人类这样复杂的。人不仅有复杂的，自然环境，而且有复杂的社会环境。有血统的社会，如家庭，宗族，亲戚。有乡土的社会，如同乡，同县，同省，同国；有文化的社会，如教会，学校及学术团体；有经济的社会，如公司，行会及合作社；有政治的社会，如政党，国家及国际联盟。大概猿猴是不会有什么亲戚，同乡，同学，行会，政党，或国际联盟的。他们生活的社会环境也绝不如人愿的复杂。因此他们生活所需要的智识技能也比较简单。例如鸡只要会啄食，会飞跑，会斗，会叫，会爬找食物，就能生活了。它不会耕地，车水，煮饭，烧火，行船，拉车，驾飞机，打电报，亦不必会开会，念总理遗嘱，演民权初步；更不必会看报，看杂志留心中日问题或国际联盟的事情。而人对于这些事情都得用心，都得注意。这便是说人的生活比其他生物需要更多更高的知识与技能。

可是人的初生是最无能的。而他无能的时期又最为长久。鱼生而能游，狗生而能走，蚊蝇蜕化而能飞翔。不久。他们也就成长了，无须父母照料，就能够自谋生计。其他动物也是这样。他们幼稚的时候，都颇有能力，幼稚期也很短。只有人类，当幼稚时除吮乳及啼叫外几乎什么都不能。幼稚期又很长，他是要七个月后才能坐，八个月后才能爬，十余个月才能走，十余年后才能自立成人的。还有一层人之初生，体具的东西又是最为缺乏。鱼生而有鳍可以游泳，鸟生而有翼可以飞翔，虎生而有锋利的爪牙可以御敌。一切生物，谋生应用的家伙都是先天的，与生俱有的，而且都是体具的，即为其身体之一部。人则行水须用船舶，航空须用飞机，御敌须用刀棍枪炮。这些工具都不是天生给人，给他长在身体以内，都得人自己日后来发明，来制造，来学会运用的。大家试想；无知无能的人，如何转变而为无所不能，无所不知的人？最乏体具的人如何能够享有种种工具而为宰制万物，雄视一世的人呢？一句话说完，全是靠着人能够学习。换言之，就是人之生赖有教育。人不学，不如物；人如没有教育，真的是不如禽兽虫鱼的。

不仅如此，人类社会越是文明，就越需要教育。这话怎样讲呢？野蛮的人能干渔猎，及文化渐开，智识进步，人则能干农耕，牧畜等事，到了今日的人则能利用声，光，化，电，为汽机，为轮船，为摩托，火车，为电报电影，为飞机，大炮，炸弹等等。文明人的程度是比半开化者为高，半开化者的程度又比野蛮人为高。社会越文明，成人的程度越高，这话是真理，但人类的婴儿，无论是文明社会的，半开化社会的。或野蛮社会的，他们的程度大致一样，是一样无知无能。社会越文明，婴儿与成人的程度就相距越远。这也是真理。由此，我们大家就可明白；人类社会越文明，就越需要教育了。任何社会的婴儿对于成年社会的种种切切都是不识不知的，他有如外乡来的生客，对于此地的——即成年社会的风俗，习惯，理想，信仰，文物，制度及行为标准等等都是素所未习，毫不熟识，日后，他们能够渐渐认识，了解赏鉴并加入活动而为这个社会里的一份子。这是需要教育的。大家知道；使弓箭射鸟，使牛犁耕地，这等简单的工作犹待学习了后才能干，那么人类社会所有各种工艺的，美术的，科学的，与道德的成就更当怎样依赖教育呢；教育是个桥梁才把人类的幼儿引导过渡到了成年社会。

假如人类社会的成年可以长生不死，那么婴儿虽是无能，虽乏体具，仰仗父母的保护还是能够生存，社会的文化有成年继续维持着，也还是不致中断，那样的时候如为维持个体生存，社会文化起见，则教育之要与不要犹是可以随意。可是这只是一种假定，一种空想。教育对于人生是必要的。社会的分子有生有死，这就决定教育为人生所必要，人是要死，是以成熟的人不能不设法教导未成熟者使他能够自谋生存，继续文化。第二因为人生不是单要个体生命活着，社会文化照旧维持着就算完事。人之生，一面是无能，一面却有绝大的可能。人之可贵就在他有此绝大可能；人之所以为人也就在他能够尽量发挥此绝大的可能。对于个人充实生命，开展生命，对于社会，维持文化，创造文化，这是人生的大道理所在，也就是教育的大道理所在啊！

　　以上说明教育与生活的要紧关系，归结说到教育为人生所必要。所谓"必要"不仅是紧要而已。紧要的东西犹或可缺，必要的东西是绝不能没有它的。教育为人生所必要，这个意思大家想必已经明白。现在请进一步来谈谈，"生活就是教育"的意思。

　　什么是生活？生活就是生长的历程，什么是教育？教育就是生长，就是一个历程。这不等于说生活就是教育吗？

　　什么是生活？生活就是约束环境的自新历程。什么是教育？教育就是经验继续改造的历程。人要生长即不能不约束环境，约束自己，不能不努力，不能不自新，不能不改造自己的经验。所谓"继续改造自己的经验"就是"自新"，这就等于说生活就是教育了。

　　生活就是教育，所谓教育没有别的，也不是别的，只是生活的教育。人的教育即从人的生活出发，即在人的生活里头进行，并即以人的生活的向上改善为旨归。这就是说教育的起点，过程与目标统是与生活相表里，而符合一致的。教育不是在学校里，教室内，有教师讲着，学生听着，才可进行的。只要人与人发生关系，互相影响，改变其行为，思想，志趣，习惯，也就是教育了。真的教育就从真的生活里发生，也就是在真的生活里进行的。譬如我的小孩安安，他现在会讲话了。他的话语，细为分析起来，有浙江的口音，有湖南的口音，也有邹平本地的口音，因为我是浙江人，他的母亲是湖南人，他新近的朋友则多是邹平本地人，他与我们大家生活在一起，他就学会我们大家所讲的话了。又如他平日在家每流鼻涕必用手帕的，现在他上学了，有时竟用手掌，衣袖，或墙壁来抹他自己脸上的鼻涕。这决不是他的教师教的，他是在许多用手，用衣袖，墙壁抹鼻涕的小朋友的群里生活，他就学会这样抹鼻涕的办法了。一个人的思想行为受了对方的影响发生变化就是教育。无论变好，变坏，统可算是教育。变好的就算好教育，变坏的就算坏教育。是以科学的生活，就是科学的教育，道德的生活就是道德的教育，整洁的生活就是整洁的教育，集团的生活就是集团的教育，革命的生活，就是革命的教育，新生活就是新教育，同样的道理。迷信的生活就是迷信的教育，卑污的生活就是卑污的教育，肮脏的生活就是肮脏的教育，散漫的生活就是散漫的教育，顽固的生活就是顽固的教育。教育是不能离开生活的。离开生活非教育。是以教育须因时不同，因为人的生活实在因时的不同。如古礼跪拜，今礼鞠躬，夏日早起，冬日早眠；夏日须防中暑，冬日须防冻疮及中煤毒。

教育须因地不同，因为人的生活实在因地不同。如靠山吃山，靠水吃水，在中国须习汉语，在英美须习英语。

教育须因人不同，因为人的生活实在因人不同。如小儿爱动手，老人爱动口；男子须学会使锄头，女子须学会使针线。水手须学会使船使舵，木匠须会使斧头锯子。

教育须因事不同，因为人的生活实在因事不同。如开会尚自由讨论，行军尚服从纪律。以教民权初步的办法来教军事训练是不成功的。

生活是整个的，故支离灭裂的分科教学为不合理，因为它不合于人生的道理。

生活是生长的。故多所限制的班级教学为不合理，因为它不合于人生的道理。

生活是创造的。故记诵书本不加思辨的泥古教育为不合理，因为它不合于生活的道理。

生活是手脑并用的。故手脑分家，用手不用脑，或用脑不用手的教育为不合理，因为它不合于生活的道理。

生活是真实的无伪的，故敷衍官差，欺骗来宾的教育为不合理，因为它不合于生活的道理。

生活是社会的互助的，故阶级对立，彼此争斗的教育为不合理，因为它不合于生活的道理。

健康是生活的起点，亦即是教育的起点。故漠视体育，危害健康的教育为不合理，因为它不合于生活的道理。

经济是生活的基础，亦即是教育的基础。故轻忽经济，不事生产的教育为不合理，因为它不合于生活的道理。

劳动是生活的义务，亦即是教育的义务，故游手好闲，不事劳动的教育为不合理，因为它不合于生活的道理。

政治是生活的要件，亦即是教育的要件。故消极自私不问世事的教育为不合理，因为它不合于生活的道理。

科学是生活的指针，亦即是教育的指针。故迷信教义或全凭玄想不问事实，不尚试验的教育统为不合理，因为他们统不合于生活的道理。

总之，生活就是教育。生活的道理就是教育的道理。一切教育的设施，不论是关于课程的编制，教材的选择，教法的运用，教具的置备；乃至教育目标的厘订，教育宗旨的确定，大家如要考究它是不是合于教育的道理，就得先考究他是不是合于生活的道理；实在说，亦只须考究它是不是合于人的生活的道理。

第二目　邹平教育实施

一、乡农学校

（1）意义

"乡农学校"一词，于民国二十年十一月研究院全体师生下乡工作之后，即普遍出现于邹平各乡；二十一年虽以厅令改名"民众学校"，但二十二年七月后之村学乡学，实即乡农学校之化身。亦有名之为"乡民学校"，或有人主张名为"乡人学校者"，然仍以"乡农学校"最能代表其意义。

乡农学校为乡村各种程度，各种职业，各种年龄之人而敷设之学校式，社会式与夫各种需要之教育组织：相当于江南一带之乡村改进会，或农村改进区，亦相当于北方（如定县）之平民学校。但详细考察，又不完全相同。有时又极似乡村民众学校，但细按之，又另有其特点，以其教育对象为乡间成年农民，而非泛泛的乡人或乡村民众；其教育旨趣，一在于推动整个乡村社会，而非仅仅教导或授智识于个别农民。故有时可称"乡农学校"为"乡农学团"或"乡农学园"。它是办在乡间，为乡农所组成，由农所供给，即用以教育乡农，再造乡村社会者。故乡农学校是一教育组织，亦一政治组织，经济组织。如吾人仅以学校视之或仅仅认为一种狭义的教育组织，即为大错。

（2）办法

乡农学校的办法，是在相当大小范围之乡村社会——二百户以上五百户以下的村落自然成一范围者为最相当——以内成立。在成立之先，必须成立乡农学校校董会，校董会之人选甚宽，凡乡村领袖均在罗致之列，不识字者亦可作校董，数目自五人至十余人。校董会成立后乃由校董会于当地社会中选聘较有知识，品行端正者为校长。于是由校长聘请教员，招集学生。所谓学生即全体民众。但初入手时，大都以成年农民为主。教员则大都由研究院或县政府派往受聘，即致力于乡村运动者，数目为一人至二人。

由上可知，乡农学校之组成有三种主要分子。一为乡村领袖，二为成年农民，此皆乡村社会中之重要分子，意欲使他们在乡农学校的形势下名义下联合起来，造成一种共同向上的关系。乡农学校的宗旨，亦即谋个人和社会的向上进步。第三种人即乡村运动者，此最重要。如无乡村运动者，即不能令乡农学校发生向上的作用，与进步的意义。此乡村运动者可算新的成分，但所谓新，不一定是外来之意思，亦许是本地人，不过他是代表一新思想新运动而来。他是怀抱着志愿来更新此社会。此三种人在校长校董教员学生的名义形式关系上联在一气，发生作用，让乡村社会活起来。

（3）作用

乡农学校的作用，可用八个字来代表，即"推进社会，组织乡村"。邹平的乡运领导者，一向认定此刻中国最要紧者为如何使社会进步的问题；如何为有方向的向前进的问题，以为中国的全社会，此刻正陷于矛盾扰乱之中，乡村社会更入于沉滞不动，枯窘就死之境；一切设施，若非摧残进步，妨碍进步，即为疲顽不进。故此时非认定一正确方向把定前进，不能宁息纷乱；更非作推进领导功夫，不能进步。但欲作推进领导工夫，又必先加以组织，使有自体，然后始能着手。以其为推动而非替代，故要在使乡村民众有自觉，有组织。先备具一种社会进步的根本条件。

然则如何"推进社会，组织乡村"？他们以为在过去之乡村社会中，乡村领袖与乡村民众不常见面聚会，即有时会面，也无法将共同问题提出，互相讨论，只是各自己苦闷，相向叹气，乡村问题，永无解决！各乡设立乡农学校而后，为教员者，（乡村运动者），即能从中设法使乡村领袖与乡村民众常常聚合，提引问题，促使讨论，指示路线。使其由相聚而讨论，由讨论而发生兴趣，因兴趣而发生作用。如此，乡村民众庶几能渐自觉，由自觉而兴起，由组织以达到自救。故言乡农学校之作用，即在引发乡村以自救而已。

民国十五六年，革命之潮大兴，有所谓农民运动，近年教育界，亦有乡村教育运动，或民众教育运动，与邹平的乡运工作，正有相近似处。然已往之农民运动，其组织与农民协会或农团等，虽亦欲农民之自觉，有组织而发生力量，解决其自身问题；而以共产党之包办，于乡村社会中首先予以分化，使乡村社会形成一种分离对抗之势，发生斗争。至于邹平之乡村运动者，则认为乡村内部固不能无问题，而乡村外面的问题更严重。以为中国乃整个之乡村社会，要建设必然是求整个的乡村建设，决非先破坏后建设的，故其工作是积极培养的，建设的，而非消极的，破坏的。至于乡村教育运动与民众教育运动，虽亦着眼于积极建设乡村，但在另一点上看，比较缺乏一种根本的认识，即不知使农民自觉，自动的组织以发生力量而解决其自身问题，使于枝节帮忙农民，有类慈善行为，尤其政府所提倡之农民教育馆之类，更易多此缺欠。邹平的乡建运动，则以积极建设为其特点，欲以乡农学校的教育力量来推进社会，组织乡村。

（4）编制

乡农学校以社会为学校，以全乡村人民教育对象，无入学年龄限制，无修业时期之限制，无毕业或结业等期限规定；其主要目的是准备给大家做事情，学本领，谋生活，而非准备给任何人以资格文凭；故其编制亦异于普过之所谓学校。

兹先述乡农学校内部之"教人者"。除当然导师（乡村运动者）外，校长，校董，学校所在地之县长，区长，乡镇长，士绅，乃至外来参观人士均是。"教谁？"除报名入学之成年农民，青年儿童外，校区内全体人士，如县长，乡镇长，校长，校董，连乡村运动者均在内。"教什么？"关于乡村建设各方面事项，如经济，政治，文化建设等均是。"如何教？"事情如何做，即如何学，即如何教。且教之目的在于推进社会，组织乡村。在如是之广大教学下，依梁漱溟先生乡农学校的办法及其意义一文中之意，则其编制可分普通与高级二部。普通部为成年农民之未曾受教育者而设，高级部则程度较高，以读过四五年以上书之青年为学生，希望由此造成为乡村事业之干部人才。另为便于工作起见，又在乡校中分设各种部班，如就年龄分之儿童部，少年部等；就性别分之妇女部等，此外杨效春先生在"乡农学校的学团编制"一文中则更具体分编如下：

1. 以性别分，可分为：

（1）男子教育股

（2）妇女教育股

2. 以年龄分，可分为：

（1）儿童部，如托儿所，儿童生活团，儿童健康比赛会。

（2）少年部，如少年补习班，青年励志社等。

（3）成年部，如自卫班，凿井班，农余补习班等。

（4）耆老部，如特别班，耆老会等。

3. 以程度分，可分为：

（1）高级部

（2）普通部

4. 以学习程度及学习的事物不同而分，可分为：

（1）基本教育股（是为完全失学的人设立的）。

（2）补习教育股（为曾经入学而智能低浅的人设立的；补充学识及技能）。

（3）改正教育股（为曾受畸形教育的私塾生徒而设的）。

（4）高等教育股（为农村好学深思的人而设立的，如科学讲座，国学研究会，图书馆等）。

5. 以时间的便利分，可分为：

（1）全日制，如农闲学级，自卫班初期训练。

（2）半日制，如少年补习班。

（3）钟点制，如早会及夜班。

（4）不定时间制，随到随教，如问事处，问字处，代笔处。

6. 以时季分，可分为：

（1）春季学组如造林运动，农业推广运动，及蚕桑班。

（2）夏季学组，如卫生运动及稻作班。

（3）秋季学组，如农村合作运动（运销合作仓库等）及园艺班。

（4）冬季学组，如识字运动，清乡运动及自卫班。

7. 以日夜分，可分为：

（1）宜在白天的活动组合，如儿童班，妇女班，运动会，全区校董会议，各区自卫班大检阅，特约农田的就地指导。

（2）宜在夜间的活动组合，如成人夜班，电影，幻灯，音乐会，明月会，巡逻打更。

8. 以工作性质的需要连续与否来分，可分为：

（1）连续时间性的活动组合，如识字班，珠算班，国术团等。

（2）间断时间性的活动组合，如造林运动，机织合作，运销合作及农品展览会等集会。

9. 以活动事项的范围来分，可分为：

（1）普通的组合，如卫生运动，公民运动，抗日救国运动，新年同乐会等。

（2）特殊的组合，如在匪区之自卫班，蚕区之蚕事班，山区之森林班，棉区之棉作班，及棉花运销合作班等，城市附近的乡区之园艺班等。

10. 以活动的性质分，可分为：

（1）固定的组合，如少年补习班，合作社，医院，图书馆等。

（2）流动的组合，如巡回文库，巡回医生，及各项专科巡回指导员（如农事凿井，机织合作等指导员）等。

11. 以施教的场所分，可分为：

（1）室内的活动组合，如养蚕，机织，家事等。

（2）户外的活动组合，如造林，凿井，凿泉，野操，耕种等。

12. 以施教的方式分，可分为：

（1）学校式的组合，如少年补习班。

（2）社会式的组合，如林业公会，合作社，及各项运动等。

13. 以活动时间的久暂来分，可分为：

（1）恒久的组合，如林业公会，机织合作社等。

（2）临时的组合，如防疫委员会，战时妇孺救济会等。

（3）课程与活动

乡农学校之活动，即是人生教育之活动，亦即乡村建设之活动。所谓人生教育活动，即健康教育，生计教育，公民教育，精神教育，休闲教育，以及语文教育等，此六项活动，与经济建设，政治建设，文化建设三者相合而不可分；依主持者之意教育无建设，则无内容；建设无教育，亦无生机。要在建设上实施教育活动，从教育活动里推动建设。故其关系是：

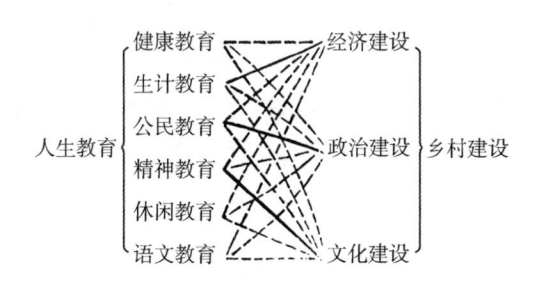

```
                ┌ 健康教育 ┐     ┌ 经济建设 ┐
                │ 生计教育 │     │          │
                │ 公民教育 │     │          │
        人生教育 │ 精神教育 │     │ 政治建设 │ 乡村建设
                │ 休闲教育 │     │          │
                └ 语文教育 ┘     └ 文化建设 ┘
```

以为乡农之教育，不能如普通学校，只在"书上见，心上想，口上说，纸上写"，是要在"山上造林，地上种麦，机上织布，河上架桥"，做种种实务工作。即以生活为教育，业务为教材，社会为学校，天地为教室，社会上一切活动都是教育，亦即都是课程。如再需具体解说，则可阅梁漱溟先生之语：（乡农学校的办法及其意义）"各乡校同有的功课：如识字，这是普通都有的功课，因各地农民多是不识字的，所以成为普遍的必要。又如我们正在试验而尚未作好的音乐唱歌，亦是各校一律宜有的。还有一种我们以为重要的，就是精神讲话。这门功课很有他的意义。在我们看：现在中国的乡村社会，不止是经济破产，精神方面同样破产。这是指社会上许多旧信仰观念风尚习惯的动摇摧毁，而新的没有产生树立。以致一般乡民都陷于窘闷无主，意志消沉之中，此其所以然：（一）是因为我们文化或社会生活的变化太厉害。农业社会照例是最保守的，尤其是老文化的中国乡村社会，有他传之数千年而不变的道理观念，近百年来与西洋交通以后，因为受国际竞争的打击，世界潮流的影响，乃不能不变，最近二十余年更激烈急剧的变化，或由上层而达下层，如变法维新革命等是；或由沿江沿海而达内地，如一切生活习惯等是；而最后的影响都是到达乡村。他们被迫的随着大家变，却不能了解为何要变，并且亦追赶不上，仅又没有拒绝否认的勇气与判断。失去了社会上的价值判断，是非好歹，漫无衡准，即有心人亦且窘闷无主。（二）是几十年来天灾人祸，连续不断，他们精神上实在支撑不了。消沉寡趣，无复进取之心。此种心理如不能加以转移开导，替他开出一条路来，则一切事业，都没法进行。这种功夫就是我们的精神讲话。大概起初要先顺着他的心理，以稳定他的意志，将中国的旧道理巩固他们的自信力。如此则我们与农民的心理感情才可以沟通融洽。然后再输入新的知识道理来改革从前不适用的一切，以适应现在的世界。乡农学校的普通功课差不多就是如此。

"各乡校不必相同的功课：各乡校事实上必须应付他的环境来解决问题，才能发生我们所希望的作用与效果。故须自有他因时因地制宜的功课。例如有匪患的地方，他们自要感觉到讨论到匪患问题；我们的教员就可以帮助他们想办法。大家都赞同一个办法以后，就可以领导着农民实地去做，例如成立自卫组织，作自卫训练，这就是此时此地乡校的功课。再如山地可以造林，我们的教员要指点出来使他们注意；并且帮助着他想办法。像邹平西南部即多山，问他们本地人为何不种树。他们说种树有好处，我们都知道，但种树容易，保护难，总不能长成材。若研究商讨的结果，要大家合起来有组织的，共同造林，共同保护，就可以解决这困难。当这实行的时候，就是此地乡校的功课。邹平第二三区一带地方，所成立之林业公会，不下数十处，皆乡农学校所倡导也。又如产棉之区域，乡农学校帮助他选用好的种子，指导种植之法；然后再指导他们组织运销合作社，这一切都是我们乡校的功课。因此乡农学校可以随时成立种种短期的职业补习班，或讲习班，在实地做时就与他讲解，如种棉，造林，织布，养蚕等等。又因此可以随宜成立种种组织，如林业公会，机织合作，棉花运销合作，储蓄会，禁赌会等等数不尽"。

至于高级部功课，则着重史地与农村问题。"史地是让他们明白历史的变迁，而有自己所处时代地位的自觉。农村问题是让他们从眼前身受种种问题，往深处认识之，了解之，非明白历史的变迁，必不会应付现在的环境而创造未来的前途。非从深处认识问题，就不知道问题的来历，得不到解决问题的方法。然而这两件事皆非一般粗笨的乡民所能谈到的。我们只能够领导曾经读书的乡村青年，向此目标去求了解。同时养成他作乡村事业的技术，也是必要的。因为较进步的事业都要有技术的训练；有技术的训练天然要于少数人，天然要施之于青年"。（乡村学校

的办法及其意义）

乡农学校所用教材，研究院组有教材编辑委员会以供给之，但因各委员多负有其他方面责任，故成绩不佳。现已出版者有六种：（1）中华民族故事：为普通部高级部精神陶炼之讲话资料。（2）农民国语课本：为普通部识字教材，亦含有精神陶炼之意义。（3）农村问题教材：用浅明语讲明乡村各种问题，高级普通两部为通用，（4）国语教材，多为启发民族精神的材料，如岳飞满江红词，十九路军抗日通电等，专给高级部用。（5）自然科学教材，多用讲话式说明各种自然现象。高级普通两部均通用。（6）史地教材：大约分十二种。内容均系由近经远，由今往古，说明史地情形；专供高级部用。其余尚有王平叔先生所编之高级部精神陶炼教材"孔子"与高普两部通用的"忠第一""孝悌第二"三种，及王湘岑所编之"家庭须知"一种。

（6）总机关及其他机关之联络。

"乡农学校不是一个零碎设置的，此乡校与彼乡校是要有联络的；更重要的是乡校之上须有一个大的团体或机关来指导提携他们的进行。这就是说乡校里边的教员（乡村运动者）不是孤单的，他是大的团体分派出去负着使命作新的运动的。——也或者在作乡村运动以后乃与大团体取得联络——如果不这样则他的工作不易进行。就是进行也是进行不好。有两点原因（一）乡村所遇到的问题是多方面的，而一人不是万能的，如不与大团体取联络为他的后盾，则他一人的能力来不及。所以必须得到后方的帮助，他才可以帮助农民。各地乡校教员，仿佛是出去到前线的士兵。许多材料与方法，都需后方大本营的传递供给，乃至人员的调遣与支配，皆需后方有作主脑的总机关才行。（二）如没有此大团体或总机关，恐怕他们作推进社会的功夫，没有一定的方向。这个向东，那个向西，乱七八糟，即无效率。必需有总机关高高在上望着前面确定目标，有计划步骤的指挥着作去，才能应付的得当，而不致散乱走错路向"。（同上）

乡农学校之总机关当然为山东乡村建设研究院，邹平实验县政府，则为其上级指导机关。国内外各文化学术团体，则由研究院向外联络。乡农学校不过是直接在乡村服务之下层机关而已。

（7）经费及设备

乡农学之设立，本以教育乡民，推进社会，组织乡村，建设乡村为目的。但在农村破产,经济贫乏下之今日,农民实无力额外增加经济负担。故开办乡农学校之一切经费,即成一大问题。研究院在事先大约有三项决定:(1)每区乡农学校开办费二十元,经常费二十元。(2)学生灯油茶水由院备。(3)一切用费以不在地方筹款为原则。盖当时筹办乡农学校人员,多为研究院师生,不支薪俸,杂用亦少,故有相当经费,即可筹办。不料二十年十一月实行下乡试办之后,始知在事实上有种种困难。如第二区有高级部两校:开办经常两费,依原定仅四十元,无论分配于高级部或普通部均感不敷。如高级部两校修理房屋,购补器具,二十元之开办费已用罄,其余普通部十二校遂无着落。至经常费二十元,更仅够高级部两校之每月灯油,茶水,等费用;普通部十二校亦一切无着落。若仍由研究院增补,则院方经费亦并困难。乃终于变更原议,由各区农民自行筹摊。兹将是年第二区各校经费情形列表于后。

校名	全部用费元数	来源	备注
二区校	约八十元	院给开办费十元,经常费三十元,余由伏三伏四伏五公摊。	煤炭,洋油,纸张及一切文具由院给。学生吃的米饭,用的炉炭均由地方给。
郭庄校		纸张灯油等均由二区校并算。	
贺庄校	二十余元	由本庄按地亩摊派。	灯油纸张由院给
会仙校	二十五元	由鲁,石,樊三庄按银两分担。	
成庄校	二十五元	由教区内七村按银粮均摊。	
韩坊校	二十元	由西伏四重七庄花户担任。	
韦庄校	约十五元	未详	
南石校	约二十五元	由伏五里公出	
下娄校	二十五元	由伏五里公出	

续表

校名	全部用费元数	来源	备注
南贺校	约十五元	未详	
总计及说明	约计二百五十元	院给四十元。其余均由地方供给。	

二十一年之乡农学校，因训练部学生之结业回乡，扩展到旧济南道属二十六县，教师都须支取生活费，开支自较上年更大。经费来源，大概一部分仍由地方筹备，一部分由政府补助。政府补助费由省府规定每年一等县每年二千四百元，二等县一千八百元，三等县一千二百元，由县政府临时筹拨。各校补助标准，高级部每月每班三十元，普通部每月每班二十元，至地方筹款，则依地方经济情况，及活动者的运用，地方领袖们的态度为转移。如在莱芜县第二区，开办时地方集款竟至二千余元。各处乡农学校之设备，亦无一定。大的校舍多系备用民房祠堂庙宇余屋，或茅屋数间，教学讲演炊爨食宿都在其中，几无一般想像中的学校形式。其主要设备，大多仅方桌一张，洋灯一盏，墨板一方，板凳数事，甚或以土砖为座架，外加长板数块而已。

（8）实施情形

研究院正式成立于二十年六月，前已述及；由六月至十月底，四五月之间，该院为招生及布置内部事，未及注意乡村活动，至是年十一月，该院全体师生分组下乡，始正开始乡村工作。成立各乡乡农学校即其首要也。

当时依照邹平县原有之行政区七区更划为八学区，第一学区共五庄，住邹平县城南。在行政区上，原属第三区者二庄，第二区者三庄，以其距研究院较近（约六七里）同时五庄彼此相离亦不甚远，故选为试验特区，每区设中心乡农学校一所，为指导研究之联络中心机关，有主任导师一人及导师一人至二人，均由研究院导师担任，区有试导员二十三人，均系研究院学生全县另设总巡回导师两三人，亦由研究院院长聘请该院导师及专家担任，负各区指导，督察及专科讲演之责。乡农学校成立之后，第一步工作为调查户口。宣传研究院设立之目的；次则进行改良农业，提倡合作，扫除文盲，倡导自卫，举行卫生运动，指导造林，设办私立学校教师讲习班，妇女讲习会，及其他校内活动与社会活动等。特区乡农学校工作，由该区报告观之，大致与其他各区相同，并无若何特别试验。

兹录二十一年度上季，邹平全县乡农学校简表于后：

区别	学校数 高级部	学校数 普通部	学生数	五十岁以上学生数	平均年龄	备注
二区	二	一二	七八六	一一	二二	年逾七十者一人
三区	三	九	七一八	六	二六	外蚕桑班一班计三十人
四区	二	一五	六九四	一八	二九	年逾七十者四人
五区	二	九	三四七	三	二三	
六区	三	一一	六二四	二五	二七	
七区	三	一四	五九六	一七	二四	年逾七十者一人
特区	一	五	二三一	一六	二六	外儿童班两班共计二十八人
总计	一六	七五	三,九九六	九六		

二十一年七月至二十二年六月底止，邹平全县乡农学校，在数量增加上极有限，但在内容与工作方面，似比上期较为充实。对于乡村之影响益深。后以法令关系，遵照省教育厅令，改名民众学校，但实质则未变也。二十二年七月邹平实验县县政府正式成立，王怡柯先生任县长，杨效春先生任教育科长又将各校改名村学乡学；其详情容下节叙述之。兹将邹平乡农学校暂行简则附后：

（一）本院为进行试验县区之试验工作协同地方人士倡办乡农学校将来期于完全归地方自办。

（二）乡农学校之宗旨在集合乡间领袖以乡校指导农民生活谋其一地方乡村建设之推进。

（三）乡农学校暂就本县七区除第一区外每区设中心乡农学校一所乡农学校若干所。

（四）中心乡农学校应以合于下列各条件者为适宜所在地。

（1）户口在二百户左右。

（2）交通便利。

（3）地点在本区较为适中。

（4）有适当可用之场所。

（5）区公所所在地或其邻近地点。

（五）中心乡农学校联络之职能。

（1）为本区内各乡农学校联络之中心。

（2）为本院继续训练现在本区服务同学之中心。

（3）为本院随时集中教导本区内各乡农学校学生之中心。

（4）为本院辅导本院内小学教师讲习班同学努力教育服务社会之中心。

（5）为本院与本区与各区乡农学校联络之枢纽。

（6）为本院与本区地方人士联络之中心。

（六）中心乡农学校之活动。

（1）分派本院学生为本区内各乡农学校之试导员办理各该乡农学校。

（2）监督指导本区各乡农学校之试导员。

（3）联络各区中心乡农学校。

（4）协助本区内小学教师讲习班同学组织同学分会并辅导其工作之进行。

（5）传达本院与本区地方人意见以期其融洽共图本区乡村建设事业之进展。

（6）调查本区乡村社会经济教育及农业等状况。

（七）乡农学校之组织系统如下表：

八、本院试验县区推行乡农学校理想计划图

（说明）各校间之虚线示各区巡回导师巡视本区各校之路线，各中心校间之虚实双线示本院总巡回导师巡视各区中心校之路线

九、乡农学校之校董会

（甲）各区中心乡农学校校董会除各该区区长为当然校董外并由各该区内现任里庄长及现任小学教员选举本区热心公益乡望素孚者若干人组织之校董任期一年连举得连任。

（乙）各庄乡农学校校董会除各该里庄长为当然校董外并由各该庄人士选举本庄内热心公益乡望素孚者若干人组织之校董任期一年连举得

```
                    ┌─────────────────┐
                    │ 山东乡村建设研究院 │
                    │      院  长      │
                    └────────┬────────┘
                             │
                    ┌────────┴────────┐
                    │   院 务 会 议    │
                    └────────┬────────┘
                             │
         ┌───────────┬───────┴───────┬───────────┐
    ┌────┴────┐  ┌───┴────┐      ┌───┴────┐
    │试县设委会│  │试验县区 │      │试县实委会│
    │验区计员 │  │  主任   │      │验区施员 │
    └─────────┘  └───┬────┘      └─────────┘
                     │
            ┌────────┴────────┐
            │ 乡农学校总办事处 │
            └────────┬────────┘
                     │
   ┌─────────────────┼─────────────────┐
┌──┴───────┐   ┌─────┴─────┐   ┌───────┴──┐
│各乡学校会 │←→ │各乡学校会  │←→ │各乡学校会 │
│庄农校董   │   │区农校董    │   │庄农校董   │
└──┬───────┘   └─────┬─────┘   └───────┬──┘
   │                 │                 │
┌──┴───┐       ┌─────┴─────┐      ┌────┴───┐
│乡农学校│←→    │中心乡农学校│ ←→  │乡农学校 │
│常校试 │       │常校主任   │      │常校试  │
│务长导 │       │务长导师   │      │务长导  │
│校  员 │       │校  师     │      │校  员  │
│董     │       │董         │      │董      │
└───────┘       └─────┬─────┘      └────────┘
                      │
              ┌───────┴───────┐
              │               │
         ┌────┴───┐      ┌────┴───┐
         │ 学务处 │      │ 总务处 │
         └────┬───┘      └────┬───┘
              │               │
    ┌────┬────┼────┐     ┌────┬────┼────┐
  ┌─┴┐ ┌┴─┐ ┌┴─┐ ┌┴───┐ ┌┴─┐ ┌┴─┐ ┌┴─┐ ┌┴─┐
  │注│ │调│ │图│ │农民│ │文│ │会│ │交│ │庶│
  │册│ │查│ │书│ │生活│ │书│ │计│ │通│ │务│
  │股│ │股│ │股│ │指导│ │股│ │股│ │股│ │股│
  │  │ │  │ │  │ │股  │ │  │ │  │ │  │ │  │
  └┬─┘ └┬─┘ └┬─┘ └┬───┘ └┬─┘ └┬─┘ └┬─┘ └┬─┘
   │    │    │    │      │    │    │    │
   └────┴────┴────┴──┬───┴────┴────┴────┘
               ┌─────┴─────┐
               │ 校 务 会 议│
               └───────────┘
```

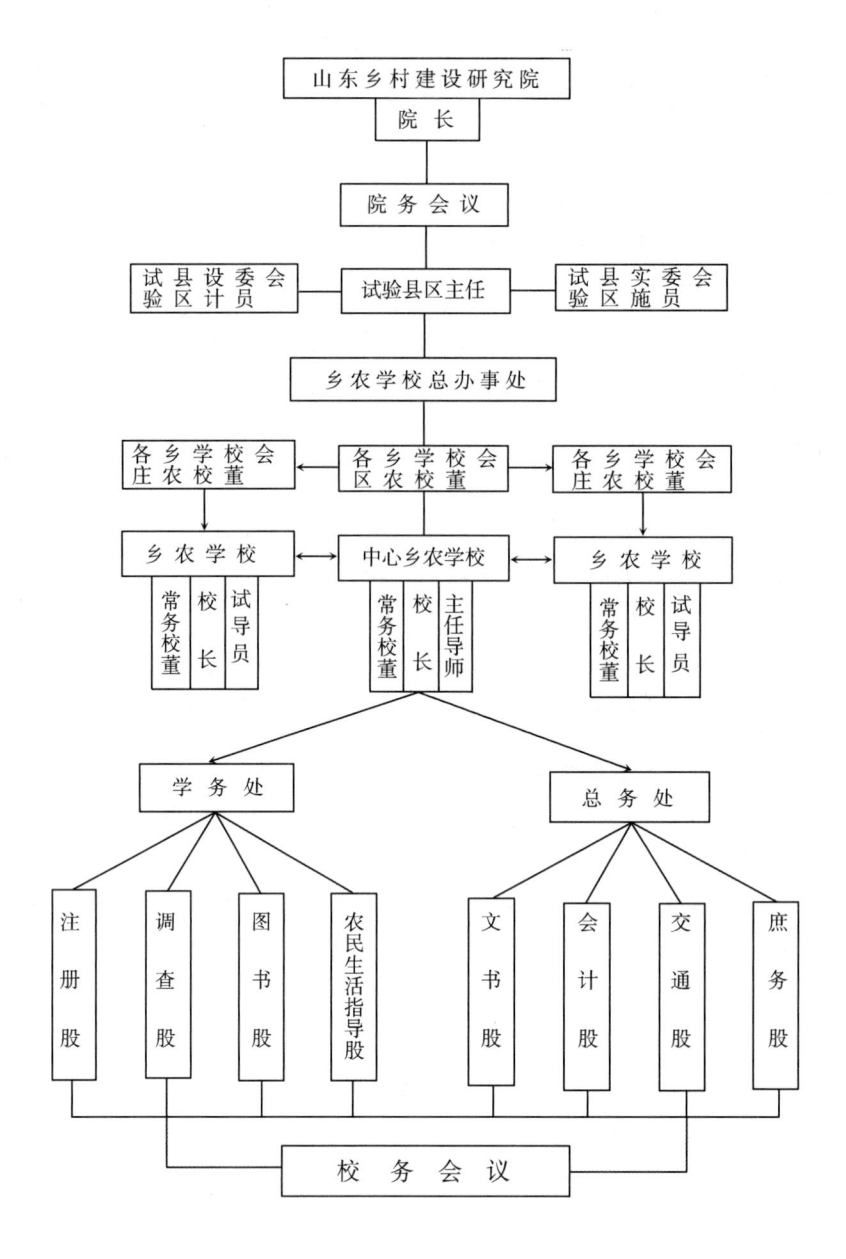

连任。

十、乡农学校校董会之职责

1. 选举常务校董。2. 选聘校长。3. 选定校址。4. 通过概算决算。5. 厘定本区或本庄乡农教育进行计划大纲

十一、乡农学校校董会各设常务校董二人至四人，由各校校董会互选

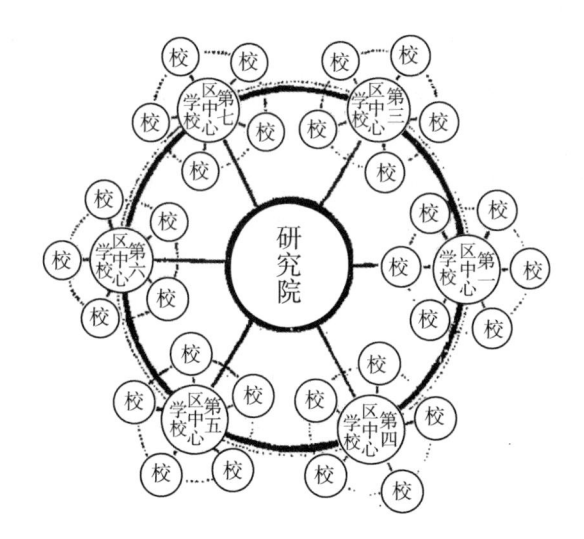

后呈报试验县区主任聘任之。

十二、乡农学校常务校董之职责：

1. 代表校董会执行校董会决议事件。2. 办理各该校总务事宜。

十三、乡农学校之校长由校董会选出呈请试验县区主任聘任之。

十四、乡农学校校长之职责

1. 主持本校校务会议。2. 延聘本校导师。3. 对外代表本校。4. 会同常务校董编制概算决算。

十五、本院对于乡农学校设总巡回导师若干人。

十六、总巡回导师由院长请本院导师任之其职责如次。

1. 指示各区乡农教育进行方略。2. 督察各区乡农学校实际工作。3. 担任各区中心学校专科讲演。

十七、中心乡农学校设主任导师一人，导师一人或二人，试导员若干人。

十八、中心乡农学校之主任导师，由院长请本院导师任之其职责如次：

1. 协同校长及本区各导师试导员统筹本区各庄乡农学校进行事宜。2. 协同本区各导师指导本区各校试导员工作。3. 支配本校试导员职务。4. 审阅本校试导员工作日记。5. 教导乡农学校学生。

十九、乡农学校之本区导师由院长请本院导师任之其职责如次：

1. 襄助主任导师进行本区乡农教育实施计划。

2. 巡视本区各乡农学校并指导其工作。

3. 审阅各校试导员日记。

4. 担任本区各校教导。

二十、乡农学校之试导员由校长主任导师协商指选本院学员任之其职责如次。

1. 试行教导。

2. 受校长或主任导师之指导分掌校内各股事宜。

3. 分任本院导师临时指定之其他事项。

二十一、中心乡农学校每两周举行本区各乡农学校试导员联席会议一次，开会时以主任导师为主席。

二十二、中心乡农学校每月得召集本区内各校学生开联合会一次。

二十三、各中心乡农学校得举行联合会议，其开会日期及地点由院长先三日决定召集之。

二十四、乡农学校之学生编制分高级普通两部，高级部以粗通文理年在十八岁以上五十岁以下者为合格，普通部凡十八岁以上四十岁以下之农人皆可报名入学。

二十五、乡农学校之学额无限制，惟高级部人数不满五十时得不开班其学生归并邻校高级部就学。

二十六、乡农学校教学之科目暂定如下：

（甲）高级部（一）精神陶练（二）党义（三）国学（四）史地（五）自卫（六）农业问题。

（乙）普通部（一）精神陶练（二）党义（三）识字（四）自卫（五）农业问题。

二十七、乡农学校之修业期间各部以修满三个月为一段。

二十八、乡农学校之开学时间暂定"冬三月"即农暇时期各区各校得以地方情形斟酌办理之。

二十九、乡农学校之授课时期由各校斟酌地方情形规定之。

三十、乡农学校学生之待遇学费，免收膳食自备。

三十一、乡农学校各种规程及细则另定之。

三十二、本简则经院长提交院务会议咨询后公布施行。

（9）乡农学校之推广

二十一年六月，研究院第一届训练部学生结业，研究院为推广乡农学校计，特呈请山东省府，通令旧济南道属之二十六县设立乡农学校，以籍隶二十六县之训练部学生充任筹办员，经费由省府津贴一部分，由地方自筹一部分。省府照案通过呈请办法，但改名乡农学校为民众学校，二十一年冬至二十二年春，章丘等二十六县纷纷成立民众学校，是年秋第二届训练部及第一届研究部学生结业，又有一部分学生回章丘等二十六县办理民众学校。研究院则组乡村服务人员指导处，派员巡回指导之。二十二年三月，因章丘等县之民众学校与鲁教厅令饬各县办理之民众教育大致相同，遂将民校之行政系统归于教厅，在指导方面，则仍属研究院。是年十月一日，又由厅院合组山东省民众教育辅导委员会（二十三年三月改组为山东省乡学教育辅导委员会）以为辅导各县民教进行之后方机关。

附旧济南道属章丘等二十六县二十二年六月以前乡农学校状况表

县名	校名	班数		备注
		高级部	普通部	
章丘	四	四	三	注重农业改良。
博山	二	三	三	改良农业有成绩。
齐河	二	一	三	
长山	三	三	三	
滨县	三	一	六	附设养蜂训练班有学生四十余名。
利津	一	一	一	
惠民	一	二	二	民众阅览室一所。
淄川	五	二	五	
济阳	三	三	三	附设民众阅报所。
商河	一	一	六	
阳信	三	九	九	合作运动有成绩，有一校设儿童部。
乐陵	一	一	一	
沾化	三	一	三	
新泰	一	二	二	
莱芜	三	六	二	

续表

县名	校名	班数 高级部	班数 普通部	备注
泰安	三	六	六	
肥城	一	二	〇	
长清	三	四	四	
无棣	二	二	二	合作运动有成绩。
蒲台	四	一	五	
高苑	一	二	一	
桓台	二	二	二	
博兴	二	二	二	
齐东	一	一	一	
历城	三	二	七	改良棉种及合作运动均有成绩。

上表内二十六县之民众学校，大致说来，成绩均不甚佳，易言之，即未发生乡农学校之真正作用，未达到推进社会，组织乡村的目的。其最大原因由于指导之不完备，办理者之不得力，及环境阻力太大之故。自二十四年元月以后，研究院调回二十六县，大部分学生，集中菏泽分院，与鲁西行政督察专员公署合作，施以短期训练，再由专员公署派往所属十四县办理乡农学校，鲁西行政督察专员公署主要人员，均为研究院之导师与开创者，当能密切指导在各县工作之学生，将来成绩，或有可观也。

二·村学乡学

（一）村学乡学与乡农学校之异同

邹平之乡建工作，最初以乡农学校为基础，其详情已如上述。继因于法令不符，乃改名民众学校，二十二年实验县政府成立，遂将民众学校易为村学乡学。按乡农学校系以一种社会运动者之立场，运用学校式教育社会式教育以推进乡村，组织乡村。于行政方面事务，全不涉及，故各乡村，仍设有区公所、乡镇公所等自治机关，迨二十二年后之乡学村学，则由社会运动者之立场兼有政权地位，乃依政教合一之原则，裁撤各种自治机关，教育与行政打成一片，以常务学董一人为乡理事或村理事，负行政方面责任，村学乡学则形成一村一乡政教出发之中心点，此盖乡农学校所不曾具有之作用也。

（2）村学乡学之作用

村学乡学之作用，在大体上亦与乡农学校无殊，但因其具有社会运动与现政权两种性质，故亦略有不同。兹为更明确认识起见，特录梁漱溟先生之言，数节于后："我们要知道中国此刻所缺乏的，与近代社会或现代社会比较，不外有两大缺乏，一大缺乏是团体组织；一大缺乏是科学技术；除此之外，便没有什么缺乏。可是这两大问题里头，我们还是要从团体组织入手；因为团体组织是人的本身的事情，人是主，科学是工具。从团体组织入手，才能引进科学技术。所以我们第一句话要弄明白的，就是只有这两大缺乏，不能马虎；第二句话要说明白的就是要弥补这两大缺乏；须先从团体组织入手。我们用很多的话，说明过乡村运动的动机，是从我们想培养中国人的新政治习惯来的；这个习惯，就是团体生活习惯，也就是进步的团体生活习惯。所谓进步的团体生活习惯，即团体中的多数分子不是被动的，都是为有力的参加。我们所要紧求者即在此。这几天来屡次同大家说中国人有两大精神，是非常优越的。这两大精神，一个是伦理主义，一个是人生向上。中国人的精神，中国人的发明，除此没有。这个话是有所对而言的，比较后才可知道。所谓伦理主义，非个人主义，非社会主义。所谓人生向上，非如近代西洋人的一个满足欲望的人生，单是看见了本身权利，现实幸福，而是着重奋发向上。此理甚多，不能细讲。

"我们这些日子，都是讲西洋精神不合，非得有一个沟通不可。这个沟通，不单是理论的，并且要在事实上表现出来；表现出来的这一事实，就是新社会的组织构造。如果在根本处——中西人的精神——找不出一个妥贴点来，中国社会的组织构造，便为无根，一切的制度便完全建立不起。中国旧的社会组织构造破坏，一定要有个新的组织构造出来；新的构造组织，一定要有这么一个根——中西精神沟通后所表现出来的事实。

"昨天对大家讲中国将有一个新的组织构造出现，这个新的组织构造，就是这个——村学乡学。我要告诉大家的，第一句话，乡学村学就是乡村组织；第二句话，这一个组织，能够没有一点缺憾的容纳了西洋近代进步团体生活的精神。这一组织，是进步团体的组织，同时与西洋近代的政治制度，团体组织又不一样。在这一个组织构造里，一方面是采取了进步的团体组织精神，同时尽量的，完全无缺憾的是从容纳中国的两大长处——伦理主义人生向上——而来的；此即所谓具体的调和，或名之为具体调和的方案。大家可以去看我们成立的村学乡学，他表面虽是一个团体，大家如果留心看的时候，可以知道这个团体为的是"大家齐心向上学好求进步"。此即发挥人生向上的意思，与西洋近代的欲望政治完全不同；与把团体看成一个办事的，满足欲望的，解决问题的，完全不同。此乃把解决问题包容在人向上里边。如果说是为的自治问题，则又落到西洋的政治制度，这一转移之间，大不相同。我们在这个团体里边的制度构造，是采取个人尊重团体，团体尊重个人，少数人尊重多数人，多数人尊重少数人，此即伦理主义。伦理主义的要点，就是尊重对方仿佛没有自己，与个人本位从自己出发的恰好相反。西洋人对于个人本位，社会本位的争论，在中国人的伦理本位里可以完全得到解决。个人本位社会本位，这两句话都不通，应当是甲尊重乙，乙尊重甲，不能只说你应尊重我，我不尊重你，个人应当尊重团体，团体也应当尊重个人。我们的这个安排，与西洋的那个牵掣均衡，恰好相反，这个安排，是从伦理主义来的，那个牵掣均衡虽与中国伦理冲突，但中国的伦理却可替代牵掣均衡。而且可以看出这个团体中的多数分子是怎样从被动入于主动而作有力的参加。"

　　我们组织的乡村，为什么要这样子来组织？为什么用这题目来组织？因这个题目，固然把中国古有的人生向上精神含融进去，可是还不只这一个意思，我们是有好多道理，都非如此不成！今试略举几点：

　　"我们先说中国此刻组织乡村不能用"自治"为题目——自治的意义，是含着乡下人自己作主，自己打算，自己决定，自己出主意。但这事情，是与我们本来的意思，本来的要求相冲突相矛盾的！我们当然不是不愿意乡下人自治，我们是说我们此刻正是要推动乡村，正在谋乡村的改进，简直的说，我们正在要改造乡村，实是因中国社会与现代世界的文明相距很远，尤其是内地乡村，与其相距更远，我们诚有促进他赶快进步的必要。但须问如何才能使他自动？其不知他如能自求进步，他早已能办合作社，能使农业改良，能够革除一切陋习，能够如何如何，完全用不着我们了。正因他不能如此，要待多数人的自动自觉，则许多积重难返的陋习，都不能改。不要说他不会自觉，不会多数表决，即能，亦不免走入于反的方向。如以自治为题目来组织乡村，就是挡住了乡村的进行。如此所以不能自治者，即因其没有团体生活的习惯。所谓自治的"自"，是指地方团体而言，中国人根本没有形成团体，所以谈不到"自"更谈不到"治"。因是我们不能以"自治"为题目，应当以"向上学好求进步"为题目。因为拿着"求进步"作题目。所以不用"乡公所""村公所"而用"村学""乡学"之名,使含有教育的意义。用教育的方式来组织乡村,有极大的好处,如同人不想吃饭,你给他开了口胃让他很愿意接受外面的东西一样,若以自治为题目,则不啻挡住他的胃口。并且以求进步为题目,外面的新知识、新方法随时可以使他接受。总之,你要启发其向上之机才行,况且"自治"须经国家的许可,不是你也办"自治",我也办"自治",大家谁都可办"自治"的,所以我们不能用"自治"为题目。

我们再说:更不可以以"自卫"为题目,除非不得已时,不能用"自卫"为题目来组织乡村。如果以武装自卫为题目,又违背了我们的意思。我们的要求是要中国人养成进步的团体生活习惯,多数份子站在主动的地位,对团体作有利的参加,而武装团体的组织,则军事意味的,天然要多数服从。为应付外面,只要一个指挥官,尊重一人的指挥。这个对外性,临时性,非常性太大,与我们要求进步的团体组织不合,换句话说,恰好不能够养成新的政治习惯。况其他的流弊危险尚不只此。所以除非迫不得已,万不应如是。我们以乡学村学组织乡村,把自卫含进去,这个没有毛病,没有流弊,没有危险。如果一上手就是自卫,一定不行!再申说一句:我们要自治,开始不能以自治为题目。乡下人能成功一个团体组织时,用团体的组织办团体事情,就是自治。并且天然的把自卫也包含进去,如以自治或自卫为题目。则皆狭隘而不适用。

还有一个题目,就是合作社,合作社也可以组织乡村,但太偏经济一面。最宽的题目是自治,既有毛病;题目与自治同宽,而又最没有毛病的就是"向上学好求进步,"——具体点说就是乡学村学。这一个题目,不但没有流弊,并且是发挥中国人固有精神,使其胃口开张,接受新的知识,新的精神的。所以为此刻的中国社会着想不能再好过这个。

村学乡学中有学长,学董,理事,众人为学众,外面请教员,这一个安排,意思很多。譬如学长让其居于超然地位;团体中实际负责领袖,安在理事身上:这一套机关的进行,其理至细,现在没有长时间讲,暂时少说。

名曰村学者,以之组织乡村,除教员外,全是本地人。其负责领袖如学长等不是经团体组织而产生,是我们代为安排的。从这方面看不是自治,从都是本地人那方面看又近于自治。这个是自治的预备,我们以之渐引入于自治所谓"视力之所及,又事之所宜,"从这两句话,可以看出是活动的,非刻板的,非强迫的意思。强迫,刻板,不活动,全违反教育的意思。

现在中国人，一般的只看见科学技术重要，而很少注意到组织，即或注意到组织问题，不是偏于西洋近代个人主义，自由主义的团体组织，就是只看见俄国意大利——团体力量强，团体分子力量弱——的团体组织，恰都与中国人的冲突很大，不相容，无法建立起来，很少有人注意组织，更少有人注意从头全新的组织。所谓全新的组织，即人类此刻没有的。——中国过去没有，西洋近代也没有的。中国如不有一个全新的组织，中国就会没办法！中国与西洋的文化距离太远，唯因其太远，所以规定了一旦接触时候，应当产生一全新的社会组织，——人类组织。中国人眼前的使命是创造，决不只是图眼前的苟活，大家能存在过日子就行，实是天然规定了中国人的使命是创造关于团体组织，大概如此，我们转过来再说第二层。

大家都看重中国科学技术的缺乏。因为看重，所以大家都十分热心的去做，拼命的从外往里搬东西——科学技术——填补，可惜做的方法太笨，完全不是这么一回事！社会是活的，是有机的，只能长，只能进步，不是添东西就可行的。想使我们的技术科学进步，要紧的是启发其生长之机。仿佛一种苗芽，要将其生机开出，必须培养它，输送给以种种养料，让其吸收，生长，万不能揠苗助长，刚才我们说必须从团体组织入手，其意即小的范围能有点组织，如同把死的东西改成活的，尤其是我们这样的组织——乡学村学——是人的组织，含有教育的意味，更是不同。我常把这组织，比作一个吃奶婴孩，你常给他以补养品，这婴孩就能长起来，长得大，吃得多，吃得多，长得更大；非这样不能望其有进步。换言之，非有这种组织，没法有科学技术的进步。所以我们——中国人——此刻注意的是需要有一进步的多数人能够作有利参加的团体组织，要紧的是有这样一个安排，这安排或可叫做一个构造，一个社会。这安排甚样呢？就是一方面顶能够送进东西去，一方面顶能够吸收东西的。譬如乡学村学的组织，若不设法使其引进新的科学技术，则村学乡学顶多不过同现在学校一样，所以要紧的是必须与外面造成一种关系，这关系的开展，亦即科学技术的开展。科学技术不能进步，则村学乡学不能开展为一大社会。中国的政治组织，经济组织，就靠这开展才能出来，如桃仁杏仁长成一棵大树一样。总之这一安排组织，非引入进步的科学技术不能开展，欲使之开展，则不能不吸收新的科学技术，输送，吸收在现在中国的社会都是必要。没法子有这个输送，吸收，这一安排组织，便难进步。我们说到这一面时，还是须举例说明，譬如山西村政，初办理时的动机，本是要建设一模范省，含有推进社会的意思。他们推进的方法，必有一个安排；这安排，就是后来村政的一套东西。最初山西并无所谓村政，他是叫作六政；现虽记不清是哪六政，其内容，大概是三项属于消极的改革的，三项是比较积极的提倡的。他们对于禁烟禁缠足以及进行造林种树等项，原是很认真的在向前做。但是行不动，其原因就因安排不够。当时山西当局阎锡山是督军兼省长，虽然颇有力量，其办法，亦不外是下命令，出告示。无奈这些都无效，统统办不动。后来觉到须有新的安排才行，于是想依照军队，有总司令、师长、旅长、团营连排长等一贯的组织一样，在县政机关以下，添上区乡镇间邻的组织，由上层责成下层，如同总司令作到节节相制。所谓六者，这才行开（原来的六政考核处，后来始改为村政处），这个安排，是个推进社会的安排。用这办法，亦可说颇见效验，办理的成绩，当以禁烟为最佳，其他各种种棉等事，亦比较很有成效。这统是得力于此种安排。但后来山西村政终归完全失败了；其失败原因，可说是纯由上用力往下推，而不明白社会是非靠自力自动不行的一点。他力只能用以引发自力，不能完全依靠；如果完全依靠他力，结果必归失败。

我们村学乡学的组织安排也用他力；可是只用他力以引发自力。此与山西村政只用他力而不知引发自力者不同。我们的这个安排，顶重要的工具，就是乡学村学教员；这个教员，是我们赖以推进社会功夫的先锋，几像是插进小孩口中吃奶用的奶头，来输送滋养品的。从村学往上，有种种安排；村学是第一步，以上有乡学，有县政府，有研究院。研究院好比后方的大本营，村学教员可说是前线的战士，乡学与县政府司中间联络的作用。研究院仿佛是从后方供给前线士兵以饷弹，也可说是将种种滋补品送到前方，由村学教员再输到农民身上。但是研究院或有时不能供给到十足，因是研究院必要再和各方学术机关联络，请他们予以补充，

我们的村学乡学是一个常驻的社会改进机关。常驻的好处有两种：其一：譬如对于农业改进的事情，政府每每都好临时派人到下面推行，不知枝枝节节，派人太多，太不经济，其二政府方面临时派人，到下面去作推行改进农业等事，一时与农民不易接头，农民平常不曾听说过，突然临时令其去干些新奇事件，农民每是不肯相信。并且临时派人责成农民遵办，一定更望急切成功，农民尤易误会，甚或发生冲突。例如浙江建设厅为推进蚕种改良，临时派员下乡劝导，致被农民拖打，即其显例。我们的村学教员开始对于农民是提引问题，商讨办法，而鼓舞实行，自然可免此弊。

纵不能马上实行，亦决不至与农民冲突。

现在归结来说：乡学村学就恰比一座桥梁，外面的世界与内面的乡村借此可以往来相通。希望最后一天，能使外界与乡村成功一水平线。这桥梁的安排是必要，以之输送种种滋养品，及种种改进乡村的知识方法。我们现在除了极力注意一个进步的团体组织之外，同时要另外有这样一个安排，即以我们研究院作媒介，与外界一切可以帮助我们的机关相沟通，把好的知识方法，由上输下；下面所有的困难问题，能以由下送上，得到解答。再补充一句话：团体组织与科学技术辗转推进，不惟能使中国社会进步，并可补西洋人的缺欠。《村学乡学释义》

由上引梁先生之言观之，则知村学乡学的作用，是在培养乡村人民的新政治习惯，引进新的科学技术。

（3）办法及其组织

村学乡学之办法及其组织，大致与乡农学校无殊。如设立之先，须组织学董会，由学董会以产生各种方面。村学学董会则以三人至五人组织之。学董系由县府就本村人士中遴得相当人选，经邀集村众开会咨询同意后，由县府函聘之。本村全体学董互推一人为常务学董，常川住会，执行会务。开会时，担任主席。乡学学董会人数不定，其学董分两种：A. 当然学董，由本乡各村村理事（即常务学董）及未设村学之各村村长充任；B. 聘任学董，以本乡人士中，资望素孚，热心公益者，经县府礼聘一人至三人充任。全体学董互推一人或二人住会，执行会务，开会时，担任主席。村学乡学常务学董，县府加委为本村本乡理事；除以常务学董资格办理村学乡学事务外，同时又以理事身份办理县府委任事项；及本村本乡自治事务。

村学乡学均有学长一人，学长之产生系由各该学董会依该区民众情望所归，齿德并茂者选推，经县府礼聘为各该学学长，学长为民众之师长，处于超然地位，主持教育，不负事务责任，于该村乡中子弟有不肖者，乡党不和者，有督教调解之责任。

村学乡学教员，在初成立一年内，由县府介绍一人或二人（多为研究院毕业者）经各该学学董会聘任之，其薪给则由县府支给。

村学乡学之学众，系包括各该村该乡中之男妇老少人众而言，因全村全乡之民众均为村学乡学之学生，故不称学生而称学众，

每村学设立辅导员一人，由县府派委，常住乡学兼任教课，辅导村学乡学学董学长教员等进行一切事项。

村学设立于各村，乡学（内有高级班）设立于各乡，等于农乡学校之普通部设立于各庄，（村），高级部设立于各区。

村学为乡学之基础，乡学为村学之上层，在理论上本应先成立村学，然后成立乡学；但事实上则因种种需要，乡学不能待村学之成立后始成立，故今之邹平十三乡均有乡学，而村学之成立者，仅五十五处者而已。

村学乡学一面为地方自治团体，一面为乡村教育机关。其组织系统兹以韩家坊乡学所列者，例：

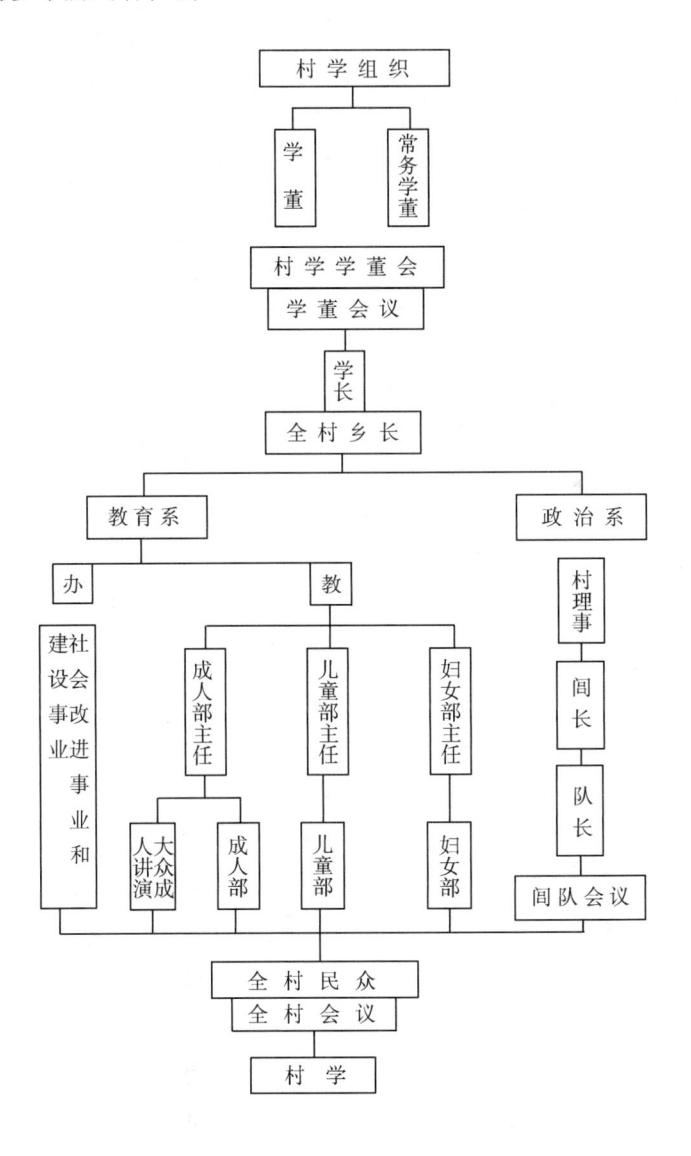

```
                     ┌─────────────┐
                     │  村 学 组 织  │
                     └──────┬──────┘
                      ┌─────┴─────┐
                   ┌──┴──┐   ┌────┴────┐
                   │ 学董 │   │ 常务学董 │
                   └──┬──┘   └────┬────┘
                      └─────┬─────┘
                     ┌──────┴──────┐
                     │  村学学董会  │
                     │   学董会议   │
                     └──────┬──────┘
                           学长
                     ┌──────┴──────┐
                     │  全 村 乡 长 │
                     └──────┬──────┘
              ┌─────────────┴─────────────┐
          ┌───┴───┐                   ┌───┴───┐
          │ 教育系 │                   │ 政治系 │
          └───┬───┘                   └───┬───┘
         办   │   教                  ┌───┴───┐
    ┌────┐ ┌──┴──┬──────┬──────┐      │ 村理事 │
    │建设│ │成人部│儿童部│妇女部│      └───┬───┘
    │社会│ │主任  │主任  │主任  │      ┌───┴───┐
    │事业│ └──┬──┴──┬───┴──┬───┘      │ 闾长  │
    │改进│ ┌──┴──┐ ┌┴─┐ ┌─┴─┐        └───┬───┘
    │事业│ │大众 │ │儿│ │妇 │         ┌───┴───┐
    │和  │ │讲演 │ │童│ │女 │         │ 队长  │
    │    │ │成人 │ │部│ │部 │         └───┬───┘
    └────┘ │部   │ └──┘ └───┘         ┌───┴───┐
           └─────┘                    │闾队会议│
                                      └───────┘
                     ┌─────────────┐
                     │  全 村 民 众 │
                     │  全 村 会 议 │
                     └──────┬──────┘
                        ┌───┴───┐
                        │ 村 学 │
                        └───────┘
```

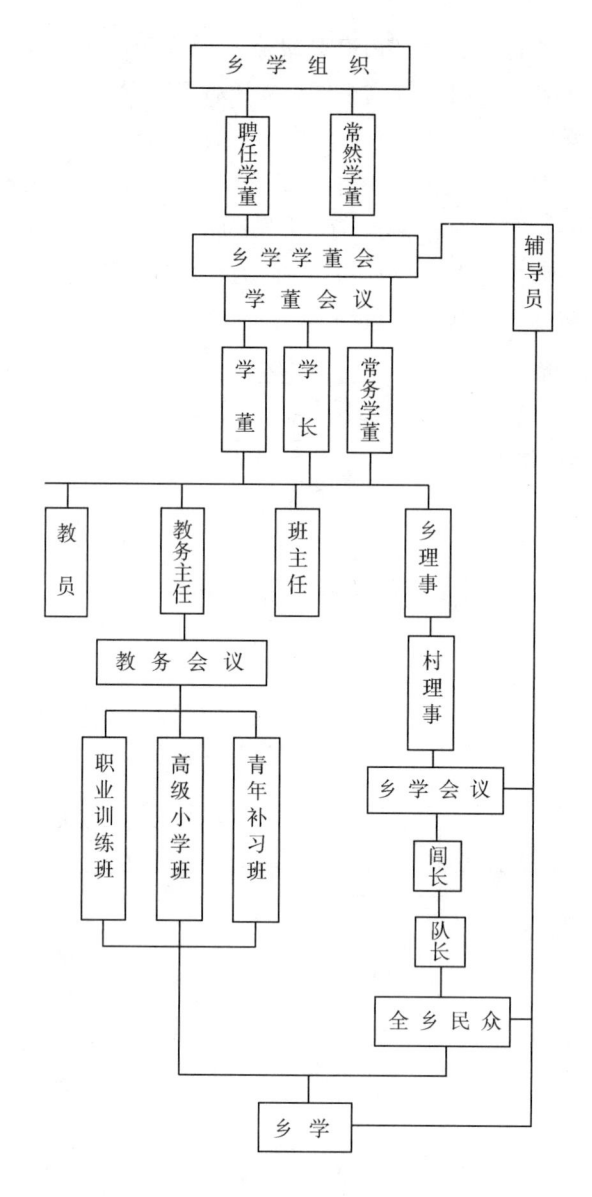

```
                    ┌─────────────┐
                    │  乡 学 组 织  │
                    └──────┬──────┘
                  ┌────────┴────────┐
              ┌───┴───┐         ┌───┴───┐
              │聘任学董│         │常然学董│
              └───┬───┘         └───┬───┘
                  └────────┬────────┘
                    ┌──────┴──────┐         ┌─────┐
                    │ 乡 学 学 董 会 ├─────────┤辅导员│
                    │  学 董 会 议  │         └──┬──┘
                    └──────┬──────┘            │
              ┌───────┬────┴────┬───────┐      │
            ┌─┴─┐   ┌─┴─┐     ┌─┴─┐                
            │学 │   │学 │     │常务│                
            │董 │   │长 │     │学董│                
            └─┬─┘   └─┬─┘     └─┬─┘                
  ┌───────┬───┴───┬───┘         │                  
┌─┴─┐  ┌──┴──┐ ┌──┴──┐       ┌──┴──┐              
│教 │  │教务 │ │班主 │       │乡理 │              
│员 │  │主任 │ │任   │       │事   │              
└─┬─┘  └──┬──┘ └─────┘       └──┬──┘              
  │    ┌──┴──┐                ┌──┴──┐              
  │    │教务会议│               │村理事│              
  │    └──┬──┘                └──┬──┘              
  │   ┌───┼───┐                  │                 
  │ ┌─┴─┐┌┴┐┌─┴─┐             ┌──┴──┐             
  │ │职业││高││青年│             │乡学会议│            
  │ │训练││级││补习│             └──┬──┘             
  │ │班  ││小││班  │              ┌─┴─┐             
  │ │    ││学││    │              │间长│             
  │ │    ││班││    │              └─┬─┘             
  │ └────┘└─┘└────┘              ┌─┴─┐             
  │                              │队长│             
  │                              └─┬─┘             
  │                            ┌───┴───┐           
  │                            │全乡民众│           
  │                            └───┬───┘           
  └────────────────┬───────────────┘               
              ┌────┴────┐                          
              │  乡 学  │                          
              └─────────┘
```

　　村学乡学虽代替乡镇公所区公所之职务，但本身实一教育机关，而非行政机关，仅内容隐寓有自治组织之意而已。故吾人可视为自治组织的一种准备。其中以一办事人（常务学董）接受上级行政机关委办事项，此个人可视为行政人员，而不得视村学乡学为行政机关。辅导员虽代表县政府，但非行政人员，而为教育人员，因其辅导工作，主要者仍为教育功夫，如教员学董学长及理事俱在其辅导之列也。惟吾人当知村学乡学虽非自治机关，却处处着眼于地方自治团体的完成。其设立之用意，即在促成自治。如下节所述及之社会改良运动与社会建设事业工作，实即一乡一村之自治工作也。

(4) 两项工作

村学乡学工作，除常务学董（理事）受县府委任办理地方行政事务外，可分为甲乙两项。（甲）项工作，即社会各个分子之学校式教育工作；此项工作本以成人为主，但因种种之因袭势力，大都先成立儿童部（即高初小学）。次及成人部妇女部等，后二者大都开办于冬日农暇时，从讲故事及各种谈话入手，渐次及于识字等课程。如因事实需要，传授新的生产技术时（如蚕业棉业等）则每成立临时讲习班，如养蚕时为养蚕讲习，种棉时为种棉讲习等类。（乙）项工作，即社会式教育工作，其内分社会改良运动及社会建设事业两大项。工作虽有甲乙两项之分，但亦密切关联，尤其乙项工作，多有待学校式教育之辅助而完成之者。例如卫生教育等知识方法，须于成人部妇女部传习之。又如合作簿记，工艺技术等，亦须于成人部特设训练班或讲习班以训练之。故工作之区以甲乙，只其表面而已，实际言之，二者连锁如环，无容强分也，至以村学乡学之真正作用言，则以乙项工作，更为重要，盖村学乡学者社会运动（乡村建设）之最前线也，凡所在社会有须进行者，无不极力设法进行。例如有传染病流行时，即乘机举行卫生运动；有匪患的地方，则进行地方自卫组织与训练……

(5) 四个方面

村学乡学由学众，学董，学长，教员及辅导员五成分组织而成，前已述及。教员与辅导员地位虽不相同，但同为是外来人，多半曾在研究院受过训练由县府介绍或委派至各村学乡学工作，同负有推行此种新制之使命；故村学乡学之构成分子虽五，实只代表四个方面：即村学乡学之学众，为实施教育之对象，亦即立法者；学董系负一切实际责任，亦即执行者；学长处于师表地位，亦即监督指挥者；教育辅导员居于指导地位，亦即推动设计者。此四个方面之地位，职责各有不同；且因村学乡学，含有"教政合一"的双重性质，故彼此相互关系，更形复杂。兹录梁漱溟先生村学乡学须知之解说于后：

A. 学众方面

"第一、要知道以团体为重——村学是个团体，我们各人是团体中的一个人。团体是靠我们各人；我们各人还要靠团体。若一个人只图自便，不热心团体的事，团体散了，累及众人，还害自己。

"第二、开会必到，事事要从心里过一遍。公众集会，众人到，我必到。凡关本村之事或开会宣布的话，都要在自家心里想一想。知道不清的事要勤问。

"第三、有何意见即对众说出，——我们既关心团体的事，自然就要有一些意见主张，应即说出请大众参酌。凡事经过讨论才得妥当，各出己见，实不可少。有话便说不必畏怯。

"第四、尊重多数，舍己从人——自己意见虽要说出是但不可固执己见。凡众意所归，应即顺从。不要争执太过，致碍公事进行。

"第五、更须顾全少数，彼此牵就，——有时少数人的意思亦不可抹杀。若以多数强压少数，虽一时曲从，终久不甘从。总以两方面彼此牵就，商量出一个各都同意的办法为好。团体之内，和气为贵，恃强凌弱，断乎不可。

"第六、要知道应为团体服务，——村中公事，人人皆应服劳。轮到谁身上，谁要认真去干。公众推举更是光荣的事，必当竭尽心力，勿负众人期望倚托之意。不应辞拒，更不可受任之后，随便敷衍塞责。

"第七、好人要勇于负责，出头作事，——从前所谓好人，只是自己不作坏事就完了。现在的好人要能主张公道，要热心办事，要干涉坏人，除去旧日不管闲事、不多说话的习惯。以前好人只顾自全，不愿出头，以致坏人胆大横行，阖村无不受害。其实无论那里，好人总比坏人多；好人联合，正气伸张，坏人自然退缩，亦就没有不好的人了。

"第八、遵规约守秩序——村中公同议订的规约，必须人人照办；有一人不照办，则规约为之破坏，实为团体之贼。我们必尽先遵守规约，并且劝邻右共守。要知维持规约，非独学长学董之责，实人人之责也。

"第九、要知敬长睦邻——一村父老兄弟之间，果真亲爱和睦，则必自然而然，彼此见出长幼之序来。以其敬长慈幼之情，透露于见面称呼声音笑貌之间，不期而长幼之序已明也。翻过来说，能敬长则长幼之序即明；长幼之序既明，亲情睦谊，便寓于其中。非和睦众人不能使公事进行顺利，非敬长无以和睦众人，故敬长为要。

"第十、要知道尊敬学长——村学之中自以学长为最尊：不尊学长，何以为村学？学长为一村之师长。吾人果有恳切向上学好之诚心，则自然要尊师。抑非尊师亦无以提起阖村人众向上学好之精神。故尊师为要。

"第十一、要接受学长之训饬——学长以其在父老的地位言，众人大都为其子弟；子弟应听亲长的话。更以学长居师位而言，众人都算学生，学生应听师长的话。凡学长对村中众人或那一个人有训饬教戒的话，众人或那一人皆应接受。

"第十二、要知道信任理事——理事为我们一村办事的人，既要他为我们办事，便当信任他，不可存挑剔反对之意，他办事若有疏忽错失，应原谅他。他一个人太忙，凡可以帮他忙的即帮他一点；凡可以替他省事之处即替他省事。

"第十三、要知道爱惜理事——何谓爱惜理事。就是要监督他。"君子爱人以德，小人爱人以姑息"；监督他，勿使他陷于不义，正为爱人之道，凡有劝练的话，无妨以友谊进一言。不过要避免正面冲突，最好有话对学长先说，由学长转告他。

"第十四、要知推村学之义于乡学——我们为村学学众，同时亦便是乡学学众。村学是小团体，乡学是大团体，村学学长是我们师长，乡学学长是又高一层的师长。村理事是我们一村办事的人，乡理事是全乡办事的人。凡上面所叙一层一层道理，不独为村学而说，在乡学亦如此，在村在乡原是一理，可以推知。"

B. 学长方面

"学长亦为村学（或乡学）一人：凡学众须知之事，学长都应知道；此外还须明白他如何作学长之道，如何是作学长之道——？

"第一、要知自爱自重——学长是经学董会共同推举而县政府礼聘的，于一村之中（或一乡之中）为最尊。人家都尊敬我，我亟须自爱自重。只有自爱自重的人可以让人家尊敬。若不知自爱自重，人家本来尊敬的，亦要渐渐看不上了。应知身为一村师长，处处要为众人作表率，要谦恭，要谨慎，要公平办事，要宽厚待人，最不要与人争闲气。要如下面所说的尽为学长之职。

"第二、要抚爱后生调和大家，——村中众人，皆在子弟学生之列，应加抚爱。村中人为公事常有两方意见不和者，调和之责，全在学长，人与人不和之事，均所难免，独不许学长与人不和。必须自己与人没有不和的，才能调和众人。

"第三、于村中子弟有不肖者应加督教，——学长是要领导众人学好的。凡不学好的人，应本爱惜他的而训饬他。或背地里规劝他，不令人知，以给他留面子。不要等他小恶养成大恶！触犯刑罪，则阖村之不幸矣。

"第四、于邻里有不睦者应加调解——邻里街坊，本为旦晚照顾，彼此相依之人，犹家有兄弟，身有手足，些小嫌隙，亟应消泯。若兴讼到官，结怨益深，不但耗财败家，后此子孙，亦难共处，乡村不祥之事，莫大于此，同村之人，均宜劝戒。而调解之责，尤在学长，学长必须抱定两个主意：一是主张公道，偏私不讲理之人必折之以正义；一是化凶怨为祥和，总期村内自了，不必到官，但学长倒非必定要亲自奔走双方；可先由村中明白能了事之人劝解调处，到八九成学长再出面。

"第五、要监督理事而调护之，——理事为村中（或乡中）办公事的人。大凡公众的事，公众没法都去办，必得交托一人负责掌理。在此公众与负责人之间，很容易有问题争执，或发生流弊，所以遇到公事；大之一国，小之一家，总都不易办好。一面是一人难满众人意，众人每每不晓得局中负责人的难处，而责望太过，挑剔太多。一面是事权在手，很容易措置失当，或滥用职权，横行霸道，或借公营私。此时为学长的须要监督理事，勿使生出弊病；同时还要调护他，勿使众人肆行攻击。怎样监督他呢？例如看他有骄横之处，就背地忠告他，看他有阴私之处，就赶紧规戒他。怎样调护他呢？事先忠告规戒，不让他闹出乱子来，就是调护他，要体察众人之意而时常转告之，就是调护他。众人要说的话，先都由学长代为说到，自不致激出众人的话来。如果有人反对他，要设法替他解释，而劝阻反对者，总不要众人与他人生正面冲突。到不可调停之时即劝理事辞职，或速谒见县长报告，以便撤换。

"第六、要明白以上的意思而自处于超然地位。——总括以上的意思来说，就是要学长超居众人之上好来监督众人，调和众人。所以他自己不可再负责作事；作事就不免惹人反对，落入问题争执之中，再无人可以出来调和转圜。村学乡学办法上规定：'学长为一村师长，主持教育，不负事务责任'；又说'村自治事务经村学倡导，由村理事负责执行，而学长立于监督地位'。其意皆在此。

"第七、乡学学长义同于上，其所照顾更在一乡，——乡学学长与村学学长同一意义，不过他所照顾的范围更大。他为一乡之师长，教导一乡之众，监督一乡之众，调和一乡之众。他要常与各村会面，了解各村情形，帮助各村学长。凡各村不能了结的事，就要到乡学学长面前了"。

C. 学董方面

"学董不但为学众之一，且为乡学领袖，于村学乡学应多负责任。除学众须知之外，其更须知注意之事约如下——

"第一、劝学众入学——一村之众，皆为村学学生，但一般人多不明白此意，或不热心入学。各学董为办学之人（乡学村学办法第三条：乡学村学以各该学董会于县政府监督指导下主持办理之），第一责任即为劝导大家入学。所谓入学，包有三种；一，送学龄儿童入儿童部（即小学）；二，成人者入成人部，如办有妇女部，亦即劝妇女入学；三，有事集会，无事聚谈，大家都要来。——此末一种，实更重要。

"第二、注意开会，用心讨论，——学董会应按照暂行规程，有应付讨论之事，就要开会；开会时并应用心讨论。因为事情原规定是几位学董合起来负责，若事情只有一两个人知道，一个人决定，是不行的。凡该开会不开会，该讨论不讨论，即为学董不尽职。

"第三、凡经决议，即倡导实行。——凡经学董会决议通过实行之事，各学董应首先倡导实行。村中众人向来看领袖行事；领袖果先实行，则事自然好办。

"第四、首先尊敬学长，——学长应须尊敬，前已言之。各学董应首先尊敬学长，以为众人倡率。

"第五、协助理事办事，——学董会即是村学（或乡学）的一个办事机关。虽其中一人经县政府委任为理事，其实各学董亦要一样帮同办事。理事忙不过来，可以从学董中再添一位助理。即没有助理名义的，亦应遇事协助，不分彼此。

"以上为各学董须知之事；其为常务学董兼理事者，更须知下列各事：

"第六、遇事公开讨论，以求多得人了解与赞助。——无论县政府交办事件，或乡学议办事件，或本村照例举办事件，均应提出学董会公开讨论，并应于村学向学众报告，以征众人意见。这样可有两种好处：一是事经讨论，则办法自比较妥当；一是多得人了解，多得人赞助，进行上顺利，凡真想求公事办好的理事。必然如此作。

"第七、希望大家监督公家——办公事为人，要希望大家考查监督，不要以旁人监督察问为不便。我们心地光明，人家愈督察才愈了解。自己一个人总不免有照顾不周疏忽错失之处，大家监督才是帮助我耳目心思所不及。一个有权力的人，总容易有权力太过；有旁人监督我，正是免我作事过了头。我替村中（或乡中）作出许多事业成绩，不如为村中（或乡中）留下这好规矩，好榜样，后来办公事的永不出毛病。

"第八、要接受学长的规戒，——照乡学村学办法的规定，学长是正监督理事的人。学长有忠告或规戒的话，应当接受服从。照现在各处地方自治，对于乡镇长都有监察委员会监察他，我们不设监察委员会，但其事则交给学长了。

"第九、要礼待教员——教员是村学（或乡学）聘请来，指教我们众人的，而理事是村中办事人，好比东家一样，必须礼待先生。并要使众人亦知敬礼先生。

"第十、要代表乡村对县政府说话，——理事虽是县政府委任的人，但原是地方上人，为地方办事的。所以要代表说话，在县政府委任他之意，亦非单为县政府跑腿，而实是意在与乡村接头好办事。

"第十一、要善将县政府意思转达于众。——凡县政府要举办的事，理事应将其意思善为转达说明，以免乡下人误会。这是理事对县政府应尽的责任。如理事本人对这件事有不赞成的意见，可在县地方会议上陈述，或面见县长陈述，不宜勾结乡下人与县政府为难。

"第十二、要与其他各学董和衷共济。——一个人办不了事，必仰仗大家帮忙。所以理事要能将各学董意见融归一致才好。如看出谁对谁有意见，必设法化除。学董会开会，或村众集会，讨论事情不宜用表决方式，致显有一边胜利，一边失败的样子。理事身为主席，最好将各方意见调和接近，算是全体同意的样子。"

D. 教员辅导员方面

"村学乡学实是一新制度，不但乡下人不懂得怎样一回事，即学长学董一时亦尚不能明白透彻。因条文上说的很活动，施行起来很易歧误，单看条文是不够的。此时全赖教员辅导员为之讲解指点，纠正错误，引入轨道。即如这本'村学乡学须知'亦就是预备教员辅导员讲给乡村人众听的。教员辅导员关系如此重大，欲尽其责，须注意下列几个根本意义，并其内涵各点。

"第一、村学乡学的教育是广义的，教员的责任亦是广义的教育功夫，——村学乡学的教育，本以阖村人众为教育对象，要在推进社会为主，而亦将通常学校教育归包在内，故教员责任不以教书为足，且不以能教校内学生为足。1. 应时常与村众接头，作随意之亲切谈话，随地尽其教育功夫。2. 应注重实际社会活动，向着一个预定目标进行（此目标或为村学公议要进行之一项社会改良运动，或一项社会建设事业，或教员自己心中想作之事亦可）。3. 更要紧的是吸引阖村人众喜于来村学内聚谈。如能将村学作成村众有事无事的聚会地方，此教员即算有头一步的成功。

"第二、村学乡学的工作尽可能的作，不勉强着非如何不可。——村学乡学办法上规定工作，明有'视力之所及又事之所宜'字样，又有'酌设成人部！……'，'相机倡导……'等字样，可见是尽可能的作，不勉强着非如何不可。成人部妇女部儿童部可以全设，亦可以设两部，还可以多设出几部（如耆年部幼稚部或其他部）。社会改良运动社会建设事业更是活动的，可以办这件，亦可以办那件，可以多办，可以少办，如此岂不太无凭准？有凭准的，凭准全在机会；机会在自己去寻，或自己去造。……

"我们解决乡村问题，尤在主力之发动，居今日之中国，问题之刺激早已不胜其繁重，所以不见事业之兴举与问题之解决者，实以解决问题的主力未能发动之故。此解决问题的主力之发动即在村学（或乡学）教员利用村学（或乡学）为村众及领袖聚会之所谈，而继续作下列功夫。

1. 提引问题，村众及村中领袖既常在村学聚会闲谈，则势必谈到其自身当下所感受之种种困难问题。盖今日天灾人祸，国际的经济压迫，国内的政治压迫，固无不加于乡村人之身；而在乡村人则尚缺乏一种起来想办法之自觉。此由问题太大，乡村人知识短浅，无从了解而发见其解决之道，更且是散漫单弱，无从逗合为一大力量以求解决。遇到困难问题，只是心里苦闷，各自在家里为难叹气。今使其彼此聚合，将必互道其苦，相向而叹气。如匪患，兵祸，天旱，时疫，粮贱，捐重，烟赌等盛行，见面最易谈到，谈到自然就要想办法，由此或许会发生大作用。如其乡村人不往问题上谈，则教员应作提引功夫，启发其同受问题压迫之感觉，与如何协力以求解决之意识。

2. 商讨办法。问题既经提引出来，自随之要商讨办法。办法之得有，大抵必赖三个条件：一、大众齐心协力；二、教员之知识头脑；三、本地人之实际经验。所谓商讨办法，意在商得大家同意，更在以教员之知识头脑与本地人之实际经验交换而切磋。许多事所以不能办，都为乡村人零散不齐心合作；只要齐心合作就有办法。许多事所以不能办，或办不好，都为上层知识分子所出的办法不切合实际，而乡村当地人又缺乏知识头脑。双方不接头，始终没办法；双方接头切磋，好办法才能产生。所以商讨是极重要功夫。

3. 鼓舞实行，办法有了，有时乡下人以缺乏兴致而不能实行，又或以缺乏勇气不能实行。因为许多事情是眼前不能见出好处的，尤其是有大好处的愈不在眼前得见。而乡下人则所见太近，对于未来的事每不发生兴致。又许多事情要办，不无冒险性，而乡下人过于谨慎胆小。此时为教员者即非加以鼓舞功夫不可。所以上来提引问题，商讨办法，鼓舞实行，这三项实为意义至深，关系极大之教育，非寻常所说公民教育，生计教育所得比。所以教育者不独在一般农民，兼及其领袖。果有成效，整个乡村社会可以活起来，是即解决问题之主力的发动，为村学（或乡学）教员最大最后之成功。解决问题的主力发动一分，便是时机成熟一分，各项社会改良运动，各项社会建设事业即有一分之可进行。时机若未到，强作不来。又事情各不同，此事机会已熟，而彼事或不然。所以说乙项工作作多作少，或彼或此，全凭机会，而机会则在自造。

"但欲作上面三项功夫，还须看事作事。1. 问题太难，眼前无法解决者，不必提引。若为讲说，使其先认识问题，自未尝不可。2. 问题非急迫，事业亦不大，而不难举行，确可有效果者，亦当亟为提引。3. 在商讨办法鼓舞实行之时，为慎重起见，应常请示上级指导机关。4. 善于为此功夫者不在促动于一时，而在涵养酝酿其动机于平日"。（略见于乡农学校之作用）。

"第三、本县整行政系统悉已教育机关化，应知以教育力量代行政力量——邹平实验计划上说：本实验县计划既集中力量于推进社会，县政府以次悉为社会改进机关。社会改进即是教育。不过此教育机关化的县行政系统，愈到下级（如村学）愈成为教育机关，愈到上级（如县政府）愈不能不带行政机关性质而已。愈到下级愈近社会而直接民众，愈应当多用教育功夫而不用行政手段。凡下列几点皆为教员辅导员所应留意者。1. 村学虽像是代替从前的乡公所，乡学虽像是代替从前的区公所；但村学乡学本身实是教育机关，并非地方自治组织兼下级行政机关者。不过内容隐寓有自治组织之意，并多是自治组织的一种预备，不是正式自治组织。又不过以在其中的一个办事人（常务学董）接受上级行政机关委办事项，至多这个人算行政人员，而并非这机关（村学乡学）是行政机关，此等处不可混淆。2. 辅导员虽代表县政府，像是个行政人员；但与其说行政人员，宁说为教育人员。因"辅导"原即是教育功夫。譬如乡学学长学董理事教员，及这一乡所属村学学长学董理事教员等俱在其辅导之列，但他对于这些学长学董固无权可以命令他们如何如何。他们本各有专职，第恐其于新制度的意义不清楚，未得所以尽其职之道，故设辅导员以辅导功夫导其入轨合辙。辅导员所得为者亦不过劝告指正而已。3. 辅导员须是政府与社会，又上级机关与下级机关中间的联介而沟通的人。辅导员应代表县政府，常以县政府的意思传达于地方，此固不必说。同时地方上的情形，公共意见，亦应由他转达于县政府。他要能作到：自政府看他最能了解地方情形的人，自地方看他是最能通悉政府办法的人。更好的是他能主持公道，维护大局，有时为地方对政府说话，以救政府之失；有时为政府对地方说话，以安抚民众之心。教员虽不同辅导员负一样责任，然亦应同具此态度。4. 教员的责任要在使上级机关与下级机关，于问题研究方法供给上成一连锁循环关系。本来在社会改进机关的系统内，上级机关（如县政府研究院）对于下级机关（村学乡学）具有两项作用，一为最高方针之指导，一为后方材料方法之供给。但欲使此后方机关得尽其功，还须教员善于利用。例如后方有农场苗圃（属县政府第四科或研究院），其棉种树苗等有待村学乡学来采用，但教员若不能启发农民棉种改良的要求，鼓舞起来造林运动，则推广不出去。又如在地方有防疫的必要，在医药机关亦备有防疫方法，但教员若从中耽误，便可致地方瘟疫大起，而好方法亦失其利用。总之，一切的材料，或较专门的知识方法等，在教员自己断不能具备。他如能善于利用后方供给机关，则凡后方所有者悉等于他自己所有，效用岂不伟大。所以教员遇有疑问，或自己办不了的事，应当请教上级机关，向后方讨取办法。教员若能不断以地方种种问题需要向上级请示索求，则上级机关自不能不为种种问题之研究，以为种种方法之供应。（研究院所办不了的还可请外面更高学术机关）如是则在学术研究上自有切实进步，不断地向前。社会既得到满足，学术亦因以进步，学术进步，社会更得到满足。此连锁循环作用之开展，其关键全在教员也，辅导员虽不同教员负一样的责任，但亦具有差不多的关系。

"第四、村学乡学应处处着眼为地方自治团体之完成——原所为设立村学乡学之意即在促成自治。是以村学之组织隐然即一村之自治组织，村学之工作（尤其是乙项社会改良运动社会、建设事业的工作）实即一村之自治工作。乡学之组织隐然即一乡之自治组织，乡学之工作实即一乡之自治工作。其缺然未备者则此地方社会尚未凝成一体，发生其团体作用。故其中担负公职之人员如学长学董理事等，皆非出于团体作用所产生，而为政府聘请遴选委任。组织上虽隐寓自治之意，但能否如其组织以运用去，以实现其自治工作尚未知也。为教员辅导员者（尤其是辅导员）亟应向此处用力作功夫，俾其渐得形成一自治体，在村学乡学组织之初，所当注意者：1. 村学为乡学基础，应先成立村学，后成立乡学。但事实上又不能候村学全行成立再成乡学。则一面成立两三处村学，一面即为乡学之成立，较为得宜。2. 村学学董理事人选须就全村人物慎为安排。大抵学长宜老成厚重之士，理事宜年力富强头脑清楚之人，各学董都具有信用资望。乡学除当然学董外亦须遴选安排。凡此遴选安排之事，其权在县政府，但必须辅导员先能代为用心访求考虑。总期此种人选安排发表后，翕然得众人之心，虽不出于他们自己推举，亦同他们（有熟练的组织能力以后），所要推选的一样。如此则必能使散漫的村众凝合一体，渐渐发生团体作用。否则，一有不得其人之处，众心不能翕合，或领袖彼此间不能合作，是未合先分，离自治希望愈远。

"在村学乡学组织成立以后，辅导员负辅导之责，应随时注意学长学董理事以及村众等的行动态度合于乡学村学办法所规定否？合于本编须知所说他们各自应尽之义否？尤其应当注意的是：1. 村理事能遇事与各学董商洽否？他所经手办理事项能随时在村学向学众报告否？每月一次总报告曾实行否？2. 乡学学董会如法开会否？乡理事办事能与各学董和衷共济否？众人对他感想如何？3. 学长能以向上学好之意勉励众人，振作大家精神否？能调和众人使彼此融洽否？能自处于超然地位，不与理事争权否？能一面劝众人信任理事，一面自己监督理事否？4. 能使村众知注意公事热心开会否？知尊敬学长否？遇有不满意理事之时，知诉于学长，而不与理事冲突否？

"凡以上各点为教员者亦同应注意。不过他与辅导员不同处，他对学众要多负责任，而关于学长学董理事者则不妨让辅导员去负责。因他本来是教育民众的。但辅导员住乡学时多，对于各村学学长学董理事或不如各该村学教员熟悉，难免照顾不到，应托村学教员代为留心，帮同辅导。又辅导员对乡学村学教员尽责否。亦应留心考察而辅导之。"

（6）实际情况

邹平自二十二年七月实验县政府成立起，复开始改组原有之民众学校，成立村学乡学，至二十三年七月一年度内，全县除城区之首善乡无须成立乡学外，其余十三乡均已成立乡学。同年度之各乡村学已成立者计五十五处，比全县三百五十一村相差尚远。但无村学之各村均办有村立小学，因受乡学村学活动之影响，各方面均有若干改变。有已改为村学组织，并作村学之工作，而县政府尚未正式介绍教员者，有将改组而尚未得县政府承认者。

村学乡学之组织原理是社会教育，学校教育，政治训练，生产训练四者合一，故村学乡学要能真正发生其应有之作用，当不在闭户教育少数学生尤其不在书本诵读，主要目的是要全村全乡的人众，在村学乡学的形势下名义下都活起来，要全村全乡的男妇老少均互相发生密切关系，均互相发生作用，大家真有自觉，真能自动，生活真能因之而改善，社会真能因之而进步。如是能合乎梁漱溟先生提倡村学乡学的原意。现在邹平全县村学乡学在研究院与实验县政府指导之下，实地实验，已一年余，究竟成绩如何，深为各方所注意。据编者所知以整个情形说，大致尚好；各村学乡学大多能表现相当的社会活动，能使各该区的民众具有朝气，尤以第一乡韩家坊与十二乡辉李庄两乡学，及第一乡贺家庄第六乡魏家庄两村学为最。在此数处村学乡学中，为学长者确能为一村一乡师长，表率群众；为学董者确能为全村全乡办理一切事务，努力不息，教员辅导员亦处处能表现其推动设计之能力。乡村内之社会，教育，政治，经济，各方面似均能成为有机的活动，使村学乡学形成全村生活中心。工作忙碌之时，各人有各人的工作，工余或农闲期间，又大家集合，态度和蔼，行动规则，大有文明社会之风。

但亦有少数村学乡学，工作路向，虽不致与梁漱溟先生所言之原则相背，但因社会环境不好，人民积习太深，或学长学董不得其人，或教员辅导员能力较差，尚未发生较好作用。易言之，此少数村学乡学，仅仅能在一村一乡作极狭义的教育工作，学董无事可作，学长不成其为学长，学众亦几不知有所谓村学乡学，教员辅导员除对付少数学众外，既无法设计，更无从推动辅导，故全村仍死气沉沉，毫无生气。

附二十三年邹平全县村学乡学状况表

乡别	首善乡	第一乡	第二乡	第三乡	第四乡	第五乡	第六乡	第七乡	第八乡	第九乡	第十乡	第十一乡	第十二乡	第十三乡
村数	10	24	18	26	25	18	20	40	30	21	20	25	18	56
村学	1	6	7	10	3	2	3	4	3	2	1	5	3	5
学众	310	648	456	395	817	488	608	1101	919	497	443	627	524	995

（7）经费及设备

经费为进行一切事业之基本条件，村学乡学的经费，究以何者为来源，殊为留心邹平事业者所注意，按邹平实验县区设立《村学乡学办法总则》第五条，规定——以由地方自筹为原则，但县政府得酌量补助之。据主持者言，所以如是规定者，缘我国政府，财政支绌，当无余款办理全国地方教育；若另筹增加政府收入，办理地方教育，其款亦来自民间，一上一下，往返殊不经济，且以政府经费来办地方教育，往往滥费而收效少。如以地方自己的款项，兴办地方自己的教育，于情理既无不合，在事实更必用费少而收效大，并且乡村人民，以自己血汗之资，来办本村本乡所必需之教育事业，其爱护与监督之心必较亲切。故以地方自筹为原则。至于县政府对于乡学村学则有补助费，其用意则有二：（一）以奖励成绩较好者，使一村一乡人众因之更加努力；（二）以补助经济力不足者，俾一村一乡不致因经济贫乏而弛懈。

邹平自划为实验区之后，一律裁撤区公所乡镇公所，即将原有之经费多移作村学乡学经费（手续上仍由县政府统收统支）；故各村乡成立村学乡学之后，人民所负担之经费，较之未改以前，不惟未曾增加，且较减轻。现邹平人民每年摊派村学乡学之经费，据二十三年七月报告，最少者为首善乡（城区）每两银子摊洋三角，最多者为第九乡，每两银子摊洋七角六分。

县政府补助村学经费，以班数为标准，每年成人部一班三十元，妇女部一班四十元，儿童部一班三十元，另派教员一名，全年补助薪金二百元，所有补助经费由各村学直接向县府具领。

县政府补助乡学经费，根据二十三年七月报告，首善乡每月补助洋五十三元八角一分，其余第一乡至第十三乡，每月均为洋一百元零八角四分，县府所派到各乡学教员，其薪金即在补助费内开支。

村乡学之经费来源，除由田赋银两摊派之款及县府补助金外，村学多有原来乡镇初级小学之基金或学田收入，乡学亦有以前区立高小学之学产收入。

根据二十三年度各乡乡学全年预算规定，最少者为首善县。计洋九百五十八元；最多者为第十一乡，计洋三千三百零四元。

在村学乡学中工作人员，平均年薪，以第一乡为最低，每人每年计洋一百四十八元，以第二乡为最高，计洋一百七十八元。大概村学教员每月生活费，普通由十五元至二十元之间。乡学教员在二十元至三十元之间。（二十三年度统计）。

至于村学乡学之设备，比之以前乡农学校时，大体较好。乡学房屋多为以前之区立高级小学房屋，村学房屋亦多为以前乡镇初级小学房屋，房屋校址，均尚敷用，村学乡学开办时，另有开办费，大概乡学高二百余元，村学有一百余元。就编者所见及之村学乡学，墙壁多已修理，光线空气尚好。各村学乡学亦多辟有运动游戏场者；并多有小苗圃，以为学生栽植果木菜蔬之地。关于教学需用之各种仪器标本挂图等，各乡学亦均有设置，（购置者与自制者均有）各村可轮流借用，课桌课椅见有少数不整齐者（有些是民家所常用之桌椅）但多数尚属合用，至于乡农学校初办时所用之长木板与土砖坐凳等，今似已不见矣。

（8）编制课程及活动

现在邹平县各乡之村学，普通均有成人部，妇女部，儿童部，耆老部等；亦有幼稚部者，儿童部内设有初级班，（等于普通之初级小学程度）。乡学之编制，照原来规定应当有高级成人部，高级妇女部，高级儿童部等，但均似尚付缺如，只设有高级小学班，青年补习班，职业训练班等。（高级小学班等于高级小学程度），此外尚有每月联庄会员打靶时之集合训话，所属村学教员，讲习班学生，及本学学董等，均到参加，听学长指导员县政代表等之讲话，故亦可认为高级成年部之一种课程或活动。现在村学之在一村，等于从前之乡农学校，不过乡农学校之高级部，学生多为高小或高小以上毕业者，不惟不与村学儿童部初级班同，并且也不与乡学高级小学班同。乡农学校普通部则与村学乡学成人部同，其余一切编制，课程活动等均无甚差异。

乡学高级小学教材，一部分选自南北各大书局所编之高级小学各科教科书，一部分由研究院供给，或自编材料补充。村学多用研究院所编之活动教材，现已印就者，除在乡农学校"课程与活动"一节列出之外，又有《识字明理》《御侮救国》《文武合一》几种。还有《农林丛书》，七种，系讲述农业常识者。

至于活动方面，仍着重人生的教育活动，阅前乡农学校的活动，即可以知之。最近各村学乡学儿童部有一种新的教学活动，就是以儿童教儿童，以儿童教成人的导生制，导友制，成绩亦好。

三、县教育概况

依梁漱溟先生的整个教育系统，应当乡学之上有县学。县学之上有省学，省学之上有国学。现在省学国学当然谈不到，但县教育之如何设施，想为关心邹平者所欲悉知。

在二十二年七月，邹平实验县政府成立时，杨效春先生任教育科长，即将原来县政府设立之职业学校改为县学师范部，并拟继续成立男子部女子部及成人部等，男子部设初中及完全小学，女子部亦设初中及女子小学。后因中央法令不合，取消县学等名称，设立县立简易乡村师范学校一所，附设实验小学一所，简易乡村师范学校设校长一人，训导主任一人。内分三班，各班设班主任一人，以培养乡村师资，改革乡村教育，普及各村村学为宗旨，以实验部两实验小学为教学实习，以城关附近各村学为改革乡村教育试验，并负城区内一切学校教育活动社会教育责任，全年经费为五千四百元，校设南门内孔庙原址，房地颇宽大，初设师校时，原拟全仿南京晓庄师范学校办法，后以办理者不得其人，实际情形与普通各省乡师相差甚微，近由研究院研究部第一届结业生任校长后，颇有革新气象。实验部设主任一人，兼管两实小，全年经费为五千六百六十六元，性质等于两完全小学，代替首善乡（城区内）村学乡学地位。男子小学房屋较大，均在西关内，一南一北。以前成绩颇劣，近一年来颇有革新，设备尚佳，学生亦较有生气。

至于县政府教育科，现为第五科，现任科长系研究院研究部第一届结业生，每月生活费洋一百元，科内有县督学二人，每月薪四十五元，科员二人，一为月薪三十五元，一为月薪三十元，办事员一人，月薪二十五元，录事与各科共用。另有自然专科教员二人，到各乡学各村学巡回教课，月薪各三十元，与建设科共聘。乡辅导员十三人，分住各乡乡学辅导，每月回科开会报告两次。月薪约为三十元。

全县乡村教师讲习班共开班四次，头两次在民国二十年九月至十一月，第三次在二十二年十月，第四次在二十三年十月至十一月，每次约六百余人，均在乡师学校训练，对于改革乡教颇有力量，开办全县农间教育，亦有三次均利用研究院训练部第一二三届学生下乡实习时办理。第一次在二十年十月至二十一年元月底，当时实验县政府尚未成立，主要工作，是试办乡农学校，开创乡运局面，沟通乡村与研究院及县府声气，第二次在二十二年六七两月，主要工作是宣传成立实验县政府之意义及其办法，促进实验工作，第三次系二十三年十一月至二十四年元月底，主要工作，为学校式教育活动，帮助县府训练联庄会，帮助各村学办理成人夜班，引发合作组织，宣传放足运动，倡导婚姻改良，协助户口调查等（全县已调查完竣）。每次师生下乡，共约三四百人，分乡分村分组活动，每乡有一指导处，由两三导师负责，县府有一总指导办公处，研究院与县府共同负责，但以县府为主体，研究院及邹平实验县之乡建实验工作深入民间，颇得乡人信仰者，乡农学校及村学乡学制度之良善固其主因，但无此种农间教育活动，恐亦难得今日之成绩。其他如四次乡村教师讲习班之开办，及联庄会会员之训练等，亦多有助于乡村教育之活动也。

邹平现在全县教育经费为五万零四百三十一元，占全县经费百分之四十九点三六三。其比数为全国冠，此实值得注意者。

第三目　邹平今后教育之路

邹平教育之过去与现在，已如上述，其中亦有令人不能满意者，但大体成绩尚佳，值得吾人钦佩。但今后的路向怎样？它将有无改革？亦深为吾人所注意，亦为全国人士所注意，故录主持者杨效春先生之"邹平教育之路"一文于后。

从今后这一年内，我们邹平的教育界怎样进行呢？方向是什么？路线在那里？步骤又该怎样办？这事我想了，我深深的想了。现在我想把我（或可说是我们）平日所想着的意思写出来，告诉给大家，请大家也来想想看，给邹平的教育界谋一个出路，求一点进步。我想：

第一，我们应认清我们的教育目标：（一）是要求量的扩充，即要把我们现有学校的一切设施开放于大众，使学校的活动与全县大家的生活发生良好关系。在我们的教育辞典里，民众与学生是没有分别的。民众就是学生，学生就是民众。梁先生给它起一个名词叫"学众"，很是适当的。我们的村学村校应照顾全村的学众，我们的乡学应照顾全乡的学众，我们的县学如今之县立师范及实验学校应照顾全县的学众，不论贫富贵贱，男女老幼，大家的生活，一样地需要指导需要学习的，这便是说，大家都需要教育。因此，单教儿童不教成年，单教男人不教妇女，单教富人不教穷儿，单教闲人不教忙人的教育，是我们不能满意的。我们应当把教育的机会普遍地给全县的大家。这就叫做"教育大众化"。（二）是要求质的改良，即要把我们的一切教育设施，不问是教的选择，课程的编制，时间的支配，教法的运用，教具的置备，学众的组合，及教师的活动等等，都合于道理。要合于什么道理呢？浅言之，要合于教育的道理，深言之，就是要合于人生的道理。我们认为：所谓教育就是人的生活教育，教育应从生活出发；即在生活里进行，也即以生活的向上改善为指归。（这里所谓生活，不是仅仅指"活着"而言，并含有'生长'的意思，所谓人生的生活一面是要生，一面是要长，要生是求生命之延续，要长是求生命之开大）。这便是说教育的起点，历程，与目标，统是以生活为中心。教育与生活不能离开，离开生活便无教育，教育的道理只是生活的道理。违反生活的道理便是违反教育的道理，这就叫做"教育生活化"。（详见拙著《生活教育》）我们要求邹平教育：一作量的扩充，即是"教育大众化"；

二作质的改良，即是'教育生活化'。这是时代的要求，中国的要求，也就是我们对于邹平教育的要求。

"第二，我们应引发组织，推动组织，并养成组织，徒有"要求"，徒有"目标"，是不能成事的，达到'目标'，适应'要求'，我们应当有所凭借。我们凭借什么呢？单凭我们自己一个一个的个人的力量也是不成的，个人的力量一则不能大，二则不能久，个人不是三头六臂，能力统是有限。而且大家到了一定的时候，都是要死，或是要去的。因此大家要想邹平教育继续扩充，继续进行，必须引发邹平社会组织，推动邹平社会的组织，并养成邹平社会的组织，一个社会有了适当组织，她就会有一种能动的力量使自己的生命继续扩充，继续进步；换句话说，她就能够使自己的教育事业继续扩充，继续进步。是以：

（一）我们对于县立师范（原称县学师范部）及实验学校期望他们为全县教育界尽两种主要的社会作用：（1）培养最近未来的乡村社会的生活导师（即乡学村学教师），（2）站在全县教育的前线，为全县教育实施上探讨路程，指示方向，并贡献常新的可用的材料和办法。

（二）我们对于乡学期望着他们各在所在之乡，尽其"推动社会，组织乡村"的作用。因此，我们必须注意（1）学董会的健全。（2）乡学教师的融洽和进修。（3）每个乡学对于一乡社会的政治，经济，及文化各面都有她自己的愿望，自己的目的，和自己的进行计划，梁先生说'在这一年内，我要咬定牙龈，除自卫一事外，决不用政治力量，命令各乡做各种各色的好事情，各乡自己要做好事情时，我可给大家供给材料和方法，我的要诀就是一个'缓字'。我想：这话是对的。在今日中国农村，要引动乡村建设，宜于'缓'不宜于'急'，宜于多用教学的方式来引发，不宜于滥用政治的方式来督迫。一句话说：我们要政治消极，即不能不要教化积极。我们的乡学村学在这年内是应当特别注意，要有她自己积极的进行的计划啊。如果自己漫无计划，上面又不加督促，光阴如箭，一年易过结果许会在自己则年华虚度，在社会则停滞不进"。

（三）我们对于村学乡学期望着他们各在所在之村，尽'其推动社会，组织乡村'的作用。往深处说，现在邹平的乡学是比较更难得到健全自然的进展的。原因是在乡学正常形态的根基就是该乡所属各村的村学。必有村而后有乡，亦必有健全的村学而后有健全的乡学。是以村学在我们今日乡村工作的地位上是最重要的。（菏泽）实验县的工作，是重视各乡的乡农学校，邹平实验县工作，依理说，是重视各乡所属各村的村学。大家对于邹平各村的村学目下该注意什么？我想是（1）该注意挥发学董会在一村社会组织里的作用。（2）该注意各村学教师的联络，进修，精神陶炼及生活保障。（3）该注意引发各村人士对于本村文化，政治，经济，各方面为有计划的革新运动。（4）该注意引导本村各色人士对于村学发生兴趣及信仰。（5）该注意以组织的力量为本村兴利除弊，使大众相信组织的作用，并渐渐入于组织。

（四）我们对于村立学校期望着他们能够演进转变为村学，渐渐能在他所在之村尽其'推动社会，组织乡村'的作用。大家应当思辨：邹平的村立学校与原有的初级小学，民众学校均不同的，与现有的村学也是不同，我不能在此细说，这里我要请大家注意的是：依据政教合一的道理，邹平各村的学校是皆当化为村校的，但在今日，一来限于事实，有些村庄未能适当的组织起来，他所办的学校只是学校而已，未可称为村学，二来因为我们大家该当慎于用名，不应将'村学'的名滥用起来，反使大家对于村学的意义和作用，误会迷惑而不得其解，如何使我们的村立学校实际上，一一进步逐渐发挥她的社会指导的作用，转变为村学，这实在是我们全邹平教育界的当务之急。因此我们必须注意，（1）使村立学校教师的思想，态度及习惯转变，由单纯的小学教员变为整个乡村社会的生活导师；（2）使村立学校的管理员明白学校应为一村社会改进的中心，不是仅仅教管几个儿童就算完事的；（3）使各村的学众明白学校是村民所有，村民所办，也是为全体村民而办的，学校是一村社会的中心，教师是一村学众的朋友。

我是深信要想推动邹平教育，必须推动邹平社会组织。有了组织邹平社会才是有了能动的力量。上次邹平乡村工作讨论会里，我曾向大家说"我们大家在乡工作的，依我品评。以能运用组织，表着乡学村学的意义者为上等，以能自己努力引导旁人共同努力者为中等；惟有自己努力，亦见成绩者为下等，其他不努力，不要好，不向上求进步者，根本不配为乡村运动的同志，就不列等了"。运用组织是乡村工作的要着。我们须怎样来运用组织呢？就请进一步来讨论：

第三组织作用之表现和发挥；组织作用从何表现？如何发挥？我的意

思是：

扩大教育机会；教育大众化是我们工作的目标，同时也可以说这亦是我们工作的方法。我们要引发乡村组织，推动乡村建设，即不可不注意使我们的乡学村学的活动与乡村大众的生活发生适切的关系。这就须尽量地扩大我们的教育活动，把教育的机会给一切的乡人。这种主张在旁处虽是作梦，在邹平是不难作到的，"我们是如何做起去呢？

1. 试行导生制，活动分团制，时间制，露天教学及综合教学。

A、道生制是解决师资问题的。普及中国乡村教育，如必全待师范毕业生做教师，那真是'俟河之清'不知要到什么时候了。我们的办法是用学生教大众，用大众教大众。上次，我们训练联庄会员的时候，就曾试用这个办法的，第二期的联庄会员，不识字者凡一百七十人，这一百七十余个文盲会员们，我们就用县学师范部的学生（第二学期的）来教的。共分十二组，每组就有师范生一人，或二人来做，他们的指导员。这师范生，我们就叫他"导生"。因为他原来是学生，现在来担负指导大众识字，唱歌，明道理的责任。这就是用学生教大众。我们教联庄会员的课本是识字明理，我们教大众们五个能：即能读，能写，能讲，能唱，（把课文配上谱，可以唱的）并能转教旁人。在师范生教了一阵以后，每组学员总有些聪明的已经学会了，旁的愚拙点则尚未学会，这时候，我们就叫那已经会的来转教那未曾学会的。这就是用大众教大众。大家边学边教，学多少就教多少，如是则学者越多，教者亦越多，我们的教育要求扩充与普及就有可能了。

B、活动分团制是用以解决学众编制的问题。一村之众，男女老幼诸式不同，贫富智愚亦各不一，官式的班级教学是很难适应大众生活的需要。是以活动分团制之采用殊为必要，详细办法请阅拙著；乡农学校的学团编制。

C、时间制是用来解决教学时间的问题。学众有能全日在校受学者是为全日制；有能在学半日者为半日制；有每日仅能来校一时或两时者是为时间制，有可隔日来校一次者是为隔日制；有可每周来校一次者是为周会制；有可每月来校一次者是为月会制，（或月课制，如各乡村之乡射典礼学董会议）乡村之中，大家境过不同，忙闲不同，定式学校大众成天在校，天天在校的办法，在乡间是不甚能够通用的。那样的办法只能适用于少数闲人和农闲时期，我们应为乡间大众生活的需要，在教学时间上当以采用时间制为经，而临日活用其他的制度为纬。

　　D、露天教学是用来解决教学场所的问题。教育本来不一定要在学校之中教室里面才能进行的。邹平乡村学校教室大半是采光不足，通气不便的，在冬季，窗户紧闭，煤火方炽时的空气，尤为有害。依我想像这样的教室，即便可以容纳所有的学众，而为学众的健康起见，仍宜多用户外教学，野外活动才是道理啊。一学之众，大家来学，教室是成问题的。于此我们必须采用露天教学的办法，上次，一百七十余名壮丁学习识字的时候，就是采用这种办法。他们上课就不去教室内，亦不在大礼堂内，而在操场上或野外山麓，河边举行的，他们共分十余组，每组要一教室，我们就没有这多教室。采用露天教学这就不成问题，而且很方便。他们——不论教师和学生每人带一册课本，一个经褶和一支铅笔就够了。课本是用以讲读的，经褶和铅笔则用以学习书写，有时他们就用树枝在大地上学习生字，如是大地为纸树枝为笔，脚鞋就为黑板拭，既省钱，复省事，又免得教师吃粉笔屑啊。这不是较为合理吗？我想大家要在乡间教育大众，露天教学的办法是必得学取的。

　　E 综合教学是用来解决教材教法的问题，我们在乡间教学，不宜用分科教学，亦不宜仅以讲解书本为事的。我们教学应有个灵活的中心。中心在那里是不宜固定的，大众生活的需要所在就是我们的教育活动的中心所在，教学的方法也须看生活的方法。怎样生活就怎样教育。"生活设计法"或"综合教学法"在乡村大众教育上就是这样成为必要的。

　　2. 农闲期的成年教育总动员：自十月下旬至明年三月这期间内为邹平农人闲假的时候，中间是废历年关，前后一个月较为忙碌，其余时间，农人都是可以很有时间来到一处谈谈笑笑，说说理，识识字，学学算，习习拳的。民国二十年冬，我们曾利用这期间，在邹平各村里边做过一回乡农学校，推广成年农民教育，我想这样的事，无论为农民想，为学生想，为教师想，为各方人士想，为乡村建设运动想，都是很有意义，很有价值。时机又来了，我们准备再干。而且要干得比前几次更有计划，有准备，有组织，规模更大，效率也更高。

　　这件事大致的规划是：

　　A 时期是三个月——今年十月下旬至明年一月下旬。

B 地点是各乡学各村学及各较大之村立学校——自卫班在各乡学，普通部在各村学及村立学校。

C 功课是：（甲）精神陶炼，（包含中华民族故事，早会精神讲话，乡学村学须知诗歌），（乙）公民常识，（包含党义，史地，国耻痛史，法律常识，人事登记，乡土志），（丙）农村问题，（包含合作，农业改良，风俗改良），（丁）识字明理（包含国语训练及珠算心算，自然常识），（戊）军事训练，（包含操练及军事内堂）。

D 工作人员是：（甲）研究院的教师和学生；（乙）县政府主管各科局的工作人员；（丙）县立师范教师和学生；（丁）全县征训队及联庄会员动员；（戊）全县各乡学，村学，村立学校学长，学董管理员，教师，和学生总动员。

E 教育对象主要的是成年农民兼及儿童，妇女。

中心活动题目是（甲）各乡村自卫训练及组织；（乙）农业改良及合作组织，（农业改良主要的为棉种猪种改良，合作组织主要的为棉花运销造林及仓库）（丙）风俗改良（提振大众生活向上学好之意志，劝戒，早婚，买卖婚姻，缠足，赌博，争讼，及吸毒品等恶习指导农间正当娱乐，（丁）扫除文盲并教大家明白乡学村学之意义及其与乡村大众生活之关系。

（二）提倡合作事业，并设法使学校与现有各种合作事业联络进行：乡人必须在实际生活上有事情要合作，才能容易引进他们入于组织，组织必须有实际的事情活动起来才得进步开展，在乡村提倡农业合作以引发组织，推动组织，实在是必要的。因此，我们要求：

1. 尚没有合作组织的乡村引发一点合作的事业。

2. 已经有了合作组织的乡村，则须使他与学校密切联络，发生有机的关系。教育与经济不能分离，学校与合作社也以联合进行为最合于道理，以学校引发合作社，推动合作社；同时亦即以合作社保障学校，开展学校，合作社与学校合一，在乡村社会生活迈步前进的途中是必要的，是以，我们目前应当注意：

A 求行政及设计机关之联络。

（甲）实验县设计委员会建设组，合作组，教育组之联络。

（乙）实验县县政府第四，五两科工作之联络。

B 乡村学校与该乡村合作事业活动之联络沟通。

（甲）活动时间上之联络：如春季为林业合作社活动时期，夏秋两季为棉花产销合作及农业仓库合作活动时期，冬季为农村信用，及农村销费合作活动时期，各乡村学校的课程都宜因应时宜与大众以适当之指导鼓励。

（乙）应用材料上之联络：各乡村合作事业之现状，问题，及计划，等都列入学校课程讨论，合作社讯及其他印刷品都供给各校师生之参考。

（丙）指导人才上的联络，合作常识由各学校教师教导学生及大众，其专门的较为深的学识技术，则由合作指导员指示社中干部人员及各乡学学生。

（丁）设备上之联络：有些图表书报为各乡学所有的，可用以指导各合作社社员，并许其借阅；亦有些器具设备如轧花机，榨油机第为各合作社所有的，可用以指示各学校学生见习或实习。

（三）促进全县保健运动：

1. 对于儿童继续施种牛痘，或创立幼儿保健会，幼儿健康比赛会。

2. 对于少壮妇女继续放足运动并宣传妇女卫生。

3. 对于少壮农人提倡国术，技击，打靶及冬猎。

4. 对于产妇注意助产，并训练收生婆。

5. 对于瘾民继续戒烟运动，（戒烟放足等工作都以卫生教育的观点来做）

6. 对于一般人民宣传县立医院之历史，地点，及其用意，并宣传公共卫生常识。

（四）注意各乡村学董会，教师会，国术团，乡射会及种种集合；我们相信大众有意义的集合便是有意的教育活动。

（五）继续推广优良棉种猪种及鸡种。

（六）农闲娱乐及乡村礼俗的研究改良。

1. 关于农闲娱乐：上次贺家乡村学一面禁止肘鼓小戏，一面就教导学众扮演新剧来代替它，这是很对的，邹平乡间没有电影场，没有跳舞场，没有运动场游戏场，也没有茶园，农人在闲暇的时候，到那儿去？去玩什么？真是问题，我们须想法给大家的精神生活有个出路，有点欢乐的机会。提倡音乐会，新剧团，国术团，角力会等实为必需也。

2. 关于乡村礼俗：今年冬季，我们应普遍的劝道大众，勿早婚，并改革买卖婚姻的风俗，这种事让政府用政治的力量来做便会有许多毛病。用教化的意思来做则是有益无害的。

"我们大家为什么要干这，干那呢？总归的意思是要引发多数人对于团体生活的注意力和活动力，使村学乡学真正发生社会指导，社会组织的作用。我们认为中国乡村建设的工作须由此进行，中国今后政治习惯的培养也须由此致力啊！谁在进行？谁在致力呢？人的问题，在乡村工作里，毕竟是最为要紧的，因此，下面就谈谈：

第四，乡村工作人员的联络，辅导，协助和进修机会。

（一）续办乡村教师假期讲习会。

（二）举办乡学工作实施讨论会。

（三）举办全县教师检定——详细办法另拟。

（四）组织教育参观团。

（五）组织各乡教育研究会，或各乡教师读书会。——乡之大者得分组举行，各组每周一会，全乡每月一会。或提出实际问题讨论，或报告阅书心得实验结果，彼此切磋鼓励，得益必多。

（六）组织全县乡村教师互助社：全县现任乡村教师有疾病者，社中予以救济，有死亡者社中予以抚恤，此种款项来源，一面宜由现任教师摊纳，或捐助，一面可请由县款补助，此种互助社即由县教育会代办亦可。

（七）县设奖金，奖给各乡村优良学校教师。

（八）教师任期：初聘者订期一年为试验期，续聘者订期三年，总期大家安心教学，不致时常更换。

（九）教师待遇：宜依服务成绩及学术程度分别甲，乙，丙，丁，四等，各等教师每年最低薪金若干，宜由县中规定，公布施行。

（十）各校宜订购日报一份，以便"教师阅览""转告大众"。其经济困窘之学校可联络邻校两所或三所合订一份。

（十一）发挥《乡村建设旬刊》及《实验县公报》的作用——指导乡村工作之方针及办法。

（十二）注意乡村工作通信——问题讨论及消息介绍。

（十三）充实县图书馆，并发展其流通巡回事业。

（十四）编审乡村民众及儿童读物，陆续供给前方需要。

（十五）辅导员转移视线，重视村学及村立学校的活动，每月须巡视各学校一次，并予以指导及辅助。

（十六）各乡学村学每月宜有工作报告呈报县府。报告里宜说明各该乡村的社会改造活动的经过事实和困难问题。

（十七）教育设计委员下乡巡视，求知前方情况。

临了，我再把我自己近来对一般社会改造事业的心思向大家说明：我们大家不要怕没有力量，应当怕自己的力量用错了方向，不要怕自己没有成绩，没得众人赞美，叫好，应当怕自己没理想，明确的理想，请问大家，你使劲你忙着，你的理想是什么？方向在那里？理想有了，我们怎样使他实现呢？方向对了，我们又怎样一步一步前进呢？我们大家都是在这中华民族复兴，人类文化转变的旅途中同行的人，自然我们该当努力前进，我们更该当看清楚后或细心探索着努力前进啊！

第五节　自卫训练

第一目　民团干部训练所成立及其办法

山东人民自卫组织之散于乡者，清末及民初，曰团练局；由县招募而成者，曰县队，此外有县府所设之警察队或警察局，均无组织训练之可言。邹平亦自不能例外！民八以后，称县队，曰警备队，改团练，曰保卫团。迄民十二，警备队亦名保卫团，所异于团练局，改成之保卫团者，一则常备，一则非常备而已。至民国十五六年，各种会门蜂起，民间武力，多为私人把持利用，保卫之意义全失，与警察局成官民相对之二种武力。后警察局改为公安局，保卫团仍如故。民国十九年，常备保卫团改为民团大队，直隶民团总指挥部；公安局则归民政厅管辖。邹平在改实验县以前，地方治安亦由此二种武力维持。其权限之分界，大略公安局负责城里；民团大队分驻四乡。但事实上如地方有事，公安局亦须下乡，民团大队亦调入城内，惟是枪枝素少，缺乏训练，二者指挥复不统一；虽以民性淳厚，素能相安；然一旦有事，其力实不足以维持秩序，保卫地方。民国二十二年七月，实验县政府成立，乃就原有之民团大队部与公安局孙家镇分驻所合并，改组为民团干部训练所，（城内公安局暂存）以为促地方自卫，充实民众武力之机关。经费除民团干部之一三，三六八元外，增加一〇二元为训练所经费。训练所置所长一人，由县长兼任，督教练一，教练若干人，专负训练之责。内又分为两分队，第一分队为干部队，第二分队为征训队，（每队分三班）此种改革，其主要意义在不增加经费下，化招募为征调，期于遣散全县招募而来之兵警，加多地方曾受训练，能供征调之民兵，训练所之组织如下：

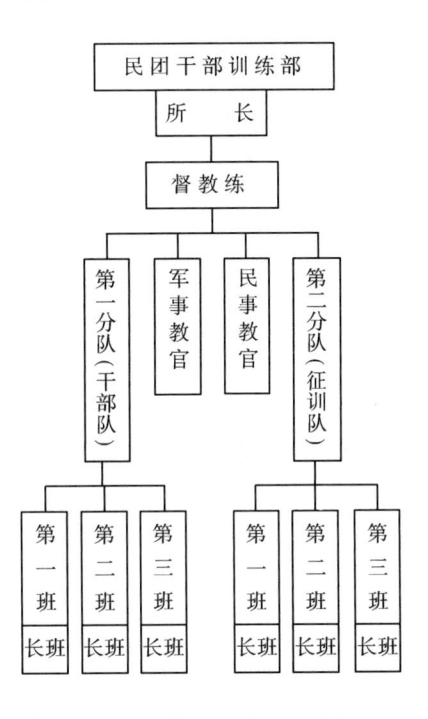

```
          民团干部训练部
              所 长
              督教练
    ┌─────┬─────┬─────┬─────┐
  第一  军事   民事   第二
  分队  教官   教官   分队
  (干部         (征训
   队)           队)
  ┌─┬─┐       ┌─┬─┐
  第 第 第      第 第 第
  一 二 三      一 二 三
  班 班 班      班 班 班
  长 长 长      长 长 长
  班 班 班      班 班 班
```

干部队与征训队之性质办法都不一致，略述如下：

一、干部队

干部队即民团干部训练所第一分队，系甄别挑选民团大队及公安局孙家镇分驻所被裁兵警中之精壮优秀而成者，使代替民团与公安局分驻所，负维持地方治安之责。每日授以精神讲话，步兵操典，自卫要义，及野外勤务，陆军礼节，射击战斗等课程，以开明其心胸，提高其程度。后来又改为卫士班，约十四名，为训练所及邹平实验县政府站岗护卫，并随县长出巡各乡。

二、征训队

征训队者，由民间选取青年，严其训练，造成下级干部，以为办理自卫之核心者也。

1. 征训之办法：征训队学员系由各乡乡学理事选送本乡身体健全，品性端方，无不良嗜好，年在二十以上二十五岁以下，具有高小毕业程度，且有家产者四名，经训练所试验（试验课程为国文，算术，常识，口试，体格检查），择优录取二名。邹平除首善乡（即城区）外，尚有十三乡，其中以第十三乡幅员最广，故准其人数加倍；后又以投考人数过多，各乡保送之意甚殷，乃于正额三十名之外又添取三名，准备正额有淘汰时，以余额补充之，但后学员并无淘汰之情形。

训练期间四个月，每期以三十名计，每年可训练九十名，惟实际上训练一期即已结束；盖此项下级干部已觉敷用，故移整个力量去注意联庄会之训练矣。

在所训练期间，服装，书籍及膳宿各费，全由公家供给，四个月训练期满，举行考试，及格者发给毕业证书，不及格者罚其自备伙食，再入下期受训练。

其练训课程，甚为繁重，除整个的步兵训练之外，且有应用文，户籍，自卫要义，经济常识，社会调查，棉农合作等，并特别注意纪律与自习。

2. 毕业后之工作：征训队学员，经四个月严格训练毕业后，由县府按其属乡籍，派充为各该乡学正副乡队长（乡队由联庄会会员组成，关于联庄会者后当详述）；其未派往各乡学者，则留本县民团干部训练服务。各乡镇正副乡队长皆直隶于乡学，受乡理事之指挥监督。队长负责指挥所属，维持地方治安，及宣传政令，协助建设。至于训练民众，户口调查，人事登记，查禁烟赌，宣传改良不良习惯等等工作，皆为其应尽之义务。县府与之联络呼应，可洞达民隐，知所兴替；同时政府意旨，赖其宣扬，复可减少民众若许之无谓怀疑。（对于征训员之工作及其服务规则俱详后表）。再征训队训练期中，曾令两次回乡，一为往乡学取枪，一为回乡宣传集中训练联庄会之意义；观其两次回乡应注意事项，及其服务规则，可见邹平县训练人才之特殊精神与用意所在：

（一）民团干部训练所学员回乡取枪应注意事项

一、县地方会议议决本所学员准于本月二十四日各返本乡取用枪支，并通令在案。

二、各乡学员返里时分成六组，以住址相近能一路同行者为一组，举一组长；组长应负责保持行军纪律，返所时亦如之，每组由本所发一路证交由组长收执，以便沿路查验，免起误会。

三、于同行一路线之最终点分手各返各家；其最终点应择一适中地点，以便返所时之集合。

四、各组分别出发后，本所派各队长骑自行车沿途密查，对于规定之纪律与任务是否遵守实行。

五、各学员之任务，除向乡学借用枪支外，应注意宣传工作，以唤起民众自卫，卫国精神。

六、各乡学员同往乡学取枪时，服装要整齐，礼节要周到，态度要和睦，言语要委婉。

七、接到枪支，即时加以检查，是否缺少零件，及其他残损，当面记明，用持枪式；返所集合后，由组长指挥之，返队时一律用托枪式。

八、路途中不准任意喧哗，购买零吃，休息时在村边无人处，排别端坐。

九、路遇亲友及乡邻，须问候致敬意。至本村及家中要特别恭敬，到家后可换便衣。

十、宣传纲要：（一）说明征训队之性质与意义，是造就好人，培养学识；将来服务地方，改造风气，致力革命工作，保护地方治安；（二）改组民团大队为本所，是统一组织，集中训练，团结民众武力，推动地方自治；（三）说明本所之精神与纪律为救中国之唯一良法，将来民众应普遍参加；（四）说明列强之压迫，匪患之骚扰，非民众自卫不能拯救；（五）研究院及实验区设立之用意，邹平首受其惠，是邹平之大幸；（六）说明本所师生一致努力与办事热心之情形；（七）本所受各方钦慕重视，故不敢不勉力上进，以免大家失望。（八）我们个人能得到机会去受训练，实荣幸愉快之至；（九）感谢乡学之保送，安慰家人之想念，家中琐事妥为处理，不可逞燥气；（十）乡学之枪如缓付时，不可表现勒索情形，仍以和气对付为要。

（2）邹平县征训队第二次回乡宣传集中训练联庄会应注意事项

一、离队回乡之组织：1. 仍按上次回乡取枪之编制；2. 须先至乡学村学；3. 至家须先回家中尊长。

二、行动之规律：1. 沿途遇相识者须先与接谈，礼貌切无疏失；2.

乡党之长幼均须恭而敬之，设法与之接谈；3. 沿途之行动应保持行军纪律与精神（上期已有详细规定，应遵照实行）。

三、应负之任务：1. 按照所发章则，与乡党稍孚众望者以谦和态度详加说明。

四、宣传之纲要：1. 联庄会之意义——国际性，（准备御外侮）地方性，（御匪弭盗）家乡性；（自救自卫）个人学识方面，（人生应有之常识），地方公益方面，（自治中心组织），国民义务方面，（以健全之地方自治组织建设国家）。2. 选拔训练员之资格——具规定之条件而精明强干热心公益者。3. 宣传之方法——（甲）重侧面烘托法，以自己行事及事实感动之；（乙）忌正面直说，及自己行动错误言语唐突；（丙）说明受训之性质，绝不是应募当兵，绝不是骗人，是造就知识，锻炼体格，统一组织，集中训练，变换陈腐思想，养成良好国民，俾知孝悌力田而能有勇知方。4. 训练队之组织——（甲）养成团体生活之兴趣，以军事组织为主；（乙）励行设教讲学之精神，教师均系研究院县政府公务人员及教职员任之，其设备多借研究院，书物房舍大致已就绪，恰如成人大学然；（丙）注重成人教育之实施，教授各种应用常识及技能；（丁）实行分组训练之编制，如珠算班，识字班，征训班，或其他经商须知，技术训练等。5. 将来之希望——护身，看家，保乡，卫国，识字明理，陶冶思想，增加学识，敦励品行，勇于公益。

(3) 邹平实验县征训员服务规则

一、本规则根据本县实验计划第二项关于改组警团及充实民众武力之计划，与本县联庄会训练暂行办法第七，十，十四各条之规定及本县联庄会训练员组织及服务规则，订定之。

二、征训员毕业后由县政府按其所属乡籍派充为各该乡学正副乡队长；其该乡原来保送之征训员不及二人时，县政府得调委他乡毕业之学员充任之。

三、各乡学除第十三乡因乡区特大，定为队长一人副队长三人外；其余各乡，均定为正队长一人，副队长一人。

四、未派往各乡学之征训员，留本县民团干部人员训练所服务，直接受所长，督教练及分队长之指挥监督。

五、各乡正副乡队长直隶于乡学，受乡理事之指挥监督，负指挥联庄会训练员维持地方治安及向所属训练员传达公家章令之责。

六、正副乡队长除遵照本县联庄会训练员组织及服务规则所定职责服务外；正乡队长应担任各该乡学村学军事训练员，副队长除协助正队长训练民众外应兼任该乡户籍吏办户口调查，人事登记并本队文书事宜。关于户籍吏服务规则及办理户籍调查，人事登记等章程，另订之。

七、各乡学每月集训练员开会，正副乡队长除依联庄会训练员组织及服务规则第十三条规定各款办理外，应将当日开会情形分别报告于县政府及民团干部训练所。

八、各乡正副乡队长报告开会情形应注意下列各事：（甲）乡学师长（即学长辅导员，乡理事）是否出席，教员学董等共几人；（乙）会员应到几人，请假几人，无故不到几人，实到几人；（丙）开会次序，所有应行礼节是否严肃遵行；（丁）开会时报告事项，讲演题目，及训练员提出之问题；（戊）午餐样数；（已）打靶成绩；（庚）得奖人名及等第物品；（辛）训练员在各庄村集散是否严守规则。

九、正副乡队长应常带武具，往所属各庄村及要道梭巡，以备不虞。

十、正副乡队长对于所属各村组长及训练员，应时常注意其行动，是否勤谨忠实；并能否依照章则努力服务。

十一、正副乡队长对于下列人等及事实，有查禁报告之专责；知而不禁并不报告县政府者，以渎职论：（一）无业游民，专一为非作歹者；（二）贩吸毒品，或鸦片者；（三）交接外来形迹可疑之人者；（四）赌博取利者；（五）演唱有伤风化之淫戏者；（六）宣传破坏中国固有良好礼教者；（七）联庄会训练员有恃势吓诈及藉端招谣者。

十二、正副乡队长遇有紧急水火盗匪情事，不及报告乡理事及县长时，得立即命令该乡学所辖训练员及民众从事扑救抵御，以免有失机宜；事后经过情形，仍须报由乡理转呈县政府核办。

十三、联庄会训练员定期每月开会，及冬季之十五日短期训练，又每年全县联庄会会员之集中县城训练，均应遵照章令工作，不得违误。

十四、每年民团干部训练所得召集各乡正副乡队长集中所内，为短期之讲演授以较新较高之军事学术，以资深造，受训各员仍支原来薪饷，不另津贴。

十五、正副乡队长除因公离乡学外，须常川住学，以免有误事机；若因事因病除直接向乡理事请假外，其时间遇三日以上者，同时须呈准县政府备案。

十六、正副乡队长除盗匪案外，不得与闻乡村词讼调解之事；其他攸关乡村建设事项，除农村自卫事项外，其余非有明令规定，概不负责。

十七、正副乡队长遇事得禀报县长，县长并得直接指挥之；但县长须同时知照乡理事，以免隔阂。

十八、各乡正副队长每日早八点以前应向民团干部训练所督教报告昨日夜地面上有无事故发生，今日有无特别工作，以凭考勤，并通达消息。

十九、各乡正副乡队长对于应尽责任，及县长乡理事之命令不曾竭力遵行，或行动不合法时，县长得酌予以下列处分：

（一）申斥，（二）记过，（三）责罚，（四）撤惩。

二十、各乡正副队长平常忠于职守，遇事克著功绩者，县长应酌予以下列奖励：（一）传令嘉奖，（二）奖赏物品，（四）记各提升民团干部训练分队长，助教，或呈明省政府研究院酌予委用。

二十一、各乡正副乡队长除上列条款外，余应遵照本省联庄会章程之规定，努力尽其责任。

二十二、本规则经过地方会议通过，呈研究院核准公布施行之。

第二目 联庄会

一，过去之联庄会

民国十九年，山东省政府颁发山东各县联庄会暂行章程二十五条，令各县遵照举办，邹平初亦成立联庄会总会于县府，成立分会于各村庄，只以会员素乏训练，一旦遇警，缓急难恃。继经县政会议议定，训练办法，以里为单位，全里各甲会员分三期训练，每区抽调三分之一，以一个月为限，均由该里里长负责训练，分会长督饬办理。分会设教练，（由区公所助理员兼任），巡行教练，每里每期须足十分之一，会员常川驻防该里适宜地点。二十一年三月经全县区长会议，订邹平联庄会实施细则（后附）。是年五月，又选乡村建设研究院自卫班学员十名为催办联庄会专员，并由警团各方抽调士兵八名组织巡查军，夜出昼息，专司四乡游击巡缉匪类之责；且与各乡联庄会切实联络，藉以提倡乡民自卫风尚。十一月，本县各联庄分会亦先后成立，已编入会员计九千七百九十四名，同时省府又责成各县分期抽调联庄会会员，教以军事常识，施以短期训练，便其稍闲射击，略具胆识，庶几无事则可守望相助，有事则可协同防剿；且各县长亦得乘此机会，接近民众，察问疾苦似于防匪施政均有裨益。颁发各县联庄会会员训练简要办法（附后）邹平县于是依据上项训练简要办法，以区公所办公地点甚为窄狭，调集会员集中训练，讲堂宿舍，均须另为设备，每次训期间又以十五日为限，时期稍短，惟恐难收实效；且军事教练由民团队部官长中遴选担任，队部人员无多，抽调实困难，乃在各区设立之民众学校内增设联庄会训练班。课程方面，由民众学校原有之军事教练及教员担任，区长及团队部均负协助办理之责，征调人数酌量增加，延长训练期限为三个月。俟第二期仍按省府规定以十五日为限。除颁定课程外，尚授以精神陶练及农业常识，于训练民众武力之中，寓推行乡治之意。二十二年一月，省府委令各路（全省分五路）民团指挥兼联庄会督练。此关于过去联庄会之编制与训练之大概也。

（1）山东各县联庄会会员训练简要办法（二十一年十一月）

一、各县各区联庄分会会员依本办法之规定，分期训练之。

二、每次酌调各甲会员平均分配各区分会所在地适中地点轮流训练；但每次总数：一等县以四百人为限，二等县以三百人为限，三等县以二百人为限。

三、每次训练期间以十五日或一星期为限；但于农忙必要时，可暂免训练。

四、训练之课程如下：（一）人民对国家应尽之义；（二）人民当守法安分，保全身家；（三）地方自卫要义；（四）各种长枪短枪射击法大要；（五）军队排列进行法大要。

五、前条所列课程，遇必要时得增减之。

六、每次训练以各区区长兼任训练主任，不另支薪。

七、军事课程由县长就民团官长中遴委担任之，其他课程由区公所职员兼任，均为义务职。

八、每次训练会员由各区长责成本庄庄长代筹伙食；所须笔墨纸灯油茶水等费，由县地方预算项下撙节开支。

九、本办法自公布之日施行。如有未尽事宜，得随时修正之。

（2）邹平县联庄会训练实施细则（二十一年三月）

一、本细则，依据山东联庄会暂行章程制定之。

二、凡二十岁以上四十岁以下之男子皆为会员。每日至少每家须派出一人以便轮流守卫；但家无男丁并无顾工者，不在此限。

三、每户应派之会员中，每日抽集五分之一守夜打更；例如某庄有五十户，应派之会员为五十人，每日须抽集十人守夜打更，——名为值日牌，每牌自行推举牌长一人。

四、每庄值日共分五牌，由甲长按户编定；值日期定为六日，一个月轮流一周。每日晚饭后集合，次晨日出散归休息；集合时如有托故不到者，准由各甲长禀由总会长从严惩处。

五、每庄借用庙宇或商置闲屋一所，以便值日会员每日晚饭后于此集合。由牌长轮派五分之一打更，其余寄宿屋内；屋外悬铁钟或铜锣一个，有警即鸣钟敲锣示众，本庄及邻庄会员，闻警即须集合前往协助。

六、值日员须携带枪支；其穷无枪支者，由甲长负责通融借用。

七、庄户有丁银二两以上者须自购来福枪一支，四两以上者购拾枪一支，五两以上者购快枪一支。

八、各庄胡同路口太多者，由甲长酌量情形堵塞，以资防守。

九、以上办法除临时派员分赴各庄严查外，概由分会长里长督饬各甲长负责整顿；如有任意废弛，致该庄发生抢劫，定准该甲长是问。

十、值日会员每日守夜，茶水零费由值日会员自行协议，各该甲长不得藉故敛钱。

十一、本细则如有未尽事宜，概依山东各县联庄会暂行章程交县政府会议修正之。

十二、本细则自公布日施行。

二，现在之联庄会

前所述之联庄会训练办法，后以时期过短，学程有限，且分区训练，难觅如许教授人才，欲培成健全之民众武力，实所不能。兼以国际风云紧急，邦家多难，尤须讲求切实有效办法，方可为国军后盾，以应事变。县长王怡柯氏爰本此意与地方士绅几度研讨，乃决定改为集中训练，凡受训之人悉集城内，假研究院训练部为食宿上课地址。且又暂定每年训练联庄会员一届，每届分为一二两期，每期六百人，均由各乡按间抽调。训练要旨在团体纪律，民族意识，思想陶治，知识灌输，务期文武并重，兵农不分。故以成人教育为精神，以军事训练为骨干，以普及教育为前提，以推进乡村建设为归宿。设备方面则就研究院地址（利用研究院第二届训练部学生下乡实习时，或结业下乡），只购铺草与少数器具充用。主持人员多借用研究院及县府第三科人员。现训练已及二届，受训人员一千八百余，其间经过情形，明述如下：

(1) 第一期训练情形

查本邹平县人口约计为两万八千户，以二十五家为一间，约有一千二百间，每间选拔十八岁以上二十五岁以下有身家财产者二人，经各该乡学考试后择优录取一名，送县城内集中受训练，名曰联庄会训练员，综计全县可得一千二百人，除寄庄户及间之编制有合并或奇零不计外，两期共应抽调一千一百七十二名。第一期五百八十三名。实到人数为五百三十七名，共分四队：第一队为挑会员中之程度较优者名曰特别班，余分三组上课。县长为总队长，总队长之下有总务教育两组（详见联庄会训练队第一期暂行编制表）。其官佐均为义务兼职，由各机关调用，较之他处之训练民团者所省经费尤多。生活方面官佐与会员同，每日会餐，均在操场举行。时值隆冬，朔风凛冽中亦如之。至全期学术两科以及成人教育，均为有计划之进行（附联庄会集中训练全期学术科总计划），故训练结果，收效甚大。

本期自二十二年十二月十二日起至二十三年二月十二日止（旧历十月二十五日起至腊月二十五日止），于会员报到时将征训队学员分为招待指导编制三组。所有新入伍会员，井然有序。在受训练中曾放假三天，令各回家省亲，且举行调查工作，并说明训练联庄会之意义及受训真相，以免乡人怀疑。盖以征调之初，全县哗然，谓'将开去打日本者'有之，谓'与韩主席练兵'者亦有之，因而被征调者之家属，日夜惶恐，若有大难之将临者。今使训练员本人申述联庄会之意义及其受训情形，则使乡人尽释然于怀，盖亦有力之宣传也。在受训练期间，第一个半月为混合编制，俾全县会员均有相认识机会，打破地域观念，于将来剿匪或会操时，互有同伍同学相识之谊。及将毕业之半个月，按各会员所居之乡编制之，即由其乡之征训队学员为排长俾同伍相习相敬，期满返乡后自能负统率教练之责。及毕业即由已规定之乡队即受训时之排长率领各曾员全副武装并携行李及所发讲义排队唱歌而回，步法整齐，首到乡学由乡学长训话毕，旋即分组由各组长率领到各村学报告受训之经过，始行分别解散回家。此种办法引起乡人观感不少。

训练员在受训期间所需伙食服装及其他杂费，统由会员本村公摊。每员两个月所需各费预定为十一元，入班受训时，带交本县农村金融流通处，毕业后计算有余则退还该村，不足则仍由各村补交。按训练员每月伙食每人为三元三角五分，每套服装为二元一角有奇，他如薪工炭火笔墨纸张油烛印刷器具杂支等费，连同在本期服务之征训队学员原带经费，两个月之实收为六千二百零五元二角七分，共支六千二百八十一元五角六分，与原收入数尚不敷七十六元二角九分。

（2）第二期训练情形

本期（自二十三年三月初五日至五月初五日止）原定人数为五百八十九名，因第一期之应被征调者，间有特殊事故而未报到者，又有以受训等于入学校读书，要求自费受训者，故此次实到人数超过预定，为五百九十三人，因照五队编制。其他皆同第一期。惟本期中之四日休假，其作用与前异，自四月三日放假，六日满期，意义在宣传造林，并随时向大众讲述美棉种植及运销合作办法。然以新入伍受军事训练之会员，于此假期内无一人逾时销假者，其训练之严格及感化力之大，可见一斑。于训练时以人数较多分为五队，第一队仍为特别班，共分为四组上讲堂：如能作通顺日记者，粗解文义而不能作文者，略能识字者及不识字者，各因材教学：能作日记者，每晚有一小时规定为作日记时间；不识字者由杨效春先生每日率师范学生将所有不识字之一组分班蹲于操场，以草棍或砖瓦小块，就地划字演习识字，其教学方法极新颖，最能启发心思。故会员遇识字班上课均欢跃之至！以平时训练以教育即生活，人生须活到老学到老，故能激发其兴趣。此次训练之特质即在无代雇顶替，而最得力处则在未集合前之普遍宣传，绝非以法令威权而能使之然也。

至本期将毕业半个月，及毕业返乡之编制，亦皆如所述第一期办法。经费方面以此次受训练人数较多，且有第一次之经验，在用度上知如何撙节；故虽仍每人预交十一元，连同其他收入共七千零二十四元五角四分六厘，但仅共支六千六百二十元零九角四分八厘，尚存洋四百零三元九角八分。此项余款经二十三年六月二十二日地方会议议决为联庄会已受训练之会员每人买草帽一顶，第二期会员补发饭袋一个，其余之款分发各乡学为各会员购置白布衫一件，如有不足由各乡学七月份打靶费省去之款弥补之。

(3) 第三期训练情形

本期是联庄会第二届第一期训练,自二十三年十一月二十九日为筹备期间。十二月一日召集齐,开始训练,至二十四年一月底止。原来以前届第一二两期集中城内训练,关于学术等科进行之效率,全体团结之表示,固优于分散;然于各乡学举行训练,可收乡学与会员合为一体之效,且各地分别集中,则乡民有所观摩取法,以开尚武风气,并使其习闻集团生活之乐趣;加以本期集中城内,恐无相当地点;故当时决定变更前届办法,分别就各乡学集中,再行编制训练;后来实行不久,感觉设备及训练人员均不够分配,且团体精神亦不能贯注,乃又改分四处集中训练,与第十三乡靠近各乡,集中十三乡训练是为第五队,第九乡附近各乡,集中第九乡训练是为第四队,第二乡附近者集中第二乡训练是为第二队,其余各乡,集中城内,仍利用研究院训练部学生下乡实习后之空房训练。是为第一三两队,临近毕业时仍有数天全体集中研究院,作整个训练,解散之日并举行隆重毕业典礼,本期抽调方法,仍为每间一人,应到人数为五八三名,后因间邻稍有变动,实到人数五六七名。此次会员程度,比前届两期都整齐,能作文写日记者有一六七人,能识字尚不能作日记者有二四二人,其余识字少或全不识字者占极少数,会员年龄以十七岁至二十六岁者为大多数,而最小者十四岁,最大者三十九岁,各只一名。本期抽调会员时,不惟无雇替情事,并有某乡农民误以为应被征而不见征,乃上研究院告状者,以此可见邹平联庄会之训练,已深得农民信仰,至于本期课程训练,经费摊派及毕业回乡后之编制,仍与前届各期同。再本期会员初来时,程度既较好,故一经训练之后,更比前两期健全远甚。

第三目 联庄会会员训练期满后之编制与任务

1. 编制——所有第一二两期曾经受过训练之联庄会会员一律按所居之乡编制之。共分十四乡编为十四乡队。每队人数以户口多寡不等,故会额数亦不等。队设正副乡队长一人,(一区域人数过多之乡,副队长可增加之),委征训队学员充之——即在受训练期中素所相亲相近之直接长官——直隶于各乡学校,受乡学长乡理事之指挥监督,每编村为一村组,就会员中之学行兼优而素孚众望者选组长副各一人,直隶于各村学学长村理事。全县共一百零八组,而各乡之村组为数亦不相同,平时除乡队长外，其余一律不准着军装，不得持武器，不支领薪饷公费，再每村非会员亦编入村组，平时受会员之训练，受过训练之会员称为训练员。

2. 任务——平时遇有水火盗警，会员则通力合作，领导村民，一致扑灭抵御。有害于乡村之人或物品，亦随时查报，听命办理，倘有股匪则听命集合，其费用由地方预备费项下开支之，不许擅派民间，冬防吃紧或青纱帐起时，各组长须遵令巡逻各扼要区域。

3. 举行会操乡射——会员以两个月之短期训练，其技术既不精敏，动作又不确实，而家居无事，又恐其陷于松懈委靡，爰有每月定期集合再予以相当训练之办法。定期集合由各乡自定之，或乘古会，或值附近有集之日，俾民众有所观感，于此时亦可宣传政令，先操演，后举行射击，遵古名为'乡射典礼'。开会时由乡理事点名阅操，继则学长训话，辅导员讲述乡村问题，乡理事报告本月工作及下月工作计划，并诰勉各会员以应遵守进行事宜。于此隆重之典礼后，并举行会餐，大有古'春社''秋社''乡饮酒'之意义。饭毕，列席之学董教员均可发表意见，提出问题，商量解决，最后则由乡队长指挥打靶，校阅演习国术，临时并由县政府民团干部训练所参加观礼，然系客位，并不以主官自居。以示寓兵于学，主权应在乡学也。但亦参加客观之讲评，予以相当之矫正。礼成择优给奖后，即分组排队而散。至每次开会之伙食，及奖品等用费，就由民团干部训练所本年度节余项下拨付。

第四目 最近之改革

邹平民众自卫，经由上述之训练，乡间势力，普遍增加，治安可保无虞，因而城中之武力有不必需要之势，乃于二十三年七月，裁撤民团干部训练所，其干部队三班缩小为一班，称卫士班，专负县府岗卫守备之责，干部队长改称军事教官，职司下乡指导打靶，及指挥乡队，维持治安，征训队长改为民事教官，负责训练村组长。

复以警察制度，不适用于乡村社会，因于二十四年二月一日裁撤公安局取消政务警，连同卫士班之兵士，严予甄别，分予去留，合并改组为行政警察队。在县，因直接指挥之下，维持城内秩序，巡查各乡，并供县府差遣提解之用，盖为常备性质。此外又成立警卫队，分期调各村组长集中训练，亦以四月为期，意在以纯粹地方武力，警卫地方，不另招募雇工式之武力矣！

第五目　其他工作

（1）村组长训练：为乡队村组之健全，及充实全县联庄会起见，除乡队长副有补习训练外，于二十三年十月一日起，又召集村组长，加以补习训练，其用意在提高村组长程度，补乡队长之不及，同时乡队长有时因故出缺，亦能以村组长升补。全县共分一百〇八村组，每次训练三十六名，每期四月，分三期训练完竣。第一期三十六名，已于二十四年元月终训练期满。

（2）各学校成人班施军事训练：——县学乡学村学之成人班，日常施以严切之军事训练，如此每乡每年至少可有百人卒业，计共十五乡（全县本只十四乡因十三乡区划特大故以两乡计算）则每年共得千五百曾受训练之民兵。

（3）各村组织国术会——邹平久安治平，不见成股土匪与夫强盗劫掠，较鲁西鲁南社会情形迥异，骤施以普通军事训练，大非所习，恐难实行，故除民团及学校教以军事外，由县府协同地方士绅调查各村旧有国术人才，优予礼貌，并令组织国术会，教拳术刀矛，以振民气。

（4）各乡成立射击会——择民有枪支较多之乡，（如花沟集明家集青阳店等处，距城较远，与他县毗连，匪害较多，因之购枪自卫者亦伙），劝民于农闲月份，每朔望则集合打靶，县长自己或派人前往指导，其射击命中者，予以犒赏，子弹由民众自备，愿用土枪比赛者亦听之。久而相习成风，平时足以镇慑宵小，一旦国家有事，亦可为荷戈赴难之壮士也。

（5）举行青年义务教育：凡在县境居住之青年十八岁以上三十岁以下，除学生公务员外，均施以军事训练及教育，实施期间定为六月，分二期完成。第一期自二十四年三月一日开始，至五月三日止，第二期自十月二十四日起至二十五年一月二十日止。办法以村为单位，以村学或村立小学为教育机关，军事训练由各乡队长村组长及联庄会会员担任。成人教育由村学教员或村立学校教员担任。时间均在每日清晨，及晚上；以不防害农人工作为原则，第一期已开始进行，情形尚觉良好。

（6）实行征调各乡队之联庄会员，轮流集中警备——各乡队平时除队长常川驻乡学服务外，其所部曾受训练之联庄会员，不过每月集合一次，或校射，或会哨会操而已。若值夏防或冬防，则此尚不足维持一乡之治安。二十三年七月，因有征调各乡队之联庄会员轮流在各庄集中警备四个月之办法。各乡队人数不等，以每人轮值服务十天，每十天更换一次计算，在七月十日至九月十日两个月内，全队轮流完毕，而定期一次征集之人数多者如第十三乡有二十五名，少者如第四乡七八名不等；由各该乡队长率领巡罗布卡，以资警备。

（7）民有枪支登记——于二十三年八月初间，由县政府通令将公有枪支登记外，所有民有枪支呈报，其表格之规定，遵照省政府所颁发分别种类口径号码等呈报，手续办竣，即派员分赴各乡烙印发给执照，执照及烙印，均未收费。

（8）举办农村自卫高级训练班：二十四年十一月初至十二月底，拟办农村自卫高级训练，分两期举行。第一期拟调各乡队长及各组组长；第二期调各乡副队长及各村副组长，分别训练，充实干部人才。

（9）此外尚有会操检阅，均于农闲时或防务紧急时行之。

附1. 邹平实验县联庄会训练暂行办法

一、本办法基于地方需要，并参酌山东联庄会训练简要办法及本县充实民众武力注重成年教育之实验计划，订定之。

二、本县人口约计二万七八千户，以每二十万户为一间计之约计一千二百间。每间拔选二人须年在二十五岁以下十八岁以上有身家田产者为合格，到各该乡学考试录取一人送县集中受训，名曰联庄会训练员综计全县可得一千二百人除寄庄户及间之编制有合并或奇零不计外，至少以一千人为足额，名曰联庄会训练班，分两期受训，每班受训者约为五百人，其同间受训，先后有争议时，在乡学用抽签法定之。

三、每期训练员受训期间定为两个月。自本年十二月十二日起，至二十三年二月十二日止；（旧历十月二十五日起至腊月二十五日止）为联庄会训练班第一期；自二十三年二月二十三日起，至四月二十四日止，（旧历翌年正月初十日起至三月初十日止）为第二期，以后视情形及农事忙闲再定，继续拔选训练办法。

四、每期训练班设总队长一人，由县长兼任；下分四队，队设队长，主持全班训练计划及事务之进行，由研究院军事教官及民团干部训练所之官长分别兼任。每队分三排，排设排长，由民团训练所征训队毕业学员分别担任。每排分三班，班设正副班长，由征训队毕业学员，及选拔受训人员中粗通军事者充之。

五、每期训练除军事训练由上条所列人员分别担任外，关于事务方面设总务组；总务主任一人，以本县第三科长担任之，关于教育方面，设教育组，教育主任一人以本县第五科长担任之。

六、总务主任以下设会计庶务文书各一人，由县政府及民团干部训练所人员兼任之。有必要时，得设临时雇员一人，协助办事。教育主任以下设军事教育，成人教育教官二人，军事教育教官由民团干部训练所督教练兼任之，成人教育教官由县府第五科长兼任之。

七、各队设书记司事各一人，由征训队毕业学员允任，分担各队文书庶务事宜。

八、训练课程除参照山东联庄会训练简要办法外，注重人格陶冶，及乡村建设之常识，其细目另定之。

九、训练地点暂假研究院。

十、训练员所需伙食服装杂费等项，统由该员本庄公摊。每员两个月所需各费共计定为十一元，入班受训时一次带来，交本县农村金融流通处备用。毕业后有余仍退还该庄。（服装：土制毡帽一顶，粗布蓝棉袄一件。裹腿一副，统由所带十一元内纳付）。

十一、各训练员应各带本庄公私所有之枪械一支，无快枪者可带来复枪，均归各本庄庄长或乡村理事设法筹措。

十二、本班关于教育及事务遇必要时得请研究院教职员分担讲授及协助。

十三、本班所需设备尽量借用研究院及民团干部训练所之家具，图书不另购置；其必须临时添置及消耗者，得于训练终结后，据实开列，呈准于地方预备费内支付之。

十四、每班训练中前四十五日依军队编制，各乡受训人员混合组织。届末十五日则按各人住所分乡分村组织编制：每乡设乡队长一人至二人，以征训队学员充任；村设组长，以受训练人员成绩较优者充之。以上各按地段编成部队，为实行本县实验计划所列之民兵制度基础及乡村建设之中心组织。

十五、各乡受训人员毕业后之服务规则及继续召集训练办法，另定之。

十六、本办法呈准研究院转呈省政府备案后施行。

附2. 联庄会集中训练全期学术科总计划表

区别		课目	时间	要求程度	实施要领
军事	学科 步兵操典摘要	徒手教练	16·00	立正稍息转法行进全部	使领悟步兵应习之各种制式动作及主要战斗之方法，并同时养成具有刚胆沉着忍耐勇敢之特性
		持枪教练		立正稍息转法及持枪教练全部	使了解步兵为军中之主兵，其本领当于战场上负重要责任
		散兵教练		行进停止射击冲锋全部	使知军纪之重要与战斗之关系
		班教练		密集散开之一部，疏开队形之运动，集合散开之全部，防御攻击追击退却及战斗间干部及士兵责任全部	使领会密集散开疏开各动作及原理大要，俾为作战之基础
		排教练			使了解散开利用地物地形诸法则
		连教练			使明了战斗间各级干部，及士兵动作与应尽之责任为何
	步兵野外勤务摘要	地形识别	18·00		
		测量距离		目测及步测距离之一部	使具有目测之知识俾射击时标尺易于确定
		侦探		各侦探动作之一部	使领会侦探动作之要领
		传令		命令通报报告之传达法之一部	使了解各种勤务在作战上之必要
		行军		行军之大别及行军部队间联络法之一部	使明了行军警戒及联络诸法则
		尖兵			使领悟战备行军警戒部队之任务及警戒诸法则
		前哨		驻军间警戒之一部	使领会驻军间警戒部队之任务及警戒诸法则
		预行演习		预行演习全部	使贯通射击要领及瞄准误差之原理

续表

区别			课目	时间	要求程度	实施要领
学科	射击教范摘要		基本射击	4·00	基本射击之一部	使了解射击之要领及枪之特性与检查法
	夜间教育		着装法	4·00	着装动作全部	使悟解夜间动作之困难及与作战之关系并同时养成军纪严肃为目的
			视听力之养成		听力及视力养成之一部	
			各种识别		各种识别之一部	
			传达及联络法		各种传达法及联络法之一部	
军事术科	制式教练	各个教练	徒手	160·30	立正稍息转法行进各动作	使具有军人基本姿势，并同时熟习各种制式及动作、俾为将来加入部队教练之基础；在训练第一星期内抽出术科若干时期教以敬礼诸方式，并说明敬礼之意义，俾得养成军人之精神及军纪
			持枪		立正稍息转法及操枪射击姿势各动作	
			散兵		行进停止射击冲锋各动作	
			礼节演习		室内室外敬礼及卫兵敬礼之演习	
		部队教练	班教练		整顿行进变换方向变换队形	使熟悉部队教练干部及士兵之动作，及应尽之责任
			排教练		装退子弹射击解散集合散开各动作	
			连教练		编连整齐队形方向之变换射击解散集合散开各动作	养成上下协同一致动作之习惯
	战斗教练		散兵教练	(37·30)	各种姿势利用地物及射击诸动作	使熟悉利用法则，并增进其利用能力

续表

区别		课目	时间	要求程度	实施要领
军事	术科	战斗教练	班教练	(37·30)	疏开队形之运动，集合散开各动作，散兵线之运动与射击之连击，预备队之动作攻击防御追击退却各动作	使熟悉主要战斗之法则并战时干部及士兵之动作
			排教练			
			连教练			演习务期近于实战状况
		野外演习	地形识别测量距离	(46·30)	百米之复步练习法 六百米达之目测	务使切于实用
			侦探		各种侦探动作完成	使熟悉侦探要领及动作
			传令		部队间之连击及传达勤务之动作	使熟悉传令要领及动作
			行军		以战时负担量一日行七十里之行程	使保持其战斗力
			尖兵		传令联络兵及尖兵长之动作	使熟悉前卫之要领及一般动作
			前哨		步哨之派遣以及前哨各动作	使熟习前哨要领及动作
		射击	预行演习	(10·00)	瞄准修正及检查	使养成射击军纪及技能
			实弹射击		射击场勤务及射手之动作	使信任自己射击技能
		夜间演习	警急集合	(12·00)	着装听音审查物体静肃行进记号识别传达联络等动作	使熟习夜间行军及作战之各动作，务使耳目灵活，运动轻快，军纪严肃，不恐怖，不疑惑，不错误，无论各个与部队均能行动自由
			视听力演习			
			各种识别			
			传达及联络法			
		武术	拳术	(30·00)	发挥固有之技能为主	使各尽所长，尤须普及；不得专重选手，以求壮观。养成灵便之动作使气刀体一致，具有果敢刚毅之真精神
			操刀			
			刺枪			

续表

区别\课目	时间		要求程度	实施要领
成人教育	党义	144·00	讲授三民主义和党国大事	使正确了解本党主义及政策
	乡村建设大义		讲完村学乡学须知	使了然村乡学之组织及如何为学众
	法律常识		诉讼手续及调解法	使能服从法律和睦乡里
	史地		讲明邹平乡土志，鸦片战后之国家大事和世界大势	使明白自身在本县省本国及世界之地位和义务
	联庄会员须知		讲完	使知联庄会之意义组织及会员之责任
	识字明理		讲完识字明理二册或一册	依程度高下分四组教学，其文盲一组又特分为十四班教学，务使能读，能讲，能写，能唱，并能转教旁人
	唱歌		学会军歌、农夫歌及普通歌曲三十首	要大家能唱能听，并能转教旁人激发大众团结奋斗救乡救国之精神
	精神讲话		中国民族历史概要	使知中华民国建国之历史及民族之领袖人物
	棉业合作		讲完合作纲要	使明了合作之意义及合作之办法
	自卫要义		讲完自卫要义	使明了农村自卫之意义及办法
	农村问题		讲明中国农村重要问题及其解决方策	注意唤起乡村人士团结自救之信念

续表

区别 \ 课目	时间	要求程度	实施要领
附记		一、全期训练学科共四十二小时，术科共二百四十四小时另三十分钟。学科每日一次，为一小时；术科每日二次，第一次二小时，第二次二小时半，时间上加（　）者，不在规定之内。 二、武术于下午加操时间实施，四十分钟为一次。 三、夜间教育，全期共六次，每一次为二小时，于每星期六自习时间施行之。 四、全期实弹射击为一次。 五、成人训练每日三次；一次为一小时，全期为一百四十四小时。唱歌是利用教学时间，十五分钟为一次。	

中华民国二十三年三月　　　　日

附3、联庄会训练第一期暂行编制表

区别	职别	员额	职掌	备考
总队长室	总队长	一	承者政府研究院之命办理全县联庄会训练事宜	由县长兼
	办事员	一	办理总队长室公文送达及普通函件撰拟事宜	由县政府职员或征训队学员调充
	书记	一	办理缮校等	
总务组	主任	一	承总队长之命督率本组职员办理本组一切应办事宜	由县政府第三科科长兼任
	文书员	一	承主任之命分掌拟订条规保管册证撰拟文稿	由民团干部训练所书记调充
	会计员	一	司本队训练经费收支之责	由第三科职员调充
	庶务员	一	司本队人事经理事宜	由研究院职员兼任
	办事员	一	承主任文书会计庶务之命办一切本组应办事宜	

续表

区别 \ 课目	时间	要求程度	实施要领
区别 \ 职别	员额	职掌	备考
教育组 / 主任	一	承总队长之命担任本队一切训练事宜	由县政府第五科科长兼任
教育组 / 军事教育教官	一	承总队长及主任之命，分掌编制及军事训练，计划训练人员之分发调遣与督察指导事宜	由民团干部训练所督教练兼任
教育组 / 成人教育教官	一	担任成人教育计划及其实施	由第五科科长兼任
教育组 / 助教	二	承主任及各教官之命办本组应办事宜	由征训队官长或学员调充
教育组 / 书记	一	担任缮校等事	
教育组 / 传令兵	二		
第一队 / 队长	一	承军事教育教官之命主持本队训练管理事宜	由研究院军事教官及干部训练所官长调任之
第一队 / 排长	三		由征训队学员担任之
第一队 / 司书	一	担任本队保管收发文书与册籍及撰拟稿件事宜	
第一队 / 司事	一	专司本队人事经理事宜	
第一队 / 正班长	九		每班训练员十二名，每排三十六名，每队一百零八名
第一队 / 副班长	九		
第一队 / 训练员	一〇八		
第一队 / 传事兵	一		
第一队 / 伙夫	四		
第一队 / 号兵	一		

区别＼课目	时间	要求程度	实施要领
区别＼职别	员额	职掌	备考
第二队			
第三队			
第四队			
	传达	一	专司总队部传达任务
	号目	一	隶属总队部
	勤务	三	总务组二名，教育组一名
总计		五七三	
附记			

第六节　农村金融流通处

第一目　旨趣与性质

邹平农村金融流通处之设立，以调剂农村金融，减轻农村利率，推进建设事业为目的。其本身含有农民银行，县金库，普通商业银行之三种性质；在其二十三年业务报告书中云："流通处贷给各乡信用合作社或农户款项时，也不用任何担保抵押，只是严密考察他们的用途，务使用在生产方面；如凿井贷款，购买耕牛家畜贷款，类似这种贷款，时间很长，相继能够延续两年，利息也比较普通放款低廉，大概月息不过八厘，一分左右。由此点观察，似乎是农民银行的性质；……流通处本身的固定资金，大概完全放到农村，救济生产，惟吸收的各种存款，不能够完全放到农村，在定期存款的一部分，也有放给各乡信用合作社的；如短期存款，暂时存款，要预备存户临时支取，这就不便放给农村了，有时放给商号中作一种活期生息有时存在各大银行找日利，作往来透支，或汇兑，这都是商业化的性质；……流通处于二十二年八月成立，所有邹平县的国家地方赋税，征存悉由流通处保管；县地方教育建设各项基金，也由流通处保管；县属各机关各学校经常开支，也由流通处照支。由这点观察，流通处似乎像县政府的会计派出所，……"流通处既具上项性质，在县政府方面，可以免除已往征收处对于各项税收侵蚀挪用之弊；各种教育建设基金有安全之存放，亦可减少损失；而在社会方面，因金融之流通，货币活动速率加大，农村资金缺乏之痛苦亦可减少；而高利贷之压低亦在意中矣。

第二目 沿革与组织

流通处设立于二十二年八月，初仅作县金库性质，未拨资金，专管一切征收事项，由县府第二科（财政科）兼理之，每月开支均在征收经费内实支实报。二十三年十月，流通处改组，议定资金十万元，由县府于三年内陆续拨足。现除县府于教育基金内暂拨三万元作资金外，尚有二十二年度利益一千七百余元，亦移为资金，总计三万一千七百余元。

流通处直属县政府，县府下设董事会监察两部。董事会董事十一人，除县府第四第五科长为当然董事外，余由县府聘请各乡乡学学长七人及当地有商业经验之绅耆二人组织之。（另设候补董事七人，亦为乡学学长之被聘任者。）董事中互推一人为董事长，主持会务，每三月开会一次，各董事任期三年，连聘得连任。董事会之职权如下：

一、业务方针之审定

二、预算决算之审定

三、各项规章之审定

四、各代理处设立及废止之审定

五、经理人选之通过

监察委员五人，除县长及第二科长为当然监察员外，其余三人由县长就各乡乡理事选聘三人充之。监察员任期一年其职权如下：

一、账目之稽核

二、库存数目之检查

三、预算决算之审核

四、该处人员有不良嗜好者之检举

监察员得单独行使职权，不必待其他监察员之同意。除上列职权之行使外，并可纠正流通处在营业上不正确之情事，如贪图高利，有违调剂金融之本旨；或不顾资本之危险者；或牵于情面，作长期之贷放，不为发展经营者。

董事会董事与监察员均不能在流通处作私人担保借款或拖欠。

董事会下设经理一人由县长提出人选经董事之通过后聘任之。经理下设会计，出纳，业务三股，各设股长一人，股员二人，练习生若干人。业务股若因事务繁杂，亦可酌添股员，股长股员均由经理商承董事会任用之。其系统表如下：

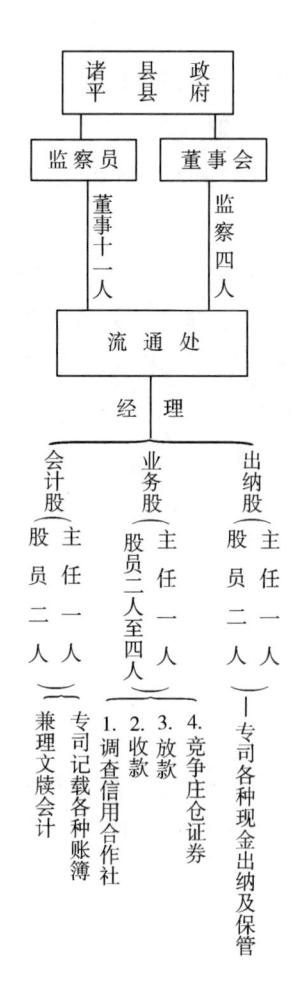

```
          诸平县县政府
         ┌──────┴──────┐
       监察员          董事会
       监察四人        董事十一人
         └──────┬──────┘
              流通处
               经理
      ┌────────┼────────┐
    会计股    业务股    出纳股
   （主任   （主任    （主任
    一人     一人      一人
    股员     股员      股员
    二人）   二人至    二人）
             四人）
   兼理     1.调查信  专司各种
   文牍      用合作社  现金出纳
   会计     2.专司记   及保管
             载各种账簿
            3.放款
            4.收款
            竞争庄仓证券
```

第三目　职业

存款　该处存款分定期，活期，往来三种。定期分三月六月一年三种；利息参照存入时市面情形及期限之长短而定。活期存款与往来随时支用者，概不起息；惟存满一千元，并订明于支取前二十日通知者，则亦酌给利息。现定期存款甚少，私人存款亦少（约二千余元）；最多数为公款之往来暂存，约计五六万元。

储蓄　该处为提倡节俭，吸收社会零资起见，有奖励储蓄及乡村建设储蓄之设施。奖励储蓄部分有随时储蓄，按期储蓄、特别储蓄三种。

一、随时储蓄：储款可随时交入，自款交入后之下周起息，支出款之周止息。每六个月结算一次，所生之息，即流入原本。储蓄数量以三百元为最高额，过此即按存款规则办理。利率临时酌定。

二、按期储蓄：分按月按季二种。按月储蓄自一角至五元起，每月储蓄一定之数，四月一结。按季储蓄自一元至十元止，以满三季为一结算期，其余办法均与随时储蓄无异。惟利率较高，又为奖励计，凡继续存储三年未间断者，由公积金项下，酌提奖金以奖励之。

三、特别储蓄：特别储蓄分六种：

A 备婚储蓄：不论男女，从生后弥月时起，一次储银一元者，至十八岁结婚时，可取得本息十二元，一次储银二元者，可取得本息二十四元，余类推。若一岁以后始存储者，则加一岁（一元）增储三角。

B 备学储蓄：不论男女，于生后弥月时储银一元者，至十岁时，每年可取出学费一元，五年为限：即储一元者可取五元，储二元者可取十元，多则类推。若二三岁始储蓄，其递亦（每元）每年三角。但若于中途停学，此项学费即不支付。

C 养老储蓄：不论男女，自四十岁起，一次储银一元者，至六十岁后，每年可取得二元，十年为限，即可共取洋二十元。若至七十岁后始取者，每年可取三年，亦十年为限，共取洋三十元。多储者类推。若未取尽即死时，该年即按照每年应取之数加倍付给一次，以后即不再支付。若年逾四十始存储者，则每大一岁，每元应多付洋三角。

D 防灾储蓄：凡一次储蓄一元，满五年后，遇有水旱霜雹捐折田禾，以及失偶，牛马伤亡等情事，经其庄长证明，除可取获储金本息二元外，并得加一倍之数向流通处低息告贷，分年归还，储满十年者，除取本息四元外，并得加二倍低息贷款，分年摊还。多存类推。满十五年时，每元得一次取回本息十元，以告结束。

E 建设储蓄：凡一次储蓄一元，满五年后，如欲修房修地，添购农具时，除得取回本息二元外，并可向流通处低息借贷，额数还期，临时商定，余与前项办法相同。

F 喜庆纪念储蓄：若生子，结婚，祝寿，以及各种义举，欲永久留念，而资金不敷，即可向该处储洋一元，于六年后，欲作纪念之购置或建设时，除可取回本息两元外，并得以低息告贷，藉资作成。十二年后每元可取回本息五元，余均同前。

以上六种储蓄，若于未到期前支用者，概不给息，又每户储本，至多以十元为限，至乡村建设储蓄部分则极似一种合会之组织，以储蓄之法，互助之道，协助社员改良住宅，开凿水井，购置生产用具等为宗旨。法由流通处数人组织乡村建设储蓄社，社员由十人至二十人。于社员中选举性情正直，信用素著者二人为正副社长，社员每年储蓄二次，以二八月为期。储款以三元或五元为一份，每社员认储一份或二人一份一人数份均可。社初成立时，各社员另储认份半数以为保证金。每次储金由抽签法归得签之人使用于建设事项。（大都事先商定）凡未得签社员，此后储蓄数目，按次每份递减一角。（如五元一份者，第二次储四元九角，第三次储四元八角。）此项递减之数，即由得签社员，分别补足之。盖即储金之利息也。凡已得签之社员，下次即不能加入抽签，又本届得签者，即为下次集会之招待人，应略备茶点，以资联欢，先得签社员之用储款时，仍须向社中立据，声明按期归还，并须有实殷之二人为保证。待社员得签轮完一周时，社务即告圆完，兹此社员所立之借据亦各抽回销毁。至前存之保证基金，则分三份处理：以一份为正副社长及发起人之酬劳，以一份作最后得签三社员之补益，以一份为各社员历次存款不稍延怠者之奖励，若俱无延怠，则由抽签法归得红签之三人用之。流通处对于社务除指导外，亦得加入为社员，或保证人，以资协助，为社员时，若得签较先，则可酌让急需者，自居会后。

贷款　该处放款：有农户信用放款，信用合作社放款，（现有信用合作社二十一社，放款六千六百元）商户放款，青苗耕畜种籽，肥料，农具等保证放款。另又有整理旧贷放款，以减轻农民高利贷之压迫。用意至善。

汇兑与贴现　此二项虽亦在流通处业务之内，但因环境关系，颇不发达，故无可述。

仓库　仓库均由农民组织，农民成立庄仓合作社后，即以仓谷作保证、发行证券。由流通处代为兑现，（参阅前第二章第三节第七目）兹录第一第二两乡与流通处立定之合同如下：

立合同人：邹平第一二乡庄仓保管委员会

邹平农村金融流通处

为发行庄仓证券双方拟定如下条件，以兹遵守。

一、保管委员会须遵守呈准省政府之金融流通处代兑庄仓证券办法。

二、第一二两乡各出庄仓证券二千元，券面须盖保管委员会发行及金融流通处代兑之印章。

三、各乡按以六成现金准备存放金融流通处代兑。

四、第一二两乡各在金融流通处息借现洋一千二百元，利息暂定为月息一分，自发行庄仓证券之日起算。

五、每年六月十二月为给算利息之日期，遇必要时可提前结算。

六、金融流通处代兑庄仓证券，暂以一年为期，期满后双方另定契约。

七、第一二两乡及流通处双方严密防范伪券。

八、各乡庄仓保管委员会全体委员须在合同上署名盖章。

金融流通处盖章。

代理县金库并代管各机关团体基金　邹平各项公款，如省地方之地丁糟米年约十四万一千四百余元，地方附捐七万九千五百六十余元，酒税二千余元，牙税二千余元，契税一万余元，皆由流通处报解开支。又各项基金，如教育三万余元，建设一万余元，赈款，贷济款，社仓存款五千余元，亦由该处保管。总计各项公款年约四十万元以上，均存该处，概不计息，故得转贷农民，取利最低。

第四目　收支概况

流通处资金计三万元，以月息一分，计月收三百元。又保管不动公款五千元，亦得息五十元。又保管各项税款，经常一万元，酌予短期生息，月五十八元。又吸收暂时存款一万元，月利二厘一，合收二十一元。以上四宗经常收入每月四百二十九元。

该处应付资本股息一百八十元，职员薪工月支一百六十四元，办公旅费月支八十五元，总计四百二十九元，出入相抵。

第五目 预计工作

流通处将来计划，略分三期进行：

第一期，努力于信用合作社之促成，鉴别，引导，纠正。访求淳朴勤劳农民，予以储蓄之方便及奖励，使成储蓄会或临时之消费合作社，以奖进俭风，倡用国货。

第二期，为粮栈之筹备，访求端正谨实，素有粮米经验之商家与之协商，为新式粮栈之经营，或合办或自办，以含有常平仓之意义为主。

第三期，设置完善之保藏库以备重要物之信托保存。并改良当业，设置农民贷本处。

第五章　菏泽实验县

第一节　设立缘起及其实验计划

菏泽旧称曹州，地处冀鲁豫三省之交，民风习于强悍，素为草泽英雄之窟宅。近数十年来，黄河泛滥，迭见灾荒，匪焰益炽，号称难治。所幸民性豪爽，侠义成风，因势利导，易收感化之效。山东省政府以该县为鲁西重要之区，急需整理，适第二次内政会议之通过县政改案，令各省设立实验县。山东省府乃委托山东乡村建设研究院办理县政建设事宜，除以邹平为实验县外，复划菏泽为第二实验县，以试验适合于鲁西建设之方案。首任县长为孙廉泉先生，现任县长为陈亚三先生。

二十二年三月十日，菏泽县政府由研究院接收，七月一日正式成立实验县政府，乃审核地方情况，以菏泽社会，异于邹平，不能适用邹平所实验之以教育为一切推动改进之办法；意欲先借政治力量，推动社会，然后以教育引发其自觉，所谓"由编制入组织"也者。并确定"政教富卫"合一原则，拟定三年计划，分期按次进行，其负责宣导执行之主要机关，则为县府以下之乡农学校。此种乡农学校之性质与办法，与梁漱溟先生乡村建设理论中之乡农学校，邹平所曾办之乡农学校，及现在之村学，乡学，均略有不同，其内容俟下节叙述之。全县划分为二十一乡区，各选适中地点，设立乡农学校，在行政方面，替代旧有之区乡公所；在教育方面，主持全乡区之教育事业，上属县府，下直达于各村庄。大概办法，以乡村自然领袖为校董，以专门技术人才为教师，以本乡全体民众为学生，以社会为对象，以解决整个社会问题为目的。举凡民众自卫之组织，农村经济之改进，乡村教育之推广，乡村自治之设施，盖均以乡农学校为其出发点。其三年之进行计划如次；

一、地方治安基础之树立

以地方民众自身所发出之力量，足以保持地方之安宁为解决乡村社会治安问题之原则，本此原则，规定进行计划如下；

1. 现有维持地方治安之机关及组织：

（甲）民团大队部；大队部除鲁西民团指挥部调去五十名外，尚有三百一十名，全为招募而来，每年经费四万八千七百六十八元。

（乙）公安局；县公安局警士共七十员名，每年经费为一万二千九百四十元。

（丙）现各区奉令训练联庄会员，每区四十名，十区共四百名；此项训练经费全年摊派统约四万元。

2. 以上三种组织，为统一权限，增大效力起见，应并为一个系统。除组织警卫队一百名为干部训练外；余皆化招募为征调，使一般民众，均有受自卫训练及普通教育之机会。故于各个乡学，各设自卫训练班，先就各村有产之家，十八岁以上，三十岁以下之青年农民，用抽签法决定其轮流训练之次序。训练期间为四个月。此项自卫训练班，一面为维持地方治安之具，一面即为民众讲习自卫及施行教育之所。所需经费，除警卫百名及鲁西民团指挥部调去团丁之饷项，由该县维持治安经费项下支拨外，其余全部治安费，悉为训练民众之用，其预算约计如下：

（甲）原有经费全县治安经费统上三种约计十万一千七百余元。

（乙）预算约数

a. 警卫队百名为干部训练全年的二万五千余元。

b. 其余之七万六千余元，悉为训练民众之用，凡受训练者，每人皆发给蓝布褂一身，裹腿一付，约一元五角，膳食亦由公家供给，每人每月约须四元，全年训练三期，以现有之经费，每年计可训练四千二百人。

3. 征调之民众，实施下列四种训练：

（甲）军事训练

（乙）识字

（丙）公民训练

（丁）本乡农业上几个应改良之浅易办法

4. 根据以上计划，规定三年工作步骤：

（甲）民国二十二年五月一日起，至六月一日止，为筹备期间；第一次调查应先将各村较有资产之壮年（十八岁以上，三十岁以下者）花名册汇齐。六月一日起开始第一届训练；八月一日，第一届训练已两月，适在青纱帐起之时，即举行各方大会操（全县分城东西南北四方）并实行清乡。

九月二十五日，举行全县会操会考典礼，并宣布会操会考惩奖办法，务极庄严隆重。

十月一日第二届训练开始。

十二月一日，各方举行大会操。

（乙）民国二十三年一月二十五日，联合第一届举行全县会操会考典礼，并扩大清乡运动。

二月一日，第三届训练开始。

四月一日，各方举行大会操。

五月二十五日，（约在麦后，农民小闲）联合一二两届举行全县会操会考典礼，有必要时，即举行清乡运动。

六月一日，第四届训练开始。

八月一日，各方举行大会操。

九月二十五日，联合二三两届，举行全县会操会考典礼。

十月一日，第五届训练开始。

十二月一日，举行各方大会操。

（丙）二十四年一月二十五日，联合三四两届，举行全县会操会考典礼。

二月一日，第六届训练开始。

四月一日，各方举行大会操。

五月二十五日联合一二三四五各届举行全县会操会考典礼，并演习战斗行军及宿营诸事。

六月一日，第七届训练开始。

八月一日，各方举行大会操。

九月二十五日，联合五六两届，举行全县会操会考典礼。

十月一日，第八届训练开始。

十二月一日，举行各方大会操。

（丁）二十五年一月二十五日，联合六七两届，举行全县会操会试典礼。

二月一日，第九届训练开始。

四月一日，各方举行大会操。

五月二十五日，联合一二三四五六七八各届，举行全县会操会试典礼，并演习全县总动员。

二、农村经济之改进

树立中国之利用厚生经济制度，使农业与工业生产相协并进，造成社会化的平均发展之经济组织。本此原则规定进行计划如下：

1. 县农民银行之创立。

农村经济之组织及发展。必有金融机关之提携通融，方易进行，本县各项基金计达七万余元，再加农民贷款凿井贷款及筹募商股若干资本，可达十万余元之谱。拟组设农民银行，以谋金融之流通，而促农村之改进。其进行步骤如下：

二十二年五月一日起至五月二十日止成立筹备委员会；

五月二十日起至九月三十日止为筹备期间；

十月一日开始成立大会。

2. 各乡成立农业合作仓库

为统一运销调节民食及农业生产标准化起见，应于各乡学所在地筹设农业合作仓库，其进行步骤如下：

（甲）二十二年七月一日，至九月三十日，各乡学应将各该乡之主要农产物适于合作运销或存储者，造具调查清册，呈报备案。

十月五日，公布农业合作仓库章程。

十一月一日，各乡农业合作仓库成立。

（乙）二十三年十月一日，扩大农业合作仓库运动，其农产物须加工制造者，即筹设合作制造工厂并组织农业仓库联合会。

（丙）二十四年十月一日，扩大合作农产制造工厂。

（丁）二十五年五月一日，完成全县农产运销，及农产制造之初步组织。

3. 提倡机织合作社

查本县全县所用布匹，仅城内各商家，每年由潍县运来者，计六万六千匹，值三十六万元。由其他各处运来者，计八千二百匹，值九万二千三百元。其货色皆可由家庭机织制造而出，故本县机织之提倡，至少必使达到全县自给自足之限度，其机织合作之组织及合作整染工厂之设立，须于二十三年终完成。

（甲）二十二年十月一日，开始机织传习及合作组织。

（乙）二十三年十二月，完成机织合作社之联合组织及合作整染工厂。

4. 提倡水利

菏泽境内除黄河须力防泛滥外，并无其他河流，故水利之提倡，惟有推广凿井一法。若浚河排水，尚在次也。兹拟凿井进行步骤如下：

（甲）二十二年六月一日起，至九月一日止，为试凿期，各乡须各凿井一眼。

（乙）九月一日至二十三年终，就试验凿井容易推行地域，集中力量，竭力提倡。至少须凿成灌溉二百眼。

（丙）二十四年至二十五年五月一日，完成全县灌溉事业。

5. 改良农业

菏泽县为纯粹农业区域，果木向以出产柿子木瓜山楂著称；花卉则以牡丹之丰美冠全国。农业作物则五谷俱宜，棉花花生，产量亦富，牧畜则牛猪两种亦优，柿子可制柿饼柿霜，耿家之饼，聂家之霜，见称于南北各埠，木瓜可制木瓜露酒，及木瓜果酱，山楂可制楂糕，牡丹则运销外境，南至两广，北达平津，多年以来，即成为农村中之一大收入。故关于本县农业改良事宜，应一面就本地土产土法，助以科学之整理，以期日有改进；一面整顿县有农场，使其经济化，科学化，以一部供试验，一部作表证；并联合全国各地农业机关，以谋品种及技术之交换。农业为有继续性，季节性之工作，在时间上不能作断业的割裂的分划，兹概述于下：

（甲）试验工作：自实验县正式成立之日起，即就县有农场，作下列各项之试验：

a. 农作物育种

b. 园艺育苗

c. 森林育苗

d. 畜产育种

（乙）推广工作：乡农学校正式成立以后，应将各该乡农产品种调查俱报，并就本地所宜之改良品种，设法推广，其工作如下：

　　a. 在本县西南部设棉花表证育种场

　　b. 委托棉麦表证农家

　　c. 调查荒地组织林业合作社

　　d. 沿河栽植护岸林

　　e. 沿路栽植行道林

　　f. 提倡私有林

　　g. 委托本地鸡房孵化寿光鸡并分送表证农家

　　h. 在各乡农学校畜养波支种猪，使与本地母猪交配

　　i. 传习养蜂。

　　（丙）竞赛工作：自本年秋收成熟起，每年秋末，扩大规模，举行全县农品展览会，并举行勤农奖劝仪节，招待全国农业机关参加指导。

　　6. 提倡农家副业

　　就本地土产加以简易工制造，如编帽辫织土布等。均可因势利导，使农家副业日有发展。

　　7. 提倡节俭减少消糜

　　奢靡之风愈长，则工场之需要愈增而乡村金融流转于都市及国外之数量亦愈大。查本县只纸烟一项，城乡各处统计可得者，年达一百余万元，迩来农村金融之枯竭，斯亦一大原因，故亟宜规定有组织有效率之提倡崇俭办法，先由城内各公务人员及绅董于六月一日成立崇俭会，各乡校成立后，再联合乡村领袖组织各乡崇俭会，于二十二年终，均须组织成立，凡于婚丧冠祭之间，亦须体察制礼之意，规定节交，揭去繁缛，此亦敦厚风俗之一道也。

　　三、乡村教育之改进

　　（1）设立乡农学校

　　树立政教合一，教养合一之学治精神，以达建设中国新教育制度，为中国民族自救之唯一出路，惟兹事体大，更张匪易，为树立基础开发端绪起见，先由下层作起。查本县在未划定十区新制以前，原为二十一乡，其区划极适合于本县各村落之自然连系，较之今日之新制，地域太广设施难周，致为乡民所漠视者，适当多矣。现拟恢复旧乡制，每乡设乡农学校一处，为推进社会组织农村之中心。如上所述，民众自卫之训练，合作仓库

之设立，以及农业改进，合作组织，农田水利等乡村改良事宜，胥当以此乡校，为倡导设施之机关，兹规定乡农学校设立步骤如下：

（甲）二十二年五月一日至三十一日为筹备时期。

五月二十日以前各乡应将校董会组织成立，并将校长聘定；六月一日各乡乡农学校成立，所有各该乡高级小校，即归并于各乡校指导办理。

（乙）二十三年五月一日至六月一日各乡均成立一村学筹备委员会，先就各乡选择适中地点筹设试验村学一处。五月二十日以前各乡应将村学学董会成立，并将校长教师聘定，六月一日各实验村学正式成立。

四、地方自治制度之改革：

查照村落社会之自然组织与连系，应修正区乡闾邻之级制，改为乡村闾邻四级制，则自治组织，始变为有机的学治形态，其进行步骤如下：

1. 乡农学校正式成立日之各区公所即行结束。

2. 乡农学校成立后五个月，在村学未正式设立前，由县政府公布农村组织暂行条例，条例公布后一个月，由各乡学督饬各村选举村长；各村长选出之日，现在各乡镇即行解职，一俟全县村学普及后此农村组织暂行条例即行废除。

第二节　县政组织之改革

菏泽县三年实验计划，为改造社会，建设乡村之各种设施，顾欲完成此项计划，必赖合理之政治机构以推动之。县政组织为一县之政治机构，过去错乱庞杂，互相牵制，以致行政效率减低，官民交受其病。实验县成立之始，即着手县政组织之改革，整个制度，于焉确立，试行将及二年，以促进行政效率，又有第二次之变更，兹分别述之：

第一目　县政府第一次改组

山东各县裁局改科，早经通令遵行，财政局改为第三村，建设局改为第四科，教育局改为第五科。无如积重难返，所谓三科四科五科，其科长人选，依旧主管厅任用，办公地点，亦不集中县政府；名义虽有变更，但仍保持其旧有形态。不惟对外可独立行使职权，对内亦可以独立支配经费。裁局改科之结果，只不过增重公文上之繁杂，所谓事权统一之真意，迄未实现。实验县政府成立，即将三，四，五，科归并县府，采合署办公制。依菏泽实验县组织暂行办法第十二条，县政府设秘书室及各科，其掌理事务如下：

一、秘书　职掌如下

（一）机要事项。

（二）总核文件事项。

（三）职员进退事项。

（四）典守印信事项。

（五）县政会议事项。

（六）其他不属各科事项。

二、第一科　职掌如下

（一）公安事项。

（二）地方自治及选举事项。

（三）地方警卫事项。

（四）禁烟事项。

（五）风俗事项。

（六）宗教事项。

（七）典礼事项。

（八）社会救济事项。

（九）著作出版事项。

（十）保存古物事项。

（十一）收发事项。

三、第二科　职掌如下

（一）省财政事项。

（二）编制省地方预算计算决算事项。

（三）保管公物事项。

（四）统计事项。

（五）编存档卷事项。

（六）省款会计庶务事项。

四、第三科　职掌如下

（一）征收县地方捐税事项。

（二）县地方募债事项。

（三）管理地方公产公款事项。

（四）编制县地方预算计算决算事项。

（五）其他关于县地方财政事项。

（六）县款会计庶务事项。

五、第四科　职掌如下

（一）土地事项。

（二）森林事项。

（三）电机事项。

（四）建筑事项。

（五）农矿工商事项。

（六）水利道路事项。

（七）劳资纠纷事项。

（八）度量衡及合作事项。

（九）气象观测事项。

（十）其他关于建设实业事项。

六、第五科　职掌如下

（一）学校教育事项。

（二）社会教育事项。

（三）其他关于教育事项。

观其第三科之职权，不啻一地方之总会计，一切经费，统收统支，各科均不独立，其意即在完成县政府初步之整个预算。至于各科事务，皆集中办理，裁撤旧有各科会计庶务人员，另合组录事室，缮写各科文件。据负责者言，归并之后，其成效可见者：

第一，关于地方事业之推进容易统筹兼顾，无此疆彼界各行其是之嫌。并可化除各科意见，使步伐整齐，一致向前致力。至于以往地方上之党派倾轧，意在把持属于地方性质之机关，以牵制政府；归并以后，所有各科之附属机关，直隶于县府，可免豪绅操纵把持之弊。各科人员与县长同餐共处，朝夕励勉，心气容易团聚，作事敏捷迅速，捍格不通之弊已绝，行政效率因而增加。

第二，归并之后，可以裁减冗员，节省经费。

实验县政府之秘书科长，统由县遴选合格人员呈请山东乡村建设研究院委任，其他职员则由县长委派后呈请备案。

第二目 裁并警卫机关

一、公安局与民团队部之裁撤

菏泽实验县负责人以警察制度，在都市社会组织中，容易发挥其效力，若置之于乡村社会，则似不适合，即以该县言，公安局警士，共有七十员名，在此一千九百余村落，四十万人民散漫农业社会中，各个警士实能充分尽职，其能保障社会之治安于何程度，殊属疑问。且以村落社会——尤其在中国人民愚蒙塞蔽，生活简陋，重礼义，尚感情，而视法度若无者，无论其社会经济力量，无法建树巨细周密之警察纲，即使警察林立，亦徒见无知小民，在整个生活中，不知如何适合所谓现代公民楷式，而日罹于警察之法纲，以故百病丛生，鱼肉人民。菏泽公安经费，年达万余元，匪特虚縻公帑，且致荼毒民众，故有裁去公安局之举。又除公安局外，尚有：大队部之民团，该团以鲁西民团指挥部调去五十名，尚存有三百一十名，皆系招募而来。"虽招募与征调在今日犹为军制聚讼之点，然世界大多数国家，则尽采征调制。盖军事训练与组织，已成现代国家之公民，所不可决少之基本教育。若就我国农村社会状况，求其进于组织，则法律化之教育，尤为当务之急。试考日本在乡军人会，其所建树之社会改进事业，不能不憬然日本之所由兴，与夫社会秩序基础之所由建立中国。招募士兵之散回乡里者，几为乡村风气坠落之一大力量，举凡都市上之不良习惯，不良嗜好，无不赖退伍军人之媒介，传播于穷乡僻壤中，证之盗匪毒品诱携各案中之犯罪人，多为退伍之军人，可以概见。盖其应募之时，大都游手好闲，以当兵为职业；再加以不良风气之濡染堕落益深，一旦退伍，几何不流于犯罪之途也，若乡村治安之维持，须待自卫之完成，职业民团之遗害，更有甚于其他军队者"，职是之故，菏泽实验县政府乃裁撤民团大队部，民间武力，一律改招募为征调，成立所谓自卫训练班。（详下）

二、成立警卫队与改组政务警察队

公安局及民团大队部皆于二十二年七月实验县成立时同时取消，另行挑选精壮纯良之公安警及团兵一百名，组织警卫队，设队长一人，直隶于县政府。无单独对外行使职权之权力，平时维持县城公安，遇警则帮助各乡自卫。又县政府原有之政务警察队。类皆胥役化身。敲诈舞弊，防不胜防。实验县甫经成立，即将旧有警役一律遣散，从新考取农家清白子弟予以相当之训练，组织警察队。就其性质分为警务，政务两股，属第一科管辖。警务股设分队长一人，警士二十人，负侦缉责任，均全副武装。政务股亦设分队长一人，警士二十人，专司传递政令，不佩武器，为行动迅速起见，两股警士均各自备自行车一辆，统在县政府膳宿，不得自由外出。又以政警薪饷太低，无以养廉，且自行车时需修理，乃增月饷七元，为九元五角，一面严加训练，使能守法奉公。历行以来，所有旧日班役恶习，皆已完全禁绝。

该县此次改革县政组织之后，除县政会议与县地方会议因事实之需要不支经费，仍予保留，并设立菏泽实验县设计委员外，所有骈枝机关尽行裁去，其组织系有如下图：

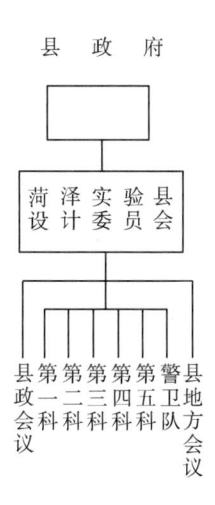

```
            县 政 府
               │
       ┌───────┴───────┐
       │ 菏泽实验县    │
       │ 设 计 委 员 会│
       └───────┬───────┘
   ┌─────┬────┼────┬─────┬─────┐
  县    第   第   第   第   警  县
  政    一   二   三   四   卫  地
  会    科   科   科   科   队  方
  议                             会
                                 议
```

第三目　县政府第二次改组

山东省政府于二十四年一月，划鲁西十四县为行政专员督察区，设第一区行政督察专员公署于济宁，嗣又改为实验区长官公署，菏泽亦由研究院之实验县改属第一区为实验县区。三月专员公署召集县政讨论会，通过县政改进方案，将县政府之五科改并为三科，并设指导室，经征处及警卫队。其理由之说明，以原来制度之二三两科，分管省县财政，兹以经征管理，动有关联，乃合并为第二科，以一事权，而省公帑。又四，五两科，分管建设教育，而建教合一，已为国人不争之论，且中央亦早经明令规定，各省多已实行，故将该两科合并为第三科。增设指导室，各科原有之技术视察人员合并组织，使人才集中，便于调动。至于经征处之设立，其功用可统支统收，节省经费，并剔除胥吏之积弊。至公安局则改为警卫队，受县长之指挥，办理全县警卫事宜。菏泽县除公安局早经取消改为警卫队外，余均依照本案于四月间改组完竣。其组织系统与职权，略如下图：

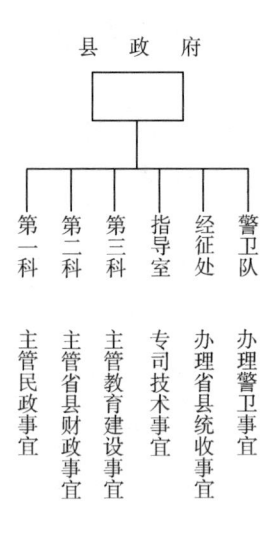

```
                    县 政 府
    ┌────────┬────────┬────────┬────────┬────────┐
   第一科    第二科    第三科   指导室   经征处   警卫队
   主管     主管     主管     专司     办理     办理
   民政     省县     省县     技术     省县     警卫
   事宜     财政     教育     事宜     统收     事宜
            事宜     建设              事宜
                     事宜
```

第三节　整理财政

第一目　统收统支

菏泽未改实验县前。三四五科及警卫，教育，建设等项经费，均各独立编制预算，区公所训练联庄会之款，亦随意摊派，财政收支，紊乱已极；自县府改组后，所有经费均并归县府统收统支，即从前摊派之联庄会员训练费亦改由丁漕项下附征，以免流弊。其在征收方面，设有经征处总理其事，征收处设主任一人，征收员二十五人，以一人专司会计，兼征杂税，杂捐及地租等款，其他二十三人分司八柜，每柜三人，专司经征田赋，以一人接通知单计算款数，一人收款一人制串，所有应用征册及串票等，由各柜经征员于开征前负责造齐，俾将串票通知单散给花户，使之明了应完各项税捐之数，以便持单赴柜完纳。

县政府设有金融流通处，一方面为县金库性质，专负现金出纳及保管之责，一方面含有县农民银行之用意，办理农民贷款，凡每日征入之田赋正税，附捐，以及杂捐，或地租均须送交金融流通处保管，关于省款之支出，凭省财政厅之支付命令，县款之支出，凭县政府之支付命令，一时收支两方均免去各种浮滥亏蚀。

第二目　确立预算

菏泽县以往行政经费，每月一千五百元，而预算所列办公费一项，月仅一百二十元，用之于纸笔杂品邮电旅费薪炭购置，亏欠在所必然，加以县政府组织简章，人员少而薪金低，县长不能不酌给属员津沾，或多用员额，此种亏垫，皆视为正当开支，而预算中又不列入，全以不定数之征收提成为弥补，如印花提成百分之十六，契税提成百分之八，烟酒税提成百分之五，牙税提成百分之三，油税提成百分之三，屠宰税提成百分之五，牲畜税提成百分之五，丁漕征收费百分之三。若各种收税，办理有方，超过预定成数，则提成之外，有提奖之规定，此种包办性质之县行政预算，庸懦者每致迁就敷衍，不肖者反易习于贪污，而有心作事者，则拘于法令，无所用力，以此之故，县缺有肥瘠之分，做官有赔赚之说，吏治之清，将如俟河，实验县成立后，洞瞭兹弊，除先归并三、四、五科之经费，以求统收统支，并于二十三年度确定县政府预算，废除一切提成提奖办法，以完成整个之组织分列预算。务使收支适合，款不虚糜。其全年经费概算：俸给费三万八千七百四十八元，办公费五千四百六十元，特别办公费一千二百元，购置费五百七十六元，冬季炉炭费三百元，财务费四千八百六十元，杂费八百四十元，共为五万一千九百八十四元。

第三目　地方收支之比较

菏泽改为实验县后，其财政收支状况，在数目上与前无多出入，惟于用途之变迁颇大，盖以各项事业，正在实验中故其经费开支，无论名义上或实质上不能不多所更动，兹特约略述之：实验县成立于二十二年度，就二十一年度与二十三年度之预算，比较观之，查二十一年度地方款经临岁入总数为十九万一千四百四十元，尚有训练联庄会费约计四万元之谱，系由各区自行派收，未曾列入预算，而二十三年度地方款经临岁入总数虽为二十三万三千三百八十元，表面似已增加，但本年度训练联庄会之费，曾经改摊派为附征，并载于预算内。是二十一年度与二十三年度之预算，两相比较，其中并无轩轾，若衡之岁出款项，则其开支数目之增减，使用效率之大小皆相差颇巨，如二十一年度内政费（公安局，民团大队部）为五万八千四百五十四元，连同摊派之联庄会经费四万元，共十万之弱，而二十三年度内政费仅为七万八千四百一十二元，除警卫队经费一万七千四百七十八元，县联庄会经费七百二十元，县立医院经费五千元，救济院经费二千三百零四元，城镇公所经费七百二十元，赈务分会经费三百六十元外，所余五万一千八百三十元，均用于民众自卫之训练。该年度计训练壮丁，二千五百名，费用减少而效率增加，此显而易见者。又加二十一年度教育费为七万九千元配适当矣，除此之外，山东省政府准于正税项下拨给百分之三十，以为补助费，计有六万元，内五万一千余元，系县政府经常开支，其余八千余元，充作实验事业费，大都用于各种开办费，与设备费，该县改组县政府，裁并骈枝机关，确定预算，其基本信念，即系节省县城各机关之消耗，移作乡村事业费，以符取之于民，用之于民之要旨，今皆大略实现矣。

第四节　乡农学校

第一目　意义

"乡农学校"一名词，源自邹平，其设立之意义，及最终之目的，大致相同，此处不再赘及，惟以社会事实与主办人之见解，互有出入，菏泽乡农学校之性质乃完全变更，兹略述之：邹平乡农学校，系照梁漱溟先生之主张办理，梁先生分析乡农学校有四面作用：

（一）校长之监督教训

（二）教员之推动设计

（三）校董会之主管行政

（四）学生之立法

前二者谓之为文化系统，后二者谓之为现政权下之行政系统，二者各不相混，而又通力合作全体民众由齐心向上学好求进步之方向迈进，乡村建设自治组织，国家整个政治制度，均将由此树立，（见前第一章第二节，乡村建设理论中）至菏泽则依其乡农学校组织大纲第三条载："乡学宗旨，在根据'政''教''富''卫'合一之原则，助佐县府处理其乡区内之一切行政事宜，并就其所在乡区内之文化，自治经费各种问题，用教学的方式，谋合理的解决，以期达到推进社会完成县治之企图，故不止为一教育机关，实为一乡区内一切事业之整个推动机关"，似与梁先生之主张相合；但第四条，学董会之学董，第五条乡农学校之校长，均系由县长聘任之，校长主持全校校务，并秉承县长处理本乡区内一切社会改进事业。并依菏泽实验县乡农学校学董会章程第七条，该会之职权有三：

第一，商榷学区内一切改进计划，供校长之采用，

第二，议决常务学董所不能解决之重大事项，

第三，执行县长饬交校长委托学区内之进行计划。

是学董会纯为咨询机关而校长则采集权制。以此可知，梁先生之所谓乡农学校，系政教合一之机关，政教事务，仍为分工合作，采由下而上之方式多用教育功夫；菏泽之乡农学校，则系萃政教大权于一人，自上及下，偏重政治力量之运用。且以社会环境之关系，乡农学校之精神，在短期内，寄托在自卫训练班，县政府对于实验事业之施行，又赖乡农学校以推进。而菏泽乡校之意义，亦可由此见之也。

第二目　组织

乡农学校设学董会，暂为咨询机关，校长一人，主持全校校务，并秉承县长处理本乡区内一切社会改进事宜，校内设教务总务两处，各置主任一人，教务主任商承校长办理校内外一切行政事宜。学校之班次，暂分高级部，普通部，小学部。行政方面设事务员商承总务主任，办理一切事宜。另设农场民众阅览室，及调解委员会。关于校务之讨论，设校务委员会，其整个组织系统有如下图：

第三目　各部作用

一、校董会

组织乡村引进科学技术，为乡村运动之唯一目的，但其根本动力，仍在乡民本身。乡村运动者不过为多方面之启发耳。其中最有力量影响民众

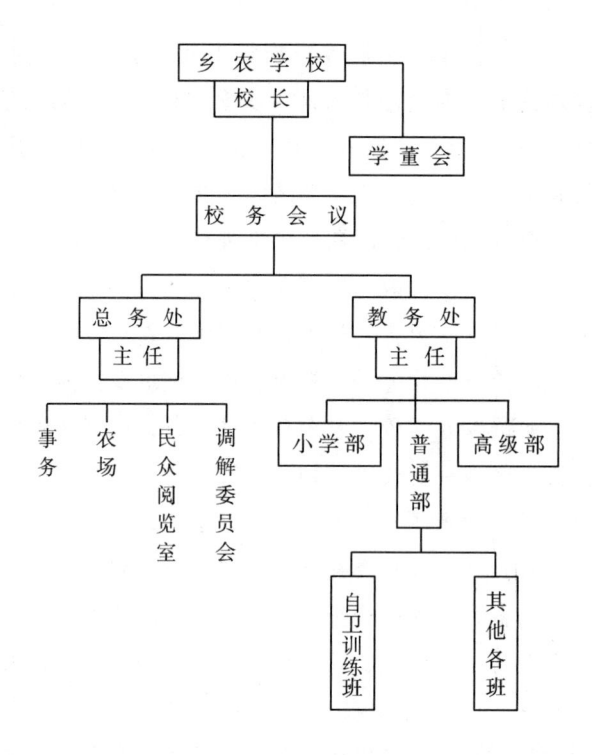

```
        ┌─────────┐
        │ 乡农学校 │
        │ 校  长  │
        └────┬────┘
             │────────┐
             │    ┌───┴───┐
             │    │ 学董会 │
             │    └───────┘
        ┌────┴────┐
        │ 校务会议 │
        └────┬────┘
        ┌────┴─────────────┐
   ┌────┴────┐         ┌───┴────┐
   │ 总务处  │         │ 教务处 │
   │ 主 任   │         │ 主 任  │
   └────┬────┘         └───┬────┘
   ┌────┼────┬────┐    ┌───┼────┐
  事务  农场 民众 调解  小学 普通 高级
              阅览 委员  部   部   部
              室   会              │
                               ┌───┴───┐
                              自卫   其他
                              训练   各班
                              班
```

之行动，为乡间素孚众望之人，其思想行动，颇足代表一般民众，但其知识能力，又每不足以领导民众于正确方向，故乡农学校校董会之用意，即系乡村运动者（校长）礼聘此素孚众望之人担任校董，相机讨论乡村改革事宜，得其同情，使无梗阻，庶可顺利推行，以渐次促进民众之自动，此现在校董会之作用也，闻俟人民知识进步，校董会健全，乡农学校之大权，亦将由校长移于校董会，亦即由官治以转于民治也云。

二、高级部

乡村最有希望之人，即为一般有知识之优秀青年，惟以近来学校教育与乡村社会截为两段，根本不相符合。故欲就乡村实际生活中，培植其解决实际问题之能力，乃设高级部，招收此类青年，以期养成改进社会之中坚人物。

三、普通部

普通部之班次，程度，期限，均按其性质于招生前决定之，其作用在训练一般农民，就乡村现实生活，引发其自助互助之精神，培植其增加生产改进组织之能力，以期养成健全之公民。

四、小学部

小学部招收儿童设立专班，并指导乡区内之小学就乡村现实生活，养成其良好习惯，培植其生活能力，引发其向上志趣，以期完成基本教育之建设。

第四目 成立经过

该县原分十自治行政区，区设区公所，总理全区行政事宜，有县立完全小学十四所，女子小学一所，城区初级小学六所，乡镇立初级小学一百九十二所。实验县成立之始，改划全县为二十乡区，每乡设一乡农学校，取消区公所，合并小学，均于二十二年七月间先后成立，计有离明乡农学校；灵圣乡农学校，长明乡农学校，岗峰乡农学校，德化乡农学校，义聚乡农学校，崇后乡农学校，永顺乡农学校，巽平乡农学校，临河乡农学校，同和乡农学校，乾元乡农学校，宝镇乡农学校，青邱乡农学校，西河乡农学校，新成乡农学校，永绥乡农学校，永河乡农学校，平陵乡农学校，东平乡农学校。

第五目 活动情形

一、概说

乡农学校各部教学原则，均须切近乡村现实生活，以期达到学校社会化，社会学校化之理想。关于教学方法，采教学做合一之精神。各部学生在校时，务令养成团结互助之习惯，出校后仍须受学校指导，构成适于改进乡村事业之组织系统，以为扩展乡村组织之基础。高级部设立旨趣，在培养改造乡村之中心人物，普通部则在训练各方之技术人才，故其课程标准：

第一，为某种实业问题之研讨试行

第二，为解决某种问题所必要之技能的训练

第三，为实际服务之精神陶炼

二、高级部

高级部类似书院制度，学生名额，程度等级（最低限度要粗通文理）均不限制，因人设教，就其聪明旨趣而指导之，但不出所指定之范围，如精神陶炼，国学（概括经史，各种有关国学之常识）农村问题（概括农业技术，农村组织诸问题），史地（概括中外史地常识），自然等。（概括博物理化等）。走读住校，听其自便。冬季有自带米面来校寄食者，农忙之际，或遇家中有事时，可以随时离校，不以其求学而脱离家庭生活，或亦半耕半读之意也。每日在校作业，除研究自课外，甚注意乡村问题之讨论，此问题或由师长提出，或为同学提出，或为学董提出，总以亟待解决者为前提。例如讨论棉花问题，首先搜集本乡关于是项问题之材料，若品种类别，棉田数量产棉状况，土质种类，种棉与其他农作之收益比较，均须一一调查清楚，然后研究是否宜于推广，及如何选定种子，并可趁机讲授有关种棉之各种知识，如农业常识之介绍，运销合作之办理，及世界棉业市场之情况等，待方案确定后，即可召集学董会商讨公布施行，高级部学生此时当以推动是项事业为原则，在讨论问题时，凡属专门性质为乡农学校之教师所不能解决者，可请县府技术指导员参加；如再不得结果，得由县府延请学术机关协助。

总之，为求乡村问题之解决，实行政教合一，乃有高级部之设立，欲使乡村优秀青年得以领略政教之推行方法。在讨论乡村问题中增进其求学兴趣，以培养改造乡村之中心人物。惟以此类教师与学生，均难合于理想，该县成立者不仅有宝镇乡，永绥乡，离明乡，青邱乡四处。且有在下年度，停办之议。

三、普通部——自卫训练班

普通部之设立，系按事实之需要，随时随地，招收不同之班次，如自卫凿井农业改良，及各种职业之传习等，惟以该县地瘠民贫，历年军事扰攘，黄河为灾，人民饥馑交迫，铤而走险，以致土匪如毛，秩序混乱。际此社会不安，一切建设，均无由进行。至维持地方治安，纯靠军队力量，清剿土匪，虽收效于暂时，然土匪系由本地产生。设军队空防，或遇纵匪殃民之长官，则社会秩序，必将更乱。故只有从民众自身发出力量，以维持治安，则治安始保无虞。所谓民众自身之力量，自系治标方面自卫能力之培养；至治本方面，尚有待于经济之发展，而后者又以前者为条件，盖民众果有自卫力量，使外来土匪，不致入境；本地土匪，不敢蠢动；则农村经济，自易进步，乡农学校，乃本此意开办农民自卫训练班，招收乡村中坚分子之青年农民，以军事训练为骨干，成人教育为精神，职业教育为辅弼，予以合理之组织，严格之训练班，目的在使民众组织化，纪律化，更进而职业技术化，匪特剿匪有用，且可为建设乡村之健将。该县三年之间，乡农学校，普通部之设施，除新成乡于二十三，二十四两年开办合作讲习会一处，棉业讲习会五处外，所有二十个乡农学校，几着全力于人民自卫之训练，所谓实验县之成功，截至现阶段止，亦即在治安上给予人民以相当之信仰，至其召集方法，系用征调制，以其有强迫教育之成分，故名之曰"征学制"。并以需要社会安宁之最迫切者，莫如中产以上人家，乃将征调之顺序，从地亩之多寡，以为先后之标准，地多者先选人送校受训，第一期规定有百亩以上者，选送学生一名，第二期规定有八十亩以上者，选送学生一名，第三期规定有六十亩以上者，选送学生一名，第四五两期规定有地五十亩以上者，选送学生一名，其不及五十亩者可由凑足五十亩之二户，或数户共选学生一名，以年在十八岁以上，三十岁以下，身体强健素无嗜好之男子为合格，不准觅雇顶替。但有一变通办法："如有特别情形不能选送时，得自行寻觅近亲属或佃户代替之，但代替人须以有家室居住本村三年以上者为限"。嗣后又经修正，其内容云："各村出人绝对避免觅雇，如经查明确无合格学生，或其子弟现在学校求学及服务公家者？即应轮次户受训，但该户主须按照出枪办法购枪送交乡校登记，以备将来该村应出学生无力购枪者使用。枪支主权仍归原户主，其出发费亦由原户主负担，各乡倘有特殊情形，乡校可斟酌办理，呈报县政府备查"。或以为谁家地多，谁家地少，谁家有人，谁家无人，颇费调查之功难免疏漏之虞，实际上此种"征学"办法，究竟属于强迫性质，自难乐愿从事，所幸以田亩之多寡为出人之先后，故第一期之学生，地多者义不容辞，地少者又必从中指出地多之户，以求顺延，如是则每期之人，旨为民众自行道出，并又利用，第一期学生之个别谈话，推出以第二期学生之人选，故在进行上尚称顺利，虽在第一期征调时，民众多不了解，以为充作正式军队之用，间有觅雇顶替者，但于毕业后回乡紧急召集时，又须出重资觅雇原来顶替之人，损失颇大，纠纷又多，故在第二期中甚少雇觅之弊，且原来雇觅他人应征而家有合格之学生者，多愿自备费用受训，以免久受雇觅者之累，当第一期，学生入学受训时，每人均自带钢枪一支，子弹五十粒，以后改订出枪办法"凡地在一顷以上者须购钢枪一支，地多者以上以此类推，在五十亩以上者购仿造钢枪一支，五十亩以下二十亩以上者，连合数家计地一顷五十亩，购快枪一支"。该县以历当南北战争之要冲，军队散失枪支，多被民间收藏，估计全县不下数万，故出枪之事，轻而易举。并以训练期满，仍可各自携回，更能减少，其怀疑之心，乐于带入乡校使用。

各乡农学校之自卫训练班学生，每期均在六十名左右，同时举办，训练期间为四个月，每月官给伙食费三元五角，并发制服全套。第一期自二十二年七月至十月，第二期自二十二年十一月至二十三年二月，第三期自二十三年三月至六月，中因第三路总指挥部派员前往教练单人战斗，以增加作战技能，乃延长至七月底结束，第四期自二十三年八月至十一月，第五期自二十三年十二月至二十四年三月，现在训练五期完竣，虽其中有缺额，但为数甚微，五期总数，约计五千人，人各有枪，势力颇称雄厚。

自卫训练班学生之程度，自不识字以至初中毕业者皆有之，其中以不识字者占大多数。军事编制，有分为四班者，有分为五班者，又以程度不齐，尚须另行分组，大概多分为三组：即程度较好文理通顺者为一组；稍受教育，粗识文字者为一组；未受训练教育目不识丁者为一组。除第一组另选教材外，其余二组，多用农民千字课，至于共同课程，则有精神陶炼，军事训练，珠算，音乐四种。精神陶练教以持已对人处家庭处社会之道，选订各乡农学校所编之自卫训练班问答以为教材，军事训练教以学术科之自卫知识及其技能，珠算教以日常应用之算法，音乐则教以各种乐歌，如自卫班歌，卫兵歌，战斗动作歌，利用地物歌，射击军纪歌，服从歌，悔改歌，农夫歌，惜阴歌，早起歌，吃饭歌，联庄会歌，劝忠烈，满江红等，以舒畅其心气，振作其精神，陶淑其性情，兹将其精神陶炼提要，录附于后，俾可觇其训练之主要精神。

精神陶练提要

问：你们是哪一省哪一县的人？答：山东省菏泽县的人。

问：菏泽县是什么县？答：实验县。

问：什么是实验县？答：实验县是以乡村建设，实验县政建设。

问：什么是乡村建设？答：乡村建设是教人人读书，个个明理，村村无讼，家家有余。

问：你们住的是那一乡区？答：同和乡区。

问：你们上的这个学校是什么学校？答：乡农学校。

问：你们乡农学校里是那一班？答：自卫训练班。

问：什么是自卫呢？答：自己救自己就是自卫。

问：你们上这个学校，学些什么？答：第一，学些防卫身家的法子，第二，学些处世为人的道理；第三，学些日常必需的技能。

问：你们重要的功课是什么？答：识字，精神陶炼，军事训练，珠算。

问：什么是精神陶炼？答：精神陶炼，就是教我们明白处在世上为人的道理。

问：你们为什么要受军事训练呢？答：军事训练，就是教给我们防卫自己身家的方法。

问：学识字，珠算，有什么用途？答：因为不识字，就是睁眼瞎子；学会珠算就能算账；这都是日常必需的技能。

问：对父母当怎样？答：要孝顺。

问：怎样才算孝顺？答：不叫父母受罪，不惹父母生气。

问：对兄弟当怎样？答：要友爱。

问：对妻子当怎样？答：要和爱。

问：对子女当怎样？答：要教训。

问：对朋友当怎样？答：要恭敬。

问：对乡邻当怎样？答：要和睦。

问：对师长当怎样？答：要尊敬。

问：什么是好习惯？答：勤俭朴诚。

问：什么是坏习惯？答：吃喝嫖赌吹。

问：你怎样使你们家里的钱不大亏虚呢？答：量入为出。

问：你想怎样立身呢？答：少说话，多做事。

问：你想怎样处世呢？答：急公好义。

问：对于公共的事当怎样？答：大家合作共享。

问：你们是从那里来的？答：从乡间。

问：乡间有一点最重要的礼俗是什么？答：敬老慈幼。

问：你们原来干什么？答：为农民。

问：中国农民有一种特殊的精神，是什么？答：孝悌力田。

问：中国学校里，向来有一个极重要的道理，是什么？答：尊师重道。

问：我们办理自卫有一个顶重要的法子，是什么？答：守望相助。

问：你们自卫班的信条，是什么？答：孝悌力田，守望相助，敬老慈幼，尊师重道。

问：你们在学校里，要学成一个什么样的人？答：学成一个良好的农民。

问：你们前几年最大的祸患是什么？答：土匪。

问：打土匪要靠谁的力量的？答：人民自己的力量。

问：你们现在最大的祸患是什么？答：黄水。

问：堵黄水要用什么法子呢：答：筑堤。

问：你们乡里，应该提倡的是什么？答：种树修路。

问：种树修路，应该怎样倡办呢？答：树归自种自有，路归一庄公修。

问：种树有什么好处？答：减少风沙，调和雨量。

问：修路有什么好处？答：交通便利，少踏田地。

问：你们乡里最大的毛病是什么？答：赌博，缠足，吸鸦片烟。

问：这些毛病应当怎样革除呢？答：劝他们自行戒绝悔过自新。

问：如果他们不听，应该怎样办理？答：用法律来制止他。

问：你们爱国么？答：爱国。

问：你们怎样爱国呢？答：在我们职分内努力工作。

问：现在我们的国家，到了什么地步了？答：国危民困。

问：我们中国最大的病症是什么？答：贫，愚，弱。

问：怎样医治贫的病？答：改良农业。

问：怎样医治愚的病？答：普及教育。

问：怎样医治弱的病？答：提倡国术。

问：我们中国最大的敌人是谁？答：□□。

问：□□从前夺过我们的什么地方？答：□□，□□，□□。

问：□□现在又侵占了我们的什么地方？答：□□，□□，□□，□□。

问：我们的国耻我们应当洗雪么？答：应当洗雪。

问：现在我们应当怎样去对付□□？答：□□□□。

问：什么是□□□□？答：不买□□的货物不卖货物给□□。

问：现在你们还能安生的过日子么？答：不能。

问：什么是救中国的根本的法子？答：乡村自救。

问：三民主义是什么？答：是民族主义，民权主义，民生主义。

问：民族主义的"目的"是什么？答：打破种族上不平等阶级，使人类无界限，永远消弭种族战争。

问：民权主义的"目的"是什么？答：打破不平等阶级，使天下为公。

问：民生主义的"目的"是什么？答：打破社会不平等阶级，平均地权，节制资本，使社会无贫富，消弭阶级战斗。

乡农学校自卫训练班之学生毕业后，组织一同学会为乡村建设工作之动力，兹将其简章附后：

菏泽实验县乡农学校自卫训练班毕业同学会简章

第一条 本会定名为菏泽实验县乡农学校自卫训练班毕业同学会。

第二条 本会以联络师生情谊，维护地方安宁，实现守望相助为宗旨。

第三条 凡本县各乡农学校自卫训练班毕业学生，皆为本会当然会员，本县政府及各乡学教职员，皆为本会辅导员。

第四条 本会设正副会长各一人负提挈会务之全责。正会长由县长自兼，副会长由县长就地方人士办理自卫著有成绩者聘任之。

第五条 本县各乡农学校每校为一分会，每分会设分会长一人，秉承会长负指挥训导之责，由各校校长自兼之，分会长遇必要时，得斟酌情形，委托该校军事主任或军事教官代为办理。

第六条 各分会应按各乡区名称，分名为某某乡分会。

第七条 每期每校自卫班毕业学生，各编为第一队，每队设正副队长各一名，秉承分会长负召集指挥之责，由分会长详加考查，就学生中品学较优者指定充任之。

第八条 各分会应按会员居住区域分编为若干班，各设班长一人。秉承队长招集及指挥本班会员，每班至少须满五人，至多不过十五人。

第九条 本会遇有会操或防剿事宜，各会员接到会长或分会长召集命令时，须立即武装驰往指定地点集合，不得稍涉违误，违则严行处罚之。

第十条 本会会员有指导各该村维护治安之责，如遇匪警，得由各会员预先约定警号，附近各会员，非立即闻声响应，并分途往救，或分段突击，不得稍涉退缩。如有闻警不救者，公议处罚。

第十一条 本简章自公布之日实行。

该县各乡农学校之自卫训练班本为寓常备武力于训练之中，观其同学会之组织，是又寓后备武力于既退之后。此同学会组织内容，不啻变相之军事系统，以学治军，民众无畏忌之心理，官出于师，彼此多精神之感召，宜乎其指挥统一调度自若也。若遇剿匪等事，其出差费用，在本乡境内者，每人每天二角，出乡境者，每人每天三角，其有畏缩或奋勇者，各有奖惩及抚恤之规定，略为：

"毕业同学会员遇有召集剿堵股匪命令，须全体集合乡校，听候会长以次挑选出发，最要出八成，次要出七成，其余得留守乡校，维持地方。如在本乡剿匪或协助邻乡剿匪，会长或队长，得随地召集之，该生不得观望推诿，致误机密。

"同学会员未经请假，遇有召集无故不到者，或五里以内村庄发生匪警，闻号令不前及故意延缓者，应由各该分会长分别情形，严行议处，或呈请县政府处罚，以儆疲玩，而免规避。

"同学会员有下列情事之一者，得奖给五十元以下之奖金，并由县政府发给荣誉状，或转请研究院核奖。

（1）捕获通缉有案，或悬赏缉拿之著匪者。

（2）遇盗匪抢劫，当场捕获或夺获盗匪枪械者。

（3）捕获盗匪，讯明属实者。

（4）密报盗匪因于窝藏处所捕获，讯明属实者。

（5）救火御灾，异常出力，或抓获贩卖毒品人犯，证明属实者。

"同学会员因剿匪死亡者，或剿匪受重伤于四个月内死亡者，得给予三百元以下之恤金。

"同校会员因剿匪受重伤者，得给予二百元以下之恤金，重伤各种列下：

（1）毁败视能者。

（2）毁败听能者。

（3）毁败语能者。

（4）毁败一肢以上技能者。

(5) 于身体健康，有重大不治伤害者。

"同学会员因剿匪受有轻伤者，得给予一百元以下之恤金。轻伤各种列下：

(1) 毁一目之视能者。

(2) 毁一耳之听能者。

(3) 减衰一肢以上之技能者，

以上奖恤各项办法，得适用于在校受训学生。

凡受伤轻重标准，以治疗四个月后检定之。

以上奖励及抚恤金动支时，在三十元以下者，须经县政会议议决呈报研究院备案，在三十元以上者，须经提交本县行政会议议决呈请研究院核准，需款由地方总预备费项下开支。

各乡农学校之自卫训练班，于每期训练将告完竣时，由县政府调集全体在县城会操，使之互相观摩，联络感情并择优给奖，以资鼓励。每届农暇之际，亦常集合各期毕业生，打靶会操，演行战斗行军，实行全县总动员之策略，在第一期至第四期，均系每期编为一队。为避免期别之观念。并便于指挥起见遂于第五期毕业时，废除以前每期一队之编制，将所有一二三四五各期之毕业学生，按其居住之所近，重新混合编制，仍以队名之。适以第六期缓办，常备中断，乃规定各队服务顺序，依次调集一队在乡农学校负保卫之责；一面补习各种应用知识，如合作及农业改良等，轮流更换，每队各一月。在服务期间之伙食由公家发给。

自卫训练班之学生，除维持治安为当然任务外；举凡救灾造林，筑路，修河，组织合作社，以及其他建设事宜，均以之为原动力量，在此该县三年来之事实，均可证明。

四·小学部

乡农学校小学部，多系由县立小学归并，但亦有自行创办者。各校之高小班数目，约为一班至三班，初小班数目，约为一班至四班。其学则课程，系按现行教育课程之规定办法。小学部之任务，除训练本校儿童外，并指导乡区内之小学，就乡村现实生活，养成其良好习惯，培植其生活能力，引发其向上志趣，以期完成基本教育之建设。该县二十三年度上半期之统计，县立小学二十八所，私立小学四所，县立初级小学四所，村立初级小学四百一十一所，以上各村除在城区者不计外，余皆划属各乡农学校以内，受其直接指导。其村立学校，为学区制，类似邹平之村学作用。大都为自卫训练班毕业之学生办理，内分小学部，成年部，预计每四方里成立一处，扩充至五百处。经费由各村自筹，县政府每年给以八十元，作为一校之补助费，并改良教师待遇，筹集款资，每校置地二十五亩，造茅屋三间，为教员食宿之所，可以携眷同居，使其安心服务。在未实现前，则有过渡办法之规定，即教员之生活费，由村中收集小麦秫秸供给之，携眷者加倍敛送。

该县关于民众教育工作，亦由小学部推行。二十三年度规定，举办民众夜校，分二期进行，第一期自十一月二十日至一月二十日，第二期自三月一日，至四月三十日。民众夜校教员，由各小学教员兼任，不另支薪，仅由县政府每月发给灯油费一元。学生之书籍，概由县款开支，计已成立二百二十二处。

五、调解委员会

办农学校，不仅为一教育机关，且为一行政机关，已如前述。人民愚昧无知，往往因鼠雀细故，辄至争讼官府，伤财误事，亲故成仇，实为乡民之累。该县为息事宁人计，特于乡农学校附设调解委员会，并拟定调解规程（附后）颁发各校，以资遵守；另编息讼歌（附后）传入民间，俾收潜移默化之功。调解委员会，以村长选举之公正绅者为调解委员，各乡农学校校长为委员长，如是组织，一方能熟悉当地之情形习惯，复易侦查双方之隐情，遇有乡民争执，自能切实规劝，处理得平。一经调解，涣然冰释，旧日之和气不失，双方之感情无损，较之兴讼官府，受吏役之呵辱，疲往来之奔驰，小之耗费资财，大之种仇结怨者，利害奚啻霄壤。自成立以来，民间似已无不可了之事矣。所可贵者，负调解责任之乡农学校，往往派员亲至各村调解，自带馒头咸菜，毫不使事主，有一厘花费，故常有不易调解之案，其事主亦多被此种精神之感动，相喻无事。

菏泽实验县城乡调解委员会权限规程

第一条 本规程系为解除民众讼案起见，依照司法行政部、内政部颁发之区乡镇坊调解委员会权限规程并参酌地方情形拟定。

第二条 本城设城镇调解委员会，以城镇公所所长为委员长，各乡设乡村调解委员会，以乡农学校校长为委员长，均受县长之监督，处理调解事务。

第三条　城镇调解委员会及各乡调解委员会委员人数，均五人至九人，城镇委员，由本城士绅充任，各委员均为义务职。

第四条　各乡调解委员会不能调处息结之事件，得送由城镇调解委员会再为调解。

第五条　调解委员会，得办理民事调解事项，应受下列限制。

一、已经法院受理民事案件，经调解后，须依法定程序，向法院声请销案。

二、依民事调解法正在法院附设之民事调解处调解时，不得同时调解。

第六条　调解委员会得办理刑事调解事项以下列刑法各条之罪为限制。

刑法第二百四十四条及第二百四十五条之妨害风化罪。

刑法第二百五十五条及第二百五十六条之妨害婚姻及家庭罪。

刑法第二百九十三条及第三百零一条之伤害罪。

刑法第三百十五条第一项及第三百二十条之妨害自由罪。

刑法第三百二十四条至第三百三十条之妨害名誉及信用罪。

刑法第三百三十三条至第三百三十五条之妨害秘密罪。

刑法第三百四十一条第二项之窃盗罪。

刑法第三百六十一条第二项之侵占罪。

刑法第三百六十八条第二项之欺诈及背信罪。

刑法第三百八十条第三百八十二条至第三百八十四条之毁弃损坏罪。

前项各款之罪，经告诉者，于第一审辩论终结时。仍得调解，但应由告诉人向法院依法撤回其告诉。

第七条　调解委员会调解事项，应以两造同一乡区为限，如两造不同一乡区之事件民事得由被告所在地，刑事得由犯罪所在地之调解委员会调解之但两造及证人居住不在同一乡区者，各级校须互相协助代为通知传呼及调查。

第八条　调解成立者，应叙列当事人姓名年龄，籍贯，事由，及调解结果，并调解成立年月日，呈报县政府备案。

第九条　调解日期，民事不得逾十五日，刑事不得逾七日，但民事事项，当事人自请延期调解者，得再延长十日。

第十条 刑事调解，须验伤及查勘者，得由被害人法定代理人保佐人亲属配偶报请调解委员会验勘，开单存查，其不愿验勘者，听之。

第十一条 刑事案件，第六条所列各条外，应立时报送县政府或法院核办。

第十二条 民事调解事项，须得当事人之同意，刑事调解事项，须得被害人同意，始得调解，委员会不得有阻止告诉，及强迫调解各行为。

第十三条 办理调解事项，除对于民事当事人及刑事被害人得评定赔偿外，不得为财产上或身体上之处罚。

第十四条 办理调解事项，除查勘实费由当事人核实开支外，不得征收费用，或收受报酬。

第十五条 办理调解事项，违反本规程第十二条第十三条第十四条之规定者，各依刑法本条论罪。

第十六条 调解事项，有涉及调解委员本身或亲属时，应自请回避，但不得借故推诿。

第十七条 本规程如有未尽事宜随时修正之。

第十八条 本规程自八月一日施行。

息讼歌

乡里人，勤耕田；饱食暖衣一家欢。冬有棉衣夏有衫；书耘夜绩乐安然。乐安然，戒兴讼；有理为理讼终凶。虽云国法秉大公；一日不耕怠尔工。由来官清史不清；堂前吆喝面狰狞。合家闻讯心不宁；累及父母与弟兄。理足犹恐官责斥；理屈受拘入铁棍。冬日寒冷地潮湿；夏日蚊虫眠不成，深监独望桎前月；月与家乡一样明，此时老母应含泣；妻子空守床前灯，与其今日受折磨；何如不将诉讼兴，乡里人，牢记住，屈死不向官里去。宁知一讼再讼时；多少楼台成坵墟。好诉人，苦最多；胜苦败苦两如何。败损钱，胜结冤；眼滴情泪怕见官。与其兴讼悔于后；何如不讼和于前。乡里人桑麻郁郁禾黍鲜；鸡息于埘豚在栅。勤织勤耕储积钱；好备兵燹与凶年。言差语错究细故；彼此相让心自闲。村村无讼家无累；安居乐业庆欢然。

第六目 成绩概述

一、救灾

菏泽为滨河区,与河北之东明长垣相衔接,自前清末季,鲁省上游,不时发生险工,而东明长垣南岸一段,千孔百疮,尤属防不胜防。自入民国,警耗时闻民六,民十,民十二,民十五,民十八,历次决口,皆在此处。每遇失事,菏泽首当其冲;尾闾一泄,受害独多。次而郓钜鄄以迄济宁,十余州县,一苇可航,茫茫数百里,触目泽国,生命财产之损失,实难数计。以故鲁西各县,每当夏秋各泛,无不兢兢业业以河患为首务,而菏泽以利害切肤,尤往往不待官府之督催,自行图维,盖地势所迫,无可如何也。实验县于二十二年七月成立,即积极注意于河政,县长常住宿各工次,昼夜督促,以防疏虞。河岸情形良好,须臾电传,群忧渐释。时值豫境北岸,发生决口,方谓下流之水,可以稍免湍激,孰意天气过热昆峰绝顶,积雪顿融,兼之甘陕霪雨,山洪暴发,此次上源水量之多,打破从前之纪录,以故决口虽多,而河道仍不能容。迄八月十一日东明之二分庄,忽又以决口闻。

县政府方谋在黄河沿筑埝,以期减少灾区,(此项工作,即由乡农学校领导自卫班学生联合一般民众,共同进行),不意水势浩瀚,为数十年来所仅有,兼之十四日夜,大雨如注,达旦不休,风水相挟。一往莫遏,遂致冲开新埝,绕灌城隄四周。继而赶编大量木筏,或觅雇船只,由新经成立之菏泽水灾赈济会,委托各乡农学校分组领出,驰赴各灾区,从事救济,凡屋顶树梢,堤岸水涯,无论贫富,一律同赈,以全性命。数日后水势稍杀,情形渐缓,灾民或收漂流之余粒,或还半毁之室家,而贫苦者平时既无积蓄,劫后更难罗掘,势不得不仰给收容。而鳏寡孤独,及赤贫无靠者,尤应特别矜恤,惟是经费所限,仍以被灾最重,门埝冲开之村庄为合格。每村十人,不得超过。计城区及各乡,共设收容所十六处。主其事者为乡农学校教职员,分其责者为自卫班学生,各所分男子,妇女,灾童三部,饮食住宿,秩序自然。自九月一日起至十二月末日止,共收容灾民七千余名。每人每日用度,约共洋六分之谱,自此以后,逼近残冬,为灾民实际便利,及节省经费起见,将灾民遣散回里,仍给以五角一张粮票。于月初来所亲领,携回食用,此款亦由乡农学校代发。此外维持灾区治安，调查灾民状况，办理灾童学校，皆乡农学校，努力为之，其情形略述于下：

（一）维持灾区治安：

该县以前遭遇水灾之际，即为社会秩序最混乱之时，风声鹤唳，遍地皆匪。乡民感受两重压迫，状极惨痛；此次黄水初到县政府乃令各乡农学校组织水巡查队，常有捕匪之讯，未闻被抢之家，此乡农学校负责维持之力也。

（二）调查灾民状况：

该县以此次灾情奇重，待赈者达二三十万人，赈济会经济有限，势不能为普遍之救济，且亦不能有长久性。乃会同各乡农学校调查灾民状况，凡穷无依靠之壮丁，利用其劳力，从事生产，实行以工代赈，修筑护城堤。其薄有田地者，援用农赈方法，由银行贷给款洋，以资维持。

（三）办理灾童学校：

该县在大水之后，挑选灾童办理灾童学校八处，授以普通知识，以免灾童失学。仍由办理收容所之乡农学校教职员主持之，伙食费每月每人一元二角，领自水灾赈济会。关于学生之编制，大部将学生分为数队，每队设正副队长各一人，每队又分数班，每班置班长一人。队长负全队之责，班长负全班之责，有类军队组织系统，意在养成一般灾童有组织有纪律之团体生活习惯，学生活动方面，全取自动方式，即如炊食一事，由学生轮流挑水，造饭，并管理其他如卫生清洁等，教师不过处在指导地位，教学方面，则系分组教授，就若干程度相等之儿童，编成各组，课程分为固定与活动两种：固定课程为识字唱歌，故事算术，体操；活动课程，专就日常生活方面所遇到之各种问题，编成教材以教授之。上课地点有时在教室内，有时在野外或树林间，在五个月中（二十三年一月至五月）学生颇知自爱自勉，且能互相约束，于此可见儿童自治能力之伟大。

乡农学校创办之初，即着手征调壮丁，实施自卫训练，一般民众，大不了解。及黄水为患，各校参加救灾工作之际，所有教职员均能不辞辛劳，从事救护事业，为乡民共见共闻；尤以自卫班之学生，日与其教师奔走灾区之内，险夷同趋，组织因更深密，所谓为民众谋福利者，此次已得事实之宣传，是亦确立信仰之际会也。

二、清乡与剿匪

该县清乡办法，各乡微有不同，但一切责任放在庄长身上，为普通之原则，其大的办法如下：

第一，先召集庄长会议，说明此次清乡之意义。

第二，命各庄长具结，凡村中有土匪浪人烟馆赌局者，皆须一律填明。

第三，凡村中有不正当行为及不良嗜好之无业游民，该庄长，应先行规劝无效时，再密报于学校。

第四，如村中有土匪浪人烟馆赌局，庄长具结时，既未填明，而又不向学校报告者，嗣经查出后，庄长应自负完全之责任。

并以该县自卫训练班之学生，系由各村庄征调而来，其本庄居民之平日行为，莫不知之甚详。所有匿迹惯匪，皆得其举发捕获，完全肃清，新匪亦自无从产出。是以县内治安，已无顾虑，所虞者，外来土匪之窜扰耳。二十二年冬著匪刘桂棠自察哈尔南来有取道菏属窜回鲁南老巢之企图，该县闻讯后，即调集一二两期自卫训练班学生约二千人，于八小时内全数到齐，凭河固守，匪不得逞，乃折回大名一带，窜往河南。二十三年春，刘匪又由河南迫近邻封曹县境内，适该县自卫班，已训练至第三期，仍于八小时内动员至二千七八百人之多，十日之间，迭经接触，土匪终不敢越县境一步，自卫之成绩，于兹显著，二十三年七月有股匪二三百人，来自鄄城郓城之间，关系刘桂棠之余孽与孙殿英之散党聚集而成，谋与长垣之匪会合道经菏泽之临河乡，被该乡乡农学校之自卫训练班学生截击，并一面调集其他学生声援，共约六百人之谱，接战数次毙匪甚多余皆逃去，三四日后，又得回窜之讯，乃再调队堵剿，并应河北东明，及河南考城两县政府之请，跟踪至各该县境追击，截获肉票数十名，毙匪亦多。声誉远播，民众信仰益坚矣。

三、造林

该县造林，约分三种：一为行道林，二为护堤林，三为隙地林，二十四年春，属于行道林者，宝镇乡植一三七六株德化乡植四〇八〇株，乾元乡植八八八〇株，永绥乡植一四〇四〇株，离明乡植三三六〇株，崇厚乡植三六〇〇株，灵圣乡植二七〇〇株，永河乡植一八三四三株，岗峰乡植五二三〇株，西河植二一六〇株，东平乡植五〇〇〇株，临河乡植三三二一株，青邱乡植八三八〇株，同和乡植一九一二株，长明乡植八〇一〇株，属于旧行道林之补植者有四四九七四株，属于隙地林之新植者，有三一七四〇株，补植者有一三五八一株。属于河岸林之新植者有三六八五四株，补植者有一〇五五株，又林场新植林有四〇〇〇〇株，补植林二五〇〇株，共计一〇七三九六株，其中杨柳，槐，木瓜皆有之。此造林工作，类皆乡农学校督促进行，又多为自卫班学生担任，且负有长期保护之责。

四、合作事业

（一）信用合作社

该县信用合作社之前身为合作互助社，始于二十二年秋间黄水为灾之后，彼时所谓农赈，即合作社雏形之互助社也。凡欲借款者，必先组织互助社，然后与贷款机关接洽，贷款机关，有华洋义赈会，中国银行，民生银行，菏泽县政府，此四者，有慈善机关，金融机关，金融机关委托政府办理；政府机关，以其性质不同，故办法亦有差别。在未组织互助社之先，即由此四机关代表开联席会议，决定分为三组办理。华洋义赈会贷款，归该会农赈事务所举办；中国银行委托乡农学校办理，民生银行及菏泽县政府贷款，合组办事处，另行委托乡农学校办理，经复查责任后，即行放款，华洋义赈会贷款，则按照其在各地一律之办法办理。贷放于互助社之利息，以华洋义赈会为最低，月息四厘，中国银行月息八厘，贷款办事处月息九厘。此三处有准许互助社扣二厘或一厘之利息办法规定。至农民实际负担之利息，则为月息一分，或六厘。不惟利息上有此差别；贷款期间亦有长短之不同。计此次农赈贷款结果，组成互助社至二百六十余处，农民之加入者，有七千二百户借款达十二万元。但此种互助社仅限于"合借"绝少合作之真正意味。且以灾后借款，大多用于消费，在合作之意义上，亦欠充达。乃至二十四年，就成绩较佳之互助社，改组为信用合作社，社员多为自卫班学生，现经县政府调查合格准予登记者有三十四处，尚未核定者五十一社。

（二）农仓合作社

该县农仓合作社创于二十三年秋间，办法章程，大体具备，但无正式组织，亦未普遍举办。所谓社务委员会，徒有其名而已，实际上皆由乡农学校校长负责，当时存储之农产品，只限于大豆至贷款则由县政府与民生银行共同担任。计新成乡存六一四四三二斤贷款一万五千零七十五元，义聚乡有二五二八一三斤贷款三千六百五十七元五角，同和乡存一八九八五二斤，贷款四九百八十六元，宝镇乡三九五六三一斤，贷款八千三百元，永绥乡存八〇〇五〇斤，贷款二千元。在存豆时，每担（一百斤）价洋一元七角，至一元九角，按此数之八成贷款，卖出时每担售洋二元六角二分至二元七角六分，以存储总数一五三二七七八斤计算，计赢余洋一万余元。

附　菏泽实验县农业仓库办法概要

（一）农业仓库为农人对农产品共同储存及共同运销以及使储粮资金化之良好组织，对于农人生活裨益实大，本县水灾之后，农人生计既极艰难，又值粮价低落之际，如不有适当办法，加以救济，则农村崩溃，实有不堪设想者，故农业仓库之组织，实为目前救济农村首要之图。

（二）本县共分二十乡区，每乡设乡农学校一处，兹拟每乡置仓库一所，凡在本乡乡校指导组成之互助社，均得为该乡仓库之社员，以期易于指导监督，复为统一运销起见，集合二十乡仓库，组织农业仓库联合会。

（三）仓库之建筑，以耐久省费为主，据实验结果，则不必专盖房屋，最好采取乡村间露天屯粮办法，加以改良，以洋灰作基础，以草把圈叠其上，成一圆柱形，用以储存粮谷，至适当高度，则以草灰覆顶，即能通风，且不漏雨，火灾水灾，均易避免之，如此，既能省费，又能耐久，真实为华北一带最简便最优良之办法。

（四）仓库成立之初，拟向银行接洽请其贷款，贷款担保，即为各仓之储粮。社员储粮时，得先期向仓库举行借款，借款数目，不得超过各该社员储粮时价十分之七，俟储粮销售后，各社员再行补领余款。

（五）仓库保管，由各该乡农学校会同各仓库社务委员会共同负责。查全县各乡农学校自卫训练班毕业生截至二十三年七月三十日止，已达四千余人，社会秩序治安，已有相当之保障，如万一仓库有意外损失或粮价低落，不能清偿贷款时，各社员在连带保证责任之下，仍负其清偿责任，必使投资农村之金融界，有确实保障。

（六）仓库储粮时，即按产品成色，分别等次，储于各仓，务使货色整齐划一合于生产标准化之原则以便易于销售。

（七）粮谷销售时，先将仓库联合会与买方所接洽之粮谷价目公布，并规定登记期后，各社员如愿出售时，即持其收据亲赴各该乡农学校仓库办公处登记其愿售数目，俟将销售数目统计完竣后，即行开仓运销。其社员存储粮谷，不愿出售者，俟借款偿清时，亦可将其粮谷随时领出。

（八）仓库耗粮各社员于粮谷入仓时，每石增收一升，如耗粮有剩余时，即作为农业仓库之公积金。

菏泽实验县农业仓库章程

第一条 定名　本社定名为菏泽实验县〇〇乡农业仓库。

第二条 宗旨　本社以代社员储存及销售粮谷并于必要时举行贷款，以改善农民之生活为宗旨。

第三条 责任　本社责任为连带保证责任。

第四条 责任　本社社址设于〇〇乡乡农学校所在地。

第五条 社员　凡本乡互助社社员，均得为本仓库社员，其非互助社社员具有下列资格之一者，均得为本仓库社员。

一、年在二十岁以上，世居本庄，身为家主，不分性别。

二、品性纯良，安分种田，素有信用，而然烟赌等不良嗜好者。

社员资格因自请出社，经社务委员会之许可及除名而停止之。

第六条 组织

一、社员大会　社员大会为社务决议之最高机关，由全体社员组织之，每半年开会一次遇必要时，得由社务委员会随时召集之。

二、社务委员会　社务委员会办理本仓库一切事宜，由社员大会选举三人至五人组织之，互推主席一人，任期一年，连选得连任其办事细则另定之。

三、评定委员会　评定委员会评定各社员入仓时粮谷之品色等级，由社员大会选举三人至五人组织之，任期一年连举得连任。其办事细则另定之。

四、社内事务繁杂时，社务委员会得临时斟酌增加雇员，但雇用时限须经委员大会决定之。

五、社务委员，评定委员均系义务职，但于事务繁忙时，得支取伙食费，每人每日二角。

第七条 业务

一、入仓办法　本社每年麦收秋收后，举行入仓手续一次，限期自十日至十五日，由社务委员决定后通知社员。

二、评定办法。

（甲）社员将产品运送来社时，本社当即为之评定等级，分别登记，制取收据与送货人。

（乙）产品等次，暂分甲乙丙三级，其分级标准，由评定委员会决定公布之。

（丙）社员送来产品，如发现有使水搀杂等事，当即使之运回，如发现两次，即与以除名之处分。

三、贷款办法，社务委员会认为有贷款必要时，由社员大会之决定，得向金融机关举行借款，分贷于各社员。贷款数目，由社员大会通过呈请县政府批准后施行。

四、保管办法

（甲）产品储存完竣后，当即举行封仓手续，以后非经社员大会通过后，无论何人，不得擅自开仓。

（乙）封仓后，由该乡乡农学校会同社务委员会共同保管之，保管细则另定之。

五、销售办法

（甲）本社货品存储后，即可由仓库联合会向买方接洽，将粮谷价目规定公布后，各社员如愿出售时，即持其收据赴仓库登记。

（乙）销售后，所得货价，除扣还贷款本息外，即交于各社员

第八条　本仓库一切开支，由借款出贷时多取利息二厘项下拨充之。其开支总额，不得超过二厘之总数，如有剩余时，即作为本仓库公积金。

第九条　附则　本仓库耗粮，于各社员粮谷入仓时，每石增收三升，如耗粮有剩余时，即作为本仓库公积金。

第十条　本章程自公布之日实行

菏泽实验县农业仓库联会简章

第一条　定名　本会定名为菏泽实验县农业仓库联合会。

第二条　宗旨　本会以谋全县农业仓库业务之便利及发展为宗旨。

第三条　会址　本会会址设于城内。

第四条　会员　本会以各乡之农业仓库为会员。

第五条　组织

一、会员大会　会员大会由全县之农业仓库代表一人至三人共同组织之，每半年开会一次，遇必要时，得由干事会临时召集之。

二、干事会　干事会由社员大会选举五人至七人组织之，互推总干事一人，俱系义务职，惟事忙时，得支取车马费。

第六条　业务　本会业务规定如下：

一、计划全县仓库业务之进行。

二、经理销售各仓之货品。

三、办理各库之贷款。

四、其他各库委托办理经本会认可之事项。

五、其他为本会应行办理之事项。

第七条　经费　本会经费由各仓库按照储粮多寡分担之。

第八条　本会之各种办事细则另定之。

五、农业之推广

该县有农场一所，农地达千亩，内种棉，花卉，果木，麦类甚多，但皆在试验期间。本年春始推行棉种四万余斤。尚有三处推广波支猪者，一为农场，一为离明乡，一为新成乡。一面繁殖纯种，一面改良杂种，颇受乡民之欢迎。自二十四年起，拟于乡农学校，各设农场一所，以为就地实验，作大规模推广之用，近已成立两三处。

六、路政水利

该县境内汽车道以及各乡之通行道，皆从新修筑，工程颇大。并在大阎庄，小高桥各挖水沟一条。皆系由乡农学校征集民工办理，成绩殊有可观。

七、严禁烟赌

该县烟赌之风，遍及全境，乡农学校成立之始，最先以政治力量查禁。如有违犯者，各处以苦工，或责以戒尺，但以不罚钱为原则。至后则多用教育力量；例如抓获赌博犯人，乡农学校则编有赌博鬼回头歌，以浅近乡土俗语，阐明赌博之害，令其熟背讲清，然后开释。并编注是类剧本，公开排演。以资感化，收效颇大。

第五节　城镇公所与市民学校

该县乡有乡农学校，县城则有城镇公所。城镇公所设立之意旨，在指导城内民众自行解决城内公共卫生礼俗诸问题，以期树立城内自治之规模。所内设董事会，为所之最高咨询机关，董事人数九人至十五人，由城内各街街长共同推选之。但在实验初期（三年以内）系由县长咨询地方人士聘任之。董事会选任主任一人，由县长咨询地方人士委任之。办理所内一切日常事务。该所之工作，就城镇实际需要，随时指导居民成立各种公共团体，经济组织，以利自治之进行。惟以事实限制，多未举办。二十四年三月奉令取消，与联庄会，民众教育馆合并改组为市民学校，现尚未见有何种具体工作。

第六节　县立医院

第一目　组织及设备

菏泽实验县县立医院于二十四年一月成立，开办费由县拨给，内政部卫生署则赠以价值千元之药品及模型。常年经费，除卫生署协助院长之薪俸外，每年共为五千元。内设院长一人，医师一人，护士二人，护士兼助产一人，化验兼药剂员一人，事务员一人。院舍虽为庙宇改造，但大体尚称适用，有挂号室，男女候诊室，门诊室，药房，试验室，手术室，产科室，办公室，储存室，男女普通养病室，男女特别养病室，男女浴室，男女职员宿舍，男女学生宿舍，以及库房，餐室，洗衣室等。

第二目　工作计划

一、护士学校招收当地学生，授以医药常识，卫生指导，以便服务乡里。

二、卫生行政，仿效定县办法，拟于各乡农学校设保健员，再就事实之需要，设巡回诊疗队。

三、卫生教育：训练乡农学校及城区学校之学生，教以卫生大意，医药常识，使之普及卫生运动。

四、妇婴卫生：除设助产士免费接生外，并训练当地产婆，教以西法接生。

五、环境卫生：整理厕所，改良饮水，消除传播病菌之害虫。

第三目　工作纪要

一、人才训练

（一）护士训练班：该院经费有限，人员不多，办理护士学校，非实易事，故是项计划，迄未得卫生署之核准。但以此类人才缺乏，影响整个工作之推进，乃变通办法，暂设一护士训练班，并未呈请备案。学生不及十人，现正开始训练中。

（二）研究院医药组：山东乡村建设研究院第一分院训练部医药组，系由县立医院主持，兹将其课程纲目列后：

一、公共卫生

医学及健康之意义

个人卫生及公共卫生

学校卫生

环境卫生

乡村卫生

公共卫生行政

二、人体生理概要

食物及消化作用

血及其循环

呼吸作用

排泄作用

生殖作用

神经系及内分泌

三、医药常识

皮肤病——接触传染者

眼疾患——沙眼为吾人所能处置者

其他普通疾患——就几个最普通之症候，加以说明，然后授以简重处置法。

普通常备之药品

四、传染病及其抑止

细菌学及免疫学大意

法定传染病

儿童传染病

慢性传染病（结核及花柳等）

预防接种

急性传染病之简重处置（消毒及隔离等）

五、急救术

异物

外伤——附止血法

昏厥——附人工呼吸法

中毒

继带术

二、治疗统计

该院自成立至四月，门诊有一千余人，其中以外科为最多，住院者约计二十人。布种牛痘亦在千人左右。

三、学校卫生

该院以人员过少，不敷分配，学校卫生一项，直至四月底始克进行，就县政府指定之实验小学以为前倡，该校有学生三百余人，体格检查完竣之后，统计其疾患种类实施治疗。

全国乡村建设运动概况

(下部)

第二编　中华平民教育促进会定县实验区

第一章　由平民教育到乡村建设

当欧战初起时，各国因战事需要，招募华人，往欧工作。华工以未受教育，备感痛苦，时留美学生晏阳初先生等，相偕赴法，办理华工教育，因感于平民教育之重要，深切认识"苦力之苦，与苦力之力"，"对于中国一向被人忽视之平民，有了一种新信仰，新希望"。回国后乃致力平民教育运动。其目标"就是要在生活的基础上，为最多数的国民谋教育的新路，在教育的基础上谋全民生活的基本建设"。（定县的实验）几经努力宣传，中华平民教育促进会于是产生。

"一个国家，如其百分之八十五以上的人民，没有取得最低限度的教育机会，不能得到最低限度的教育工具，不认识本国的文字，没有取得知识的基本知识，是最危险的一件事。平民教育运动最初见到的是这种迫切的需要。着力于文字的教育，欲使失学的青年与成年，在最经济最简单的千字课方法之下，认识最基本的中国文字，取得最基本的生活知识"是初期之平教运动，盖仅限于识字教育也。当时因宣传之力，而新教育思潮亦正澎湃输入，平民教育，遂为一时髦之口号，民国十二三年间，平教分会，布满全国，设总会于北京，内分市民教育，农民教育，士兵教育，华侨教育四部。各地纷纷开办民众学校或平民学校，盛极一时。但范围多囿于市城，内容仅不过识字，虽分四种教育，实行者仅市民教育而已，而其实际收获，除造成一普遍之平民教育风气外，亦无他也。

后来在工作的经验中，平教运动者深切感觉"中国大部分的文盲，不在都市，而在农村；中国是以农立国，中国最大多数的人民是农民，农村是中国百分之八十五以上人民的着落地，要想普及中国平民教育，应当到农村里去"。（乡村建设实验第一集晏阳初氏报告平教会定县工作大概）于是平教会之工作，遂由都市转入农村。且促进会工作开始时，即有农民教育的研究，亦以为非深入农村不能实现平民教育。同时——民国十五年以后，促进会谋平民教育之普遍提倡，与夫技术之便于指导，乃划全国为华南华北华中华西华东东北西北七区，分别进行；继以范围过广，难于从事，空口宣传，于事无补，乃决定变更方针，集中实验。以华北为集中工作区，翟城村为乡村平民教育实验场所。继又以华北一区，仍嫌过大；而翟城一村，又嫌过小，乃另订定县单位之实验计划，定县为实验区，平教总会亦由北京移于定县，集中力量，从事县单位之乡村平教运动。

在继续之工作经验中，又"觉得仅教农民认识文字，取得求知识工具而不能使他以有用这套工具的机会，对于农民，是没有直接效用的。所以从即时候起，我们更进一步觉悟，在乡村办教育，若不去干建设工作，是没有用的。换句说，在农村办教育，固然是重要的，可是破产的农村，非同时谋整个的建设不可。不谋建设的教育，是会落空的，是无补于目前的中国农村社会的"。（乡村建设实验第一辑）于是遂弃其单纯之识字运动主张，而谋整个的乡村建设。以前的口号是"除文盲，作新民"，今则易为"农村改造，民族复兴"矣，现在努力从事者为研究"农村应改什么？造什么？国家建设的内容与方法与夫民族复兴的基本条件又是什么？"（定县实验工作提要）

第二章　四大教育与三大方式

平教会主持者根据其"在农村从事教育的经验，在工作进展途中，依事实的昭示，深切感到中国人的生活，有四种基本缺点：一是愚，二是穷，三是弱，四是私"。（定县的实验）

"所谓愚，我们知道中国最大多数的人民，不但缺乏知识，简直他们目不识丁，所谓中国有百分之八十是文盲。

"所谓穷，我们知道最大多数人民的生活，简直是在生与死的夹缝里挣扎着，并谈不到什么生活程度，生活水平线。

"所谓弱，我们知道中国最大多数人民无庸讳辩的是病夫，人民生命的存亡，简直付之天命，所谓科学治疗，公共卫生，根本谈不到。

"所谓私，我们知道中国最大多数人民是不能团结，不知合作，缺乏道德陶冶，以及公民的训练"。（乡村建设实体第一集）

中国因具有此四大病症，缺乏生存上所必需之（一）知识力，（二）生产力，（三）强健力，（四）团结力，故一切建设，均无从谈起。为解决此四大问题，乃在人人取得最低限度的文字教育的基础上，实施所谓四大教育，即以文艺教育救愚，以生计教育救穷，以卫生教育救弱，以公民教育救私。

文艺教育之意义，在使人民能应用传达知识的工具，促进文化生活，对于自然环境，社会生活，有能力去欣赏与了解。用艺术方法增进科学知识，培养文艺的兴趣，充实文化生活。并以此种教育使中华民族自觉其过去之辉光，增进其自信心，而着眼于未来文化之创进，发扬民族之真精神。

生计教育之意义，在于普及科学的知识与技术，改善生计组织，提高经济生活。一面增加农民生产能力，一面训练合作能力，造成经济的合作制度，以解决其生计困难，应付其经济压迫。

卫生教育之意义在于普及卫生教育知识，养成卫生习惯，建设卫生环境，形成卫生生活。提高平民之强健力。以期能对今日多难的国家负起困苦艰难之责任。

公民教育之意义；在养成人民之公共心与合作精神，发展团结组织力量，启发民族的自觉自信，训练自卫自治能力，并养成法治之精神。

此四大教育之实施有三大方式：即以此三种方式介绍四大教育于乡村中。一为学校式，即普通之学校教育。以个人为对象，在一定时期中，施以系统的教育。二为社会式，以团体的共同教学为对象，注重表证，以轮回讲演，社会服务指导，及其他直观与直感的教育方法为主，于社会的活动中施以教育。三为家庭式，是对家庭中各个分子不同的地位，由多数家庭中，联合起来，施以相当的训练，以家庭生活改良指导为方法，一方面使家庭社会化，一方面使家庭各分子皆不为教育所遗漏。

平教会的整个工作即是以此为纲领，明白此四大教育与三大方式，即可知平教会之工作方向为如何矣。录表如次：

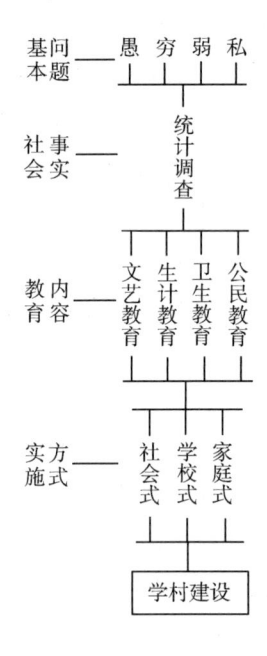

```
基本问题 ──── 愚 穷 弱 私
                │ │ │ │
社会事实 ──── 统计调查
                │
教育内容 ──── 文艺教育 生计教育 卫生教育 公民教育
                │
实施方式 ──── 社会式 学校式 家庭式
                │
              学村建设
```

第三章 定　　县

定县在河北省西部，面积约三千七百三十方里，人口四十万，分六区，四百七十二村，共七万户。县城及附廓者二千家。平汉铁路经县境西北，距北平约七小时之火车行程。全县地势平坦，土质中常。农业者占百分九十，自耕中农约为百分之六十，佃农仅百分之十，拥耕地二三十亩之农民为最多，贫富不大悬殊，可称一典型之农村社会。教育亦较发达，有男小学三百余处，城中有女子师范，男子中学等。男子识字者占百分之三十，女子则占百分之二。定县之所以被选为实验县者，盖以"定县的农民生活，乡村组织，农业的情形，都可以相当的代表全国各县。定县距离都市较远，人民生活未受都市的特殊影响，交通上有平汉铁路的便利，比较合宜做县单位的实验"。（定县的实验）

平教运动着手之初，以全国为范围，以全民为对象，从远大处着眼，从广泛处着手，故所做工作，大都不切实际。继由认识的转变中，工作的经验里，知道普及教育必然是农村教育，农村教育必然是农村建设；而且明白，"教育所对付的是生活的整个的人生，不能专以实验室图书馆为研究的范围，必需是以实验生活为对象，到民间实验生活里来研究实际"。所以才决定划一合理的单位区域，以为研究实验之处；而"根据中国的历史，社会的结构，民众的需要，与实际工作的经验，以为县单位是最合宜的地方建设单位。研究实验的工作，亦即以县单位最为合宜。中国的一个县份，实在是一个社会生活的单位，不仅是行政区域的单位。中国的国家，是由一千九百多县构成的，一县就是一个广义的共同生活区域，为若干隶属的共同生活区所构成——乡区与村庄。县乡是中国最大多数人民的着落。一切改进工作，必须从这里着手，如其在一县里完成研究实验的工作，所得结果，制成切实的方案，创立有效的制度，推行他县，他县各就其地方情形，因时，因事，因地，斟酌损益，就可以推行这种实验所得结果"。因此决定作县单位之研究实验，以定县为其"研究室"，在此研究室中研究实验四大教育的实施原则与方法，希望以研究的得失，经验，得出一个方案，贡献于国家社会，固非仅为定县而工作也。

平教会既决定研究实验方针，且以定县为"研究室"后，遂于民国十八年准备作县单位实验，于十九年度正式开始工作。先是自民国十五年起，平教会同人在定县工作者已不少，大概偏于社会调查，乡村教育，与生计教育。先在翟城村开始，旋划东亭六十二村为第一乡村社会区。着手工作，此时乡村教育方面，专注重平民学校的实验与推广，生计教育方面，偏重普及农业科学的工作，社会调查则分普遍调查，农业调查，及农业经济调查，与一般的考查等。此时期可称为准备时期，在实际上调查事实，探索问题，求取经验。至十九年以后，则为集中实验时期，至今又五年矣。

现在平教会之组织如次：

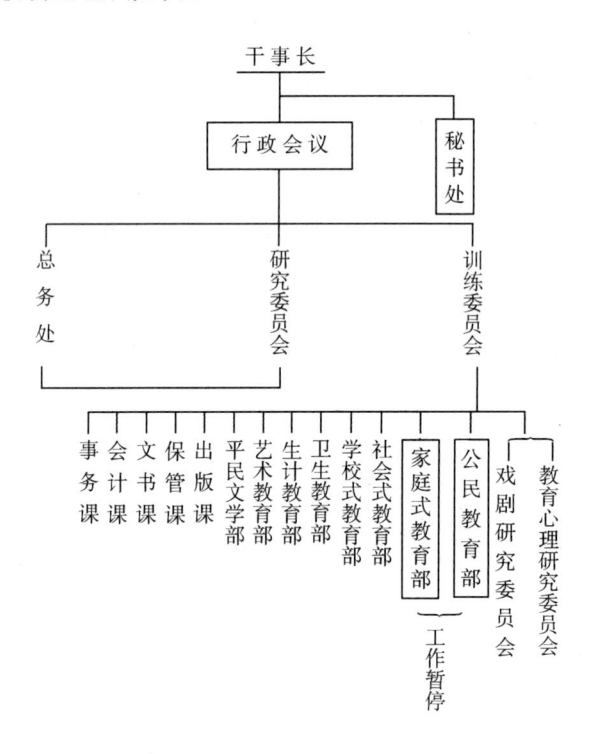

```
                    干事长
                      │
            ┌─────────┴─────────┐
          行政会议              秘书处
            │
    ┌───────┼───────┐
   总务   研究     训练
   处    委员会   委员会
                    │
   ┌─┬─┬─┬─┬─┬─┬─┬─┬─┬─┬─┬─┬─┐
   事 会 文 保 出 平 艺 生 卫 学 社 家 公 戏 教
   务 计 书 管 版 民 术 计 生 校 会 庭 民 剧 育
   课 课 课 课 课 文 教 教 教 式 式 式 教 研 心
               学 育 育 育 教 教 教 育 究 理
               部 部 部 部 育 育 育 部 委 研
                           部 部 部    员 究
                              │        会 委
                           工作暂停         员
                                           会
```

第四章　六年计划与工作原则

　　平教会集中力量在定县工作，其本意在以定县为根据，从事实上研究实验以完成平教运动之整套学术，制定方案，推行全国。欲在一定时期内，按部就班，达到此项目的目标，乃于工作开始，制定十年计划，分三期进行：第一期三年注重文字教育与县单位的教育系统；第二期亦三年，注重农业改良与生计建设；第三期四年，注重公民教育与地方自治。在全县分设三实施中心村，同时进行。但十年计划开始以后，感觉迂缓迟滞，而工作之设计上，亦有变更之必要，乃另定六年计划，于二十一年七月开始施行。在此六年期间，划为三期，期各两年，前期即为后期之准备。由村而乡，由乡区而全县，并划定距城较近之六十一村为研究区。第一期以村工作为基本工作，第二期以乡区为基本工作，第三期为全县实施的实验工作。六年计划与十年计划之不同，最主要者有三点：一则关于文艺，生计，卫生，公民四项基本教育与建设工作，自始即连锁进行，以整个的生活为对象，无所偏重。二则由村而区，由区而县，以村区工作为根本的研究实验，以全县为实施的研究实验，自然扩展，循序进行。三则计划工作，为利于效率进行，便于考核计成绩，全部工作分为若干设计。就工作性质，时间经费，人才各项，分配工作力求具体。由此可见十年计划之改为六年计划，不仅为时限之缩减，亦为工作本身进程中，使之愈益实际化，科学化之应有的改进也，其计划表如下：

六年计划

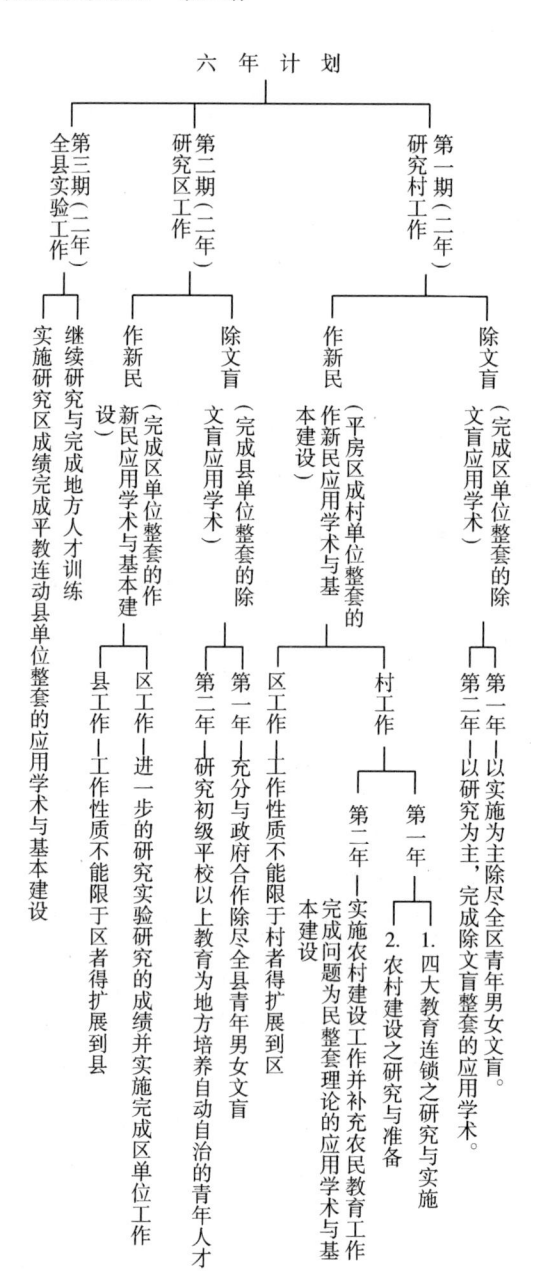

第一期（二年）研究村工作

- **除文盲**（完成区单位整套的除文盲应用学术）
  - 第一年——以实施为主除尽全区青年男女文盲。
  - 第二年——以研究为主，完成除文盲整套的应用学术。

- **作新民**（平房区成村单位整套的作新民应用学术与基本建设）
  - 村工作
    - 第一年
      1. 四大教育连锁之研究与准备
      2. 农村建设之研究与实施
    - 第二年——实施农村建设工作并补充农民教育工作完成问题为民整套理论的应用学术与基本建设
  - 区工作——工作性质不能限于村者得扩展到区
    - 第一年——充分与政府合作除尽全县青年男女文盲
    - 第二年——研究初级平校以上教育为地方培养自动自治的青年人才

第二期（二年）研究区工作

- **除文盲**（完成县单位整套的除文盲应用学术）
- **作新民**（完成区单位整套的作新民应用学术与基本建设）
  - 区工作——工作性质不能限于区者得扩展到县
  - 县工作——进一步的研究实验研究的成绩并实施完成区单位工作

第三期（二年）全县实验工作

实施研究区成绩完成平教连动县单位整套的应用学术与基本建设继续研究与完成地方人才训练

其工作组织系统（第一期）则如次表：

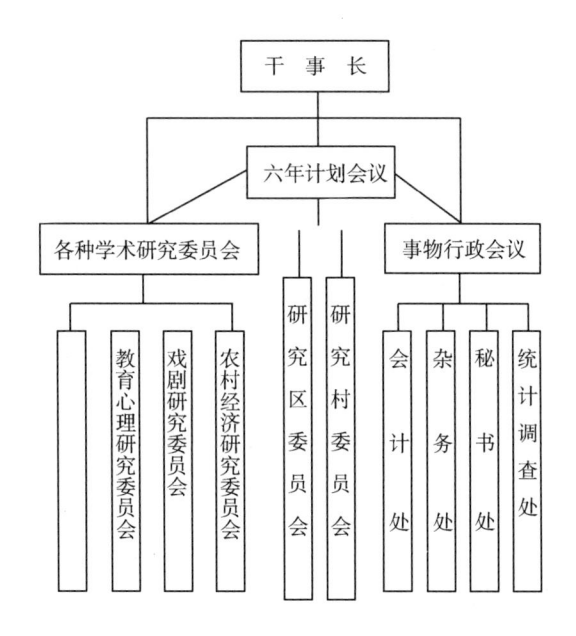

```
                        干事长
                          │
                      六年计划会议
          ┌───────────────┼───────────────┐
    各种学术研究委员会                   事物行政会议
    ┌─────┬─────┐   研究区  研究村   ┌───┬───┬───┬───┐
  教育  戏剧  农村        委员会  委员会  会计 杂务 秘书 统计
  心理  研究  经济                          处   处   处   调查
  研究  委员  研究                                           处
  委员  会    委员
  会          会
```

于上二表中可略见所谓六年计划之大概，至于细目，读者可参阅该会出版之六年计划全文兹不赘录。惟当指出者，即其一切工作，首重研究设计，每一设计之目标或预期之结果，均有明确之规定与测断，每一设计分为若干工作单元，由负责者分别进行，于相当时限后，加以审核，兹录其二十二年度设计总表于次以见一班：

二十二年度设计总表

其研究实验之原则，归纳之有：

一、工作之研究实验，由村而区，由区而县……

二、切合农民生活。从农民生活里找问题，从农民生活里实验办法。

三、四大教育联锁运用，不能分割隔离。

四、教育与建设贯串："农民教育与农村建设，在整个计划下的工作。以教育培养参加建设的分子，实现建设的工作。教育与建设要联为一气。以教育培养农民建设的意识，使之具有相当的知识能力构成建设的组织，使之具有团结合作的力量，才能完成各方面的建设。以教育为建设预备，建设才能实在。同时要有实际建设工作，使农民的教育有客观的准备，有受训练的实际机会，不致落空。"

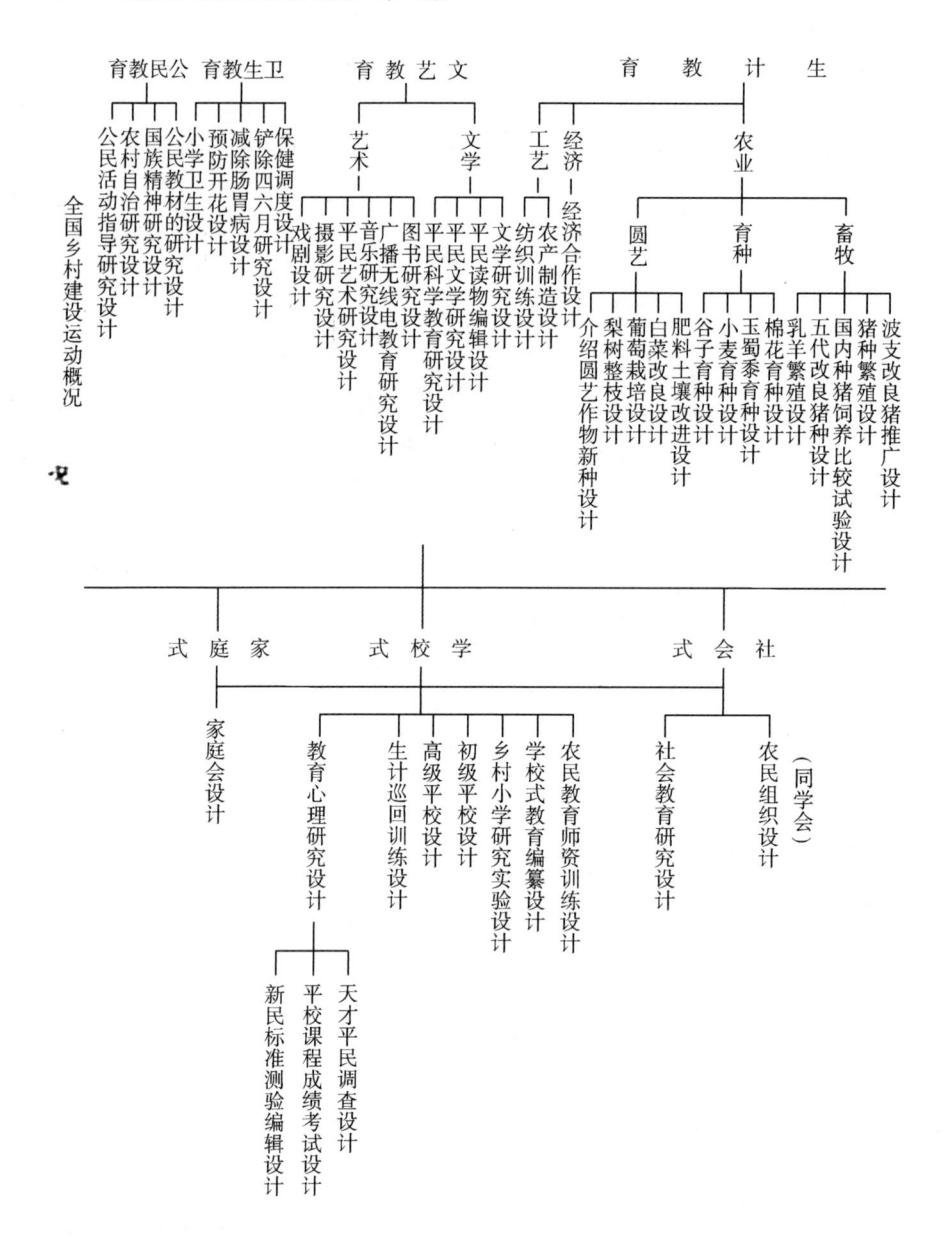

```
                                                                         生 计 教 育
                         文 艺 教 育           ┌──────────────┼──────────────┐
   卫生教育  公民教育      ┌────┴────┐         经济                        农业
   ┌─┴─┐   ┌─┴─┐        艺          文         │            ┌──────────────┼──────────────┐
   预 减 铲 保  公 小 国 农 公       术          学       工  经           圆艺           育种          畜牧
   防 除 除 健  民 学 族 村 民                               艺  济                          │             │
   开 肠 四 调  教 卫 教 精 自       │          │         │   合           ┌─┴─┐        ┌──┴──┐      ┌────┴────┐
   花 胃 六 度  材 生 材 神 治   ┌──┼──┐    ┌───┼───┐    训   作           介 梨         棉 玉 小 谷  波 国 五 猪 乳
   设 病 月 研  研 设 研 研 活   戏  摄  音  图 广 平 平  练   设           绍 树         花 蜀 麦 子  支 内 代 种 羊
   计 研 研 究  究 计 究 究 动   剧  影  乐  书 播 民 民  设   计           圆 葡         育 黍 育 育  改 种 改 繁 繁
      究 究 设  设    设 设 指   设  平  研  研 无 文 读  计                 艺 萄         种 育 种 育  良 猪 良 殖 殖
      设 设 计  计    计 计 导   计  民  究  究 线 学 物                    作 白         设 种 设 设  猪 饲 猪 设 设
      计 计                      研  艺  设  设 电 科 编  纺               新 菜         计 设 计 计  推 养 种 计 计
                                 究  术  计  计 教 学 辑   织               种 肥        ┌─┴─┐         广 比
              全国乡村建设运动概况   设  研          育 教 设  训              设 料         棉 育        设 较
                                 计  究             研 计  练                   土        花 羊        计 试
                                     设             究                         壤        育 设          验
                                     计             设  计                     改        种 计          设
                                                    计                        进        设             计
                                                                              设        计
                                                                              计

                                         ┌────────────────────┬────────────────────┐
                                        家 庭 式              学 校 式              社 会 式
                                         │                    │                    │
                                        家庭会设计      ┌──────┼──────┐          ┌──┴──┐
                                                     教 生 高 初 乡 学 农       社 农
                                                     育 计 级 级 村 校 民       会 民
                                                     心 巡 平 平 小 式 教       教 组
                                                     理 回 校 校 学 教 育       育 织
                                                     研 训 设 设 研 育 师       研 设
                                                     究 练 计 计 究 编 资       究 计
                                                     设 设       实 纂 训       设  （
                                                     计 计       验 设 练       计  同
                                                              ┌──┼──┐ 计 设       学
                                                              新 平 天 设 计       会
                                                              民 校 才 计            ）
                                                              标 课 平
                                                              准 程 民
                                                              测 成 调
                                                              验 绩 查
                                                              编 考 设
                                                              辑 试 计
                                                              设 设
                                                              计 计
```

五、设施不仅为消极的适应，还要有积极的改造。

六、计划工作以设计为主。

七、农民自动："农村建设工作之是否能着实，研究实施的结果能否推行普及，第一要看农民能否自动起来，自谋本县本区本村的改进，继续工作。否则即使提得起来，而放不下去，这是与定县实验的根本立场不相容的。定县实验的目标,是要找出一套能够普遍推行的教育内容与建设的办法,为达到此目标计划,农民自动,是必须的条件。而要农民能够自动,固然必需有自动的教育,更要有农民自身得力的组织,造成重心,才能群策群力,合作进行。"

八、科学化与制度化:"定县实验的目的,是要找出一套县单位的教育与建设的原则方法,技术与制度,希望能推行到各县。于是不能不一方面顾到现代生活的需要,一方面不能注意到实际推行的便利。为实现此目的计,第一我们要介绍科学的技术与办法。现代的科学确能解决不少的困难。例如农业方面,普及现代农业科学可以增加生产,为什么我们不运用科学解决许多农业的问题?现代欧美国家力量的增加,不能不相当的归功于科学。但所谓介绍科学,决非整个的移殖,全盘的模仿。这是不可能的事。必须先要以教育养成科学的头脑,根据我们自己的需要,运用科学的原则与技术来解决我们自己的问题。其次要推行便利,必须顾到县单位的人力,财力,时间与组织构成一套实施的制度。要有制度才不致于'人存政举,人亡政息'。质言之,实际的结果,要能制成一种科学化的而又是制度化的教育与建设的方案"。

总之,定县的工作是在切合农民生活的大原则下,从农民生活里找问题,以四大教育连锁进行,试求其解决。教育与建设联合,在一整个的积极的改进生活进行之下,以农民自动为基本,找出一套科学化与制度化的办法,力求其能够普遍推行;而其在工作的本身,则以工作的性质,分别设计,合并进行。

第五章　实验工作概述

第一节　调查工作

　　一切教育之设施与社会建设工作，必须有事实作根据；事实之根据，然后才能发现问题，寻求方法，研究设计，实地实验。故定县实验工作开始。最先即着手于社会调查，期以系统的科学方法，实地调查县内一切社会境况，然后将根据调查而归纳出之各种结果及建议，分别供给有直接关系之四大教育三大方式之主持者，以为参考之资。此项工作，咸由专家负责办理，成绩极佳，略述于下：

　　民国十七年以前，虽做调查工作，但非正式的大规模的调查。且工作范围，仅限于城东第三区，只简单的调查。定县的历史，地理，风俗，习惯，政府组织，第三区内六十二村之交通，人口，教育，娱乐，信仰，灾荒，农业地亩，生活等概况。

　　十八年秋季，平教会全部由北平移到定县，以全县为实验区，社会调查工作亦因扩大，以全县为范围。第一步先开始调查第一区七十一村每村的概况，包括项目有：每村距城里数，位置，家数，人数，村长佐姓名，年龄，职业，村中主要领袖，各种学校教员及学生数目，村内在高小中学，大学毕业的人数，可作平民学校之地点，村人职业，种地亩数，主要农产物，集市日期，医生及药铺数目，寺庙及信仰各种宗教人数等项。然后举行第一区七十一村详细户口调查。共计调查八千四百九十九家。同时附带举行挨户疾病死亡调查之试验，共计调查五千家。此外补充已往不完全之调查，其中主要者有全县赋税调查，包括国税，省税，县地方捐，村捐等项。另又作整个材料方面之工作，有定县地理，历史交通与运输，政治，赋税，教育，信仰，风俗，习惯，娱乐，灾荒，及经济概况等项。

民国十九年度之工作分实地调查与整理材料两类。关于调查者约计六种：（一）全县各村概况调查。（二）土地分配与农产调查。（三）家庭手工业与工厂调查。（四）乡城及乡村铺店调查。（各种店铺数目，每铺店之资本，赚利，组织，店员待遇等项）。（五）生活费调查，（用每日记账方法，自民国二十年二月开始调查一百二十三个农家一周年内之各项收入与支出数目，及所需各种物品之数量，由此彻底洞悉农民真相）。（六）物价调查。（包括物品三十四类）。

本年度关于整理材料约分四种：（一）整理统计全县各村之概况调查；（二）整理统计城内，三关，及中一区之挨户人口调查；（三）整理编辑所搜集之定县秧歌四十八出；（四）继续整理东亭乡村社会区内六十二村之材料。

民国二十年度，关于调查方面的工作约计七种：（一）继续从事每村土地分配与农产调查。（二）继续从事家庭手工业调查。（三）继续从事一百二十二个农家生活费每日计账调查。（四）继续三十四类日常用品之物价调查。（五）高头研究村之详细调查。（六）南支合，李亲顾，明月店三处中心村之详细调查。（七）研究区六十一村挨户人口调查，并绘制各村地图。

本年度关于编辑方面主要之工作，为将中文编辑有定县社会概况调查材料译成英文。

民国二十一年度，六年实验计划开始，各部处工作以设计为主。统计调查处在六年计划第一年内共有十二个设计。（一）研究区内田场经营调查设计。选研究区内有代表性质之自耕农家一百家，调查每田场周年经营详细情形。（二）研究区内主要农作物及猪鸡羊调查设计。用选样法共计调查一千零八十九家，以应畜牧研究之需要。（三）主要手工业详细调查设计。以家庭为单位调查结果供生计教育部提倡改良手工业之根据。（四）研究区内集市与商业调查设计。所得材料，供经济合作组织之参考。（五）借贷调查设计。选择有代表性质之五个村庄，调查每家农民负债情形，供组织信用合作社之参考。（六）研究区内关于经济之各种会社调查设计。例如钱会与青苗会等组织。调查结果可为计划新经济制度之参考。（七）家庭卫生调查设计。以家为单位，调查一千家，供卫生教育部改进农民家庭卫生之根据。（八）整理研究区内人口调查材料设计。共计调查六千四百八十四家。（九）整理一百二十三家生活费记账设计。（十）整理全县各区土地分配与农产物之概况调查材料设计。（十一）整理全县各区手工业材料设计。（十二）整理南支合，李亲顾，明月店，三个实施中心村之调查材料设计。

民国二十二年七月河北省县政建设研究院成立，以定县为实验区，亦设调查部，两方既同在定县，于是分工合作，平教会偏重在整理已有之材料，实地调查工作，多由院方担任。关日整理者，有下列六种设计：（一）一百二十三个农家生活费周年记账材料初步整理设计。（二）定县主要家庭手工业之详细调查材料整理设计。（三）全县土地分配调查材料整理设计，（现已整理完竣。）（四）一百个田场经营调查整理设计，（调查项目极繁，已大致完成。）（五）家庭卫生选样调查材料整理设计。（此项一千家卫生选样调查材料之统计系与北平之协和医学校公共卫生部合作。）（六）研究区内按户人口调查材料整理设计。（此项材料，统计六千四百八十四家之调查工作，系与北平协和医学校公共卫生部合作。）

本年度关于调查者有两个设计：（一）物价调查设计。在城区内调查五百余种物价，随时加以整理。（二）出生死亡调查设计，每日调查城内出生及死亡人数，及与出生者死亡者各方面有关系之情况。关于整理与编辑者有五个设计：1. 编辑土地分配调查设计。除编辑汉文报告外，并将统计材料译成英文，送美编辑。2. 编辑定县借贷调查设计。亦包括译成英文工作。3. 继续整理定县农家生活调查材料设计。4. 继续整理家庭卫生调查材料设计。5. 继续整理人口调查材料设计。

大概该会调查工作先做概况调查，继则分别因实验工作的需要，作比较精密的调查，现已调查完毕整理出版者有：（一）定县社会概况，（二）定县秧歌选，另又出版：（三）社会调查讲图，（四）实地社会调查方法等。现在编辑中者有：定县土地分配调查，定县人口调查，定县家庭手工业调查，定县农民借贷调查，定县农民家庭卫生调查，定县农民生活费调查等。

第二节　文艺教育

定县的工作是以四大教育三大方式为纲领，故叙述其工作时，亦以此汇分。兹先述其文艺教育。文艺教育可分三个部分：

（一）平民文学

（二）艺术教育

（三）农村戏剧

第一目　平民文学

文字研究的工作　此项工作目的，在于先知平民日常所需要的字汇以为编辑课本，读物，刊物之根据。现于九十种平民书报，二十五种平民应用文件中，计其通用者三千四百二十字，作成通字表。又于通字通中选得一千余字作成基本字表。民国十五年以后，在实验应用上知"词"之重要，故有词表之制定，中包含二类：一为平民口头用词，一为曾受教育者之用词。选字选词之结果，编成平民字典一部（已出版）平民词典一部（将出版）除选词之工作外，尚研究简笔字，现已在编辑及教学方面应用矣。

平民文字研究的工作　在此种工作中，可以得到平民能用之文法构造，描绘技艺，篇章组织，及其内容所反映的思想环境等。工作步骤则分探访，研究。删改，出版诸项。已做工作有：（一）采集秧歌，（已出版定县秧歌选）；（二）采集鼓词，共有二百余段，均为未有印本者。现已改编成平民读物者有十余种；（三）采集民间文艺，内容有歌谣，歇后语，谜语，谚语，故事，笑话等，计千余则。

课本编辑工作　此方面平教会之努力甚大，收获亦甚大，计有：（一）三种千字课——市民千字课，农民千字课，士兵千字课，（二）三种自修用本。（千字课之补充读物，与千字课文字不同，单字相同）。（三）两种文艺课——市民高级文艺课本，农民高级文艺课本。以上三种平民课本，已销行千万部以上，可谓国内分布最广，影响最大之书籍。

平民读物编辑工作　课本系为学校式教育预备者，读物系为学校式，社会式，家庭式三方面预备者。在该会期望上，欲出版平民读物一千种，书中常识占百分之七十，文艺占百分之三十，新旧小说均所采录。现已编成三百六十二种，本年度（二十三）内可编成六百种。自三百册以后，都是"词类连书"，并加注音符号。从其教学实验上，知曾受平民教育四个月学生，对于注音能够认识且甚觉方便，故以后编辑，均将"词类连书",旁注音符。又拟编定县乡土适用本一百册,此外尚编有农民周报一种已继续出版八年。

平民科学教育研究的工作"文艺教育以治愚为事,治愚则以科学为最便,平民读物中百分之七十的常识,自然科学,社会科学,应用科学各占三分之一,这已经是科学的范围了。科学常识必须附带实验,在平民读物工作之中,实验工作已隐然成了独立的一部分,其研究工作之内容有三:

"(一)编辑　凡是教材中的学科部分,特别是需要实验的一部分,都由这一部分供给。

"(二)训练　凡平校教师及小学教师有未经实验室的训练者,都需短期的训练,这训练工作,也归这一部分担任。

"(三)表演　一方树科学馆的基础,一方与社会式教育工作合作赴各乡村游行表演。

"这一部分工作开始不久,所以只有这三方面,将来拟添上平民科学仪器的制造。"

第二目　艺术教育

平教会艺术教育工作之原则有二:

A、根据科学方法调查,并收集材料——研究方面。

B、根据民间习惯,经济造成平民艺术——创作方面。

平教会艺术教育之内容,可于下表见之。

现在已有之工作,计图画,音乐,广播无线电三个部分(农村戏剧详另节,摄影工作,未有何成绩)

图画　(一)搜集工作　1. 搜集民间实用画(刺绣,染印,编线等各种花样),2. 搜集民间纯艺术绘画(家庭之年画,及各种装饰品,条幅挂画,庙宇之壁画以及各种宗教画),以为绘制培养美感兴趣,提高图画知识与技能之教材根据。

(二)编辑工作　1. 图画方面编辑。计已完成高级画范二册,初级画范四册,普通实用图案一册,妇女手工花样一册。2. 文字方面的编辑,计已完成画范教学法一册,艺术教育浅说一册。

(三)绘制工作　1. 印刷图画方面的。(子)绘制插图,计已完成千

艺术教育

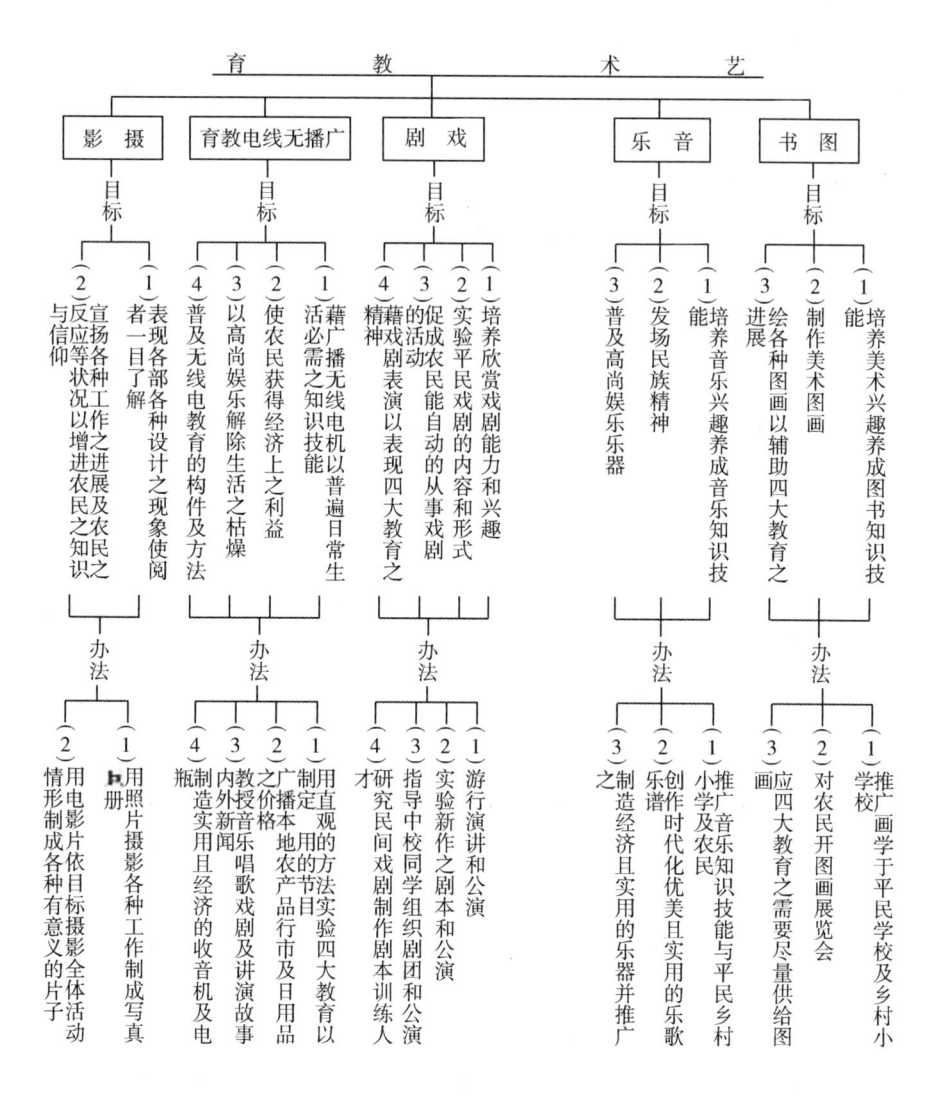

摄影
目标：
(1) 表现各部各种设计之现象使阅者一目了然
(2) 宣扬各种工作之进展与反应信仰等状况以增进农民及农民之知识

办法：
(1) 用照片摄影各种工作制成写真册
(2) 用电影片依目标摄影各种有意义的情形制成全体活动的片子

广播无线电教育
目标：
(1) 藉广播无线电以普遍日常生活必需之知识技能
(2) 使农民获得经济上之利益
(3) 以高尚娱乐解除生活之枯燥
(4) 普及无线电教育的构件及方法

办法：
(1) 制定广播之价格用直观教授的方法实验四大教育以制造实用且经济的收音机及电瓶
(2) 内外新闻音乐唱歌戏剧及讲演故事
(3)

戏剧
目标：
(1) 培养平民戏剧能力和兴趣
(2) 实验戏剧表演以表现四大教育之精神
(3) 促成农民能自动的从事戏剧活动
(4) 精藉戏剧的内容和形式

办法：
(1) 游行演讲和公演
(2) 实验新作之剧本和公演
(3) 指导中校同学组织剧团和公演
(4) 研究民间戏剧制作剧本训练人才

音乐
目标：
(1) 能培养音乐兴趣养成音乐知识技
(2) 发扬民族精神
(3) 普及高尚娱乐乐器

办法：
(1) 创作时代化优美且实用的乐歌
(2) 推广音乐知识技能与平民乡村小学及农民
(3) 制造经济且实用的乐器并推广之

图书
目标：
(1) 能培养美术兴趣养成图书知识技
(2) 制作美术图画
(3) 绘各种美术图画以辅助四大教育之进展

办法：
(1) 推广图画学于平民学校及乡村小学校
(2) 对农民开图画展览会
(3) 画应四大教育之需要尽量供给图

字课三种，初高级平校文艺实验课本两种，平民读物百余册，现在继续平民读物工作之。（丑）绘制图说。计已完成历史图说二十五种，现仍继续工作。（寅）绘制挂图。计已完成农民，市民，士兵，千字课挂图各四册，文艺挂图一辑，农业三辑，卫生二辑，公民二辑，国难教育一辑，现在继续工作中者，有合作社挂图一辑，注音符号挂图一辑。（卯）绘制灯片。计已完成士兵，农民千字课幻灯片一百九十二片。现继续工作士民灯片。（辰）绘制夜灯识字之图画与文字。计完成九十二种。（2）绘画图画方面的。计已完成辅助四大教育进展之布挂图百余幅。培养社会美感兴趣方面的展览会应用画一百六十幅。壁画十六幅。

（四）实施工作　（1）家庭方面，运用挂图代替年画，运用历史图说，代替通俗小说。（2）学校方面。采用十分钟教学实验，采用图画与劳作连络教学之实验，并训练教师。（3）社会方面。举行农村图画巡回展览会于二十个村庄。农民报增加图画特刊。

音乐（一）制造方面：现在能自制者有风琴，有手摇式风琴，木棒琴，笛子，留声机纸唱头等，价格较市价为廉，惟手摇式风琴之纸造部分，易于损坏，留声机纸唱头发音亦较低。

（二）研究方面：研究工作，注意于民间歌曲，乐器及乐谱之搜集及实用歌谱之编选，计选定中西歌谱三十余种编成普村同唱歌集二册，为历史图说创作歌谱五十种。

（三）教育工作：教育工作有五：（1）指导初高两种平民学校唱歌。（2）实验乡村小学唱歌。（3）实验普通中小学唱歌。（4）指导同学会组织音乐研究会。（5）制定歌谱及乐器使用法。

广播无线电　在总会内设播音台，各乡村设收音机每日播送各种消息，讲演，唱片等。内容大都以四大教育作纲领，现正准备完成四大教育讲演材料及选编唱片故事等。该会且设制进造各种机件，小规模的无线电台全套皆能自制，而成本仅及舶来品之一半。电力二十五瓦特，电波可达七八县境，收音机电瓶等均能制造，价格亦廉三分之一。

第三目　农村戏剧

农村戏剧本属艺术教育事业之一，惟性质过于专门，在事实上不得不另行划分，以便专责办理。且因主持得人，成绩有突飞猛进之势。该会在组织上另有戏剧委员会之设立，故吾人叙述亦以之与文学艺术鼎立而三。

"戏剧在平民教育上，至少有下面的五种力量：（一）焕发农民意识向上；（二）抒发农民情感；（三）介绍一般的常识；（四）施行公民训练；（五）提高农民的语言。历经实验结果，证实农民确能接受话剧，并确能表演话剧"，作者在定县参观时曾受招待，看东不落岗话剧团表演屠户名剧，身段道白恰如其分，较之在北平等处所谓戏剧专家演出者为优，而演员则尽农民也。

自民国二十一年至二十三年三月止，计游行公演话剧于二十个乡村，共训练十一个农民剧团,演员有一百八十余人,(戏委会有详细统计表)在城内正式公演十三次,观众三万人,编制剧本二十余种,最近一年度中(二十三年度),有完成下列三种工作之计划:

(一)露天剧场:"在这一年度,要在研究区内选定适当村庄,按照所制模型,建筑一座乡村露天剧场"。

(二)训练剧团:"本年度中,拟充分训练两个农民剧团,要在露天剧场举行四次公演。指导一般同学会的戏剧活动。本会演员要在考棚公演三次,(本年双十节举行首次公演,即在本会二门月台上实验露天剧场演剧"。

(三)编制工作:"本年度拟编制剧本六种,戏剧小册子三种"。

第三节 生计教育

生计教育的工作,一面在充实农业科学之研究,一面实验生计巡回训练办法;对于农村经济组织之改进,则致力于合作运动。分述于下:

第一目 农民生计训练

生计巡回训练实验学校之设立 生计巡回训练学校着眼之点,在使农民于农村中取得应用于农村当前实验需要的训练,以生活的秩序,为教育的秩序,顺一年时序之先后,施以适合的教育,授以切实的技术。第一期在春季三个月,为植物生产训练。第二期在夏季八、九月,为动物生产训练。第三期在冬季十一、十二、一、二、各月为农村工艺及经济合作训练。现有一巡回学区,五分学区,训练之处,即切实分别规定农家实施表证设计,由原来训练人员,分负视导检查之责。其成绩较良之农民,足为其他农民之表证者,认为表证农家,生计训练科目:分为植物生产,动物生产,农村经济,农村工艺四类分述于下:

(1)植物生产类 土壤肥料,小麦选种,玉蜀黍选种,高粱选种,谷子选种,大豆选种,棉花选种,介绍作物改良种,介绍果树改良种,介绍蔬菜改良种,兼及梨树整枝,烟草汁防除棉花蚜虫,捕蝗,防除病虫害。并使用机械药剂。

(2)动物生产类 选择鸡种,改良鸡舍;选择猪种,改良猪舍;家畜疾病的预防及疗治，新法养蜂，介绍新品种。

（3）农村经济　家庭记账，农场管理，农产市场，合作社。

（4）家庭工艺　棉花纺织

表证农家　表证农家即由生计训练毕业之学生中选任之，现已有二十三家，其责任即在于完全听生计教育部之指导，凡动植物之畜养栽种，概由该部指挥，同时给予各种表格，教其使用方法。表证农家须将表证经过情形，随时照实填写，并将经验或心得教授其他农民。

实施推广训练　此种训练仍用表证农家，将其在指导下所获得之知识与技能，表证经验及结果，传授于一般农民，使农民对于作物，了解如何选种，如何栽培，推动全村接受各项设计，使农民实际从事建设。

第二目　县单位合作组织制度

生计教育部，曾有县单位合作组织制度设计，期以完成合作经济的组织。（参阅单位合作社组织方案大纲——河北县政建设研究院出版）在合作训练未完成合作社未组织以前，则有自助社之成立。自助社之性质，实为合作社之准备，社员不必缴纳股金，成立之后，可以用自助社之名义，向仓库抵押棉麦等农产品，通融资金。农民对于仓库之设立，颇感便利。现在中国金城两银行，在城区，李亲顾，东亭，明月店，清风店，成立仓库中心五处，分仓库十二处。全县自社助成立者二百七十六处，其中由自动的请求改为合作社者二十社。至于正式合作社则现有五十社，采兼营方式，有信用，购买，生产，运销四种，合作社大多以村为单位，村社之上有区联合会，县联合会。现分全县为二区，各成立联合会，内亦分信用，购买，生产，运销四部。

第三目　植物生产之改进

育种方面，有棉花，小麦，玉蜀黍，高粱，谷子五种，成绩均有可观，而尤以民国十八年发现之"平教棉"为最优，此种种子系由美棉改良试验而来，现所推行者，大多为此种。

园艺方面，有白菜之改良设计，目的在选择最佳种子以增强其抵抗力，改良栽培方法，以增加其生产量，过去实验结果在农人同样管理之下，改良种与普通种每亩增加百分之二十五，病害统计改良种占百分之一六·五株，普通种占百分之二五·三五株。有梨树整枝设计，目的在改进其产量与品质，结果产量增加百分之二四·三，品质亦较优。葡萄之栽培设计，目的在介绍新品种，并改良其栽培方法。以上三项作物皆为定县普通产品，得此试验改良，于农民生计，裨益实大。

此外有肥料及土壤之研究。肥料方面关于黑豆骨肥利用，及人粪厕肥亚母尼亚保存，已有一年之试验，土壤方面定县全县调查业已完成，化学分析正在进行中，其他植物栽培及病虫害防止亦附带实验。

第四目 动物生产之改进

动物生产的工作，为畜牧研究。畜牧工作现分（一）猪种繁殖（二）五代改良猪种（三）中国猪种比较研究（四）鸡种繁殖与（五）乳羊繁殖五设计。现在改良猪种，几已普及全县。对于猪种在定县的分布及五项设计研究实验的方法与进度，可参阅生计教育工作介绍的小册，兹不赘。

第五目 设计简表

生计教育在定县工作中，占极要地位，为明白其概要计，录设计表见下页。

第四节 卫生教育

第一目 卫生教育之目的

"在农村建设的工作上，医药卫生的设备与改进是必不可少的，在农民教育的工作上，卫生教育是充实卫生建设的必要工作。中国的卫生事业，一方面对于医药无确定的适合农村生活农民经济程度的医药制度，有病无治疗，更说不到预防与环境卫生。一方面大多数的民众，又缺乏卫生知识与习惯的训练，因而身体日渐衰弱，民族的力量亦日就衰弱。如此现象，中华民族如何能有伟大强壮的将来"？定县工作就是要根据农村医药卫生的实际状况，顾到农村的人材经济，与可能的组织。一方面实施卫生教育，使人人为健康的国民，以培养其身心强健的力量；一方面要创建农村医药卫生的制度，以节省各个农民的医药费用，改进今日医药设备的分配状况，以促成公共卫生环境。

生计教育设计简表

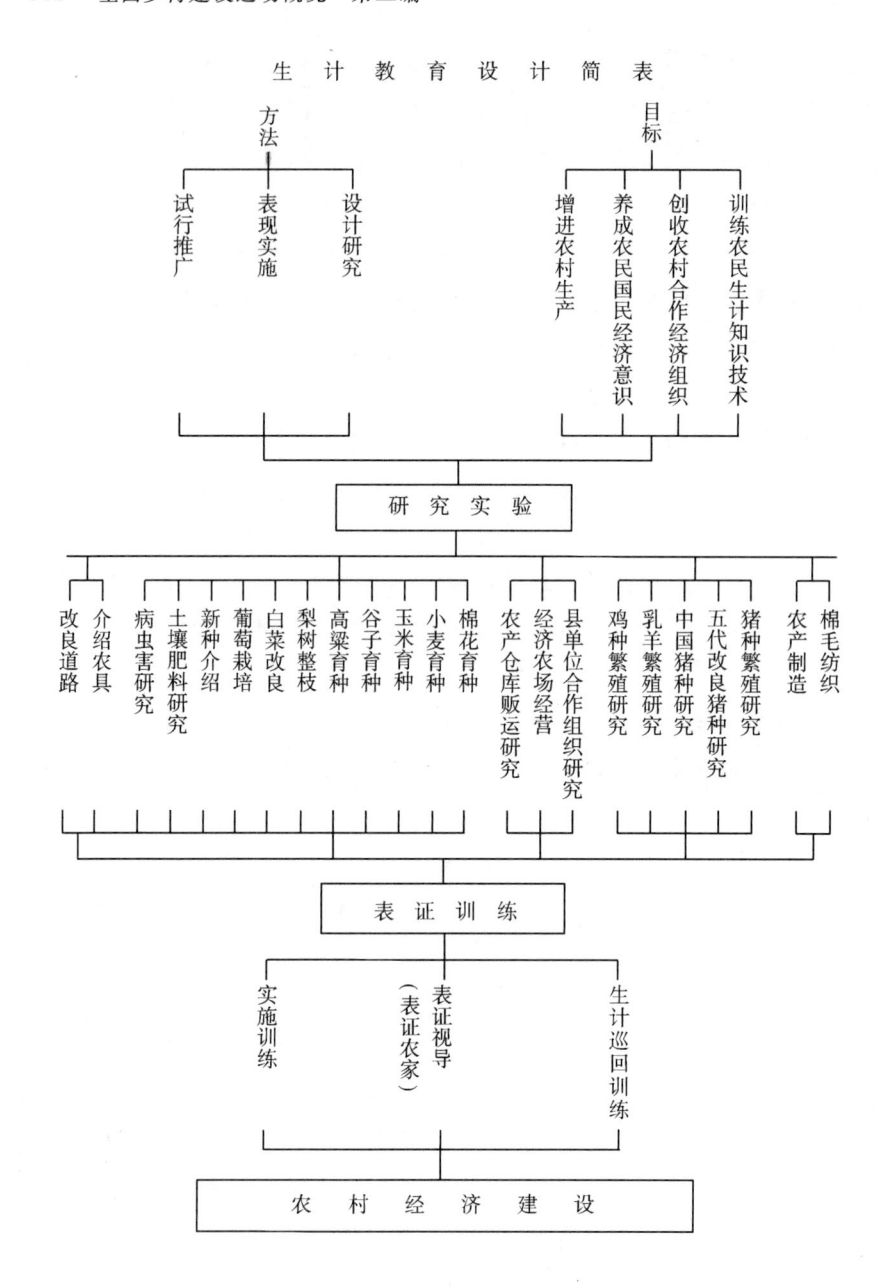

```
                方法                              目标
    ┌────────┬────────┬────────┐        ┌────────┬────────┬────────┬────────┐
  试行推广   表现实施   设计研究           增进农村生产  养成农民国民经济意识  创收农村合作经济组织  训练农民生计知识技术
    └────────┴────────┘                 └────────┴────────┴────────┘
                    │                              │
                    └──────────────┬───────────────┘
                            研究实验
    ┌─────┬─────┬─────┬─────┬─────┬─────┬─────┬─────┬─────┬─────┬─────┬─────┬─────┬─────┬─────┬─────┐
  改良道路 介绍农具 病虫害研究 土壤肥料研究 新种介绍 葡萄栽培 白菜改良 梨树整枝 高粱育种 玉米育种 谷子育种 小麦育种 棉花育种 农产仓库贩运研究 经济农场经营 县单位合作组织研究 鸡种繁殖研究 乳羊繁殖研究 中国猪种研究 五代改良猪种研究 猪种繁殖研究 农产制造 棉毛纺织
                                        │
                                    表证训练
                    ┌───────────────┼───────────────┐
                实施训练         表证视导          生计巡回训练
                               （表证农家）
                                        │
                                农村经济建设
```

第二目 保健制度

定县卫生工作之实施者即此保健制度，保健制度是定县新创制度，其组织：

（1）保健员　每村设保健员一人，由平民学校毕业同学会会员受有相当训练者充任之。其规定之工作有四，（子）报告死生，（丑）水井改良，（寅）普及种痘，（卯）救急治疗。备有保健药箱，以供应用，现有保健员五十三人，大多数皆答复人情上，技术上之要求。每村每年平均只需维持费十五元。其保健箱价值三元，由村政府负担（尚有平教会支给者）药箱之内容如此：

（一）凡对于病症稍有疑惑时，即须用介绍书送病人到保健所。

（二）肚子痛与疟疾，是保健所医师才能治病得当的，不可轻自用药。

（三）用药前，必须将两手洗得干净，指甲亦须保持清洁。

症名	用药名称	器具
（一）沙粒眼（由医师诊断）	枸橼酸铜膏	（一）绷带 （二）纱布 （三）棉花棍 （四）棉花球 （五）胶带 （六）压舌板 （七）玻璃棍 （八）滴管（两个） （九）剪刀 （十）镊子
（二）爆发眼	蛋白银水	
（三）眼泪多	硫酸锌	
（四）耳底子	炭甘油	
（五）皮肤红肿（或无有小脓头者）	碘酒	
（六）皮肤脓疮	白降汞膏（用白开水洗）	
（七）头癣及身癣	韦氏膏	
（八）皮肤有毒	二锅头酒	
（九）伤风头痛	阿斯匹林	
（十）胃痛吐酸水	苏打	

（2）保健所：乃联村之组织，所内有医师一人助理一人。设立保健所区域之划分，须顾到人口距离等对准，其工作有四：（子）训练并监督各村保健员，（丑）实施卫生教育，（寅）预防注射，（卯）逐日治疗。每所每年平均用费八百元。现有六所最近尚有二所可以成立。

（3）保健员：为全县卫生建设之总机关，现已组织完备，工作项目繁多，每年用费约一万四千元。

以上三种组织，在年内可达到全县范围，每年总共用费，（除练训人员外）约三万五千元，以定县人口四十万计，平均每人每年担负不过大洋一角。

因此保健制度之运用，曾以最经济最有效之组织灭除天花流行病，在研究区六十一村内，天花已将绝迹；而治疗沙眼与皮肤病之方法，亦因保健员小学教员之故，普及全区，无论何人，故可得治，同时以保健员为农村生命统计员，精确可靠为国内仅有之有效方法，兹录其在保健制度试验下之系统组织人员表如下。

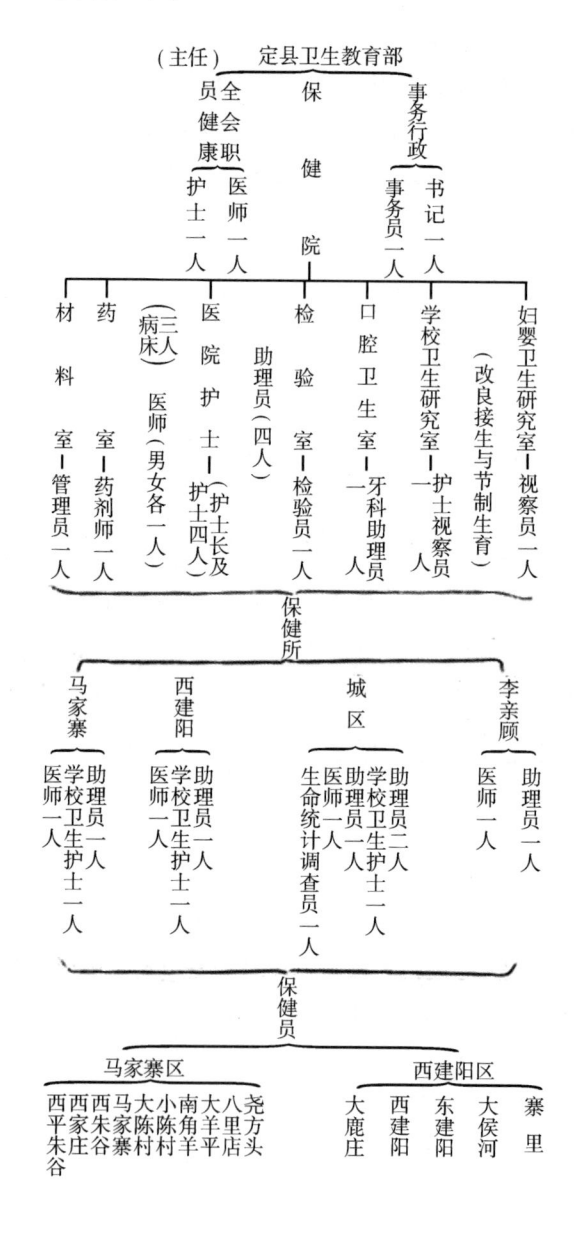

定县卫生教育部（主任）

- 保健院
  - 全会职员健康护士一人
  - 专任医师一人
  - 事务行政
    - 事务员一人
    - 书记一人
- 保健所
  - 材料室管理员一人
  - 药室药剂师一人
  - 医院（三病床）医师（男女各一人）护士长及护士四人
  - 医院护士助理员（四人）
  - 检验室检验员一人
  - 口腔卫生室牙科助理员一人
  - 学校卫生研究室护士视察员一人
  - 妇婴卫生研究室（改良接生与节制生育）视察员一人

保健员

- 马家寨：助理员一人 学校卫生护士一人 医师一人
- 西建阳：助理员一人 学校卫生护士一人 医师一人
- 城区：生命统计调查员一人 医师一人 学校卫生护士一人 助理员二人
- 李亲顾：医师一人 助理员一人

马家寨区：西平朱谷 西朱庄 马家寨 大朱家谷 小陈村 南陈村 大角羊村 八里店 尧方头

西建阳区：大鹿庄 西建阳 东建阳 大侯河 寨里

第三目　进行中之工作

现正进行中之工作有下列四种：

（一）完成县单位保健制度之组织并充实其已有工作。

（二）试验推行节制生育之方法，（与学校式教育联合进行）。

（三）试验合作社贷款，改良环境卫生之办法。（与生计教育部联合进行）

（四）地方病（黑热病）之科学研究。

第五节　公民教育

"公民教育之意义，在养成人民的公共心与合作精神，在根本上训练其团结力，以提高其道德生活与团结生活，一方面要在一切社会的基础上，培养民众的团结力，公共心，使他们无论在任何团体，皆能努力为一个忠实而有效率的分子，一方要在人类普遍共有的良心上，发达国民的判断力正义心，使他们皆有自决自信，公是公非的主张，这是必要的根本精神，亦是必要的道德训练"。其研究设计之纲自如次：

（一）国际精神之研究

（二）农村自治之研究

（三）公民教育材料之研究

（四）公民活动指导之研究

（五）国难教育材料编制

事实上公民教育并未努力进行，现已在无形停顿状态中，故不多述。

第六节　学校式教育

第一目　平民学校之推行制度

平民学校是定县工作之最前线，是四大教育活动之总枢纽，于此使农民人人得受最低限度之文字教育，为取得知识之基本工具，于此使人人取得最基本的文艺生计卫生公民教育的知识，为自动努力建设的准备，但平民学校之设立颇不易；一方要有乡村自动来办学校之识意，一方要所设计者能适合应用于乡村，故在原则上可无问题，而且推行上则有注意之必要。定县平民学校之推行用表演制度，一方面劝导各村自办普通平民学校，所需经费师资均由村中担任，一面设立实验平民学校，为专精的实验，将各种教材教具教学方法加以科学研究，实验结果，在各乡村中心设立表演平民学校。将实验所得实地表证，为附近各村自办平民学校之参考与办法。同时一方为推行视导之中心，一方又为一种"重复实验"，以测证实验的结果，故其作用极为重要。为研究与推行之联锁制度，为学术深入民间之传递枢纽其相互关系如下：

实验平校与表演平校及普通平校之联系图：

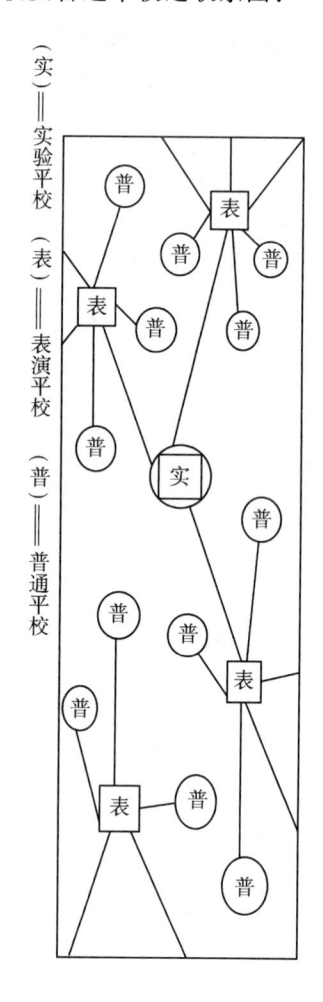

（实）＝实验平校　（表）＝表演平校　（普）＝普通平校

民国十七年表证平校有二十四所：目的在于示范，自十八年度起始设表演平校，计十四所，各个表演平校均有向附近各村推行平民教育之责任，因之普通平校陆续成立至一百六十二所之多。十九年度对于推行之方法，作更进一步之研究，又将表演平校办法再度改良，分区设立共十五所。推行制度，至此已渐完成。实验结果全县成立普通平校共三百九十六所。二十年度，为使推行与视导工作发生密切关系起见，分全县为三个实施区，各择一村镇为实施中心村，并设表演平校二十所，分布各区，担任推行工作；结果全县成立普通平校共四百十七所，二十一年度，因推行制度之实验已告一段落，乃将推行表演工作集中研究区内之六十村，作技术与方法之精密的研究，并设表演女平校五所，作推广妇女教育之实验结果，研究区内成立男女普通平校共八十六所，二十二年度，因推行制度与方法之研究已有相当结果，关于全县除文盲工作，改由县政府担任，遂另作村单位教育建设实验。（详下）

第二目　导生传习制

导生传习制原于解决妇女教育之困难，今则为民众教学之利器矣。先是定县平校于妇女教育之推行，素感困难，非家长怀疑阻止入学，即本人以无整洁衣服为羞。二十年度。曾在马家庄试用家庭传习办法，由表演女平校学生十八人担任家庭教学，实验结果，能读完千字课者二十七人，二十二年度，东建阳村实验学校，以失学儿童之众多，致使文盲生生不已，且一般生计艰难或家务忙碌之青年男女，虽设有平校亦不能按时入学，乃创导生制，由实验学校学生自设传习处二十一个，收学生一百四十一人，教读千字课，二十三年度，东建阳村及小陈村两处，仍同作导生传习制之研究，欲使导生本身成一坚强的干部组织，传习科目，不仅为文字工具，兼及其他知能，并使各传习处之学生均能在导生干部组织之下互相团结以增强改造农村之力量，至其详细办法，容于下述之。

第三目　初级平校以上教育之研究与实验

十七年平民教育学制为：初级男女平民学校——高级男女平民学校——平民职业学校。

十八年一月改平民职业学校为平民育才学校，以训练农村领袖人才为目标，并设实验男女校各一。

十九年七月又因平民育才学校程度与高级平校不相衔接，乃改为青年补习学校，设实验男女校各一所，同时设实验高级平校二所，以实验新编制之教材与课程。

二十年度，又将高级平校课程重新规定设实验学校三所，青年补习学校之实验仍继续进行。

二十一年度，重新修订高级平校目标，新编教材与教法并设，实验男女校各一所，至于青年补习学校，当时因恐其徒变成一高级平校之升学机关，乃决计停办，而以生计巡回训练班代之，又因女高级平校之师资甚感缺乏，乃试用男女合校办法行之并无困难。

二十二年度又重新制订高级平校课程，设实验高级女平校二所，以探讨其是否有培养乡村妇女教育实施人才之可能；两校均于第三学月，由学生自办初级女平各两班，轮流担任教学，藉作学校式活动之训练，关于社会式活动之训练，如妇女组织种痘及其他保健技能，又家事如缝纫纺织等，均列入课程，实验结果，颇满人意，遂将高级女平校教育目标重新制定，并整理修正各科教材教法，以备推行。同时又设实验高级男平校两所，以养成乡村建设，关于经济合作之下层领袖与技术人才为目的，此种实验，二十三年度独在小陈村继续进行。

二十二年度，为欲解决初平以上之教育问题尚有天才职业教育研究，（参看"民国二十二年学校式教育工作"第六十八页）

第四目　实验小学

二十年冬，设实验小学校于城内，作城镇小学试验，二十二年秋，在东建阳村设实验小学一所，依照"实验须含有创造性"之原则，作纯粹乡村小学的实验，并使能与平民教育的成人青年教育打成一片；又在高头及马家塞两处设特约实验小学各一所，意在改良乡村固有小学之办法与内容。当时为欲解决一般乡小教育之诸实现问题起见，创造"组织教学""习作教学"诸方法，使教师一人能教百数以上之学生，且以增大其学业进度，提高其课程标准，同时使一切训管之实施，均发生伟大效力。

二十二年冬，东建阳村实验小学，由组织教学之研究，趋重于习作教学之研究，后又集中于导生传习制之实验。乃又在西平朱谷村设特约实验小学一所，专作组织教学之研究，希于最短期间，完成整套新制乡村小学之实验，二十三年度，又在小东村设特约实验小学一所，专作习作教学之研究。

第五目 妇孺教育

十七年度起，对于乡村妇女教育之研究，即已开始进行。最初的实验，为妇女平民学校，妇女育才学校，青年补习学校等。

二十年度，设青年妇女教育研究委员会，分妇女职业及家事教育两组。

二十一年度，开始在高头村作主妇会及闺女会诸实验，又在西平朱谷村设实验初级女平校一所，将缝纫育儿诸事列入课程，以解决妇女必须在家"作活计""看孩子"因而不能入学之问题。

二十二年度，东建阳村实验女校青年部，设书算，保育，缝纫，纺织，畜牧，园艺六科，乡村幼稚教育之实验，因保育科之设立，遂亦同时开始进行；且在麦收时，试办农忙托儿所一次。西平朱谷村，亦开办保姆训练班，附设幼童园一所，以供保姆实习；后因保姆训练班毕业，幼童园遂失其依附；乃改用小保姆制，使幼稚教育之实施，隶属于家事研究会之下。

二十三年度，小陈村亦作乡村幼稚教育之实验，并训练女平校毕业生及小学女生为保姆。

第六目 师资训练

关于如何培养师资之研究，在实验乡村小学尚未开办以前，只决定短期训练及专科学校两种办法。

十七年度，有暑期平民教育研究会。

十八年度，有平校教师研究会。

十九年度，有平校教师讲习会。

二十年度，有平校教师训练班；此种临时的及短期的师资训练，均由视导工作人员主持之；其目的在使实施乡村教育者能振作其服务的精神，增加其干的勇气；因种种简而易行的教育方法，虽少技术训练，苟能有不敷衍之态度下行之，亦未尝不有相当效果。且受训练者与视导人员发生关系以后，即可随时予以方法及技术的指导。至于十八年度，所办之平民教育学院师范科，十九年度及二十年度所办之平民教育专科学校，又二十年度所办之妇女平校教师训练班：修业期限均为一年，目的在培养推行与视导人才及表演学校教师；故对于一切方法的运用，技术的熟练，在此比较长期的训练设施中，均不能不使之占有重要的地位。

二十二年度，根据历年来训练师资之经验，制定县单位的师资训练实施法，并整理增编各种教材以期完成整套师资训练应用学术。

二十三年度，因乡村小学教育及村单位建设等研究已有相当结果，故对一般乡村师范办法内容之改进，亦拟开始研究。

第七目　村单位教育试验

村单位教育试验为平教会实验事业中最可注意之一，近来工作之最生动最努力者，亦为此部分。论其教育内容，则一全民教育全村建设也；论其教育方式，则包学校式，社会式，家庭式而有之，以其在指挥系统上连属学校式教育部故置于此。作此实验者，现有二村，一为西平朱谷，一为小陈村，其大体情形，于下分述之：

A. 小陈村之教育建设

小陈村在定县城东十五里，一般社会情况在定县属于中等之下，实验工作始于二十三年七月较之西平朱谷犹后二月也，小陈村实验工作之最高干部为陈村教育建设委员会，以村长，学董，教师，团体代表，及富有经验，热心公益之地方领袖十五人组织之，内分总务，指导，研究各部，各设主任正副各一人干事二人教师为秘书，并聘村中耆老为顾问，设常务委员会，常委即各部主任及秘书也，每周常会一次，每月全会一次，凡一切事项，故由此会通过施行。

1. 导生制下之实验小学

陈村原有之村五小学一处，自该村划为研究实验村后，即直接受平教会指导，为该会特约实验小学之一，初作三级教学实验，现则更作四级之编制，以程度至不齐一故也。现有教师一人，学生八十五人。

编制　此八十五人编制成一学生大队，按照程度分甲乙丙三级，甲乙二级学生是导生，丙级学生为普通队员，甲级导生教乙级，乙级导生教丙级，教师立于指导地位，其大队的组织为；每十人为一小队，队有小队长；四小队为一中队，队有中队长，二中队为一大队，队有大队长副。现甲级导生有五人，除充任大队长副，及中队长者外余一人为特务员，作辅导工作。每一小队置文化经济，政治导生各一人，——间亦有二人者——普通队员六七人，小队长则为普通队员中推出者。

工作　政治导生司考勤法纪，组织，开会等事，并筹办各种社会活动，讲述各种社会科学常识；经济导生司勤务，算术簿记，等事，并讲述自然科学方面常识：文化导生司书画，会议记录，图画管理等事，并担任国语等文化教学。至于秩序训练，礼节演习，唱歌游戏，军事操等，由各级队长分别担任，队长并负有帮助监督，代理指导等义务。教师之工作则为训话，新闻报告，综合教学（对普通队员之直接教学，或对已学各科之复习订正，或对未习各科之预备教学）。及甲级学生之各种工课。

会议　各种性质之导生及队长，得召开各种会议，如文化工作研究会，卫生常识研究会，则由文化导生组织；经济工作研究会，自然常识研究会，由经济导生组织，政治工作研究会，社会常识研究会则由政治导生组织，每会设主席一人主持之。其他有传习研究会，常识研究会，大队行政会议等，均由各种导生队长分别或综合举行之。

工作分配与生活：导生制教学，在同一时间，各有各的工作，绝不相乱。例如在一时间内丙级由文化导生上国语课，则政治导生作政治工作研究，经济导生作经济工作研究。悉归中队长（甲级导生）分别指导之；甲级学生则作常识自习。又如丙级上自然常识课，由经济导生指导之；文化导生则自由阅读，政治导生准备传习材料，甲级学生上算术，由教师担任，总之，其原则在"同一时间内于不同的地点上作不同的工作"。他们一天的工作时间，均由教师规定，列为生活秩序表，谁都得遵守，谁都不得白过。有值日员按时敲钟，或摇铃，学生无论在校内在校外，必须一律作息，每日六时起床，以后则按次有温课，点名，早会，早操，训话，报告，新闻编写，壁报填表，勤务，劳作，清洁，检查，疾病治疗，笔记传习参加各种集会活动等，总计有四十八种之多，各种节目均随时间而变更其环境，故学生似不感到呆板劳苦，反见其活泼与欢欣。附作息时间表，以见一斑。

效能　此种导生制之组织教学，优点甚多。作者在陈村参观时，负责者曾言"我们每种组织都有一种具体的活动,都有一种最高的理想,及实现此理想之步骤与方法,因而每个学生的生活,思想,行动都被一个理想的目标吸引着都被一种严密的规律约束着,都被同学们的'群眼'监查着,都被同学们的勤奋刺激着,不能不动亦不敢不动,习惯了,其生活将有一种生活力,其思想将有一种思想力;其行动将有一种行动力,同时组织下的群众力量,决不是若干个力的总和。有组织的行动,每以所遇阻力如何而可有一伟大的,飞跃的成绩表"。"小孩的训管是很成一个问题的,但在陈村这几个月的试验中,八十多个小学生,因为组织的运用,个个有事做,互相策勉,互相约束,训管简直不成问题""在中国,失学儿童如此之多,若要普及儿童教育,首先教师便成了问题,过去之单级制六七十学生'累死先生,问死学生'是一般的现象,导生制用小孩教小孩,口吻,言词,态度,举动,俱易使对方了解深入,一位教师立于指导地位,便可以教数百个学生而且成绩更会好","课堂设备是普及教育之一大阻碍。导生制可随时随地上课,院中墙脚树下,井台旁边,教法都是顶适宜的讲堂。他们又不要薪水,经费问题,很容易的就解决了"。"在我们的实验里,证明学生程度的进展甚速,较普通教学为优。照现在的进展程度推算下去,四年合级毕业生,可相当于高小毕业生。因教育效率的增加,教育历程似也有缩短的必要了","中国人如一盘散沙,最缺少团体习惯与组织能力。实行导生制的大队组织,对于孩儿,自幼便给予一种团体生活训练,是最经济而有力的事",作者曾见小学教师因事出外,在经常的时期内,学生的活动,并没有一点紊乱。有的围桌讨论某事办法,有的在院中,檐下围拢着写字,有的搬着小橙子在街上站着写壁报填测候表,各事其事,活活泼泼,至为可爱可喜,又在此导生制实行下,教师可以省出很多的时间去干别的事情,如推动社会,促进乡村,个人自修等。

2. 传习处

传习处是利用小学导生教导未入学儿童的一种教学。传习课程为导生每日生活节目之一。全村共设立二十余处,每日早饭后,一阵钟响,便见槽旁,林下路边,门侧,三三五五,或坐或蹲,对面悬一小黑板,稀疏写着几个字或唱或读或仰面伸脖,听小先生讲课。队长则往来巡视,空气极度紧张,四十分钟以后,则各各散走。此即传习处教课情形。大概每一导生传习四五孩童，内容大都是文字教学，或唱歌。

3. 幼稚园与托儿所

陈村有一幼稚园兼托儿所，于秋忙时成立，收三岁至六岁之孩童，本季共收四五十个，办法由四五岁之幼稚生看护三四岁之小孩，每人看护一人，另由保育传习所（见次节）学生轮流值日作总看护，并施以幼稚训练，课程一如普通幼稚园，有秩序训练，学说话，注音符号，清洁活动，表情游戏，唱歌，听讲话，算数，图画等。

4. 保育传习所

保育传习所，学生在陈村者共有三十余个，全为青年妇女，尤以未出嫁女子为多。有为小学毕业生，有为平民学校毕业生。主要学程有保育，家事，合作应用文，生活指导，常识等，另有自习，做活，及实习时间。工作与幼稚园相联，教师由陈村办公处负责担任。

5. 职业补习班

陈村职业补习班学生有四十余人，大多为平校毕业的青年成人，间亦有小学毕业者，课程为各种职业技能及常识等，作职业生产之准备。教课时间在晚上，即利用保育传习所教室上课，教学亦由办公处担任。

6. 平民学校

附设小学内，晚间教学，由小学教师担任，四个月毕业。课程先教注音符号次教千字课，现有学生二十余人。

7. 生产学习互助社

"各种合作事业在不损个人所有权的原则下实行土地合作经营，最为根本。村民如不在经济上，生活上发生联系则一切组织都觉空洞，任何建设，都觉虚浮"。"农村经济问题不得解决，特别是为农村生活之泉源的农业生产不能合理化，则所谓农村建设的基础，并没有建设"。所谓生产学习互助社就是在这目的下产生的，以此社来实验村单位的合作组织，办法是以赤贫的青年份子，以感情的融洽，作生产之同盟（现亦兼及消费）该社有社员十人，分总务——总管一人，经理——司账一人，农事——领作一人，工艺——把事一人，四组，每组伙友一人。共同劳作生产，受本村教育建设委员会之辅导。共同租地百亩，耕作农事，并兼营粉坊轧花等业，今年收获尚未结算，据负责者云："大概出入相低，明年即可获利矣"。

8. 其他

除上述者，陈村尚有其他活动，如少年会，少女会，主妇会，家长会，耆老会，家事会，农民自卫团，国术社，青年服务团，各种职业组合等，就中以青年服务团较有成绩，余则或在计划中，或未有何成绩，兹不备述。

B. 西平朱谷之实验概况

西平朱谷亦村单位建设实验。平教会学校式教育部人员皆集中于此。工作大别为小学的实验，及教材编辑的实验。最高干部仍为教育建设委员会，组织份子与小陈村同，委员十五人，常委一人，其组织系统如下表：

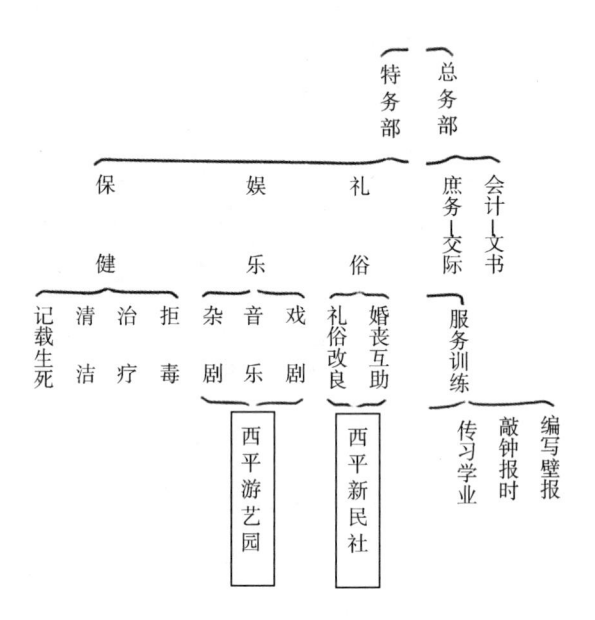

```
                    特务部    总务部
         ┌──────┬──────┼──────┬──────┐
         保     娱     礼     庶     会
         │     │     │     务     计
         健     乐     俗     ─      │
                              交     文
                              际     书
    ┌──┬──┬──┐ ┌──┬──┐ ┌──┬──┐     │
    记 清 治 拒 杂 音 戏 礼 婚     服
    载 洁 疗 毒 剧 乐 剧 俗 丧     务
    生             改 互     训
    死             良 助     练
                 ┌───┐ ┌───┐  ┌──┬──┬──┐
                 │西 │ │西 │  编 敲 传
                 │平 │ │平 │  写 钟 习
                 │游 │ │新 │  壁 报 学
                 │艺 │ │民 │  报 时 业
                 │园 │ │社 │
                 └───┘ └───┘
```

1. 导生之分工

该区实验小学亦采导生大队办法，一切情形与小陈村略同，成绩似较小陈村为佳，其与小陈村微异者即导生之分工是也，每一小队中分普通队员与工作队员二种，工作队员即导生，中有秘书一人，掌理假单写字教学，讲授公民，记录训话等事；总务一人掌理分配传习，算术教学，自然常识之讲授等事；文化导生一人掌理收发读物，记录议案，社会常识教学等事，卫生导生一人，掌理清洁检查，卫生常识教学，填写检查报告等事；司法一人，掌理监查，选举，法律常识教学等事，新闻报告，训话均

第五章　实验工作概述　　325

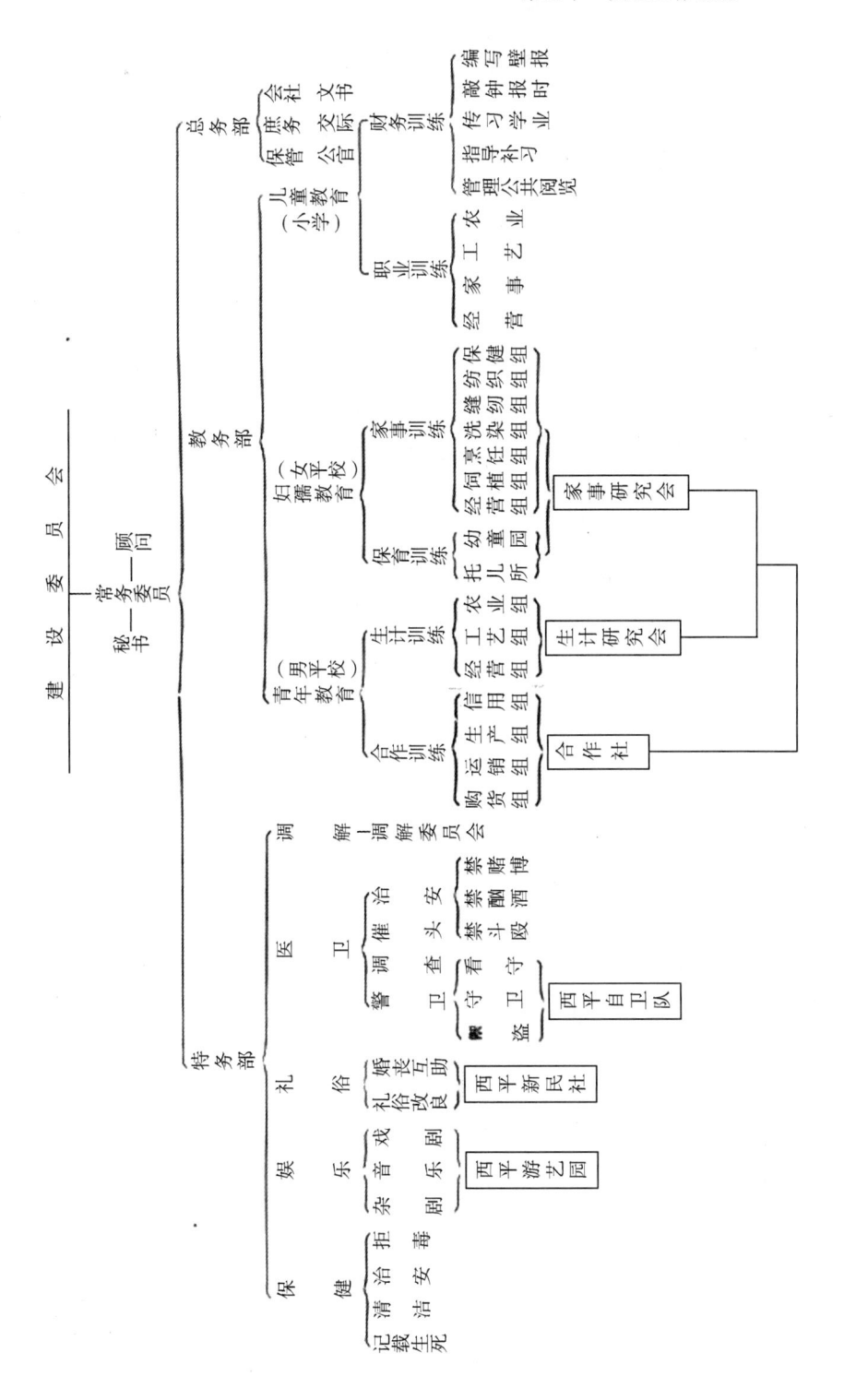

建设委员会
├─ 常务委员 — 顾问
│   └─ 秘书
│
├─ 总务部
│   ├─ 庶务会计
│   │   ├─ 保管公物
│   │   ├─ 交际
│   │   └─ 财务
│   └─ 文书
│   ├─ 编写壁报
│   ├─ 收藏书报时业
│   ├─ 传习补习
│   ├─ 指导补习
│   └─ 管理公共阅览
│
├─ 教务部
│   ├─ 儿童教育（小学）
│   │   └─ 职业训练
│   │   ├─ 工
│   │   ├─ 农
│   │   ├─ 家事
│   │   └─ 经营艺业
│   ├─ 妇女教育（女孺平校）
│   │   ├─ 家事训练
│   │   │   ├─ 烹饪组
│   │   │   ├─ 洗染组
│   │   │   ├─ 缝纫组
│   │   │   ├─ 纺织组
│   │   │   └─ 保健组
│   │   └─ 保育训练
│   │   ├─ 幼童组
│   │   ├─ 托儿所
│   │   └─ 经营饲植组 ── 家事研究会
│   ├─ 青年教育（男女平校）
│   │   └─ 生计训练
│   │   ├─ 工艺组
│   │   ├─ 农业组
│   │   └─ 经营艺组 ── 生计研究会
│   └─ 合作训练
│   ├─ 信用组
│   ├─ 生产组
│   ├─ 运销组
│   └─ 购货组 ── 合作社
│
└─ 特务部
    ├─ 调解 — 调解委员会
    ├─ 医卫
    │   ├─ 催调
    │   ├─ 查头
    │   ├─ 看斗
    │   ├─ 守盗
    │   ├─ 禁赌博
    │   ├─ 禁鸦片
    │   ├─ 禁酒
    │   └─ 安 ── 西平自卫队
    ├─ 礼俗
    │   ├─ 婚丧互助
    │   └─ 礼俗改良 ── 西平新民社
    ├─ 娱乐
    │   ├─ 杂戏
    │   ├─ 音乐
    │   └─ 乐剧 ── 西平游艺园
    └─ 保健
        ├─ 记载生死
        ├─ 清洁
        ├─ 治安
        └─ 拒毒

由队长任之，普通队员性质与小陈村者同。

2. 家庭传习

小学生每日将所学者回家介绍于其父母兄嫂姐弟等，同时将每种传习材料所引起之反应，详细记录（备有表格）报告于学校。其目的在使学校知识与社会实际发生对流摩擦作用，使两方学识经验增高，至其活动情形，因在各家庭中行之，且时间都在晚上，作者未得亲见。

3. 公共阅览处与壁报

公共阅览处有平民读物五六十册，由小学学生管理，村民每次可借书三册，并发阅览记载表，记载详细而无错误者，年底可以得奖。壁报共有两处，每日早饭后，由小学导生来填字，首写明月日（阴阳历俱有）节气，然后写新闻，内容大都是和本村有关系的事，其小半为国事。

4. 成年人之两种活动

成年之男子则有西平自卫队之活动，队员现有四十八人，妇女则有家事研究会之组织，现仅有缝纫组，以有机器故也，此二种活动未见有如何之成绩。

5. 小学教村之编辑实验

此为最可注意事业之一，现在流行之小学课本，大都以某一都市为背境，置之乡村，毫不适用，因此，平教会遂于西平朱谷设立编辑处，根据乡村社会现时需要，编辑一部小学教科书，一面编辑，一面实验。常识，国语，算术，均在努力中。常识方面者，似专适宜于导生制之小学；国语则拟编辑课本八册，教学示要若干册，供小学四年之用，现编至第四册，第一二册均已印出，内容较普通一般课本提高，材料增多，无量童话物语，而以乡村日常生活为材料，吾人可注意者有三：

（一）注音符号之改拼，该书每字均注音，由其实验结果，先教注音符号，于文字教学上极有帮助，惟拼法每易致误，故将声母与介母合而为一，不用拼法，如"ㄇㄧ"，开始便教学生读"密"。更不用三拼法只须"快读""连读"符号即可，因此注音符号略有增加，共有六十三个，现正在实验中，故不一一列出。

（二）词类连书，提示亦以词为单位。

（三）概加标点符号。

算术方面正在研究中：（一）搜集乡村经济生活中之计算与方法以为编辑之材料；（二）分析各书局出版之小学算术，课本教材，排列其次序，为编辑之参考；（三）拟定新制乡村小学各年级算术教学单元，作实际之实验；（四）研究并制造各种算术教具。

第八目　整套传习制度之成立

前曾言及导生传习制之由来及办法实验等，近来平教会甚觉此制度为最适宜于乡村教学，以为教育之传布，不一定要学校，而于现阶级之乡村情况下，更非打破学校制度不可。因而传习制为推广一切知识之利器。于是有整套之传习制度产生，其计划以数村为一学区，于区中适当村落设传习总站，总站设总站长（导师）下置总务考核，组织调查统计等部，由导生充任，总站下设分站，分站设分站长，由导生任之，每分站至少须辖若干传习处，每传习处至少三人，至多十人。内容分：

甲、基本传习

一、基本工具——注音符号，文字等。

二、基本知识——1. 算术，如应用口诀，心算等；2. 副词的应用如时间的，疑问的等；3. 联词，如副句等；4. 常识：如自然，社会法律，卫生等。

三、基本训练——1. 自卫训练：（1）男子作军事训练；（2）女子作救护训练；（3）组织训练，如纪念日活动，防疫活动等。

以上三项，以四阶段传习之，每阶段六星期，六个月完成。小孩则每段二十星期，二年完成。

乙、专业传习：如保健传习各种职业传习等。

丙、专业组合：经过以上传习，然后成立各种职业组合各种合作社等。

第七节　社会式教育

平教会的三大方式，上节已述其一，其家庭式教育部工作，现已停顿，今述其社会式教育工作。先列其工作简表于下：

社会式教育工作简表

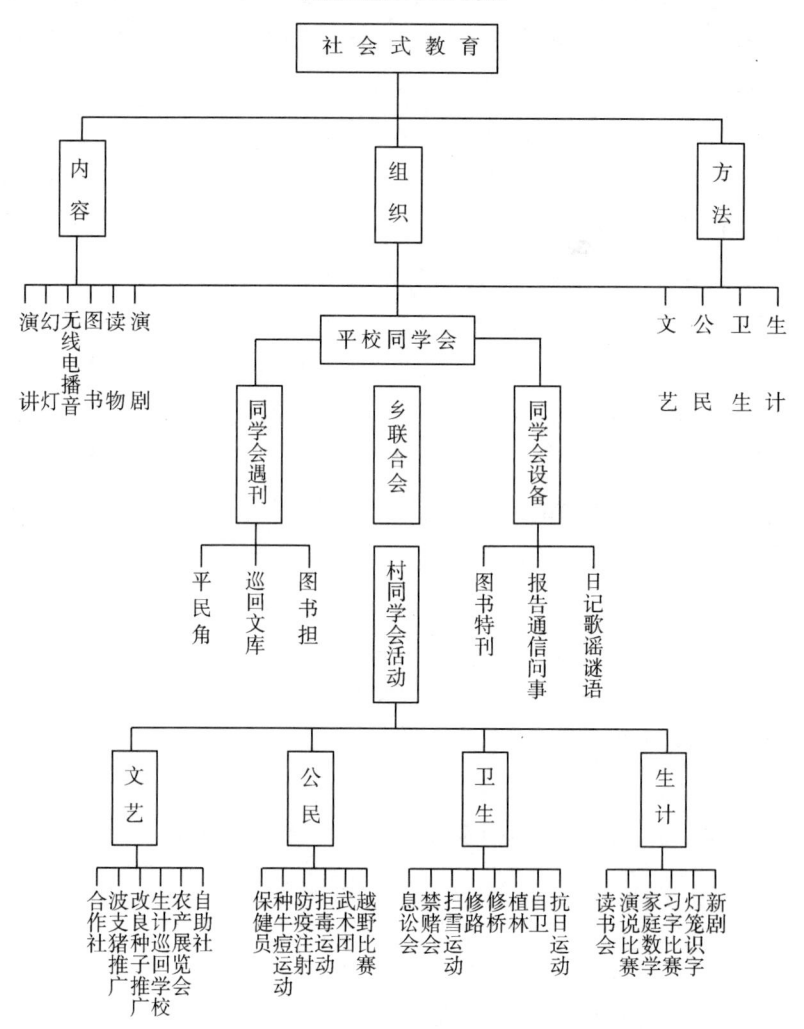

```
                    社会式教育
        ┌──────────────┼──────────────┐
       内容           组织           方法
    ┌───┼───┐          │         ┌───┼───┐
   演 幻 无 读 演    平校同学会    文  公  卫 生
   讲 灯 线 书 剧                  艺  民  生 计
      音 电 物                     
         播                        
              ┌─────────┼─────────┐
           同学会    乡联合会    同学会
           遇刊                   设备
         ┌──┼──┐       │       ┌──┼──┐
        平  巡  图   村同学会    图  报  日
        民  回  书   活动        书  告  记
        角  文  担              特  通  歌
            库                   刊  信  谣
                                     问  谜
                                     事  语
              ┌────┬────┬────┐
             文艺  公民  卫生  生计
```

文艺：合作社、波支猪种推广、改良种子推广、生计巡展学校、农自助社

公民：保健员、防牛痘注射运动、拒毒运动、武术比赛、越野运动

卫生：息讼、禁赌会、扫雪会、修路修桥运动、植林自卫、抗日运动

生计：读书会、演说比赛、习字数学赛、灯笼比赛、新剧识字

社会式教育活动之中心力量，即为平校同学会。平校同学会原以组织为继续接受四大教育者，继则同学会非但使一般会员继续接受教育，且更愿每个会员参加四大教育之活动或设法介绍四大教育于乡村，此外，更有一种最重要意义，即"养成青年农民求知的欲望与团结的力量为农村建设的中坚分子"。

在过去，平校毕业同学会确于平教会之活动上极有帮助，一切"下乡"事业均赖毕业同学会员推动，一时成为定县事业之最前线，实际工作者。同学会之设备即为"平民角"，用三个煤油箱造成一个适宜于放在墙角的木柜，一面为图书，报章钤记等之储藏处，一面即为办公桌，颇为经济适用，良可效法，惟同学会员都为青年农民，一般行动，未免有急进之处，每与耆老——地方领袖——等意见有所出入，因而事业活动上之阻碍亦甚大，最近则同学会之活动似已等于无矣。此外社会式教育尚有农民周刊图书担巡回文库等。

第六章　研究院与平教会

河北省政府根据内政部第二次全国内政会议议决设立河北省县政建设研究院，研究县政建设事宜，以定县为其实验区，研究院即设于定县。研究院于设定县之理由，当然以定县可以代表全省一般情形，而尤重者在于定县因平教会过去之努力，已有各种成绩和相当设备，且有各项经验之专门人才也。研究院为一政府所设机关，平教会为一私人学术团体，在形式上是绝不相干的，但在实际上，研究院职员大部分为平教会人员，尤其主要职务如院长各部主任无一非平教会人也，故平教会与研究院可说是一事。

"研究院与平教会合作的关系可以借河北省于主席学忠的一句话来说明。'研究院与平教会的关系就是政治与学术合作'。这个合作关系可以分析从两方面去看，先从研究院方面去看。研究院院长是平教会干事长晏阳初先生兼任，院内一部分专门人才也有平教会的专门干事兼任的，（但均属义务性质，不支薪）这是借用学术人才的关系。研究院实验部自成立之日起即有不少的实际工作推行全县；例如县单位除文盲的推行，县单位保健制度的推行，县单位农业表证制度的推行，及至全县合作制度之推行，都在一年之中得到很多的成绩；——这完全是利用平教会以往的工作作基础并充分采用平教会一切设备及研究实验已经成功的方法与工具所得的结果。

"再从平教会方面去看。平教会一切工作的研究实验，都是为推行全国着想，所以就不能抛开政治而专讲学术，但政治力量之如何运用和运用甚么政治力量，都非从政治本身作一番研究实验的工夫不可，然此则非平教会所能兼顾的事。于是则不得不借重研究院的力量去作推行，和应用的实验；——这是平教会需要研究院而与之合作的地方。总结起来说，从研究院方面看是'政治与学术合作',从平教会方面看是'学术与政治合作'两方面共同的目标,或者可以说是想达到政治学术化,学术事业化的目的"。

研究院现分四部:(一)调查部;(二)研究部;(三)训练部;(四)实验部。其工作路线是由调查而研究,由研究而实验,训练部则主持训练人才也。

至于研究院之事业,在事实上与平教会同属一体,故无须另述云。

附　涿县平民教育促进会

一、缘起

民国十八年春,张学铭先生等任涿县党务工作,深信总理"欲求中国之自由平等,必须唤起民众"之遗言,为救国不二途径。同时又受定县平教会出版物影响,觉"蚩蚩者氓,如欲唤醒,仅用传单标语,讲演宣传,不足为用",乃与县党部各同志集议;均认为唤醒民众,非通过平民教育阶段不为功,且非以"平民教育"为内容,又空洞而无物。爰即着手筹备平民教育促进会,于十八年十月双十节后一日正式成立,集会员百八十六人,选董事十五人,聘视导员三十八人,当推张学铭先生为主任干事,风起云涌,盛极一时。

二、五年工作之演进概况

该会成立后主要工作,为设立民校,准备师资。又鉴于民众组织之缺乏,生活之困苦,乃于第二年度,(民国二十年)添购波支猪种,改良农家副业;第四年度,(民国二十二年)指导民校成立同学会,树立农民团体。逐年演进,约略如斯;分述于后——

(一)民众学校

由民国十八年起,至二十三年止,五年来全县民众学校,共开办七四二班,初级占百分之七九,高级占百分之二一;男占百分之九六,女占百分之四。入学人数共一一八七零人。中间因时局不靖,或人事障碍,以致中途停顿未举行毕业考试者,占百分之二二,考试而不及格者占百分之二四。所用课程为:千字课,珠算,注音,音乐,四种。教师多由小学教员兼任，经费由各乡自筹者二零七七六元，由县款奖励补助者三四六八元。其视导干事，由各党政机关及该会职员历年临时合组，五六人或八九人不等。每届开始时，先经县府通令各乡各区召集会议，再由干事分赴各乡督催视察。此项工作约六个月始告结束。

该县民校推行，多用强制力，如某乡顽抗者则罚其乡；学生不入学者则罚其家长；严格执行，毫不宽假。对于遵办各乡，亦极力奖掖，除按等次给以补助金外，并予办学人以褒状奖匾，优良学生则有书籍文具之赠与。奖惩并行，人知奋勉，故推行较易。

（二）师资训练

五年来共开办民教讲习会三次，第一次在十九年，参加者六十余人；第二次在二十一年，参加者三百九十人；第三次在二十三年夏季，系妇女师资训练，期间较长，功课亦较多，毕业者四十一人。

（三）改良猪种

该会于民国二十年六月一日，自定县购波支牝猪一头，（重一百斤）牡猪二头，（各重二十斤）与该会会员合养，因所产小猪，时有乳少饿毙事情，故繁殖不旺。现共有三四百斤波支猪六头，小猪十四头。

牡猪则用与本地牝猪交配，计共二百四十余次，产小猪二千五六百头，体格均较本地魁梧。生长迅速，每猪养三四月后，即可多卖二三元不等，颇受农民欢迎。邻县（涞水易州房山）亦有驱猪来交配者。

（四）成立同学会

涿县现共有同学会十一处，会员三百四十五人。其活动事项为成立读书会。戒烟赌会，修道，植树，设立民众学校，组织合作社，看青苗，自卫，扫雪……等，兴趣甚浓。惟因初作，不免有幼稚浮躁处，故于二十三年暑期集会一次，以资训练。

三、过去得失之检讨

（一）团体工作之有兴趣："凡是在行政机关供过职的人，都觉得有些太机械，太苦恼，上班下班，等因奉此，不能有独异的计划，不能有理想的创造，终是在'作表格''搪官差'里面兜圈子。人存'五日京兆'之心，谁作深谋远虑之图？而涿县我们团体工作则迥乎不同。我们定下一个远大的目标，详密的计划，便无拘无束不分昼夜地干起来，不怕

'穷'，不怕'匪'，不怕'累'；不说'合不着'，大有愚民们许愿还愿；进香朝顶的虔诚精神！我们晓得是'事业'，不是'官差'，乃'自动'而非'被动'，所以兴趣很浓厚，兴奋异常"。

（二）民教环境之形成："民教事业的艰巨繁复，绝非少数人所能包办。我们的会员纲，已经笼罩了全县，有'颠扑不破'的几位干事，在作前卫，作冲锋。有'精诚团结'的几位党政首领，在作后盾，作指挥。有若干热诚民教的同志们，在作扫除文盲的'生力军'，民教环境现已形成"。

但同时涿县平民教育促进会工作之进行，据说过去亦有相当困难，如：

（一）各工作同志，多是义务，事实上不能不兼职；因此，常感到"精力不能集中""工作不专业化"，未免有粗疏之处。

（二）因为经济与人才的限制，不能作民教学术方面之深一层探讨与实验；只能作平面之推广工作。以一学术团体，俨然有变成行政机关之可能。

四、今后工作计划

（一）扫除一万文盲运动。

（二）进行农村建设小实验。

预备以有同学会之村庄，为实验场所；以各同学会会员为建设先锋，第一步先作"肃清文盲"工作；第二步再作"公民训练"。农村自治之举办，团体之培养，副业之提倡，合作之组织，均将逐步实验。以该会作事之精神推之，将来或有良好之结果。

第三编 江苏省立教育学院

第一章 概 况

第一节 旨 趣

　　江苏省立教育学院为一单科大学，为一专门研究实验民众教育及农事教育之场所。其前身为江苏省立民众教育院及劳农学院。民教院成立于十七年二月，劳农院成立于十八年一月，合并则在十九年六月也。名誉虽有改变，内容无多异差。其设立之主旨在养成江苏省六十一县民众教育农事教育服务人材，并为全省民众教育，农事教育研究设计及实验之机关，故与普通之教育学院，迥然不同。

第二节 民众教育与乡村建设

　　教育学院以民众教育为手段，以乡村建设为目的。他们以为民众教育不走向乡村建设之目的去，则民众教育将流为空泛无用，而乡村建设不取道于民众教育，一切亦无从下手。故其信念为："救济农村的衰落，应以民众教育为动力，农村建设是实施民众教育的目的，民众教育是完成农村建设的方法。"（研究实验中心问题）其于乡村建设则作如下之认识："中华民族向来是很繁荣的，自从西洋人挟优势的西洋文明侵入以来，政治经济文化各方面遂日现衰落之象；现在国土日蹙，民生日困，设不力图复兴，将不能自存于世界。""自戊戌变法以来，三十余年，各种革新的努力，不论其标榜的为何种主张，号称代表的是何种民众，实际上只不过为少数知识份子所发纵指使。换言之，一切革新运动，只不过为上层运动，与下层民众无与。基础不固，建设无成，岁月迁延，而民族日即于危亡。今后必须使下层的大多数民众觉醒，左右政权，献其心力，而后民族复兴可致"。"下层民众不一定是乡民。要以乡民为主。照普通估计，吾国农民占百分之八十左右；照出口货贸易，吾国主要出口货丝，茶，黄豆，鸡蛋等，主要进口货棉花，棉织物，米麦等，都是农产物。所以我们认为要复兴民族，建设农村，实为重要的途径"。"我们所谓乡村建设，是主张用教育力量，推进乡村，组织民众，为政治文化经济等多方面的建设。这种工作，须有计划，有方向，有步骤，有联络；最后目的，在改进社会，复兴民族。但下手工夫，不得不由下而上，由小而大"。"这种样子的进行，或者稍嫌迂缓，但试问数十年来敏速的方法，其成效若何？如果有能始终不渝为民谋利的集团，来做敏速的工作，我们岂有不同情之理？可是我们觉得我们走这迂缓的路，无论是为助成他们的工作，或准备他们的再失败，或监督他们的背叛民众，都是有神圣的义思"。（高阳陈礼江俞庆棠赵冕中国社会教育社乡村建设以复兴民族案）民众教育之所以能为乡村建设之路，即因他是一种工具，可以启发民众，引出问题；能使民众有组织，有力量，能自觉自动的起来谋所以求解决问题之道；因而历来各种革新运动所有之上动下不动之弊害可除，而民族之复兴可致。

第三节　组　织

该院大略分三部：总务部综理事务，教务部主持人才训练，及有关于教育事项；研究实验部研究各种实验计划，主持各种实验工作。其组织系统如下表：

第四节　经　费

该院经费，均系省款。至学生纳费，学费一项，除外省公额生每学期缴十二元外，本省各县县额生公额生，仅缴膳费三十五元，宿费五元，（本年度第二学期已奉厅令免缴），杂费十元，实验费八元，（民众教育专修村学生免缴）。损失赔偿费三元（预缴），新生第一学期缴纳制服费十七元。（学生分县额生公额生两种，二十一年度以前入学之县额生，入学时应缴各费，均由本县县政府或教育局负担，学生每学期入学放学往返用车，亦由本县县政府或教育局支给。二十二年度起，各县额生膳费，实验

江苏省立教育学院组织系统表

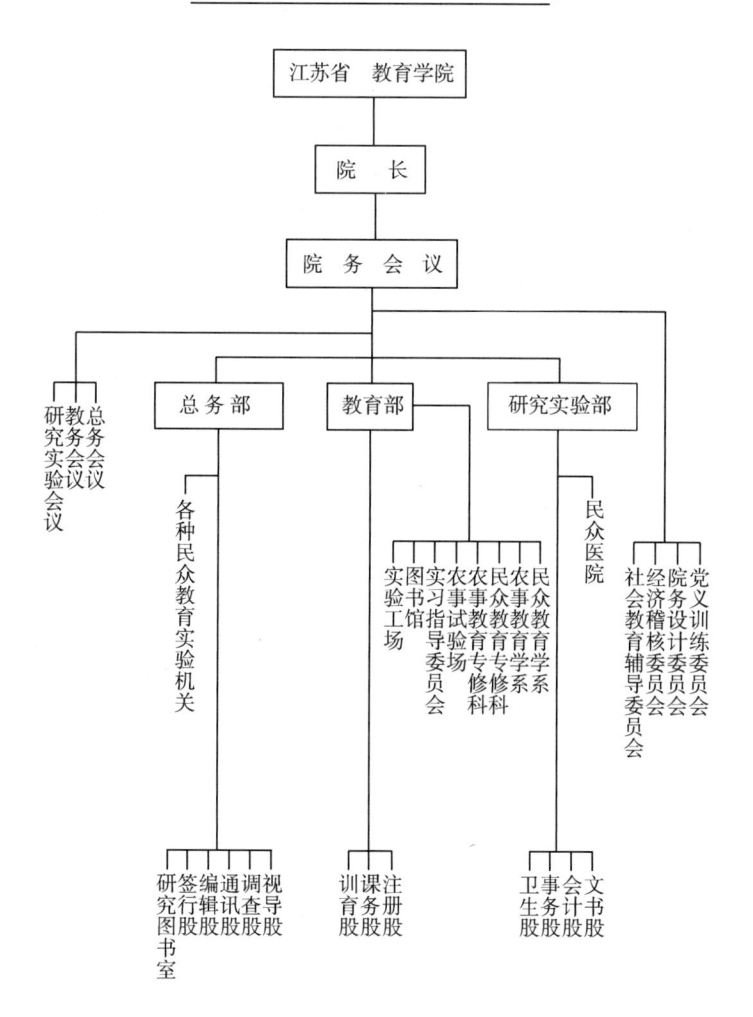

```
            江苏省 教育学院
                 │
               院 长
                 │
             院 务 会 议
                 │
   ┌─────┬──────┼──────┬─────────┐
研教总  总务部  教育部  研究实验部
究务务
实会会
验会议
会议议
```

- 总务部：各种民众教育实验机关 — 研究图书室、签行股、编辑股、通讯股、调查股、视导股
- 教育部：实验工场、图书馆、实习指导委员会、农事试验场、民众教育专修科、农教教育专修科、民众教育学系 — 训育股、课务股、注册股
- 研究实验部：民众医院 — 卫生股、事务股、会计股、文书股
- 社会教育辅导委员会、经济稽核委员会、院务设计委员会、党义训练委员会

费，由本县县政府或教育局负担，其余各费，由学生自己缴纳。将来毕业后回本县服务，其规程由教育厅订定之。但投考时必须有本县县长或教育局局长保送，书写负责之保证书，公额生不限省县之别，费用自理）。兹将历年收支列表于后：

年　度	名　称	经费类别	金　额	
十七年度	民众教育院	经常费	四九·一六一	四一四
同　上	劳农学院	同　上	二九·四七八	〇一〇

续表

年度	名称	经费类别	金额
十七十八年度	民众教育院	临时费	四二·〇二〇 九六六
同上	劳农学院	同上	二九·五四〇 二〇〇
十八年度	民众教育院	经常费	六六·四二三 七八〇
十八年度	劳农学院	同上	五一·七七七 八二〇
十八年度	民众教育院 劳农学院	临时费	九·七三〇 三三〇
十九年度	教育学院	同上	三〇·〇〇〇 〇〇〇
同上	同上	经常费	一四〇·〇六九 五六〇
二十年度	同上	同上	一七六·一六三 九三〇
二十一年度	同上	临时费	九·〇〇〇 〇〇〇
同上	同上	经常费	一九一·〇〇〇 〇〇〇
总计			八二二·八八〇 〇一〇

年度 名称	十七年度 民众教育院	同左 劳农学院	十八年度 民众教育院	同左 劳农学院	十七十八年度 民众教育院 劳农学院	十九年度 教育学院	二十年度 同左	二十一年度 同左	总计	附注
薪工	三一·〇五六 七二八	一一·八八二 〇六三	三七·三九五 七三〇	三四·五八三 〇六一		九一·二四八 二〇	一〇五·六八九 八二〇	一〇七·八三二 一二〇	四一九·七二三 七九二	二十二年度经常费预算为二〇一·〇〇〇元临时费尚未核定
办公费	七·一六六 七九一	二·二二〇 〇三〇	九·八七三 〇九九	五·五五二 八三五		一一·八九二 六八〇	二二·二九三 〇五〇	一七·九六九 一八〇	七六·九六七 六六五	
杂费	三·二五二	一·二八〇	五·九六三	三·八八六		八·〇五九	一〇·五六七	一三·九三三	四六·九四三	

续表

年度\名称	十七年度	同左	十八年度	同左	十七十八年度	十九年度	二十年度	二十一年度	总计	附注
	民众教育院	劳农学院	民众教育院	劳农学院	民众教育院劳农学院	教育学院	同左	同左		二十二年度经常费预算为二〇一·〇〇〇元临时费尚未核定
杂费	一四六	五八九	六二六	一九〇	八九〇	三四〇	四四〇		二二一	
研究实验费	二·七七九	六六一	一〇·五一八	八·一四八	三一·四五四	三七·六一三	五一·二六五		一四二·四四二	
	七八九	八二六	九〇一	三一五	六五〇	七二〇	二六〇		四六一	
临时费					九八·七九九	三〇·〇〇三		九·〇〇〇	一三七·八〇二	
					一六八	七〇〇		〇〇〇	八六八	
合计	四四·二五五	一六·〇四四	六三·七五一	五二·一七〇	九八·七九九	一七二·六九五	一七六·一六三	二〇·〇〇〇	八二三·八八〇	
	四五四	五〇八	二五六	四〇一	一六八	一九〇	九三〇	〇〇〇	〇一〇	

第五节 人才训练

教育学院现设民众教育，农事教育两学系，与农事教育一专修科，在院学生共计二百八十一人。各学系学生在四年修业期间，至少须习满一百三十二学分，至多不得过一百五十二学分，前两年每年以至多修四十学分至少修三十六学分为限，后二年每年以至多修三十六学分，至少须修三十学分为限。每专修科学生二年修业期间，至少须习满七十二学分，至多不得过八十学分。每学年以至多修四十学分至少修三十六学分为限。学生除在教室之讲授与研究外，极重实习，由实习指导委员会处理之，各科系学生入院后一年，即开始实习。在院内有农作田地，由学生亲自分别栽种试验；院外有惠北民众教育实验区，为专供各科系学生实习区域，至其他各民众教育实验机关，亦为各科系学生附带之实习机关。倘有特别情形者，亦得改往本省或外省各民众教育机关实习。在院实习之次序为各学系一年级学生参观本院各实验机关，二年级学生参加院内外各种社会化，民众教育活动事业，三年级学生参加本院各实验机关民众教育活动事业，并往外埠参观，以资借鉴，四年级学生则长期居住乡间或城市实习。专修科一年级学生实习事项与各系一二年级学生相同，二年级学生实习事项与各系三四年级学生相同，历届毕业生大都回乡服务，以任民众教育馆，农民教育馆，民众小学校长者为最多。除江苏籍者外，尚有外省附学者，如云南，陕西，四川，河南，安徽，湖南，广东等。

第二章　实验工作

第一节　研究实验部

教育学院之实验工作为研究实验部所主持。最初单有实验部，十八年秋增设研究部，十九年秋起，二部合并为研究实验部。研究实验部有二种目的：

（一）研究民众教育的理论与实际，由实验而发现问题，及解决问题的方法。

（二）为该院学生创造种种机会，使各于经验中获得民众教育实施方法。其组织如下页表。

研究工作，前后六年，颇有更易：民国十七年春夏两季，大抵就平民教育运动之所得，而加以研究。自十七年秋季，以至十八年夏季，则侧重于民众教育新理论系统及新方法之创造。十八年秋季，至十九年夏季，则趋重于各国成人教育之研究。自十九年秋季以还，则趋重于民众教育心理基础与社会基础之研究。最近二年则以乡村建设，成人心理，社会调查，为研究主要题材，并及其他民众教育之理论与实际，实验设施，亦因事业上之进步及进行上之方便而有更改。民国十七年春夏二季，从事于民众学校教育事业之实验，十七年秋冬二季，则从事于各种民教事业之试探，如卫生教育，妇女教育，民众茶园，农业推广，图书馆，民众戏剧等，均有师生分组从事实验。至十八年春季，则将分立之各种教育设施，统辖于一全民教育机关之下。是时于院外设黄巷民众教育实验区，于院内设农民教育馆，而以附近村落数十处为农民教育区。十九年秋季，设工人教育实验区于丽新路，设乡村实验民众教育馆于高长岸及社桥，设城市实验民众教育馆于南门，设实验民众图书馆于江阴巷，二十一年夏季，黄巷高长岸等

研究实验部组织系统

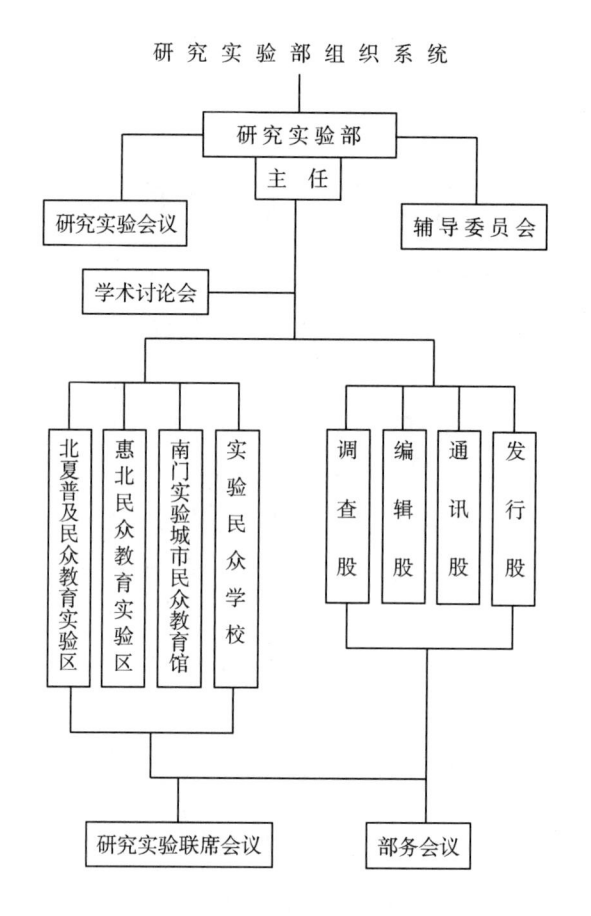

```
                    研究实验部
                     主  任
         ┌─────────────┼─────────────┐
    研究实验会议                    辅导委员会
         │
     学术讨论会
    ┌────┴────────────────────┐
┌───┬───┬───┬───┐      ┌───┬───┬───┬───┐
北  惠  南  实            调  编  通  发
夏  北  门  验            查  辑  讯  行
普  民  实  民            股  股  股  股
及  众  验  众
民  教  城  学
众  育  市  校
教  实  民
育  验  众
实  区  教
验      育
区      馆
    └────┬──────┘        └────┬──────┘
  研究实验联席会议           部务会议
```

乡单位之实验告一段落，乃从事于区单位之实验，北夏惠北两实验区，于是宣告成立，以期由方法之试探，进而为经济的实验，共谋实现教育之普及，与社会之改造，同时江阴巷丽新路等事业，亦以办理阅二年期满结束。此外更有卫生实验模范区，及实验民众学校，以经费人材关系，一度举办，未及期满而结束。为晰其变迁之迹，表列如此：

至现存之实验处所则有四：即北夏普及民众教育实验区，惠北民众教育实验区，南门民众教育实验馆，民众学校。

编辑方面工作有四：

1. 编辑教育与民众月刊。
2. 编辑民众学校教科书。
3. 编辑民众教育实施丛书。
4. 民众教育人员进修刊物。

历年实验机关变迁表

年度	学期								
十六年度	下学期	实验民众学校五所							
十七年度	上学期	民众学校二所	民众图书馆三所	民众茶园一所	妇女教育处一处				
	下学期		农民教育馆							
十八年度	上学期		农民教育馆							
	下学期		农民教育馆							
十九年度	上学期	黄巷民众教育实验区	农村社会服务处						
	下学期	黄巷民众教育实验区	农村社会服务处	高长岸实验民众教育馆	社桥实验民众教育馆	实验卫生模范区	南门实验城市民众教育馆		
二十年度	上学期	黄巷民众教育实验区	农村社会服务处	丽新路工人教育实验区	高长岸实验民众教育馆	社桥实验民众教育馆	实验卫生模范区	南门实验城市民众教育馆	江阴巷实验民众图书馆	实验民众学校
	下学期	黄巷民众教育实验区	农村社会服务处	丽新路工人教育实验区				南门实验城市民众教育馆	江阴巷实验民众图书馆	实验民众学校	崇安寺民众茶园
二十一年度	上学期	黄巷民众教育实验区	农村社会服务处	丽新路工人教育实验区	划入惠北	实验区			江阴巷实验民众图书馆	崇安寺民众茶园		黄巷乡自治协助处
	下学期							工人教育蓬户教育			北夏普及民众教育实验区	惠北民众教育实验区	黄巷乡自治协助处
二十二年度	上学期							工人教育蓬户教育			北夏普及民众教育实验区	惠北民众教育实验区	乡村自治协助处
	下学期												

辅导区域凡八县：无锡，吴县，吴江，宜兴，江阴，常熟，昆山，太仓，其工作约有八项：

1. 视察辅导
2. 巡回协助施教
3. 参加三区社教研究会
4. 研究并统计本区内社会教育状况
5. 编印辅导丛书
6. 指导辅导区内社会教育工作人员来院实习
7. 通讯讨论
8. 出借农车及科学展品

其他尚有调查国内社会教育实况：探访并搜集国内外社会教育新资料，与国内外成人教育机关联络，无线电播音等工作。

第二节 三年之黄巷民众教育实验区

第一目 沿革

黄巷于十八年春开办，二十一年夏季结束，所有事业，均交乡民自己管理。教育学院另设黄巷乡自治协助处协助之。此协助处后扩大为乡村自治协助处，二十三年协助处取消，辅导事业又改由惠北实验辅导区办理。

第二目 社会环境

黄巷为工业化农村，距无锡北门二里许，全村一百三十户，七百余人。耕地甚少。共有三百六十余亩田，尚非农民所有，均系佃租。平均每家耕地不及三亩，因是而有下列二种现象发生：一农民离村，据调查所得，十五岁以上之男子一百七十余人，在村者仅九十四人而已。二，收支不敷，田亩既少，生产自然不多，而田租又极高，平均每亩在二十元以上。出外工作者，大都做小工伙计，不能积蓄，故每年一百三十家支出三万二千余元，而收入仅二万四千余元，不敷万元左右。以是农民生活，极为不安。因生活困难，亦无教育可言，全村七百余人中，小学毕业生竟无一人。

第三目　实验经过

黄巷之实验为教育学院最初实验民教事业之一，主旨在普及民众教育，促成地方自治。发展乡村经济，改善农民生活。以政治教育为中心，从组织乡村改进会入手，办理地方自治各种事业。所谓民众教育事业有七：一健康教育，二生计教育，三家事教育，四政治教育，五言语文字教育，六社会交际教育，七休闲教育。前后成立乡村改进会，乡公所，调改委员会，民众俱乐部，民众学校，模范家庭，合作社等，并推广改良麦种。蚕种，稻种，鸡种等。从十八年起至二十一年，共满五年，按照原定计划，交还地方；地方人士，亦能继续做去，至今又年余矣。

第四目　政治教育

改进会人数年有增加，占村中二十岁以上男子百分之十三，出席会议，均能到法定人数。初期开会主席由实验区职员代庖，至三十三次议后，即由乡人自己主持，议案多出自村民，会议召集亦多自动，执行亦能贯彻。改进会历次会议议决案件，属于会务者七，属于政治及建设者二十二，属于经济者十六，属于文化及其他方面者十。于是办此实验者以为：

1. 改进会可以训练四权的使用；
2. 有了改进会可使教育遍合于当地民众的特殊需要；
3. 改进会可以集一村优良分子，裁制恶劣份子的不法行为；
4. 有了改进会可以使多数人参与地方自治活动；
5. 改进会的组织，须适合村民程度，不必过于繁复；
6. 改进会的事业，须切合地方需要；
7. 改进会主办的地方事业，应就地筹款，就地征工，教育机关不可代客惠钞；
8. 改进会要培养人民自动能力；
9. 改进会应履行约束会员越轨行动，以免损坏名誉。

乡公所举办之重要事业如下：

1. 调查户口——完全准确；
2. 办理人事登记；
3. 应付难民；

4. 编制邻闾；

5. 组织调解委员会——二年来共调解案件三十五起，颇孚人望；

6. 交涉收回公产；

7. 禁烟禁赌；

8. 取缔露天粪坑；

9. 筹备普及教育——强迫青年就学，设立小学；

10. 实行强迫识字；

11. 举办平粜；

12. 举办公民宣誓登记——亲往签字者一百六十八人，占二十岁以上男子百分之七〇·二五；

13. 协助扛重队承接工作；

14. 督饬修坞工程；

15. 筹款修筑石路；

16. 呈报灾荒督收荒票；

17. 呈请确定乡界。

所得经验：

1. 乡长人选以业农者为上选，如非农民，其行动多违反农民之利益。

2. 县区政府之措施，常不能与指导人员之理想相合，致指导工作，效率减低。

3. 县区政府所委办之事项，多非一般乡治人员能力所及。

4. 乡公所无的款收入，事业进行不易。

5. 乡长无酬报，诚实公正者每不愿应选，而愿意应选者，常意图不正当利益。

6. 以仅及百户之村落成立一乡，常感经济和人材的恐慌；乡之户口最好在五百户左右；乡之面积，最好在五千亩左右。

7. 乡自治应多使乡民参与，如果赖一二领袖，事业固易进行，但必减少多数乡民之自治兴趣。

第五目　经济建设

黄巷经济建设事项较多，不能详述，兹录其三年之总成绩如次：

甲　开源方面

事　项　　　　　　收　益

1. 推广改良稻种　三一四·〇元
2. 推广改良麦种　——
3. 推广改良蚕种　三六五·〇元
4. 扛重工作　一五〇〇·〇元
5. 推广改良鸡种　——
6. 信用合作社　社员十五人　股本五十二元　存款一百元
7. 开垦荒地　——
8. 锄桑植稻　四二五〇·〇元

乙　节流方面：

事　项　节减费用

1. 减　租　六〇〇·〇元
2. 报荒免租　一七七〇·〇元
3. 修筑圩岸　计八百八十七丈获田六百五十二亩
4. 节减供神费　一三二·八元
5. 禁　赌　一二〇〇·〇元

开源节流计　一三四二四·八元

第六目　文化建设

甲·消除文盲　设立小学，有学生五十余人，民众学校已毕业五班，大多数学生尚继进高级学校。以前无一小学校毕业生之黄巷，三年之间，文盲已扫除一半矣。兹列表如后：

文盲别 调查期	文盲				半文盲				非文盲			
	男	女	总计	百分比	男	女	总计	百分比	男	女	总计	百分比
十八年三月	106	210	316	67.81%	104	3	107	22.96%	43	0	43	9.023%
十九年五月	101	230	331	50.23%	95	28	123	18.66%	142	63	205	13.11%
二十一年六月	67	274	341	49%	16	15	31	4.5%	284	40	324	46.50%

非文盲年有增加，可谓年有进步；但文盲亦年有增加，据负责者言，无锡为工业区，黄巷为最近工厂，每年均有大批客民来往，故文盲亦年有增加云。

乙、提倡正当娱乐，说历史故事，着棋，乒乓。音乐，戏剧等；

丙、卫生，功效不甚显著；

丁、提倡体育；

戊、家事改进，儿童健康比赛婚姻改良等；

己、破除迷信；

庚、做纪念周及纪念会；

第七目　实验所得

黄巷的三年实验者告诉之我们："局部的建设，常在枝节上下工夫；根本改造，常非教育所能为力。黄巷民众所最需要的为耕地，为工作；而耕地无多，地权不属，丝厂倒闭，茧价惨落。同人等常听到黄巷民众哀痛的呼声，只觉心余力绌，所谓政治建设，经济建设，文化建设，只是将颓坦败壁，略加修补，并非根本改造；而根本改造，非俟教育普及，自治完成，宪政实现，立法机关中农民代表占绝对大多数时，不能完成这伟大的工作"。

第三节　三年之高长岸民众教育馆

第一目　社会环境

高长岸为一附廓乡村，户口一百十五户，人口五百〇二人，民众职业，大抵男子在外撑船，女子在工厂做工，出产以茭白为大宗，民众生计均系于此。风气闭塞，迷信甚深。高长岸民众教育馆成立于民国十九年，至二十一年夏，因鉴于乡单位的试验，已具相当效果，为扩大效率计，乃筹办区单位试验，于是与学生实习区合并，改称惠北实验区。（合并后之实验见下）

第二目　政治建设

教育学院欲在该处实验民教事业，乃开始筹备组织乡村改进会，共有会员七十三人。占全户口中百分之六十六。三年以来，由乡村改进会办理之事业有：

1. 筹筑桥梁一座，建筑费一千八百元。就地募得三百元，余由慈善机关协助；
2. 修筑马路，用征工法，路长三里；
3. 筹办小学；
4. 举办冬防；
5. 修筑堤岸。

自治事业渐上轨道，可于下表见之：

原来状况	现在情形	原来状况	现在情形
自治组织不完全	邻间乡各级自治机关组织完全，乡长，闾长，均系民选。	民众散漫无组织	有乡村改进会之组织，为本乡一切事业之发动与协助机关。
干路狭小行走不便	通城马路，修建完成，计长三里，阔六尺，人力车可直达。	干路桥梁破坏不堪	现已建成水泥钢骨桥梁一座，坚固便利。
无自卫组织	每年冬季，有冬防团之组织。	公共事业无人过问	有乡村改进会负责办理。
民众不能集会	开会仪式均明了且能实行，开会主席，也能有人担任。	不了解党义及国家大势	大多数已明了，且有注意时事之习惯
不愿参与团体生活	参加乡村改进会者占□%参加合作事业者占63%，其他集会等，参加数平均达70%以上。	民众彼此间全不联络	村上遇有重要事务或有问题，民众要求召集会议，公断解决之。

第三目　经济建设

此方面有三合作社：一为流通乡村金融之信用合作社，一为增加生产之养鱼合作社，一为发达物产之运销合作社。

1. 信用合作社　高长岸主要出产为茭白，而茭白须用大量肥料。每亩平均在二十元以上，农民甚感困难。乃组织信用合作社，社员四十余人，前后举行肥料放款三次，排水放款一次，限期大多半年，月息一分二厘。合作社向农民银行借息一分，此二厘即赢余。其数量用途，日期，于下表见之：

次数	借出日期	数量	用途	归还日期
第一次	十九年十二月二十一日	一一五〇元	购肥料	二十年七月五日
第二次	二十年七月十四日	四〇〇元	水灾时排水资料	二十一年七月十三日
第三次	二十年十二月十日	一五二五元	购肥料	二十一年七月九日
第四次	二十一年十一月二十日	一五五〇元	购肥料	二十二年七月

2. 养鱼合作社　社员二十六人。社股一百十八，共五百九十元，实收四百七十二元。共养鱼八千余尾。中因受水灾损失一次，但社员兴致甚好。

3. 运销合作社　运销物品为茭白，社员四十七人，股金每股一元，共收三百余股。在未成立合作社时，农民受商人之剥削，茭白事业，几于不能维持；自组合作社以后，每年可多收入三千元以上，故业务甚为发达，但因商人之竞争，铁路职员，于运输上故意留难，额外敲诈等，故亦极感痛苦。

除此三合作社外，亦办储蓄会，即以信用合作社社员为会员，每月存二角，现储款已有二百元左右。另有蚕事指导，农业推广等，成绩均不甚可观。总计其成绩，则可列为下表：

原来状况	现在情形	原来状况	现在情形
荒地任其废弃	池塘利用养鱼，种菱，增加民众生产。	无合作组织	有合作社三所，民众加入者达百分之六十三。
生产品价格低落茭白田减少	有运销合作社后，茭白价提高每担平均一元，茭白田渐恢复原状	防灾设施不完好	修筑堤岸十余里，能保护田亩六百余亩。

续表

原来状况	现在情形	原来状况	现在情形
无农事指导设施	曾举办养蚕示范，蚕事指导，特约农田，蔬菜示范场等，积极作农事改进工作。	赌风甚炽	赌博禁绝。
不知储蓄	有储蓄会之组织，能节省日常费用，实行储蓄。	耕种方法不知改良	对于农作物之耕种，信仰新法，并已有渐渐采用者。
不能采用优良种子	已稍有识别能力，渐知改良。		

第四目　文化事业

1. 高长岸以前仅有一腐窳私塾，附近五里内无一小学校。失学儿童占百分之百。乃由实验馆开办儿童半日学校，继则成立小学一所，现有学生三十余人。

2. 扫除文盲，高长岸一工业化，城市化乡村，民众流动性大，故班级教学，甚为困难。但努力结果，男子识字人数，已达一八二人；女子三十四人。其他尚有提倡正当娱乐，实施保健等，总计成绩，亦可列表如次：

原来状况	现在情形	原来状况	现在情形
无儿童小学校	现有协作学校一所。学生三十余人，为儿童就学之场所。	男子识字人数占19%	现已达百分之六十六。
妇女识字者只二人	识字者占百分之十五。	无正当娱乐	青年多能玩弄音乐，能表演游艺，作正当娱乐。
不知卫生	疾病已渐能预防，并信仰医生。	只能运用土语	能了解并运用普通语。

第四节　北夏普及民众教育实验区

第一目　区单位试验

黄巷，高长岸之实验，均以一乡为单位，范围较小。二十一年六月，乃划定无锡第十自治区，为区单位之实验，定名为北夏普及教育实验区。但以全区地域太广，恐一时难于普及设施，乃先以西部六乡一镇，约当全区三分之一为集中试办区域，而以其他十乡二镇为推广区。于集中区内分设五支部以主持各乡镇教育事项。继将全区划分为六分区，即以五支部分设于各分区。第六支部以经费关系，尚未设置，总部则在蠡埠。

第二目　社会环境

北夏全区面积共一三八·五方华里，尽属平原，全区四镇，十六乡，有大小村落三四二个，人口计五八九三户，二五三九二人。居民大半业农，占全人口百分之七一以上。教育程度极低，七岁以上未受教育者占百分之七二·七二，受教育一年至四年者占百分之二〇·八四，受教育五年以上者，仅有百分之六·四四。经济状况，稍有盈余者占百分之五，收支相抵者占百分之二八，亏空占百分之四三，无法查明者占百分之二四。

第三目　实验主旨

用教育方法，组织民众，培养民力，以促成自治，复兴民族。

第四目　组织系统

北夏普及民众教育实验区组织系统图

第五目　经费与职员

该实验区经费全年为一万三千三百三十二元，职员共计三十一人，内有专任职员二十二人，兼任二人，练习生五人，大都来自教育学院。总部及各支部各设主任干事一人，干事一二人，总部另有一副总干事，偕同总干事指挥各支部。

```
                    ┌─────────────┐
                    │  研究实验部  │
                    └──────┬──────┘
                           │
              ┌────────────┴────────────┐
              │ 北夏普及民众教育实验区  │
              └────────────┬────────────┘
                           │
              ┌────────┬───┴────┐
              │ 总干事 │ 副总干事│──┤区务会议│
              └────────┴────┬───┘
                            │
    ┌──────┬──────┬─────┬───┴──┬─────┬──────┬──────┐
    │北夏  │支部  │第一 │第二  │第三 │第四  │第五  │...
```

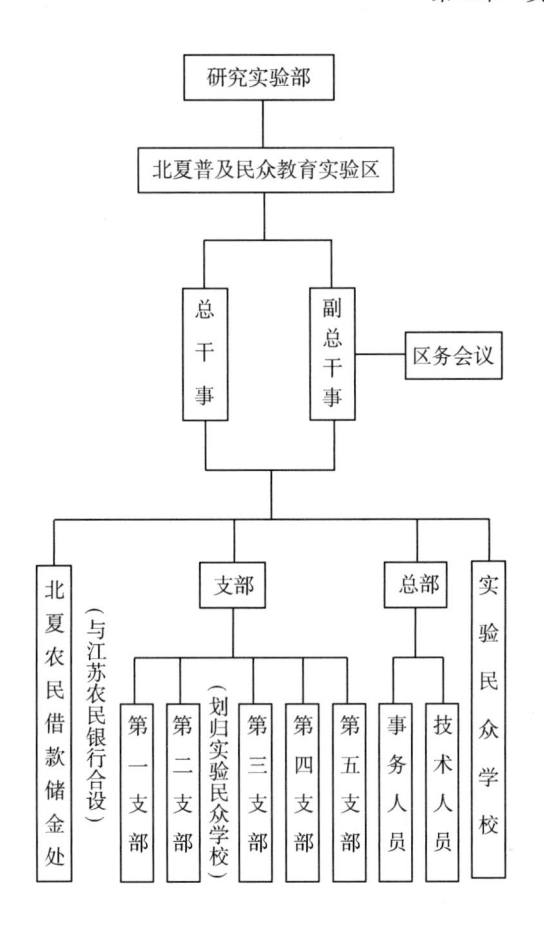

（与江苏农民银行合设）北夏农民借款储金处｜支部｜第一支部｜第二支部｜（划归实验民众学校）第三支部｜第四支部｜第五支部｜总部｜事务人员｜技术人员｜实验民众学校

第六目　进行步骤

该区工作之进行，首先联络当地民众，尤其是地方领袖，使之同情于实验事业；继则组织乡村改进会，一方面举办社会调查，以为实施根据，广泛成立民众学校，培养新社会的中坚份子。于是由改进会学生各方面用力，推广改良农业，提倡合作组织，举办健康指导，以及其他事业等等。若以性质分，约有下列数种：

（1）属于政治路线者

组织乡村改进会；

组织自治实验村；

组织乡村建设协进会；

约集闾邻长会议；

举行各种纪念日活动；

组织健身操队；

设诊疗所；

所设置送药箱；

卫生指导；

婴儿健康比赛。

（2）属于经济路线者

举办借款储金；

组织合作社；

组织育蚕指导所；

举行农产展览会；

稻种选穗；

推广优良稻种；

举行除螟运动；

改良稻田；

特约示范稻麦田；

小麦选种；

特约养猪养鸡；

造林运动。

（3）属于文化路线者

办理民众学校；

组织读书会；

学艺竞赛；

编发新北夏周刊；

民众茶园。

大概乡村改进会之组织为政治方面之中心工作，主持者对于此会的认识是：

（1）是本区活动的中心动力。

（2）原由实验区办的事业，要逐渐移转，归改进会去办，实验区只立于指导的地位。

（3）要选择优秀分子做基本会员，先行试动，重质不重量，然后逐渐扩充会员额数，充实力量。

（4）给予改进会委员以各种权利，以能担保借款，介绍免费治病等，以便其热心服务。自治实验村系安排来代替改进会者，以乡镇范围过广，推动工作不易也。至于乡村建设协进会则为帮助实验区建设工作之一组织，盖吸收区内优秀份子，及有力份子组成者。

经济路线上则以农民借款为其中心工作，以借款储金处为其总机关。以组织合作社圆活农村经济。农事之改良则不甚强制；文化路线当然以民众学校为中心，固不必多赘言矣。

第七目　事业概况

1. 乡村自治改进会，皆由民众自动组织，现有七个，计三二三人。

2. 乡村建设协进会一个，会员三十六人。

3. 民众学校共计二十校，三十四班，学生一千四百二十四人。内男生九百六十一人，女生四百六十三人。分别编为成人班，儿童班等。课程除基本文字训练外，有本乡建设，问题讨论，农业改良等。

4. 民众读书会共有三个，会员四十七人。

5. 民众阅书报处一处，每年平均读书五百人。

6. 问字代笔处一处，每年平均八十人。

7. 信用合作社十二所，社员一百八十三人；资本四百六十八元。二十二年度借款者二社，计七百三十二元。

8. 农民借款储金处一所，二十二年度组织借款联合会一百二十一会，会员一千九百九十人，放款一万余元。

9. 养鱼合作社六个，社员二百三十四人，资本四百余元。

10. 蚕业运销合作社一个，社员五十三人。

11. 畜牧合作社一个，社员十二人，股金五百元，推广波支猪种及来克行鸡种。

12. 诊疗处一处，平均每日就医者一百五十人。

13. 健身操队二队，队员三十三人。

14. 垦植合作社一所，社员三十人，资本三十元。

15. 育蚕指导所四处。

16. 造林，二十二年度共植二千五百株。

17. 完成东亭至西仓区道。

18. 农品展览会。

19. 民众教育研究会，二星期开会一次。

第八目　动向

教育学院之实验计划，大都三年为期，三年后交还本地方人士自办，北夏亦犹是也。但北夏实验区自二十一年成立至今已二年余，因区较大，事业过多；故闻负责者言，有延长施教年限之必要。至其将来之动向，则有二点：

（一）融合儿童教育与成人教育为一片。为实现上项理想起见，本学期开始后即试行合作民众学校暂行办法，——鼓励区内小学私塾兼办民众学校，更罗致区内优秀的小学教员与地方热心人士，组织"民众教育研究会"。良以教育本为整个的，儿童与成人亦不能强为分化，且实验区为人才经济所限，欲收普及全民教育之速效，非联合区内优秀分子总动员不可。经一度尝试后，尚觉可行，现除继续与区内各小学合作外，更进一步，谋教育行政权的统一，以期将实验区蜕化为一全民教育实验之区域。

（二）近代政治乃积极的，政治与人民生活关系綦切，办教育如不求适应人民之生活需要则已，否则实有与政治力谋合一之必要。所谓政教合一，其义有四：第一，教育不能超然于政治之外；第二，教育所以适应人民生活之需要，其道多端，今日应特重政治教育；第三，教育必藉政治权利方得普及；第四，乡村政治机关与教育机关应合而为一，使教育彻底生活化。前二者为该区二年来一贯之方针，后二者则今后所拟力求实现者云。

第五节　惠北民众教育实验区

第一目　区域及环境

惠北实验区在惠山北，自民国十八年起，即为教育学院学生实习民众教育之场所。区内较大村庄，均由学生筹设民众茶园，民众学校，以及乡村实验民众教育馆等。至二十一年，乃正式成立实验区。全区分为三部分，立分区于五河乡，高长岸，周龙岸。民国二十二年，高长岸乡区已办理三年，改归乡村自治协助处协助乡人办理，另划梅泾岸底两区加入实验。二十三年，五河及周龙岸乡区告一段落，改归各该地方人士接办，又在王家岩西漳胡家渡杨巷四处，设立新分区；而乡村自治协助处，亦归并本区，改称本区辅导区，故范围愈广矣。本区面积八十八方里，分十四乡镇，内有村落一百零六个，户口四三八一，人口三二四〇五人。全区耕地二八二七六亩，农业者占百分之六十一，业工者占百分之十，业商者占百分之十一，业船者占百分之九。副业以养蚕，搓绳，摇袜为最多。生计状况仅能维持最低限度之生活，风俗尚称和纯，惟迷信甚盛，更缺乏团结互助精神与进取态度。全区共有公立小学十五所，私立小学四处，私塾十四所。

第二目 实验主旨及概况

（一）实验主旨

1. 供给学生实验场所，藉由实际上获得理论上之证验。

2. 为实验各种方式的民众教育，以训练民众智能，充实农民生活，培养国民力量，辅导地方自治，期达到藉团体力量，解决社会问题。

（二）经费：全年八千八百八十元。

（三）职员：职员八人，练习生二十四人。

（四）组织：（见下页）

第三目 主要事业

惠北实验区前后已六年，事业变迁，至为繁多，不暇详述。兹录其二十二年度之概况，及最近一年来之工作情形如次：

1. 二十二年度概况

一、民众学校十二校，学生五百四十九名。

二、流动教学二处，受教者三百余名。

三、图书室二处。

四、初级小学一所。学生七十一名。

五、农民贷款处一所。上年度组织借款联合会十六处，会员一百十二名，放出款洋二千八百元。

六、义教实验班一班，学生二十四名。

七、读书会六所，会员七十二名。

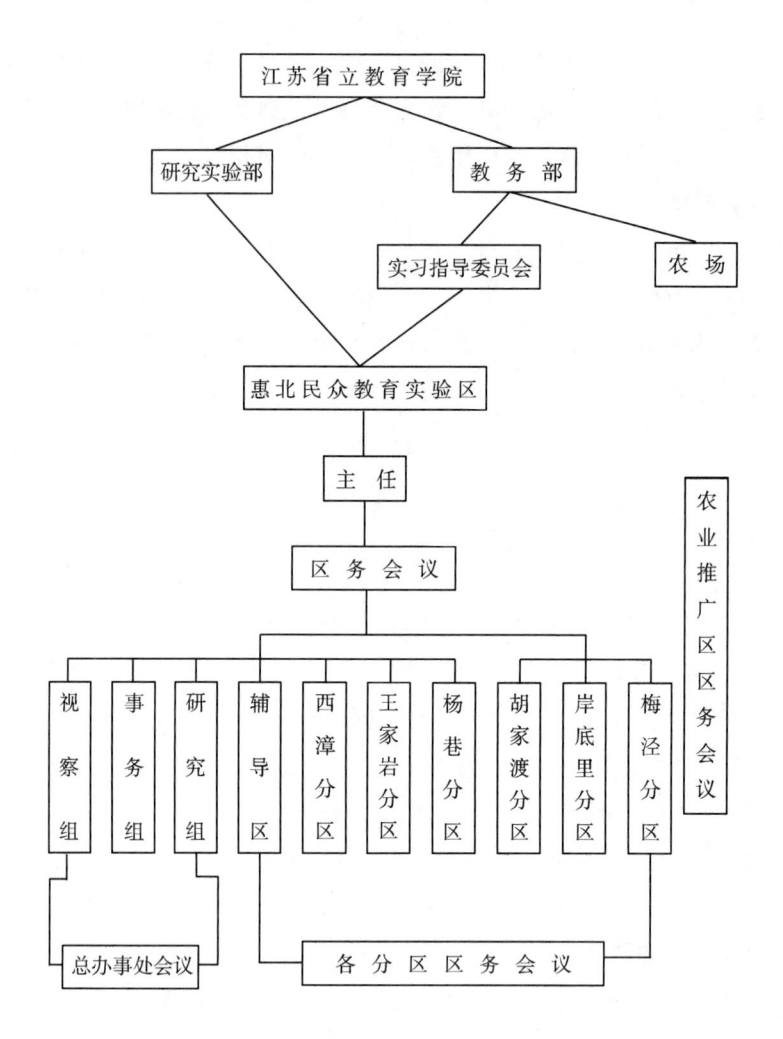

```
                        ┌─────────────────┐
                        │ 江苏省立教育学院 │
                        └────────┬────────┘
                    ┌────────────┴────────────┐
              ┌─────┴─────┐             ┌─────┴─────┐
              │ 研究实验部 │             │ 教 务 部  │
              └─────┬─────┘             └──┬─────┬──┘
                    │    ┌──────────────┐  │  ┌──┴──┐
                    └────┤ 实习指导委员会├──┘  │农 场│
                         └──────┬───────┘     └─────┘
                                │
                      ┌─────────┴─────────┐
                      │ 惠北民众教育实验区 │
                      └─────────┬─────────┘
                              ┌─┴─┐
                              │主任│
                              └─┬─┘                    ┌───┐
                          ┌─────┴─────┐                │农业│
                          │ 区 务 会议 │                │推广│
                          └─────┬─────┘                │区区│
   ┌──┬──┬──┬──┬──┬──┬──┬──┬──┘                       │务会│
   │视│事│研│辅│西│王│杨│胡│岸│梅│                    │议 │
   │察│务│究│导│漳│家│巷│家│底│泾│                    │   │
   │组│组│组│区│分│岩│分│渡│里│分│                    │   │
   │  │  │  │  │区│分│区│分│分│区│                    │   │
   │  │  │  │  │  │区│  │区│区│  │                    │   │
   └┬─┴┬─┴┬─┘  └┬─┴┬─┴┬─┴┬─┴┬─┴┬┘                   └───┘
    │  │  │     │  │  │  │  │  │
    └──┴──┘     └──┴──┴──┴──┴──┘
   ┌────────┐   ┌──────────────┐
   │总办事处│   │ 各分区区务会议 │
   │  会议  │   └──────────────┘
   └────────┘
```

　　八、信用合作社六所，社员一百八十九人，资本六百五十元，历年借款共一万八千七百五十九元五角六分。

　　九、养鱼合作社二所，社员五十九名，资本一千零五十元。

　　十、民众茶园四处，平均每日一百零五人。

　　十一、音乐会三所，会员二十二名。

　　十二、体育场一处，面积十二亩。

　　十三、特约农田一百二十亩。

　　十四、武术团一处。

　　十五、稻作试验区一处，面积二亩。

　　十六、乡村改进会十所，会员六百九十一名。

十七、简易药库六处，平均每日就诊者五十六名。

十八、储蓄会三处，储款三百二十一元。

十九、运销合作社一所，社员二十三人，资本四百五十元。

2. 最近之活动

一、公民教育事业一览表

事业 \ 说明	乡村改进会	纪念日活动
组织分子	一、乡村成年农民 二、地方可靠领袖 三、乡公所人员 四、各分区工作人员	活动日期： 一、纪念周各分区举行集会 二、纪念日有扩大集会 三、利用民众集会举行相当活动
会所	十所	
会员	六百九十一名	
会期	每半年开大会一次遇必要时得开临时会议	
工作提要	一、组织建桥委员会四处，共建桥四座经费由地方及千桥会员担负 二、兴筑各段煤屑路共十里许用征工及募捐方法举行 三、组织合作社九所社员二百五十四人，股金二一五〇元 四、举办米粮抵押所一处 五、组织冬防团二处 六、组织救火联合会一处 七、兴办小学二处 八、植树二千余株 九、禁止赌博 十、禁止土棍演戏 十一、警戒非法村民 十二、组织调解委员会二处	活动项目： 一、各项教育成绩展览 二、公民教育通俗讲演 三、各种宣传品及漫画 四、各种表演 五、电影幻灯 参加民众： 一、纪念周每分区平均每次五十人 二、纪念日集会平均在二千二百人以上

二、语文教育事业一览表

类别	说明区别		岸底里分区	梅泾分区	王家岩分区	西漳分区	胡家渡分区	杨巷分区
民众教学	办法		一、招收不识字与稍识字青年成年按照程度分高级初级教授 二、组织校董会或校务协进会协助教务进行					
	班级		一	二	二	三	三	一
	学生数	男	四十	三一	二四	六九	五一	六三
		女		十四	十二	四七	四九	
	教学科目		珠算，写字，家事，识字，常识，唱歌	算术唱歌识字写字应用文	同左	音乐常识家事识字算术精神陶练	习字珠算识字唱歌新农须知	珠算家事识字唱歌
流动教学	办法		一、教员 工作人员，民校学生，小学学生 二、书籍 供给 三、教法 个别教学及团体教学 四、地点 室内 庭院 旷场					
	处数			一	一			一
	受教人数	男		二八	十五			二四
		女		六	六			十二
读书会	指导方法		一、由会员认定进修科目阅读并作阅读报告 二、每日作日记一则，每月作文一篇 三、每月举行讨论会一次报告心得及解析困难 四、每日至少阅读二种书籍					
	会数			一				一
	会员人数	男		二九				
		女		九				二六
壁报处	处数		各分区设二处或三处不等按日张贴报告时事及传达消息					
阅书处	处数		一	一	一	一	一	一
	现有书籍		二九八本	九四三本	六九一本	二四五本	一七六本	二一四本

续表

类别	说明区别	岸底里分区	梅泾分区	王家岩分区	西漳分区	胡家渡分区	杨巷分区
惠北报	出版日期	由总办事处研究组编辑每半月出版一次					
	内容	谈话　新闻　信箱　章则　常识　民众文艺　插画					
	每期出版章数	八百张					

三、休闲事业教育一览表

类别	说明区别	梅泾分区	岸底里分区	西漳分区
民众茶园	园数	特约茶园一所	二所　一为特约　一为自办	特约茶园二所
	茶客	每日平均三十二人	每日平均六十二人	每日平均六十二人
	茶资	自办者暂不取资　特约者每壶六十文		
	经费	自办者每月七元　特约者以不津贴为原则		
	设备	水缸，煤炉，茶吊，大茶壶各一，方桌三长凳十四，茶杯二〇只，美孚灯三		
	教育用品	乐器五件，棋子二种，抗日及新生活挂图五幅　黑板一块，报纸二份，普通图书百册，留声机一座		
	活动	一、时事报告　二、讨论本乡问题　三、随意谈话　四·通俗演讲　五·留声机唱片		
音乐会	会数	一处会员十二人	一处会员二十人	一处筹备中
	乐器	中西乐器十余件	中西乐器十余件	筹备中
	活动	一、参加各该分区团体活动　二、参加全区团体活动		

四、家事教育事业一览表

家庭访问	事项	一、妇女保健情形　二、婴儿保育方法 三、家庭教育状况　四、妇女生活情形 五、其他				
	对象	各该分区妇女，由女实习生担任。				
	步骤	先访问小学民校学生之家庭，再访问一般妇女				
家事讲习班	班数	全区共两班	学生	共八十二人，多系年青妇女	时期	二个月
	课程	有烹饪，刺绣，缝纫，妇女卫生，常识等				
	教法	教学做	同学会	组织同学会继续共同学习时请先生指导		
乡村妇女家事学校	校数	全区共两所	学生	共八十四名多系年轻妇女	时期	四个月
	课程	有国语，珠算，音乐，烹饪，刺绣，缝纫等				
	教法	教学做				
自编家事教材	目的	一、供给乡村妇女学校四个月之用 二、灌输乡村妇女生活上必需之常识及技能				
	范围	以家事为中心共分四大单元　一、家庭组织 二、家庭生活　三、家庭健康　四、家庭教育				
	步骤	一、由实习生二人编辑　二、交教材编辑委员会审查　三、油印成册在家事学校试教				

五、健康教育事业一览表

类别	说明区别	岸底里分区	梅泾分区	王家岩分区	西漳分区	胡家渡分区	杨巷分区
疾病治疗	办法	设置简单药库，储普通药品二十余种，由实习学生任医师，训练民校学生使用药库法，挂号铜元二枚，并免收药资					
	诊病人数	男 三二四	男 二九三	男 一二九	男 二一五	男 四二一	男 一九六

续表

类别	说明区别	岸底里分区	梅泾分区	王家岩分区	西漳分区	胡家渡分区	杨巷分区
疾病治疗	诊病人数	女 四七二	女 五七六	女 二七三	女 一九六	女 六二八	女 二三二
	疾病种类	皮肤病40% 目疾17% 疟疾40% 其他3%	皮肤病48% 疟疾40% 目疾14% 其他5%	皮肤病46% 疟疾40% 目疾14%	皮肤病57% 目疾24% 疟疾19%	皮肤病40% 疟疾40% 目疾15% 其他5%	皮肤病51% 疟疾17% 目疾22% 其他7%
布种牛痘	办法	一、利用民校周会，茶园谈话，家庭访问及壁报宣传种痘之重要 二、举行登记 三、开始种痘，每人收费铜元三枚					
	人数	二〇一人	一九四人		二三〇人	六〇人	
公共卫生	办法	取缔露天粪坑办法 一、宣传 二、与地方领袖谈话 三、调查 四、个别劝导 五、执行设置垃圾箱办法 一、察视需要 二、协助乡公所办理					
	取缔露天粪坑	筹备	筹备	筹备	五六处	筹备	筹备
	设置垃圾箱				三十八只		
国术团	办法	一 敦请教师表演引起兴趣 二 张贴招生广告 三 开始训练					
	人数	三十二人			五十六人		
体育场	办法	利用荒地设置简单运动器具，经费由地方负担，与地方人士共同管理并指导					
	设备	双杠 单杠		足球 单杠 滑梯	双杠 单杠 沙坑 足球场 篮球场		单杠 石担

续表

类别	说明区别	岸底里分区	梅泾分区	王家岩分区	西漳分区	胡家渡分区	杨巷分区
体育场	活动			体操足球练习	各项球队组织及练习开民众运动会		

六、生计教育事业一览表

（一）

农村贷款 — 借款联合会 { 放款 — 二八一〇元
会员 — 一一二人
会数 — 一六
用途 — 养猪肥料小灌溉 }

（二）

特约农田 {
麦作 { 收量 — 平均 — 石二斗
麦种 — 金大二十六号
亩数 — 一八〇三亩
户数 — 一七户 }

稻作 { 稻数 — 光绪（收量尚难计算）黄曲玉（因未届收获故）
亩数 — 一〇五亩
户数 — 四八户 }
}

（三）

合作组织
- 仓库合作社 — 在筹备中
  - 数目 — 一年
  - 地点 — 西漳
- 运销合作社 — 已成者
  - 资本 — 四五百元
  - 社员 — 二二人
  - 数目 — 一所
  - 地点 — 高长岸
- 养鱼合作社
  - 在筹备者
    - 数目 — 二所
    - 地点 — 西漳 胡家渡
  - 已成者
    - 资本 — 一〇五〇元
    - 社员 — 五九人
    - 数目 — 二所
    - 地点 — 高长岸 岸底里
- 信用合作社
  - 在筹备者
    - 数目 — 二所
    - 地点 — 西漳 杨巷
  - 已成者
    - 借款 — 一八七五九元
    - 资本 — 六五九元
    - 社员 — 一八九人
    - 数目 — 六所
    - 地点 — 岸底里 高长岸 风巷 丁巷 社桥 胡家渡

（四）

旱灾救济
- 指导浚河
  - 时期 — 八月
  - 面积 — 三〇〇方丈
  - 地点 — 西漳 梅泾
- 戽水借款
  - 户数 — 四八户
  - 借款 — 一〇九七元
  - 地点 — 岸底里 胡家渡
- 补种荞麦
  - 户数 — 二八户
  - 数量 — 二〇〇二担
  - 亩数 — 六〇〇一亩
  - 地点 — 西漳 王家岩 岸底里 梅泾

（五）

畜牧示范 ｛
- 养鱼 ｛只数 — 二十只 / 地点 — 胡家渡｝
- 养鸡 ｛只数 — 五十只 / 地点 — 胡家渡｝

（六）

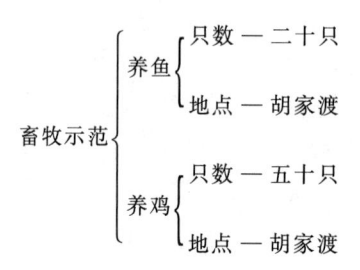

农事展览会 ｛
- 虫害病标本 ｛
  - 方法 — 每分区陈列三日并作演讲表演
  - 步骤 — 各区轮流展览由总部向院中商借再送往
  - 时期 — 五月一日至二十日止
  - 地点 — 梅泾 西漳 胡家渡 周龙岸 岸底里 五河乡
  ｝
- 稻作 ｛
  - 方法 — 整理稻穗置玻璃并陈列
  - 步骤 — 一·在各分区先开比赛会
    二·各分区择其优良者送总部展览
  - 时期 — 十一月十五日至月底止
  - 地点 — 岸底里 梅泾 周龙岸 五河乡
  ｝
｝

（七）

垦荒造林 ｛
- 活数 — 一一二二株
- 株数 — 二八一〇株
- 树种 — 风杨 乌桕 马尾松 侧柏 杨槐 庶稷
- 面积 — 荒山十四亩堤岸三八〇步
- 地点 — 梅泾　岸底里
｝

(八)

桑苗推广
- 枯死原因 — 天气干旱地土龟裂
- 已活枝数 — 二一二九枝
- 栽植株数 — 七三九四株
- 推广户数 — 一七〇户
- 推广村数 — 二八村
- 推广地点
- 桑树名称 — 穴桑苗
- 桑树来源

(九)

育蚕指导
- 蚕茧成绩 — 平均百分之七八（评定计算）（乾甡丝厂）
- 蚕种张数 — 二九四张
- 户数 — 二四六户
- 乡名 — 五河乡 梅泾 周龙岸 岸底里
- 乡数 — 四乡

(十)

农事演讲
- 听讲人数 — 三〇四五人
- 时期 — 一月十五至月底止
- 工具 — 标本电影幻灯留声机无线电等
- 讲题 — 农家经济农业副产病虫害防治合作组织
- 讲员 — 本院教职员及工作人员
- 地点 — 五河乡 梅泾 岸底里 周龙岸

第六节　南门实验民众教育馆与实验民众学校

是馆成立于十九年八月，二十二年二月、改变实验方针，分设市民教育，劳工教育，蓬户教育三部。蓬户部办理江北客籍苦民聚居处之教育事业，现有蓬户自治实验区一处，与蓬户自治推广区一处，成绩尚有可观。如成立蓬户保甲会，蓬户调解委员会，蓬户救火会等。市民教育与劳工教育事业与上述之各实验区大致相同，不多赘。其实验主旨有六：

一、培养民众组织能力

二、改善民众经济组织

三、充实民众知识学问

四、增进民众身体健康

五、改良民众家事管理

六、指导民众生活意义

实验民众学校之开办，其主旨在于实验民校之教材与教法，实验以民校为社教施教中心。于二十三年七月成立，面积包括全城区。据调查本区文盲，占人数百分之五十五，无锡教育尚称发达，而城区尤为知识份子，学校集居地，文盲如是之多，可见中国文盲问题之严重。该校成立未久，成绩无可述者。现有民教学生八级，连同补习班妇女工艺班共计二百九十六人。另有一托儿所，共二十人。俱乐部参加民众二百零五人。

第七节　一种值得注意之收获

以民众学校为乡村运动之工作中心，以民众学校来做乡村建设运动的大业，很多人如是想，以研究民众教育为主旨之教育学院亦如是想。故教育学院着手之初，亦以开办民众学校为不二法门。殆试验结果，始觉民众学校实不能具如许力量，担如许责任，盖留生成一大问题，而成年学生之减少与不成年学生较为增多，亦是极大问题。由前一因，民众学校无从施力量；由后一因，民众学校失其真正对象，推动乡村之理想，完全成一泡影！所以"由实验结果，我们可以甘冒不韪的说，以学校式的教育，来组织农民，建设乡村，是一件靠不住的事。原因就是留生问题的严重，尤其是留成年农民,更是一件难中的难事。还有一件比这个更难的,是你想使学校式教育团体中,时常有乡村中的自治领袖,及年老德硕的舆论者,来参加活动,更是戞戞乎其难。你想乡村运动中没有他们来参加,将如何的'运'?运了又怎样'动'?"(一个新的乡村系统之实验)

民众学校既不能推动乡村,则将如何?于是由仔细察乡村情形中,发现成年农民,地方领袖,常花很多时间在茶馆中,谈一些与生活无关的话。于是他们便利用乡村茶园,想以茶园为启迪乡村问题,讨论乡村问题之所在。因为荒园中包括之下面三类人物:

"一、一般农民:他们是力之所在,也是用力的所在。就大势来说,他们是茶园的主体,也就是茶园里的学生。

"二、年老德硕的老农,及地方领袖,他们是力的发动机,也就是储力的电池。就大势来说,他们是茶园里的干部,也就是茶园里的先生。

"三、我们工作人员:我们是搬动力钮的人,也就是导力永续的人。在大势上看来,我们是茶园里的客体,也就是茶园里的顾问教师。

农民聚集在一处,就容易谈起乡村里的问题,于是乡村运动者也就可以因时制宜,引发问题,贡献方法,鼓舞实行。兹录高长岸实验区二十二年十一月至二十三年谈话内容表列于后:

谈话中心要项	次数	次数百分比
Ⅰ. 解释我们工作意义者	二三	一〇、五
Ⅱ. 本区公共事件	一六	二七、八
1. 改进会问题	九	
2. 救熄会问题	九	
3. 建桥问题	一八	
4. 筑路问题	八	
5. 养鱼合作社问题	一二	
6. 植树问题	五	
Ⅲ. 关于礼俗方面者	三二	一四、五
1. 人伦态度	一〇	
2. 习俗嗜好	二二	
Ⅳ. 农业智识技能方面	四九	二三、二
Ⅴ. 国内外时事方面	五五	二五、〇"

由试验结果，他们认为"在乡村自救运动中、茶园教育确为最有效的施教方式。因为茶园里的活动，最适于成年农民的生活习惯，所以能吸牢农民，尤其能吸牢向日在乡村中问事的农民。因为茶园里谈话及讨论方式的自然，所以农民也能充分各抒己见，不受若何的拘束和限制。谈话的材料，可以涉及乡村本身问题，也可以论到国内国外的趋势，可以涉及农民生产方法和技能等切身问题，也可以谈些天文地理风俗习惯的常识和人生态度，他是一座议事厅和学术讲座，也是一间俱乐部和娱乐室。乡村运动若想真的负起复兴农村的职责，固然不必一定开设一座茶园，可是茶园活动的方式和意味，是必须采取的"。

"以茶园为农民集会的场所，在把杯撚须的时候，用你言我语的方式，提到他们的生活问题，讨论他们的生活问题，使他们在理智上有相当的认识，在情绪上有相当感觉，心理上有共同的倾向，行为上才会有共同的准备。这时候就是各人自表的情绪，酝酿成熟的时候，若将此酝酿成熟的事件，提出公决，各人可以绝不踌躇的决断了。"所谓提出公决，就是用地方自治团体，用政治方式来通过施行，如乡村改进会，区乡镇公所等。

"如此，或有人说在茶园里既然商讨得成熟，已得直接施行，又何必在会议席上多此举手呢？须知在茶园里大众心理上虽有了共同倾向，但究属模糊而不鲜明，再在会议席上，经此抉择作用，表现出来，意志更加专一，行为将更加勇毅了。或又有人说，'在会议席上已可决议，则茶园谈话，似可不必'；须知一切事件的议决，未经事前的考虑，不是流为一时的感情冲动，就是流为盲目的随后。况且一般农民智识比较差些，眼光比较短些，若不经一番茶园里教育的开发，纯凭直观的感觉，那就越发没有是处了。所以想做一件事，必须在茶园里做些教育工夫，在改进会里经过政治手续才能做得通泰而有意义。所以说教育是政治的历程，政治是教育的目的。然必使教育推政治，无使政治拖教育啊！"

又地方自治系统人员，每与乡村运动者发生误解，此由于乡村运动者与地方自治系统未能打成一片之故，一切事业之设施每多因此而无从下手。故必有所谓改进会者。则此改进会之会员，必将自治系统主要成员纳入之，所以"最后我们决定，自治系统中，自闾长以上至乡镇长，均为改进会之当然会员。七理事中，二乡镇长为当然理事，且待之有道，是很少有人拒却的。自治系统中,主要成员既纳入改进会中,两者自可溶为一物。会员既占绝对之大多数,而会员大会,又为最高决议机关,所以全区应兴应革之重要事件,均经大多数会员之决定,自可代表一般乡民之意旨。所议之事件,即由理事会建议于地方自治系统之乡镇工作,俾其采纳施行。"

"有人将疑惑改进会既系建议机关,改进会之议案,自治机关不采纳,不是要等于一张废纸了么?须知我们乡村改进会的组织,在成员方面,既然自闾长以上,均为当然会员,乡镇长既为当然理事,一切改进会的决议案,也就是他们的决议案;所谓建议于自治机关执行,也就是他们自己执行呀,他们对于自己的决议案,当然有履行的义务,一切事体,凡出于自己愿意者,始能办得起劲而有效。我们所以以改进会为建议性质者,也就是认清了农村领袖心理的这一点。既然有了这个村治系统,其势将使少数服从多数,多数又须服从少数,互为制约,互为助长,所以成为有机体的活组织,而其妙用也就在这组织中了。"

此种以茶园启迪乡村问题,讨论乡村问题之场所;以乡村改进会为解决乡村问题的机关,而乡村改进会又乃是地方自治系统与乡村改进会打成一片之新乡村系统,甚值得注意,乡村运动者之注意。至实际事实之验证,限于篇幅,不多征引。

附 江苏省立俞塘民众教育馆

缘起　俞塘属上海县,首在此倡办改进区者为钮永建先生。自十九年八月起即由朱茗溪张连科诸先生主持,以民教馆为推进一切事业之中心机关。

施教区域,以上海县第六区全部及第一,第三区之西部,为基本施教区;以上海全县为推广施教区;以松江,青浦,金山,奉贤,南汇,川沙,宝山,嘉定,太仓等九县,为辅导施教区。

主要任务,该馆主要任务在于研究实建民教问题与方法,普及基本施教区之民教,辅导松江等十县内社教机关推行民教活动事业,训练民教人才。并期以民教培养国民力量,树立自治基础,增进农业生产,改善经济组织,促进乡村建设,充实人民生活。以实现富的教育,即民生主义之教育，强的教育，即民族主义之教育；公民教育，即民权主义之教育，为施教宗旨。

施教纲要 对于民生主义之教育，可分生计，生活及生存三种训练。生计方面有生产训练，如农艺，园艺及地方工业等；有经营训练，如合作原理，合作组织等：有储蓄训练，如储蓄经理法，储金同志会等。生活方面，有劳苦，卫生，娱乐等训练。生存方面，有国族精神，民族道德，社会责任等训练。对于民族主义之教育，分自卫，家族及道德三种训练。自卫方面，有集合组织，如保卫团，军事后方补助组织；有个人技能，如国术，军操等；有救国事业，如储金救国，国难救国会。家族方面：有家政之刷新，族制之组织等。道德方面，有各种道德之修养。对于民权主义之教育，可分政权，治权及国权三种。政权方面，有四权使用之方式及其能力之训练；治权方面，有各种自治事业之进行等。

施教原则 以教学做一贯为方法；以民生为建设之首要，根据互助合作之原则，以组织民众；多利用本地人力财力，办理本地事业。以全区为学校，全体人民为学生，乡村建设为课程。联络地方各机关团体，以期纵横活动，进行顺利。走党政教合一之路，由教育以谋三民主义之实行，即由教育以确立党之基础，并以辅助政治及自治之进行，且谋改善政治及自治之方式。

组织 组织方面，可分为办事机关，训练机关，辅导机关三部分。办事机关部分：总馆设于俞塘，负责指导并监督各区及各分馆按照计划进行。内设馆长一人，总理馆务。下设推广部：分研究，出版，图书展览及社会活动四股。掌管设计，研究，实验及宣传等事。训练部，分政治，经济，文化，健康，农艺，园艺，工艺，及妇女，八股，办理集中教育及推广教育事宜。辅导部，办理上海松江等十县区内民教辅导事宜。以生计教育，语文教育，公民教育，及健康教育，为辅导中心目标。于必要时，设辅导委员会。总务部，分文书，会计及事务三股，办理一切事务。分馆有六处，分设于瓶山，西村，沙溪。菏溪及南浦等六实验区；承总馆之指挥，办理各项事务。上列六实验区，以分馆办事处为教育行政之中心，民众学校为训练之中心，民众茶园及诊疗所为宣传之中心，分馆之设备，有农场，工艺指导所，合作社，或合作通讯处，民众学校，民众茶园，体育场，民众造园，隙地造园，民众阅览室，卫生指导所等。以上各项设备，如地方财力不够时，得由总馆酌予补助，或合并办理。训练机关部分，有农艺馆，园艺馆，工艺馆，合作馆，妇女馆，水产馆等九专馆。受总馆之指挥，依馆费，自费，旁听，特约等方法，考选施教区域内之成年民众，施行集中训练，树立民众生活之基础，为民众教育之本位，辅导机关部分：有会议机关，邀请辅导区内民教机关主办人员，及热心民教人士，讨论并研究各项民教实施民教问题。有视察专员，视察辅导区域内之民教状况，研究辅导进行。有讲习会或训练班，召集辅导区域内有志民教者，实地练习民教能力。有设计机关，聘请民教专家，及热心民教事业者，以实验及研究方法，办理关于民教各项设计。

第四编　中华职业教育社之农村事业

第一章　中华职教社农村事业之起源

中华职业教育社成立甚早，发起人为黄炎培，江恒源，赵叔愚，姚惠泉，陆叔昂诸先生，最初仅注意于工商职业教育之改进试验，至民国八九年间，见于我国农业教育之失败，乃有农业教育研究会之设立，对当时之农业教育曾有具体之意见发表，（见教育与职业第二十五期）民国十四年八月，中华教育改进社在太原开四届年会，黄炎培先生演讲"职业教育"一题，并提出山西职业教育计划案，主张划区实验乡村教育："划定一村或联合数村，其面积以三十方里为度，其人口以三千至五千为度，先调查其地方农产及原有工艺种类，教育及职业概况，为之计划，如何可使男女学童一律就学？如何可使年长失学者得补习之机会？如何养成人人有就业之知能，而并使之得业，如何使有志深造者，得升学之指导？职业余闲，如何使之快乐？其年老或残废者，如何使之得所养？疾病，如何使之得所治？如何使人人有卫生之知识？如何使人人有自卫之能力？凡一区内，有利之天产，则增益而利用之；所需要之物品，则供给之，无旷土，无游民，生产日加，灾害日减，自给自享，相助相成。更如何养成其与他区合作之精神，以完成对省，对国，对群之责任？凡此种种，先设一中心教育机关，就其固有之自治组织，用其当地之人才，量其财力，定设施之次第。其费用以当地担负为原则，划定办理期限与成绩标准，依次考核。试验有效，推广于各地"（教育与职业六十九期）此项主张提出后，颇获得阎百川先生之同情。黄先生遂应阎先生之约，于九月与东大教授冯梯霞赵叔愚两先生复至晋地实地调查，决定以樊野场村，忻县待阳村，定襄静昇村及灵石等处为试实区，举办不久，即因兵祸停顿，十五年五月，黄冯赵诸先生又联合中华教育改进社，中华平教总会，东大农科教育科，在南京开会，成立联合改进农村生活董事会，共同试办划区农村改进工作，除推定黄炎培为会长，行为陶知副会长，徐养秋为书记，邹兼文，为会计外，并推赵叔愚，顾倬，冯梯霞，杨鄮联，唐启宇诸先生组织，调查设计委员会，以赵先生主任，并订立试验，改进农村生活合作条件七条，共最重者有四：

"一、署名于本条件之各团体，为抱同一之目的，愿以合作方法，试验改进农村生活，因商定本条件。

二、合作方法，由每一团体各推代表二人，组织董事会，主持计划改进农村事宜，由董事会组织执行部执行之。其细则由董事会定之，

三、合作机关费，由各团体平均担任，每机关每年以银二百圆为限。如有不足，由负有全国名义之中华教育改进社，中华平民教育促进会总会，中华职业教育社分任之，其每机关加任之数，以一千元为限，事业费，由各团体视其所任事业性质范围，分别担任或筹措。

四、关于试验经过状况，应由执行部按年编制报告书，由董事会核定后，报告于各团体。"

同年六月，调查设计委员会觅定交通便利之沪宁路东西两段附近为理想试验区，一为东段昆山之徐公桥，一为西段镇江之黄墟。此两地距上海南京不远，民风醇厚，亟合试验事业之举办，尤以昆山为最，盖除自然环境外，地方领袖与县知事，均热心于农村改良事业，于是七月在南京开联合改进农村生活董事会时，即推赵叔愚先生为执行部主任，决定先以徐公桥为第一试验区，从此南方农村改进事业遂正式开始，（教育与职业七十八期）。

第二章　中华职教社改进农村事业之宗旨及其实施办法

中华职教社，认为农业教育，决不能离农村而独立，以今日中国农村之破产，欲致农业教育于有成，事实上有不可能者，非以全力改进一新的环境，则教育无从实施；非农村经济有改进农村生产有增加，则教育不易进步。同时非农村组织健全，有自治能力，则农村事业亦不能保持永久，故该社愿致力于农村事业，使中国百分之八十五以上农民，由"无业者有业"，"有业者乐业"。以教育为一切农村改进事业之中心，从经济方面作起，而以农村自治为终结，实施之际，于教育事业之推进，则以政治经济为辅；于政治事业之改革，则以教育经济为辅；于经济事业之发展，则以教育政治为辅。教育，经济，组织三管齐下，以达到农村之发荣滋长。至其实施步骤，则订有整个计划如次：

（一）办理农村改进事业，为集中精神及财力计，得由主办机关择定一区或数区实行之。

（2）办理农村改进事业，应邀集专家及有关系者，组织各种委员会，分别办理调查设计等事。

（3）办理农村改进事业，应以经济，文化，政治，三者连锁合一，改进农民整个生活达到真正自治为目标。例如：

甲、提倡合作事业以发展农村经济为基础，同时注意文化及政治之改进。

乙、推广民众教育以促进农村文化为方法，同时注意政治及经济之改进。

丙、实行农村自治以改良农村政治为原则，同时注意经济及文化之改进。

（四）对于农村改进事业之成功标准，以土无旷荒，民无游荡，人无不学，事无不举，全村呈康乐和亲安平之象为合格。

（五）办理农村改进事业，应取之程序如下：

甲、联合地方中心人物

乙、调查该地概况

丙、划定改进区域

丁、筹定可靠经费

戊、组织改进机关

己、订定分年进行计划

庚、详密调查农家状况——以后每二年举行一次，第一次不妨简略。

辛、测量土地绘制地图——如力有不胜，不妨从简或分年进行。

壬、订定信条及公约。

（6）办理农村改进事业，除前项规定外，列举如下，视人才经济及当地情形次第举办之。

甲、促进文化

1. 推行义务教育，设立小学，凡学龄儿童，不论男女，设法使之入学。

2. 推行成人教育，设立民众学校，以救济年长失学；设立补习学校，授予生活上必要之知能。

3. 推行通俗教育，设图书报室，讲演所，露天讲演，改良茶园，陈列所，展览会，及询问处等。

4. 推行健康教育，设体育场，提倡国术，旅行，田径赛，并讲习健康常识，检查体格，举行儿童健康比赛等。

5. 推行卫生教育，设小规模医院或诊疗所，对于道路及沟渠之清洁，饮食之检查，厕所之改良，蚊蝇之驱除，牛痘之布种，公墓之设立，医生产婆之检定与训练，及各种疾病预防之指导讲演等，均须注意。

6. 凡受相当教育而欲升学或就业者，分别施行指导。

7. 保存善良礼俗，而劝导改正其不良，于迷信之破除，节俭之提倡，义举之奖励，烟赌之劝戒，国历之提倡，旧文书及仪式之改良，新年喜庆联语之代拟等，均须逐渐实行。

8. 岁时娱乐方法根据不多费力，不多费钱，不多费时，不涉迷信，有益身心之四原则，如旧习惯之说书，演戏，宴会，庆祝等，则改善其内容；如新方法之同乐会，恳亲会，消寒会，纳凉会，新剧团，公园等，则可提倡其实行。

9. 农民之宗教观念，各依其自由信仰，但随时以教育方法，养成其高尚正确之人生观，及相当之责任心。

10. 提倡慈善事业，如周恤病疾残废，救济贫困无告，设立养老院，慈幼院，游民习艺所等。

乙、发展经济

1. 设立农场或特约农田，繁殖优良品种，以有效之方法，推行于农家。

2. 散给优良之种苗，推行优良之新农具，指导防除病虫害之方法。

3. 荒地荒山，尤须充分利用，植树开垦，均宜设法实行。

4. 经营公有企业，保管公有款产。

5. 改进原有之副业，如猪，羊，鱼，鸡之畜养，果木，蒲，藕之种植等；推行新式有利之副业，如花边，草帽，养蜂，织袜等。

6. 举行悬赏劝农会，及农艺展览会，农产家禽比赛会，农事讲习会等。

7. 设立公共仓库，以备农产品之堆贮。

8. 指导组织各种合作社。

9. 厉行购用国货。

10. 提倡实行家庭预算及决算。

11. 提倡修治道路桥梁，装设农民村庄电话，提倡购用脚踏车及介绍各种新式交通器具，以求交通之便利。

12. 研究改良水利疏浚河道沟渠，使减免水旱灾害，兼利船舶交通。

13. 设立职业介绍机关。

丙、推进自治

1. 联合筹备地方自治人员，完成各级自治组织。

2. 组织保卫团，实行严格军事训练。

3. 提倡消防团，以防火灾之发生。

4. 提倡青年服务团，以养成其努力为公之精神。

（7）办理农村改进事业，应注意次列两大原则：

甲、在事务上，期使改进期间终了后，能以当地人才继续举办为度，故一切设施，以本区人为主体。

乙、在经济上，期使改进期间终了后，能以当地财力继续为度，故一切设施，以本区财力能负担为标准。

（8）办理农村改进事业，对于农民注意之点如此：

甲、时时至农家访问，时时与农民谈话，态度温和，言语诚恳，为农民之朋友，勿使农民误认为官长。

乙、务使农民欢欣安适，勿使农民惊疑烦扰，信用既立，进行自利。

丙、凡事以身作则，自己不赌钱，方可劝人戒赌；自己不吸烟，方可劝人戒烟；劝农民整洁，先自本身及办事机关处所始；劝农民节俭，先自本身及家庭始。

丁、处处表同情于农民，代为解决种种困难，——代写、代阅信函，代写婚书，代写契约，代完钱粮，代解纷争，襄助丧庆，医治疾病等，处处尊重其原有习惯，即有必需改革者，亦当用潜移默化工夫，不可操之过急。

（九）农村改进事业之经费，得由主办机关视其事业之范围规定之，但须注意下列各点：

甲、办理农村改进事业，如已筹有的款，其办事费不得超过事业费十分之五，但办事员只支少数薪俸，而无事业经费者，不在此例。

乙、办理农村改进事业，应联合机关职员学校教员，分尽义务，以期节省经费。

丙、办理农村改进事业，应以地方自任经费为原则，如经费不充时，应逐年设法筹积公款公产，以确立经费之基础。

丁、办理农村改进事业，除农民自愿捐助经费外，不得增加农民之负担。

（十）农村改进事业之推行，应取下列之方式：

甲、以地方原有教育或自治机关为中心，实行农村事业之改进。

乙、由各县行政机关，教育机关，及农业机关，在经费人才可能范围内，分别举办或联合举办，否则，先从筹备经济，培育人才入手。

（11）施行农村改进事业，应预定期间，以完成农村自治为度，但遇不得已时，得酌量延长之。（中华职教社农村事业）

附农村改进工作纲要图

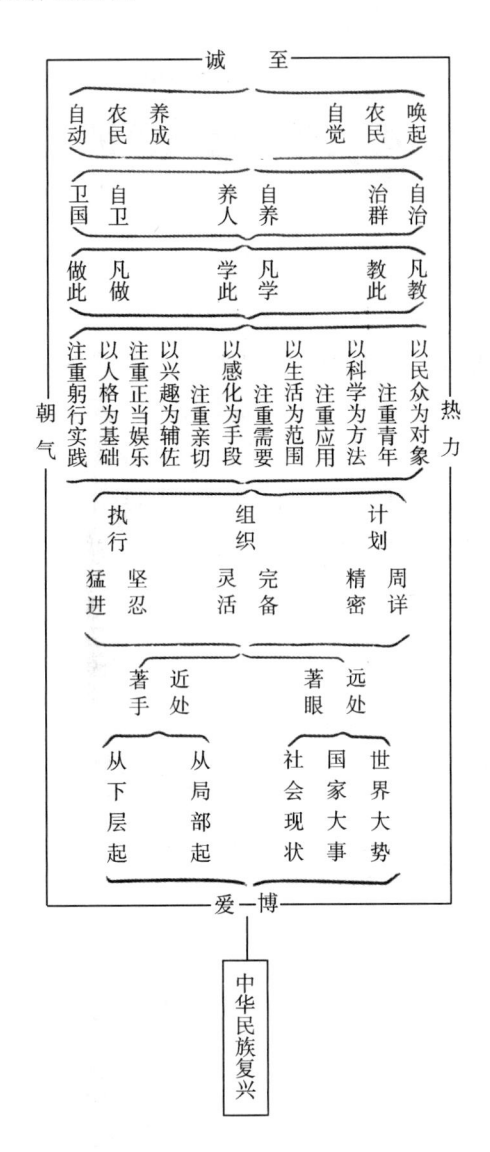

```
                    ┌─── 至 ── 诚 ───┐
                    │                │
          ┌ 唤  农  自 ┐    ┌ 养  农  自 ┐
          │ 起  民  觉 │    │ 成  民  动 │

          ┌ 自  治 ┐ ┌ 自  养 ┐ ┌ 自  卫 ┐
          │ 治  群 │ │ 养  人 │ │ 卫  国 │

          ┌ 凡  教 ┐ ┌ 凡  学 ┐ ┌ 做  此 ┐
          │ 教  此 │ │ 学  此 │ │ 此  做 │

  热      以  以  以  以  以  以  注      朝
  力      民  科  生  兴  感  人  重      气
          众  学  活  趣  化  格  躬
          为  为  为  为  为  为  行
          对  方  范  辅  手  基  实
          象  法  围  佐  段  础  践
          注  注  注  注  注  注
          重  重  重  重  重  正
          青  应  需  亲  娱  当
          年  用  要  切  乐

              ┌ 计 ┐ ┌ 组 ┐ ┌ 执 ┐
              │ 划 │ │ 织 │ │ 行 │

            ┌ 周 精 ┐ ┌ 完 灵 ┐ ┌ 坚 猛 ┐
            │ 详 密 │ │ 备 活 │ │ 忍 进 │

                ┌ 著  远 ┐   ┌ 著  近 ┐
                │ 眼  处 │   │ 手  处 │

            ┌ 世  国  社 ┐ ┌ 从  从 ┐
            │ 界  家  会 │ │ 局  下 │
            │ 大  大  现 │ │ 部  层 │
            │ 势  事  状 │ │ 起  起 │

                    └─── 博 ── 爱 ───┘
                            │
                    ┌───────────────┐
                    │  中华民族复兴  │
                    └───────────────┘
```

第三章 所及范围

中华职教社自民国十七年四月单独办理徐公桥乡村改进区起（以前系与中华教育改进社等团体合办），成绩斐然，颇惹起各方注意，起而仿效办理或请该社主持者，或直接委托该社办理者甚多；亦有要求与该社合办，终以路远，交通不便，而被婉言拒绝者亦复不少。兹将该社截至二十三年底止办理农村事业所及之范围列表如下：

名称	地址	户口	面积	负责人	开办年月	备注
徐公桥乡村改进区	江苏昆山安亭徐公桥	七三五户三五九七人	四〇方里	蔡望之 陈明之 金轮海	十七年四月	六年实验计划完成于二十三年七月交归地方自办并扩大区域为昆山地方自治实验区
黄墟农村改进区	江苏镇江新丰黄墟	一三二九户五七七四人	五三方里	冷御秋 李西涛	十八年十一月	
中华新农具推行所	上海华龙路八十号			姚惠泉 祝唯一	十八年十月	
三益改良蚕种制造场	江苏镇江桥头镇		三四八亩	冷御秋	十九年三月	

续表

名称	地址	户口	面积	负责人	开办年月	备注
善人桥农村改进区	江苏苏州木渎善人桥	一四五七九人	四四〇方里	张仲仁 王洁人 朱孟乐	二十年七月	
顾高庄农村改进区	江苏泰县姜堰	七三〇户三五〇八人	三五方里	顾君义 愈应江	二十年七月	
善庆农村小学	浙江绍兴柯桥州山	六百余户三千余人		吴性栽 高东方	二十年七月	二十三年八月交归地方接办
诸家桥乡村试验小学	浙江余姚五夫			夏杏芳 阮蓝田	二十三年八月	
丁卯农村小学	江苏镇江太平乡			许秋帆 周浩如	二十二年三月	
农村服务专修科	上海漕河泾			黄齐生 王印佛	二十二年十月	与鸿英师资训练所合称漕河泾农学团
鸿英乡村小学师资训练所	上海漕河泾			杨卫玉 李楚材	二十二年十月	与农村服务专修科合称漕河泾农学团
沪郊农村改进区	上海沪闵路	约三万人	约三百方里	陆叔昂 李楚材 沈寄农 王印佛	二十三年六月	跨上海市松江县上海县三行政区约三百方里分设赵家塘金家塘吴家巷三办事处
观澜义务教育试验学校	昆山地方自治实验区周巷村	一一七户六〇一人	三方里	邬士毅	二十年三月	

续表

名称	地址	户口	面积	负责人	开办年月	备注
陆景乡村小学	昆山地方自治实验区唐家角	一四〇户六二九人	四方里	茅志岳	十八年二月	
荻山自治实验部	江苏上海县第四区	三二四户一四二七人	一一方里	乔憩林 姚惠泉	二十三年二月	

第四章　对农村事业之三点意见

中华职教社各先生，实地从事改进农村事业，细心苦干十余年，在事业方面所表现之成绩，则待下述，兹先录其对于农村改进之具体表现于下：

第一、以后，宜多办单式组织的乡村改进区，复式组织的，最好少办。

单式组织，是以一个乡村小学校，或一个农民合作社做中心，对于附近农村，划成一区，施行改进工作。如徐公桥，是一个复式组织改进区，他设有总机关，总机关下有小学校，民众学校，诊医所，合作社，仓库，农场等，是以一个大机关，包括了许多文化教育经济保卫的许多小机关，论到魄气大，效力宏，当然是复式组织好；然而用钱较多，不能持久，则短处也是可无讳言。单式组织不多用人，不多用钱，能持久，简便而易推行，这些长处，均极可取。目前建设农村，已为万不容缓之事，欲求建设有效，其势不能不求普及，欲求普及，惟有设法推广单式组织的改进区，使之普遍于各省各县耳。至如何养成许多农村服务人才，以供各改进区之用，那是乡村师范教育，应该如何扩充如何改进的问题，此处可以存而不论。

若复式组织改进区当然也不能不有，但是一定要具有下列各条件。

（一）由教育机关所附设，专用以训练人才并试验方法的。

（二）由社会团体或私人筹定相当的款，地方又有机关愿与合作，有领袖愿尽助力的。

（三）由省县政府拨定专款，派员特设的。如无以上之一种情形，还是以提倡多设单式组织的改进区为好。

第二·办理乡村改进区，入手之初，要握住三个重心，三个重心，是什么？（一）普及教育，（二）推广合作社，（三）注意公共卫生，应认此三件为一切事业动发的枢纽。

就教育言，应分儿童保育，青年训练，成人组织，妇女集会数种。要同时并进。实施方式，有是学校的，有是社会的，有是家庭的，因人而异，不必一致，亦不能一致。教育目标，以经济生产为唯一中心，以组织团体完成公民道德，发扬民族精神，训练保卫能力与技术，为重要目的。合作社，应与教育联合并进，并互相辅助，关于农村经济问题，如避免高利贷，购入廉价种子肥料农具，联合卖出农产品，不致再有人欺凌剥削，结合经营集团农场，采用科学的新方法等等，皆可凭藉合作社之力以解决之。并且团体生活训练，互助精神的养成，服务德性的增进，皆可于进行合作社时逐渐得之。

注意公共卫生的理由，可以不必多说。应注意的：施行之际，要有简单的药库，要有略通卫生医药常识能种牛痘，能打预防针，能治疟疾痢病的普通人员在乡村服务。此事关系乡村人民幸福极巨，而博得农民的信仰亦最深，入手改进之初，应先注意及此。

以一个乡村小学能有两位或二三位先生，一面教小孩，一面教青年和成人妇女，有时在校内工作，有时到农家去工作，划定学校附近一二百家做教育对象，信用既立，关于筑路，修桥息讼，置公墓，风俗改良等事，自然皆易进行，毫无阻力，其余表面之装饰无意义的运动，只凑热闹的娱乐集会，希望愈少愈好。

第三，办乡村改进的人员应预先约好几个学术机关作后盾。"

农村服务人员，除一部分担任设计指导的，要经过专门的训练和高深的研究外，其余只要备具一些经济农事医药常识，明白教育及地方自治的道理，能担任乡村小学教员而又精明强干，刻苦耐劳，热心服务，也就够了。最要紧的是使他能到各处去贩货去取方法。比如改良农事罢，一定有一个农学院或农事试验场在他背后，遇有问题发生便转身去讨教，贩得好货，取得好法，马上回来就交给农民。推而至于卫生医院，一定要有一个医院跟住；合作社一定要有一个金融机关跟住；其理亦同。就是关于教育的实施，也要有一个研究机关，立在他的背后。如此，则办理改进的先生，便完全站在学术机关和农民两方中间，做一个介绍者。这样一来，高高学府的文化恩惠，可以下及于胼手胝足的农人而无知无识的农人，也可沐受文明的日光，渐渐提高地位了。我以为这一层，凡是办理乡村改进事业的人们应该首先认定，并且要首先准备。（试验六年期满之徐公桥序——江恒源）

第五章 事业概况

第一节 徐公桥农村改进试验区

第一目 沿革

徐公桥农村改进事业，开始于民国十五年十月，当时由中华职教社，中华教育改进社中华平民教育促进会东南大学农科及教育科数机关组织徐公桥联合改进农村生活董事会从事筹备工作。后因中华教育改进社等，四机关退出，工作遂于十六年春停办。十七年春，中华职教社，得中国文化基金委员会之经济补助，遂又单独负责筹办。于是年四月起，联合地方领袖，组织"徐公桥乡村改进会"，正式负责进行。该会以当地人士为主，办理人居于辅助地位，预定试验六年；自民国十七年四月至民国二十三年六月，试验期满，现已交还地方接办，由昆山县政府，每年补助一千三百元。

第二目 社会环境

徐公桥在江苏昆山县安亭乡，距京沪线安亭车站约六里，距安亭本镇约三里，徐公桥原一桥名，因桥名地，环桥而居者甚多，乃成一镇，名曰徐公桥镇。境内地面平坦，土地肥沃，河流交错，交通便利，由安亭车站至徐公桥，步行约须一小时，有人力车可以代步。全区计有熟地一万一千余亩，其中水田约占全面积百分之八十五，余为旱地，水田主要作物为稻，旱田主要作物为棉，豆，瓜等，佃农占百分之七十。实验区域现为四十方里。全区之户数及人口，据二十三年六月间之调查，有七百三十五户，男一千八百零二人，女一千七百九十五人，共计：人口三千五百九十七人。

第三目　组织系统

徐公桥乡村改进会为该区之最高行政机关，改进会有委员会，由中华职教社工作人员与地方领袖组成。委员会内有办事处，设主任一人，下分总务，建设，农事，教育，保安五股，股设主任，并有股员。全区分为七小区，另有分会，兹将其组织系统表列如下：

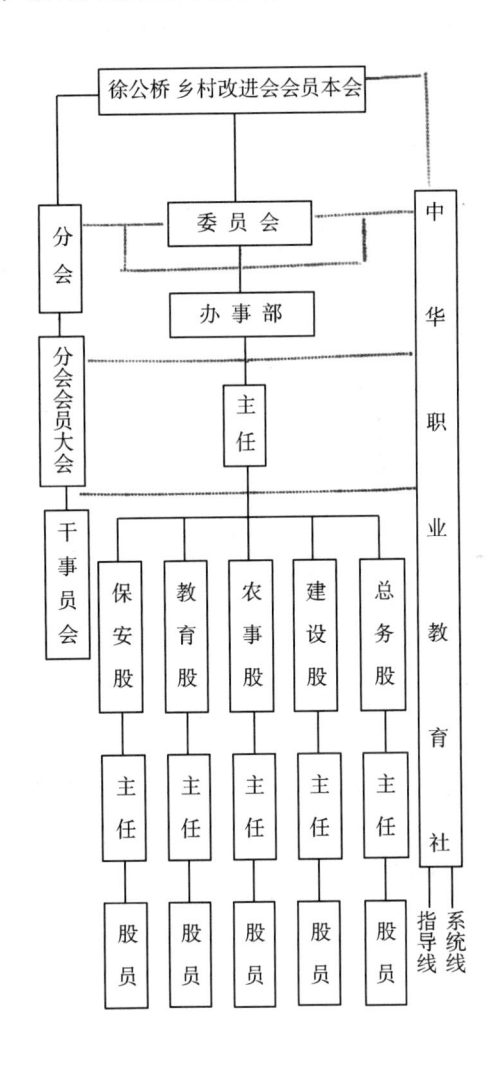

```
            徐公桥乡村改进会会员本会
           ┌──────────┼──────────┐
           │       委员会       │
          分会       │        中
           │       办事部       华
           │         │         职
        分会会员     主任        业
          大会       │         教
           │         │         育
        干事员会  ┌──┬──┬──┬──┐ 社
                保 教 农 建 总
                安 育 事 设 务
                股 股 股 股 股
                 │  │  │  │  │
                主 主 主 主 主     指 系
                任 任 任 任 任     导 统
                 │  │  │  │  │    线 线
                股 股 股 股 股
                员 员 员 员 员
```

第四目　经费

全区经费，在试验期间（十七年四月至二十三年六月）除中华职教社之补助外，余由私人及当地各机关筹用。如二十二年度经常费总计达二万五千五百元有奇。除内有合作社流动金一万四千九百元，系向银行息借，仍须归还；及一千五百元，由中华职教社拨助外；其余九千一百元，均由该县教育局，公安局，及私人等担负，至二十三年六月以后，则全由地方自给。兹为读者明了其收支详情起见，特录其二十二年度收支概算书如下：

科目		金额	说明
第一款	全年收入总数	二五、五〇〇·五八〇	
第一项	中华职业教育社补助金	一、五〇〇·〇〇〇	
第二项	全区教育公款	五、五五四·〇八〇	
第一目	中心小学经费	一、四六四·〇〇〇	昆山教育局常年拨发如上数
第二目	珠翠小学经费	七一四·二四〇	同左
第三目	杨家角小学经费	四三五·八四〇	同左
第四目	流动教室经费	三六〇·〇〇〇	同左
第五目	社会教育活动费	一八〇·〇〇〇	同左
第六目	农教馆经费	二、四〇〇·〇〇〇	同左
第三项	私人捐助教育经费	一、三八〇·〇〇〇	
第一目	观澜小学经费	六〇〇·〇〇〇	钱新之先生常年补助如左数。
第二目	陆景小学经费	三二四·〇〇〇	高翰卿先生等常年补助如左数。
第三目	观澜义务教育基本息金	四五六·〇〇〇	
第四项	公安分驻所经费	一、五七二·〇〇〇	天福庵派出所不在本区范围内，其经济不列入合如左数。
第五项	保卫团费	一〇八·〇〇〇	昆山县政府常年核发如左数。

续表

科目		金额	说明
第六项	清道路灯费	八四·〇〇〇	第三区公所常年补助如左数。
第七项	本会基金息金	二八二·五〇〇	内杨款息一三五元，蒋款息六七·五元，徐款停利拨本八〇元合如左数。
第八项	本会田产租金	一二〇·〇〇〇	冯仁祥七七·一六元毛仁章四〇·六元，本会二·四元，合如左数。
第九项	借款	一四、九〇〇·〇〇〇	
第一目	借新华银行款	一〇、〇〇〇·〇〇〇	办理公共仓库用。
第二目	借昆山农行款	四、九〇〇·〇〇〇	办理信用合作社用。
第二款	全年支出总数	二五、五〇〇·〇〇〇	
第一项	本会全年开支	一、五〇〇·〇〇〇	
第二项	公立小学经费	二、九七四·〇八〇	
第一目	中心小学经费	一、四六四·〇〇〇	昆山教育局常年拨发如左数。
第二目	珠翠小学经费	七一四·二四〇	同左
第三目	杨家角小学经费	四三五·八四〇	同左
第四目	流动教室经费	三六〇·〇〇〇	同左
第三项	私立小学校经费	一、三八〇·〇〇〇	
第一目	观澜小学经费	九〇〇·〇〇〇	钱新之先生常年捐助经常费六〇〇元义务教育基金项下息金拨充费三〇〇元，合如左数。
第二目	陆景小学经费	四八〇·〇〇〇	高翰卿先生等常年捐助三二四元观澜基金息金项下年拨一五六元合如左数

续表

科目	金额	说明
第四项　社会教育费	一八〇·〇〇〇	昆山教育局常年补助如左数。
第五项　农教馆经费	二、四〇〇·〇〇〇	昆山教育局常年按发如左数。
第六项　公安分驻所经费	一、五七二·〇〇〇	昆山公安局常年拨发如左数。
第七项　保卫团经费	一〇八·〇〇〇	昆山县政府常年拨发如左数。
第八项　清道路经费	八四·〇〇〇	第三区公所常年拨发如左数。
第九项　旧农场经费	四〇二·五〇〇	每年缴购置农场田产会金如左数。
第十项　公共仓库典米款	一〇、〇〇〇·〇〇〇	向上海新华银行借贷。
第十一项　信用合作社贷出款	四、九〇〇·〇〇〇	向昆山农民银行借贷。

第五目　改进原则

徐公桥乡村改进试验区之改进方针，六年之间，均本富教合一精神，佐以农村自治，以谋达到真正之自治为目标，历年办法，悉根据该社农村事业实施办法，（见前）以次进行至其工作之原则有六：

（1）先唤起农民自觉，使居于主动地位，指导机关仅从傍辅导。
（2）农民需要之事业先助之举办，不急需者暂缓。
（3）事业注意切实普遍平衡，使农民力量随信仰而增加。
（4）用积极诱导法避免消极干涉。
（5）力求当地各种组织之联合与健全，以为推进一切事业之原动力。
（6）改进费极力使当地乐于自任，力避慈善式之施予。

第六目　事业考核

徐公桥乡村改进试验区为实施考核以增加工作效率计，对于六年试验事业订有分年进行表，实行之时，虽与原表不无少许出入处，但大体已属实现。特将原表抄录于后，凡事业已办者有〇号，未办者有△号，尚未办完者有×号。

中华职业教育社徐公桥乡村改进试验区事业分年进行表

事业部分 \ 年度	试验期民国十五年十月至十六年春止	第一年度十七年四月续办十八年六月止	第二年度十八年七月至十九年六月止	第三年度十九年七月至二十年六月止	第四年度二十年七月至二十一年六月止	第五年度二十一年七月至二十二年六月止	第六年度二十二年七月至二十三年六月止
村政部	中华职业教育社，中华教育改进社，中华平民教育促进会总会，东南大学教育科及农科，组织联合改进农村生活董事会，议决试验改进计划，就徐公桥保卫团设事务所。	徐公桥乡村改进会成立。举行农村调查。编村民籍。立田亩册。绘村地图。立指路牌。编农历。举行村长谈话会。其他关于农村治理之事。	继续举行乡村调查。定期举行村长谈话会及村民谈话会。改选乡村改进会职员。其他关于农村治理之事。	继续举行乡村调查。重编村民籍及田亩册。定期举行村长谈话会。定期并分区举行村民谈话会。改选乡村改进会职员。筹募本村公共基金。其他关于农村治理之事。	继续举行乡村调查。定期举行村长谈话会。定期并分区举行村民谈话会。改选乡村改进会职员。举行假设的各村村长及本区区长普及选举×。其他关于农村治理之事。	继续举行乡村调查。重编村民籍及田亩册。定期举行村长谈话会。定期并分区举行村民谈话会。改选乡村改进会职员。继续举行假设各村村长及本区区长普及选举×。继续筹募本村公共基金（以至少筹满三万元为度）×。其他关于农村治理之事。	继续举行乡村调查。定期举行村长谈话会。定期并分区举行村民谈话会。按照村制举行正式的本区各项行政人员普及选举×。其他关于农村治理之事。

续表

事业部分＼年度	试验期民国十五年十月至十六年春止	第一年度十七年四月续办十八年六月止	第二年度十八年七月至十九年六月止	第三年度十九年七月至二十年六月止	第四年度二十年七月至二十一年六月止	第五年度二十一年七月至二十二年六月止	第六年度二十二年七月至二十三年六月止
农艺部	散给改良种子。协助除蝗。	试验场成立。继续散给改良种子。研究调查改良农具。设立农具陈列室。注意防止病虫害。举行划区指导农事。举办借贷合作。正式组织合作社。其他增进农村生产之事。	筹备测候所。继续散给改良种子。试用改良农具。设立农具陈列室。植风景林。继续举行划区指导。试行消费合作与合作社正式成立。举行悬赏劝农。举办农艺展览会。其他增进农村生产之事。	测候所成立。继续散给改良种子。推行改良农具。设立农具陈列室。推广划区指导。继续举行消费合作。筹设储蓄部×举行悬赏劝农。举行农艺展览会。筹办公共仓库。研究副业。其他增进农村生产之事。	继续散给改良种子。继续进行改良农具，设立农具陈列室。推广划区指导。继续举行消费合作。推行储蓄×举行悬赏劝农。举行农艺展览会。公共仓库成立。研究副业。其他增进农村生产之事。	继续散给改良种子。继续进行改良农具，设立农具陈列室。推广划区指导。继续举行消费合作。推行储蓄×举行悬赏劝农。举行农艺展览会。继续公共仓库。研究副业。其他增进农村生产之事。	继续散给改良种子。继续进行改良农具，设立农具陈列室。推广划区指导。继续举行消费合作。推行储蓄×举行悬赏劝农。举行农艺展览会。继续公共仓库。研究副业。其他增进农村生产之事。

续表

事业部分 \ 年度	试验期民国十五年十月至十六年春止	第一年度十七年四月续办十八年六月止	第二年度十八年七月至十九年六月止	第三年度十九年七月至二十年六月止	第四年度二十年七月至二十一年六月止	第五年度二十一年七月至二十二年六月止	第六年度二十二年七月至二十三年六月止
教育部	原有安亭乡乡立第二小学校与之合作进行。设公共阅书室。立格言牌。立识字牌。举行露天识字。	乡立第三小学校改为中心小学仍与之合作进行。分设民众夜校。编制信条，教授民众。	小学添设学级及学额。推广夜校。指导升学及就业。提倡体育国技。其他增进村民道德知识及体格之事。	小学添设学额。推广夜校。指导升学及就业。提倡体育国技。其他增进村民道德知识及体格之事。	小学添设分校。推广夜校。指导升学及就业。提倡体育国技。分设阅书报所。其他增进村民道德知识及体格之事。	小学添设分校。推广夜校。指导升学及就业。提倡体育国技。分设阅书报所。其他增进村民道德知识及体格之事。	小学添设学级及学额。推广夜校。指导升学及就业。提倡体育国技。分设阅书报所。其他增进村民道德知识及体格之事。
保安部	原有保卫团与之合作进行。举行卫生运动。	举行保卫团谈话会。继续举行卫生运动。施送药品。种牛痘。清洁道路。计划改建卫生厕所。其他增进村民安宁及健康之事。	扩充保卫团义务团员额于农隙教练之。筹办消防会。继续举行卫生运动。施送药品。种牛痘。清洁道路。试办改建卫生厕所。试办公共医诊所。改良产婆×其他增进村民安宁及健康之事。	农隙教练保卫团员。消防会成立。继续举行卫生运动。施送药品。种牛痘。清洁道路。试办改建卫生厕所。公共医诊所成立。改良产婆×其他增进村民安宁及健康之事。	仿退伍法更番教练保卫团员。扩充消防会。继续举行卫生运动。施送药品。种牛痘。清洁道路。推广改建卫生厕所。试办巡回公共医诊所。筹办公墓。其他增进村民安宁及健康之事。	仿退伍法更番教练保卫团员。继续举行卫生运动。施送药品。种牛痘。清洁道路。推广改建卫生厕所。续办巡回公共医诊所。公墓成立。其他增进村民安宁及健康之事。	仿退伍法更番教练保卫团员。继续举行卫生运动。施送药品。种牛痘。清洁道路。推广改建卫生厕所。续办巡回公共医诊所。其他增进村民安宁及健康之事。

续表

事业部分＼年度	试验期民国十五年十月至十六年春止	第一年度十七年四月续办十八年六月止	第二年度十八年七月至十九年六月止	第三年度十九年七月至二十年六月止	第四年度二十年七月至二十一年六月止	第五年度二十一年七月至二十二年六月止	第六年度二十二年七月至二十三年六月止
建设部	筹筑南北市梢石路。	南北市梢石路告成。设立警钟台。农民教育馆落成。公共运动场告成。徐公桥至汤家桥石路告成。筑汤家桥至安亭镇石路。修治桥梁。乡村改进会会所落成。其他公共建设。	继续修治过路桥梁。筹画改进交通。修治桥梁。其他公共建设。	研究改良水利。改进交通器。修治桥梁。其他公共建设。	改良水利。设立警钟台。筹建村政局△。改进交通器。修治桥梁。其他公共建设。	改良水利。设立警钟台。村政局成立△。改进交通器。修治桥梁。其他公共建设。	改良水利。设立警钟台。改进交通器。修治桥梁。其他公共建设。
娱乐部	举行新年同乐会。设公共娱乐所。	举行新年同乐会。举行纳凉会。设中心茶园。其他公共娱乐。	举行新年同乐会。举行消寒会。举行纳凉会。筹设公共娱乐所。举办旅行团。其他公共娱乐。	举行新年同乐会。举行消寒会。举行纳凉会。公共娱乐所成立。举办旅行团。筹设中央公园。其他公共娱乐。	举行新年同乐会。举行消寒会。举行纳凉会。举办旅行团。中央公园成立。其他公共娱乐。	举行新年同乐会。举行消寒会。举行纳凉会。推广公共娱乐所。举办旅行团。筹设淞滨公园△。其他公共娱乐。	举行新年同乐会。举行消寒会。举行纳凉会。举办旅行团。淞滨公园成立△。其他公共娱乐。

第七目　事业概要

该区自十七年七月至二十三年六月止试验期满成绩甚多,惟为篇幅所限,仅能择其重要者述之如后:

1. 举办户口调查——户口调查,每年举行一次。

2. 关于建设方面

（1）改进市政——徐公桥为区内惟一之市集,居民五十二户,最初垃圾满街,污秽不堪,半公开之卖鸦片者,到处皆是,茶馆中终日赌博,檐头横晒衣服,妨碍交通。后经多方讨论,督促,指导,设垃圾箱以置污物,劝导戒烟,取缔卖烟,改良茶馆,增加正当娱乐,设简易晒衣场,便利附近之民众,现凡至其地者均觉有清洁整齐之表现。

（2）修桥筑路——全区桥梁石造者仅占十分之三,大都系用木制,多年失修者居多。全区道路窄狭,交通极感不便,自十八年起,从徐公桥通达各村庄的重要桥梁道路,均已先后修建。

3. 关于农事及经济方面

（1）该区农事,第一注意选种,凡棉稻麦优良种子,尽力介绍与推广;第二注意驱除病虫害;第三注意方法,方法不论新旧,凡有效果者,皆尽力提倡。

（2）推行新农具——已推行有效者,有打稻机,打水机,砻谷机,碾米机,弹花机等。

（3）提倡果园——该区果树极少,遂创设果园,引起一般人民之注意,凡民众之欲植果树者,由果园平价让卖,并于各分会区,利用公有田产,分年成立果园。

（4）测候——预测阴晴风向,指示农民耕作上应注意之事项。

（5）耕牛比赛——每年春季举行。

（6）麦作展览——展览之目的,一方面介绍优良种子,一方面指示农民以确实之证据,使其有所取法。

（7）提倡副业——凡养鱼,养鸡,养蜂,植树,花边,刺绣等农村副业,皆尽力提倡。

（8）合作社——最初举办者为借贷合作社,继起设立者为信用合作社。自信用合作社成立,借贷合作社即行停办。现有社员四百六十七人,社股二百二十五股，社股金一千七百八十元，贷款由五百元增至八千元。

（9）公共仓库——该区于二十年冬举办公共仓库，在徐公桥设总库；珠翠庵，杨家角，固巷，各设分库，储米最多时逾一万元。

4. 关于教育方面——全区教育大别分为义务教育，社会教育与青年训练三种。

（1）义务教育——全区有学龄儿童六百五十人，小学六所，内公立者四，私立者二。就学儿童，共有五百三十五名。教育经费，大都半由县教育局担任，半由私人捐助，在上述小学中，有一曰观澜义务教育试验小学，基金由袁观澜先生捐助，经常费预算年为六百元，担任五个村庄，共八十四户，四百人口的全部义务教育，想用最少的费用来施行，最普遍义务教育的一种试验。教育方面采取活动编制分全日，半日，时间三组。全日制容纳家境较丰预备升学之儿童；半日制容纳须协助家长农作之儿童；时间制容纳日间完全须工作之儿童，故上课时间定在晚间七时半后。

（2）社会教育——全区社会教育之推行，以农民教育馆为其枢纽，农民教育馆内分娱乐，书报，陈列三室，指导农民识字之方法，有民众学校，各小学内分设有识字指导团；于本镇各商店中，附设有问字处。此外增进民众知识及娱乐之方法，有壁报，民众茶馆，改良茶馆，通俗讲演，常识展览，电影，体育场，国术研究会，公园，音乐会，同乐会，改良说书，通俗格言等。

（3）训练青年——有小青年服务团（采取童子军之精神）及青年服务团之组织。

5. 关于卫生及保安方面

（1）公共卫生诊所——主持防疫，诊疗及救急事宜。

（2）消防会——消防队由区内二十岁以上，五十岁以下之人众，义务担任之，每村镇各为一队，置正副队长各一人，干事三人至五人。

（三）保卫团——全区有团员八十余人，农隙之余，夜则出防，日则操演。

其他关于社会救济事业，如施棺济贫等，亦有相当设施。

该区事业概况即如上述，兹再录"徐公桥事业六年来进展成绩比较表"以资比较：

时期 事业项别			十七年四月	二十三年六月	备注
区域			十四方里	四十方里	
户口	户数		四百四十六户	七百三十五户	
	人数	男	一千〇三十四人	一千八百〇二人	
		女	九百五十六人	一千七百九十五人	
		共	一千九百九十人	三千五百九十七人	
总务	会员		四十二人	四百六十二人	
	分会		无	七处	
	委员会		改进委员会	改进委员会，调解委员会，仓库管理委员会，赞助委员会，款产保管委员会，经济稽核委员会	
	机关		改进会 保卫团 小学 计三处	改进会，保卫团，小学，镇公所，公安分驻所，农民教育馆，区公所分办事处，农业推广区，计八所。	
	基金		无	二千六百零五元	
建设	路政		狭小之泥路	可通黄包车之石路六华里，阔六英尺之泥路十一华里。	
	桥梁		除徐公桥外多待修理	修理石桥七座，修建木桥二十四座。	
	市政		街道不平垃圾满目露天坑厕不少晒衣无定所晚间无路灯	街道平坦可行，垃圾有木箱，厕所一律改良，特设晒衣场，路灯通夜光明，电话达于全县，黄包车直达车站。	
	公墓		无	有万年公墓一处。	

续表

事业项别		十七年四月	二十三年六月	备注
农事	农场	无	二十二亩二分。	
	养鱼	散漫无组织合计不及千尾	有合作鱼池十三处，养鱼二万三千尾。	
	家禽	平均每户不及四只	平均每户已达十一只强。	
	苗圃	无	苗圃一亩，自植树苗分给农民，历年不下万株。	
	农具	未改良	灌溉，砻谷，打稻，碾米，弹花，等用新式机器已见成效。	
	种子	未注意	推行金大二十六号小麦已达全区十之六七收谷量自八九斗增为一石四五斗。	
	虫害	正着手驱除	稻种改良亦知注意，螟害及黑穗病之防除常识已普遍，产量均有增加。	
	合作社	无	正式成立者三所，试办者三所，社员四百六十七人，社股金一千七百八十元。	
	公共仓库	无	总库一，分库三，储米逾一万元。	
	改良土布	未注意	展览指导推销稍有成绩之效。	
	小工艺	未注意	土布花边刺绣，正极力推广并为之销售。	
	果园	未注意	有果园八亩注意桃树已见成效。	
	经济调查	无	每年一次以明农民生计之实况。	
	典质	少数	无	

续表

事业项别		时期	十七年四月	二十三年六月	备注
教育	学校教育社会教育	学童	二百二十六名	六百五十名	自七岁至十四岁
		入学儿童	一百六十余名	五百三十五名	
		小学	公立小学一　私立小学一	公立小学四，公立流动教室二，私立小学二。	
		经费	一千一百十六元	四千七百零二元零八分	
		识字成人	五百六十人	一千五百二十四人	
		机关	无	民众讲演厅二处，青年服务团，小青年服务团，婚嫁改良会，省节会，民众体育场，民众公园，民众改良茶园三所，民众问字处，儿童幸福会，常识展览会，同乐会，长寿会。	
保安		烟赌	公然	绝迹	
		游民乞丐	极少	绝迹	
		卫生设施	无	公共医诊所办理预防诊治注射防疫血清者一千八百余人，故现无瘟疫亦无小孩染天花者。	
		保卫团	组织欠严密	按时训练分设三处团员八十四人。	
		警察	无	设有分驻所试行警管区制，有警额十二名暂谋推广。	
		消防	简陋	稍有训练尚待充实。	
		济贫	无	老弱孤苦酌予给养。	
		公渡	无	于徐公浦口设有渡船以便行旅。	
		警钟	无	有警钟、平日报时，有事报警。	

第二节　黄墟农村改进试验区

第一目　缘起

黄墟原为中华职教社拟办之第二试验区，后因政治影响，未果进行。民国十八年春，江苏农矿厅厅长何梦麟考察徐公桥试验区，见各项改进事业，均有良好成绩，遂决定以黄墟为试验区，试验该厅所拟定之各种改进农事政策。并聘请祁翊三，江问渔，冷御秋诸先生组织试验区改进会，于十一月二十四日正式举行开幕典礼。

第二目　区域

黄墟属江苏镇江县，居京沪路新丰车站之东北，距离约十里，地多岗峦，土质贫瘠，人民苦寒，文盲占百分之六十四，划入试验区之范围有五十三方里，村庄共有三十八个，计一千三百二十九户，五千七百七十四人。（二十年统计）区内人民业农者占百分之四十二，半工农者百分之二十六，半商农者百分之三十，余为知识份子，黄墟镇为各村之中心，四方距离各村较远者为三里左右，故办事处设此焉。

第三目　目标

黄墟农村改进事业试验，是以人民生活为中心，由经济文化政治，三方面同时作起，以达到改进目标；亦即本富教政合一主义，改造农民整个之生活。

第四目　组织

黄墟农村改进试验区，以改进委员会为最高机关，内分设计，执行，监察三部，三部之下有一办事处，分管建设，农矿，村政，教育，保安等事，另有各种委员会，兹将该区组织系统表列后：

第五目　经费

黄墟试验区经费，除中华职教社，补助费外，余为地方自筹，与江苏农矿厅供给。兹将该区十八年起至二十一年六月止，三年度经费支配情形

组 织 系 统 表

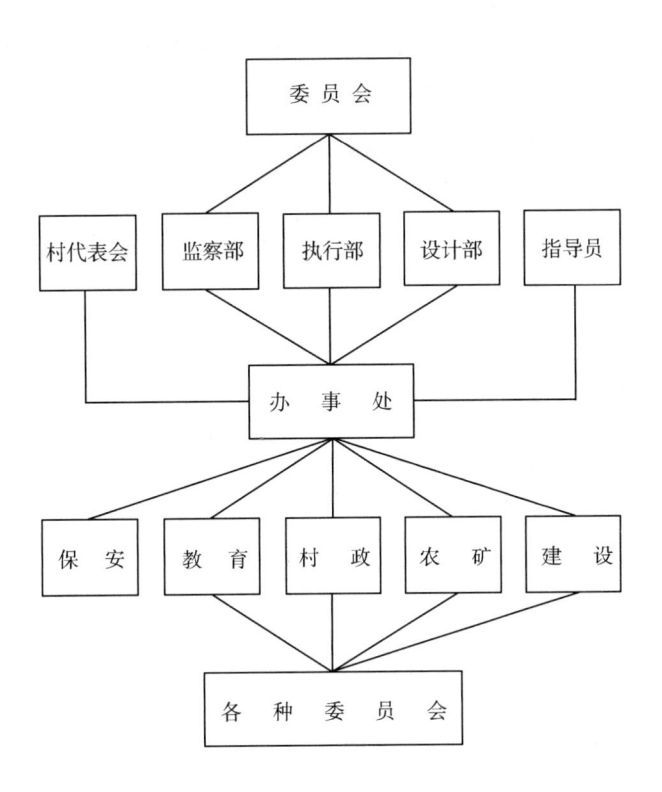

```
                    ┌─────────┐
                    │ 委 员 会 │
                    └─────────┘
      ┌──────┬─────────┼─────────┬──────┐
  ┌──────┐ ┌──────┐ ┌──────┐ ┌──────┐ ┌──────┐
  │村代表会│ │监察部│ │执行部│ │设计部│ │指导员│
  └──────┘ └──────┘ └──────┘ └──────┘ └──────┘
      └──────┴─────────┼─────────┴──────┘
                    ┌─────────┐
                    │ 办 事 处 │
                    └─────────┘
      ┌──────┬─────────┼─────────┬──────┐
  ┌──────┐ ┌──────┐ ┌──────┐ ┌──────┐ ┌──────┐
  │ 保安 │ │ 教育 │ │ 村政 │ │ 农矿 │ │ 建设 │
  └──────┘ └──────┘ └──────┘ └──────┘ └──────┘
      └──────┴─────────┼─────────┴──────┘
                  ┌─────────────┐
                  │ 各 种 委 员 会 │
                  └─────────────┘
```

列表于下：

第一年	二六·一三·六二三	办公	二三四·二八五	九%
		俸给	六四九·〇〇〇	二五%
		事业	一·七三〇·三三八	六六%
第二年	四·二二三·四三〇	办公	五三六·四三九	一三%
		俸给	四八九·〇〇〇	三五%
		事业	二·一九七·九九一	五二%
第三年	四·四七五·四四二	办公	五四〇·四七四	一二%
		俸给	一·六五九·〇〇〇	三七%
		事业	二·二七五·九六八	五一%

第六目　进行计划

黄墟农村改进事业试验区，试验期限，定为六年。为增加事业进行效率计，订有六年进度表，兹抄于后：

事业进行表

事业＼年度	村政类	农矿类	教育类	建设类	保安类
试办期 十八年十一月起 十九年六月止	农村改进试验区委员会成立 举行农家调查 编村民籍 测绘全区地图 信用合作社成立 立指路牌 推定村长举行谈话会 其他关于村政事项	实行垦荒植桑 指导育蚕 发散改良种苗 举行农事演讲 设立烘茧灶 防治病虫害 筹设农场 提倡造林 试用改良农具	与乡师乡小合作进行 设立民众学校 设立民众阅书报社 举行识字运动 订立村民信条 教授村民 举行通俗演讲 设立公共体育场 举行消寒会及纳凉会	测量本区干路 测量水准 调查水塘	整顿并扩充原有保卫团 举行清洁运动 布种牛痘 施送医药 劝戒烟赌
第一年度 十九年七月起 二十年六月止	继续举行农家调查 清丈田亩 定期举行村长谈话会 举行村民大会 编农民行事历 其他关于村政事项	农场成立 继续垦荒植桑 继续发散改良种田 继续举行农事演讲 设立育蚕指导所 继续防治病虫害 举行农品展览会 推行改良农具 试验养鸡 继续造林	继续上年度事业 分设民众学校 扩充小学学级学额 组织青年竞进团 教授国技 立信条牌 设立民众茶园	兴筑本区干路 修筑本区支路及重要桥梁 建立作息钟 筹建本区区公所房屋 改进交通用器 整顿旧塘并加开新塘 开沟筑坝	继续上年度事业 积极训练保卫团 清除道路 改良厕所 筹设公共医院 设立民众浴室 举行婴儿比赛会

第五章　事业概况　409

续表

事业＼年度	村政类	农矿类	教育类	建设类	保安类
第二年度 二十年七月起 二十一年六月止	继续举行农家调查 重编村民籍造田亩册 消费合作社成立 定期举行村长及村民会 编农民行事历 其他关于村政事项	继续上年度事业 举行悬赏劝农 试养改良猪种 筹设农品陈列所 试验养鱼 设立苗圃	继续上年度事业 组织旅行团 设立民众娱乐园 设立格言牌 分设小学校	本区干路铺石子 区公所房屋落成 试凿自流井 继续开沟筑坝 继续修筑本区支路及次要桥梁	继续上年度事业 公共医院成立 筹办消防队 设立托儿所 一部分保卫团员退伍另招新员补充
第三年度 二十一年七月起 二十二年六月止	继续举行农家调查 生产合作社成立 定期举行村长及村民会 编农民行事历 筹募公共基金 其他关于村政事项	继续上年度事业 推行养鸡 试验养蜂 实行采石烧灰 农品陈列所成立 筹设测候所及公共仓库 推行养鱼	继续上年度事业 分设阅报牌 组织登山竞胜团 筹设公园 试办模范家庭	支路铺石子 推广自流井	继续上年度事业 消防队成立 筹设公墓 改良产婆
第四年度 二十二年七月起 二十三年六月止	继续举行农家调查 重编村民籍及田亩册 举行假设的村长区长选举 举行村长及村民会 编农民行事历 继续筹募基金 运销合作社成立 其他关于村政事项	继续上年度事业 测候所及公共仓库成立 推行改良猪种 试验养羊 提倡农产制造	继续上年度事业 指导升学及就业 公园成立 推行模范家庭	继续上年度事业 筹设公共礼堂	继续上年度事业 公墓成立 试办巡回医诊所

续表

事业\年度	村政类	农矿类	教育类	建设类	保安类
第五年度二十三年七月起二十四年六月止	继续举行农家调查 举办慈善事业 按照规定正式举行本区各项行政人员普及选举 其他关于村政事项	继续上年度事业 推行养蜂 推行养羊 其他关于农矿事项	继续上年度事业 设立图书馆 其他关于教育事项	继续上年度事业 公共礼堂成立 其他关于建设事项	继续上年度事业 推行巡回医诊所 其他关于保安事项
附注	本表所列分年进行事项得以事实的要求随时变通增损但非不得已总以依期办了为原则如有余力亦得提前办理					

第七目　事业概况

黄墟试验区事业之进行，以十八年至十九年六月底止，为试办时期，全副力量多用于筹备方面，自十九年七月一日起，以后每年度为一期，至二十二年六月底止共有三期，第一期注意农村秩序之安定，第二期注重农民生计之充实，第三期注重农民新心理之启发。总其成绩，可分经济，文化，政治三方面述之：

（1）经济方面

A. 栽树：由办事员指导村民自行栽植，先后发出苗木一百七十七万八千四百七十九株。

B. 栽桑：除旧有少数桑园外，新栽桑树共计四万九千七百二十三株，一律用新法剪枝。

C. 引种金针：曾代办根苗十万五千株，转发各村栽于桑下路傍田头宅畔诸隙地。

D. 引种薄荷：从太仓采办根苗七十四担，分发各村栽植，虽荒岗薄土，生育亦颇繁茂。

E. 引种除虫菊：在该区内自行育苗，分发各村栽植，全区共栽三十九万七千五百株。

F. 开塘：新开六个，浚旧三十二个，扩充灌溉面积五百七十五亩。

G. 筑坝：新筑五道，复修九道，扩充灌溉面积五百七十五亩。

H. 造闸：利用修造桥梁时机，增筹经费，添建水闸，交通农事，均较方便。

I. 养蚕：为该区内主要副业，指导饲育颇有成绩。茧价收入较前增多，一万六千九百八十一元。而第四年之春蚕收入尚未列入。

J. 养猪：由办事处饲养优良种猪，借贷农户与本地牝猪杂交。

K. 养鸡：一面取缔本地雄鸡，另借优良种鸡，使本地鸡种逐渐改良；一面借贷优良种蛋，使村民自行孵育。

L. 养鱼：除不便管理，或水量不足之水塘外，其余已一律养鱼。

M. 信用合作：已办一所，兼营生产运销等事。

N. 特别贷款：贷款用途，以贫农自购田地及习艺创业为范围。

O. 特约田园：先后办有特约桑园，特约麦田，特约棉田，各若干处。以改良种植方法推广优良种苗为目的。

P. 农事展览：已举行，对于农事之推广与改进甚觉有助。

Q. 推行新农具：各种新式打水机，播种器，中耕器，脱粒器，袭谷机等，均在试用推行中。

R. 防治病虫害：采取其他农校农场已经试用有效之方法，介绍村民指导施用。

S. 合作农家：指导作农事家政之改良。

T. 小麦育种：系与金陵大学合作举行，三年后可决定适宜推广之品种。

U. 中心农场：面积一百余亩，一切规划，悉就环境需要设置，以生产营利为主，表证示范为辅。

(2) 文化方面

A. 壁报：内容多关近处事实，与感化人心，激励地方自治之材料。

B. 醒世标语：用铅皮制成，分钉各冲衢要道，内容指导村民做人之道。

C. 民众学校：每年冬季开办一期，上课前全体合诵信条一遍，各人报告所行善事一件，接续有教师作五分钟演讲，材料侧重精神训练，演说毕分班教学。此外每周举行校友会一次借以训练自治能力。

D. 农童学校：校舍校具因陋就简，一方面代替小学私塾之不足，一方面兼做社会活动之中心。

E. 简易小学校：与乡村师范合办，由乡师学生任教学。

F. 家庭教学处：以成年妇女就学较多，分区设置教学处，逐日派员教学。

G. 青年读书会：以养成青年自修习惯，增进必要知识为目的，选材注重社会科学应用技术及文学。

H. 运动场：由地方筹款建设，供村民业余运动。

I. 国术团：每日清晨，聚集青年，分班训练，武器有相当设备。

J. 军事训练队：与青年励志团训练科合办，训练期满，可免除保卫团之训练。

K. 同乐会：冬季有消寒会，夏季有纳凉会，日常有球类丝竹类之游艺。

L. 参观会：已举行者如村际参观团，蚕桑参观团战地参观团等。

M. 小公园：就办事部隔壁废地辟置而成，供村民游息之用。

N. 阅书报社：购备浅近书报，供村民阅览，俾知世界潮流，增加日常知识。

O. 巡回演说：由办事处职员联合青年励志团团员共同组织，分区轮流举行，遇有临时集会，亦前往参观。

P. 教育展览：与省立民众教育馆合办，已举行者有航空救国展览农家副业展览等。

（3）政治方面

A. 村代表会：此为代表全区村民意思之机关，由各村推出代表一人至五人组织之。

B. 各种委员会：每兴办一事，均有一种委员会之组织，期望由小组织到大组织，各事无形自治。

C. 青年励志团：集合区内青年组织而成，以共谋德智体群四育之发展养成忠勤服务社会国家之健全国民为目的。

D. 旅外协进社：指导旅外村民自行组织。以共谋旅外同乡之公益，协助农村事业之改进为宗旨，沪社业已成立，京苏各埠在筹备中。

E. 农事禁约：以保护农产为目的，禁约条文经各村代表议定后，由办事处函请省县备案。

F. 村民信条：依据改进目标察酌地方风俗民情编制而成。

G. 保卫团暂分义务雇用两种：义务团士逐年扩充；雇用团士，逐年减少。

H. 十家更：冬防期中，各村一律组织，与军警互为声应。

I. 连环保：五家互相具结连保。此外平素对于不良分子，严密稽查其行动。

J. 施送医药：每年送诊时期规定两月，从立秋开始至寒露截止，医士纯尽义务，药资一概免收。

K. 筑路：已筑干路一条长八·五五里，各村支路，逐年由各村按户派工修补之。

L. 农家调查：已举行两次，内容详尽，准确可靠。

M. 测绘区图：全区南北长七·四里，东西宽七·里，总面积五三方里，黄墟为附近居民各种共同生活事业之中心。

第三节　善人桥农村改进区

第一目　区域

善人桥属于江苏吴县，距苏州城三十六里。二十年划为改进区，将木渎第二区所属之焦山岭，及唐港蒋港等乡，光福第三区所属之北山湾观桥篁村，三乡划入，计二镇，十一乡，东西约二十二里，南北约二十里，全面积为四百四十方里。全区南北多山，东西一带为平原，风景甚好，气候温和。据二十年五月调查户口，计男子有七千四百八十四人，女子七千八十五人，地势多倾斜，易受旱灾，农作物以稻麦为主，油菜蚕豆为副。农民多数为自耕农，客农多于本地农。

第二目　组织

中华职教社于民国二十年二月在苏州开第七届专家会议时，决定设立善人桥农村改进区，即于三月联合县当局及本区热心人士，组织善人桥农村改进会委员会，并聘请专家设计，进行一切事宜；后为办事便利，又设六分会。兹将该会组织系统附后：

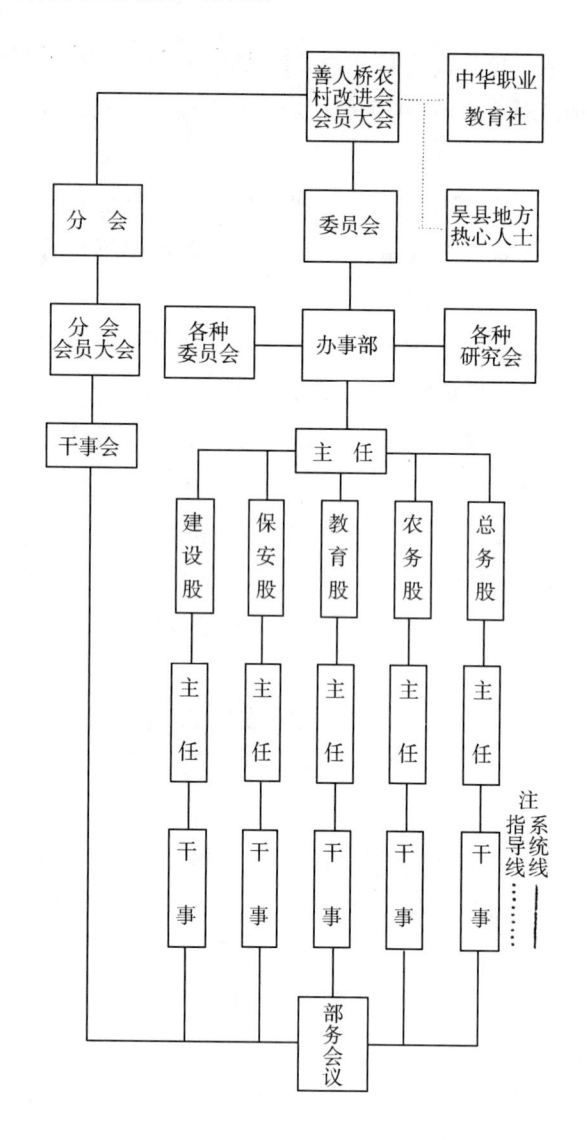

```
                    ┌─────────────┐ ┌─────────┐
                    │善人桥农村改 │ │中华职业 │
                    │进会会员大会 │⋯│教 育 社 │
                    └──────┬──────┘ └─────────┘
        ┌──────┐           │        ┌─────────┐
        │分  会│    ┌──────┴──┐    │吴县地方 │
        └──┬───┘    │委 员 会 │⋯⋯│热心人士 │
           │        └────┬────┘    └─────────┘
    ┌──────┴──┐          │
    │分  会   │  ┌───────┼────────┐
    │会员大会 │  │各种   │办事部  │各种
    └──┬──────┘  │委员会 │        │研究会
       │         └───────┴────────┘
    ┌──┴──┐              │
    │干事会│          ┌──┴──┐
    └──┬──┘           │主 任│
       │              └──┬──┘
       │     ┌────┬────┬─┴──┬────┬────┐
       │     │建设│保安│教育│农务│总务│
       │     │股  │股  │股  │股  │股  │
       │     └─┬──┴─┬──┴─┬──┴─┬──┴─┬──┘
       │       │    │    │    │    │
       │      主任 主任 主任 主任 主任
       │       │    │    │    │    │     注 指系
       │      干事 干事 干事 干事 干事   导统
       │       │    │    │    │    │     线线
       │       └────┴──┬─┴────┴────┘     ⋯⋯
       │           ┌───┴───┐             ───
       └───────────│部务会议│
                   └───────┘
```

第三目　经费

　　善人桥农村改进会成立之先，即向江苏建设厅请求开办费一万元，嗣经核准二千元，不足之数，由该会挪垫，后因建设厅易人，又续拨经费三千元，二十一年二月结算，亏累甚巨；该会续向省府各厅请拨经费，经允于吴县建设经费项下，自二十一年度起，年拨五千元为经常费。兹将二十，二十一两年度经费支出数目列后：

年度		支出银数	备注
二十年度	上	五·七五一元·〇〇〇	连开办费在内
	下	二·八六九元·七八二	
二十一年度	上	一·八七四元·九〇四	
	下		

第四目 事业概况

善人桥改进区工作，根据改进会章程第二三两条，系以助成区内改进农民生活促成乡村自治为目的，预定以十年为完成期限。兹将事业概况分述于后：

（一）村政

A. 农家有喜庆或特殊事项，或职员公余之暇，实行农家访问。

B. 设立人事调解委员会，调解乡村纠纷事件。

C. 成立借贷所，计至二十二年五月止，共借出银四千四百五十八元四角八分。其备款种类，有戽水，养蚕，肥料，赎田，饲猪，租田，还债，婚丧，购置等项。自二十二年六七月以后，各区分别组织合作社。

D. 组织农友参观团，于农闲之际，赴农蚕业各机关参观，曾举行数次，参加农友均多。

E. 救济贫民，每于冬季，募捐财物，实施救济。

F. 举行各机关联席会议，为谋该区各机关行政便利及自治事业进展计，由改进会办事部，区公所，公安分局，保卫团，及农教馆五机关发起，举行各机关联席会议。

G. 设立报时及报警钟，为全区工作及警备之讯号。

（二）教育

A. 学校之设立：据二十一年底统计，全区初小有五处，实验学校有两处。学生共有四百二十余名。实验学校较完备，内分托儿部，儿童部，成人部，妇女部，社会服务部。各校常联合举行各种集机会，如娱乐运动等会。

B. 社会教育之推广：至二十一年底，全区有农民教育馆一所，民众夜校五所，其他民众茶园壁报，代笔处，书报处，询问处，展览室，娱乐室，通俗讲演所，共有数十处，识字运动，亦曾举行数次。

C. 私塾之改良，该区为谋私塾之改良，特组织私塾教师谈话会，第一步先改良教科书，第二步改良设备，以及训管各方面，渐次及于其他各方面。据二十二年统计，全区共有私塾十处，学生有一百三四十名。

（三）农事

A. 农场：场地约十余亩，内分试验，苗圃，示范三区。试验区试验农作物各种最优之种子，种苗，推行农村。苗圃区场地较小，过去所育成之苗，以林苗为多，其次为蔬菜苗。示范区主要目的为栽培农作物，使农家有所仿效。同时亦藉以补助场内经济之不足。

B. 介绍优良种子：该区为谋种子纯粹，增加生产起见，于二十一年春，即着手介绍优良种子。过去所介绍者多为稻麦，稻有十四五种，麦亦有四五种。

C. 养鸡：二十二年春，即养有来格亨种鸡多只，现已逐渐推广。

D. 合作社：善人桥农业生产合作社，正式成立于二十一年九月，经营之业务有合作秧田，豆饼购买，农具运销，糙米收藏数种。

E. 推行新农具：于二十一年夏着手推行，其最有效力者，为戽水机，打稻机两种。现在该区农民购用三匹戽水机与打稻机者均感便利。

F. 造林：该区过去曾举行造林运动数次，所造之林，以白杨，三角枫，法国梧桐，杨树四种为多。

G. 农产展览：曾于二十一年十二月举行农产展览一次，其展览品种有作物类，园艺类，蚕桑类。参加人有各机关代表，及各村农友共六百三十余名。

H. 灌溉：二十一年夏，天气亢旱，各处干死禾苗不少；该区改进会徇农民之请求，向苏州农具制造所借四匹及十六匹戽水机各一架，又由上海新农具推行所购买三匹戽水机一架，经三十日之灌溉，结果救活田一千九百余亩。

I. 特约农田：该区所办之特约农田，以推广优良品种，指导耕种管理，协助调制贩卖三种为目标；凡在区内农民，有农田五分以上，区划整齐而土质肥瘠适宜者，均可加入。二十一年仅有农田五十八亩，翌年即增至四百八十余亩。

J. 蚕桑指导：于二十二年与农民教育馆及苏州农校合办蚕桑指导所，

分宝林双堰两区进行,实行共同育蚕,共同催青,指导农民如何消毒,催青及饲育等方法。并常于五六月间,举行蚕茧展览比赛会。

(4) 建设

A. 关于桥梁者,修建庙桥,张氏官桥,邱渎桥,青史桥,仰瞻桥,崇万真桥等。

B. 关于堰闸者,修理圆塘池之沙堰,荷花池之上下堰,及其水闸。

C. 国于河滨者疏浚牛王滨,西滨,钱家滨,及石码头市河等。

D. 关于道路者,修筑小王山路,官山路,焦山路,小河上街路,庙前路,及宁邦路等。并于各新辟路上,设置石橙及路牌,以便行人休憩,识别,其他于公墓方面,亦于该区西北楂山麓建筑有五十余亩之公葬场所。

(五) 保安

A. 举行卫生运动,分区宣传个人卫生,公共卫生,家庭卫生等要义,及时疫传染病等预防方法。展览生理模型及卫生图表,督促实行街道清洁。

B. 设立简易药库,购备急常需用药品。医治疟疾、癞痢,疮疖,跌伤等病疾。

C. 全国共设九运动场,备置各种运动器具,由各该场附近小学提倡民众运动。

D. 每于春季,派员赴各乡布种牛痘。

E. 由私人捐助戒烟丸药,组织自愿戒烟团,分双堰塘湾两区劝导戒烟。

F. 将原有保卫团之顾用团丁裁撤,重新在各区训练义务团士(期限三月)。斟酌县保安会之规定,组织区团部与甲团部。与公安分局联合维持地方治安及缉匪等事。

第四节 顾高庄农村改进区

第一目 区域

顾高庄属江苏泰县第六区,全改进区成一长方形,约二十五方里,共七百三十户,男有一千七百七十六人,女有一千七百三十二人,区内地势较高，沙质土壤居多，水旱过度，不适于农作物，物产以麦豆为主，花生，稻，粟，稷，黍为副，副业以养猪为大宗，其次为鸡鹅鸭及蚕等。

第二目　改进机关之成立

民国二十年春，顾高庄领袖顾君义先生参观徐公桥改进区后，遂与泰县县长张维明先生商办顾高庄农村改进区，并于是年十月聘请蔡子民张仲仁韩柴石黄任之江问渔姚惠泉冷御秋瞿菊农等组织改进会委员会，公推张县长为主席，负设计责任，聘请俞应江先生主持改进区事。以姚惠泉先生负指导督促之责，委员会设总务，教育，农事，建设，保安等五股。该会仅有一职员常川住会，负会计辅导责任，其余以该区保卫团，公安局，小学校各机关集中一处办事。

第三目　经费

该区之事业办公薪给等经常费，预算为一千二百元，全由顾君义一人担负，临时费则由县长筹措。

第四目　事业概况

该区本富政教合一之主旨，以利用原有事业为目标，谋农村生活之改进。以天然之小庄堡为标准，划全区为五小区，分别进行。改进会及其他各机关，均设于顾高庄镇。

事业概况，可分五部分述之：

（1）事务方面

A. 调查全区户口及农民生计状况，制成各项统计。

B. 于职员公余或年节，或农婚丧事时，举行农家访问，调查各种情形。

C. 成立息讼会，调解地方纠纷。

D. 由区内律师二人，成立民众法律顾问处，为民众指示关于法律问题之路径与手续。

E. 会同区公所，举办人事登记。

F. 协助区公所，改选乡镇长。

G. 与区内各机关组织禁烟委员会，查禁烟毒。

H. 募捐财物，救济灾贫。

（2）农事方面

A. 开辟苗圃三处，分别栽植江苏林务局赠送之树苗十万株。

B. 由县长在东南匪灾赈余款下，拨洋二千元，办货款所一处，流通农村金融。

C. 举行植树运动，凡义冢隙地，均广为种植。

D. 筹集资本二百五十元，组织合作养鱼池十一处。

E. 与农家合作养鹅养鸡处。

F. 向农民如皋银行借现金二千元，组织信用合作社。

G. 向县府领赈麦二百石，同时由当地筹积数百石，作为积谷，赈济春秋灾荒。

H. 与改进会会员订立特约农田，试验山芋花生小麦等。

I. 选送棉种与旱稻种，交农友试种。

（3）教育方面

A. 整顿县立完全小学，增设农村简易小学，改良私塾。

B. 在学校与私塾内，附设民众夜校数处，（经费由教育局拨）。

C. 设立民众阅报室，壁报处，问字代笔处。每逢香会或纪念日，举行通俗演讲。

D. 组织青年服务团，训练青年，服务社会。

（4）建设方面

A. 改良市政，提倡整洁。

B. 责成乡镇长督率民众及青年服务团员，修补桥路。

C. 利用赈麦三万斤，召集农民，开浚官沟各段。

（5）保安方面

A. 训练正式保卫团丁三百六十名，（农民与青年服务团员），代替以前之保卫团。

B. 召集青年服务团员，组织消防队，添购新式消防器具，设警钟，防备火警盗匪。

C. 设立医诊所，派员会同泰县种痘传习所学生布种牛痘，训练产婆。广赠民众药品，救济时疫。

第五节　善庆农村小学校

第一目　缘起

善庆农村小学校校址在绍兴柯桥州山村，开办于民国七年，房屋全为西式，设备完善。当时所用之建筑费二万余元及以后之经常费，均为该村吴善庆先生捐助，民国十八年由其子性栽君委托中华职教社代办，至二十三年八月代办期满，仍交归地方。该校学级编制分幼稚级，一四合级，二三合级，五六合级四学级。教学和课程，与普通小学无异。训育方法，采用社会制裁方式，组织儿童乡政府，注重团体训练，除办学校儿童教育外，特别着重推行社会教育，大概情形于下目述之：

第二目　社会方教育概况

1. 民众教育方面

有民众治疗处，问字处，通俗书报室，临时讲演所，报时钟，农民互助会，及仓库等设备。

2. 农事教育方面

有国艺实习，标本采集，树苗栽植等活动。

3. 家庭教育方面

州山村共有六百余户，三千余人，其中百分之七十五以上业农。中华职教社为提高农民知识，改善其生活起见，指导善庆农民学校，先从改革家庭起，发起"好家庭"组织。该校对于"好家庭"，"不希望他们低小得像鸡埘般的房屋，能够造成高厅大厦，只求光线充足，空气流通；我们不希望他们肮脏的地面能够雇用童仆来扫除得点尘不染，只求他们能忙里偷闲，做些整洁的工作；我们不希望他们能够吃许多滋补的东西，延年益寿，只求他们能注意运动，请求卫生；我们不希望他们目不识丁的家人，讲出诗文礼仪的话，只求能把子女统统送上学校；我们不希望他们每年有整千整万的收入，只求能省吃俭用，采用合理合情的方法，增加生产；我们不希望他们独立创办某项慈善事业，叫人家歌功颂德，只求尽着互助协作的精神，做些利人利己的事情。总之我们要尽着可能范围，力求家庭的改善"。

"我们还想如果将来办有成效，各个'好家庭'可以联络一起就成一个良好的集团，一切社教事业，都可从这'好家庭'的集团出发。譬如要办一个合作社，就可在这'好家庭'的集团提倡，宣传，议决实施，一方面'好家庭'集团扩大，一方面力求事业的推行，达到'家无不好，事无不举'的目的"，其办法共有九条，兹录于后：

1. 本校为改进州山村家庭起见，特订好家庭办法，以资鼓励。
2. 凡在州山村各住户，均得加入为好家庭会员。
3. 志愿加入者，须向本校报告登记。
4. 加入好家庭之家庭，本校得随时派员指导或调查。
5. 加入好家庭之家长，本校随时召集谈话。
6. 好家庭之子女，在本校肄业者，得免收书籍费。
7. 本校分期订定各项好家庭标准，按期分发实施。
8. 每年比赛二次，成绩优良者，给予奖品，并授名模范家庭。（比赛办法另订之）
9. 本办法有未尽事宜，得随时修正之。

该校拟定上项办法之后，第一步即分往附近各农家访问，在谈话时顺便宣传"好家庭"之意义。经过多次宣传，遂有二十余家报名加入。第二步即就已加入之家庭，作家庭与家庭，家庭与学校间之联络，并切实指导作家庭之改革，特别注意，"整齐清洁"，"勤劳俭朴"，"孝顺和睦"，"好学求知"，"互相协作"，"日日求新"各点。如该村初次召集"好家庭"家长谈话会时，除由该校学生担任表演游艺——唱歌，跳舞，演新剧，（重建新巢）——外，并提出下列各问题：

1. 州山的粪坑，何以都设在门口和路旁，应如何设法迁移？
2. 州山妇女除做扇粘箔之外，有没有别的手工业可做？
3. 家庭消费，以何项为最重，如何设法减少？
4. 养蜂养鸡养猪可以补助家庭生产否？
5. 家庭不睦的原因，和如何造成家庭和乐空气？

现在该村入"好家庭"者甚多，全村具有一种新生活气象。

第六节　诸家桥农村试验学校

第一目　缘起

浙江余姚诸家桥夏杏芳先生，有鉴于村政之腐败，村人之无知，经济之落后，欲以教育方法，开启改进，遂于二十年春，负责筹资，商托中华职教社开办"诸家桥农村实验学校"。该社受委托后，即于九月派员筹备成立，并决定以学校为中心，实施义务民众补习等教育，期于教育之推行上，谋得该村之改进。

第二目　事业概况

（一）学校事业

1. 义务教育部，亦名日部；将全村学龄儿童六十五名，完全收入，适应社会需要，略变部颁课程标准，实施训练。

2. 民众教育部，亦名夜部，通称民众学校，其毕业期限一年，前后两期，前期为普通民校程度，后期乃高级民校，功课以易记实用为原则。办至二十二年，已有三期毕业。全村不识字之成人——四十以上者不计——一百四十二人中，已减少八十人。并因该村诸姓族长热心督促，入校学生中途退学者极少。

3. 女子教育部，亦名识字处。村中共设有两部，定于每日下午四时至六时，教授一般不识字之成年妇女，以达到能记账，看信写信为目的，其余加教各种手工。办理至二十二年六月止，共有两班学生，计三十六名，其中以青年女子为多。第一班已出校，均能写账看信记事等。据统计全村不识字妇女，共有一百八十一名——四十以上者不计。该校希望于五年之内，将识字妇女增加至全数百分之六十以上。

（二）社会事业

该校除办义务，民众，妇女三种教育外，并努力各种社会事业，如设立代书处，赠药处，娱乐处，阅书处，运动场——组织合作社。提倡畜养，劝戒赌博，鼓励植藕，召开村民大会，试办特约农田等。

第七节　中华新农具推行所

中华职教社鉴于我国农业因生产工具不进步，以致收获减少；同时该社附属之中华职业学校，又设有机械工科，以养成专长人才，机器工厂以制造各种农具，遂于十八年十月聘请专家，设立中华新农具推行所。

该所设立之任务，一面代各制造厂推行试验确有成效之新农具，一面代农民购办，并予以经济上，转运上，装配上，使用上，修理上种种便利，以期达到：

1. 使农家得以机械代人工，减轻费用。

2. 使制造厂出品销数激增，机械工业，因之发展。

3. 使机械工科学生，于农用机械之制造，修理，指导使用上，获不少之服务机会。

4. 间接即以发展农工业者，谋农工教育之进展，以固国家之根本组织之目的。其工作可分为宣传，推行，调查，统计，报告五种。兹将该所出品种类附后：

1. 发动机类

三匹马力	发动机（用沙拉油）	每部三百十五元
四匹马力	发动机（用沙拉油）	每部四百元
六匹马力	发动机（用沙拉油）	每部五百二十元
九匹马力	发动机（用沙拉油）	每部七百元
九匹马力	发动机（用柴油）	每部九百元
十二匹马力	发动机（用柴油）	每部一千零六十元
十八匹马力	发动机（用柴油）	每部一千六百元
二十四匹马力	发动机（用柴油）	每部二千元
三十六匹马力	发动机（用柴油）	每部三千元

2. 汲水机类

四吋汲水机	三匹	每部一百四十元
五吋汲水机	三匹　四匹	每部一百八十元
六吋汲水机	六匹	每部二百二十元
八吋汲水机	九匹	每部二百八十元
十吋汲水机	十二匹	每部三百五十元

3. 杂类

大号碾米机	一百二十五元
甲种六号碾米机	一百十二元
乙种六号碾米机	八十五元
三号碾米机	七十五元
砻谷机	三百五十元
二十六吋轧棉机	五十元

弹棉机	八十五元
打稻机	二十六元
播种机	四元
剥玉蜀黍机	十二元
磨碎机	二十五元
八戒耙	一元八角

该所推行新农具所达到之区域，二十二年六月止，已至十一省——江苏，浙江，安徽，福建，四川，湖南，河南，广西，湖北，辽宁，江西，数年推行之价值，共达十七万元之谱，以发动机，汲水机，打稻机，碾米机，砻谷机，弹棉机等为最多，自二十年大火灾，继以九一八及一二八之役，农村经济衰落不堪，农民购买力薄弱，于是推行数量，难有起色，如二十二年六个月之推行价值，尚未及二万元也。

第八节　上海漕河泾农学团

第一目　缘起

中华职教社诸先生认为挽救农村破产，固为救国之要图，但必须先从训练人才着手，遂本平日实地工作之经验，集中精力，就上海漕河泾地方创设"农村服务专修科"一所，于二十二年十月间，考取高中程度以上之学友三十四人，开始训练工作。同时有上海鸿英教育基金董事会，拟开办鸿英乡村小学师资训练所，乃亦委托该社代办：商定招收有教育经验之师范生十五名，加入共同训练。该社遂将前后两种，混合组织为漕河泾农学团。

二十三年九月师资训练所团友结业，出办鸿英小学，专修科团友亦出团分途担任农村改进工作，于是该团内部训练工作，暂告一段落，仍将团本部办事处设漕河泾以王印佛先生为主任干事，留三团友助之，其工作为视察各方，考察成绩，调查工作人员，解决工作困难问题，召集会议，从事研究和编辑等事项。

第二目　组织

漕河泾农学团组织，依其团友前后生活情形之不同，可分为两期：

（1）集中生活时期之组织，在生活上则力求平等，在职位上则严分等级，实行军队化，纪律化，故该团形式上成为一种梯形之组织，其系统如下：

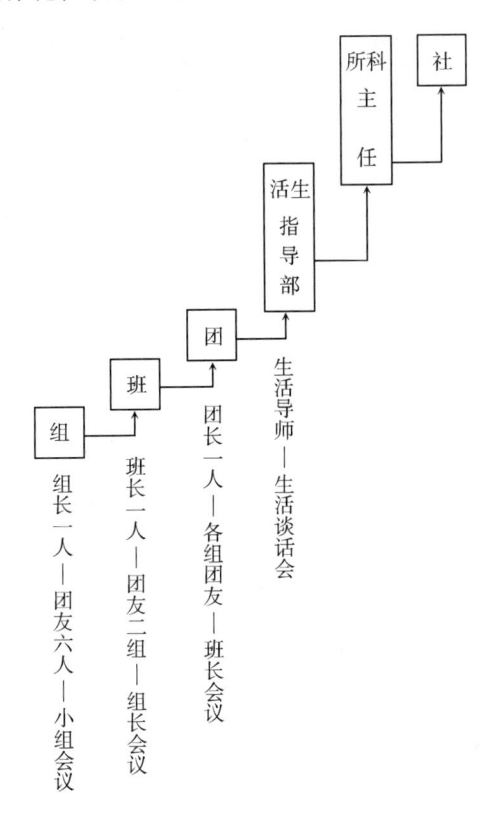

```
                                            所科主任 → 社
                                   生活指导部
                              团    生活导师—生活谈话会
                         班    团长一人—各组团友—班长会议
                    组    班长一人—团友二组—组长会议
                         组长一人—团友六人—小组会议
```

（2）分工生活时期之组织，根据分工合作之原则，实行"做学教合一"，故又变为较复杂之组织，其系统如下：

第三目　教育目标

该团根据中华职教社一贯之主张——富教政合一，改进农民整个生活，达到真正自治，规定教育之目标为："自养养人，自治治群，自卫卫国"。并规定该团全体师友，凡做者做此，凡学者学此，凡教者教此。以"教"根据于"学"，"学"根据于"做"，"做"为"学"之始，"教"为"学"之成为方法。

第四目　两种办法

该团所主张改进农村之中心办法，分为复式与单式两种：

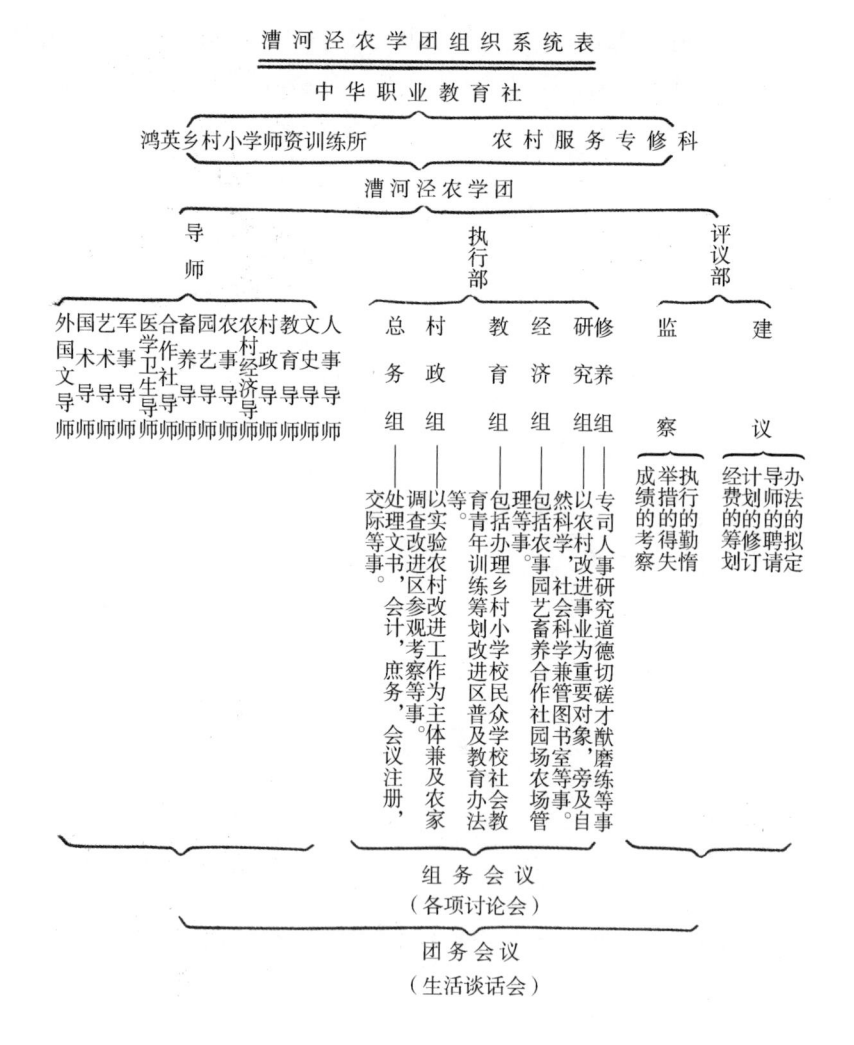

漕河泾农学团组织系统表

```
                   中 华 职 业 教 育 社
       ┌──────────────────┴──────────────────┐
     鸿英乡村小学师资训练所              农村服务专修科
       └──────────────────┬──────────────────┘
                     漕河泾农学团
       ┌──────────────────┼──────────────────┐
      导                 执                 评
      师                 行                 议
                         部                 部
```

导师	执行部	评议部
外国文导师 艺术导师 军事导师 医药卫生导师 合作社导师 园艺导师 农村经济导师 农事导师 教育导师 文史导师 人事导师	总务组：交际等事，处理文书‚调查‘区会计庶务‘，以改进农村参观考察等为主体兼及会议注册 村政组：包括青年训练‚筹划改进区乡村小学校民众学校社会教育办法 教育组：包理等办事务，然包括农事改进农园艺畜养合作社图书室农场旁及自磨练等事 经济组：以专科人司事研究道德切磋对象农村社会事业为重要管事 研究养组：包括科学研究‚农园艺畜养‚合作社图书室农场等事	监察：成绩的考察，举措的得失，执行的勤惰 建议：经费的筹划，计划的修订，导师的聘请，办法的拟定

```
              ┌────────────┴────────────┐
              │       组 务 会 议        │
              │      （各项讨论会）      │
              └────────────┬────────────┘
              ┌────────────┴────────────┐
              │       团 务 会 议        │
              │      （生活谈话会）      │
              └─────────────────────────┘
```

1. 复式者

系以农村改进会为工作枢纽。其进行步骤，先联合地方人物，调查地方概况，划定区域，筹定经费，然后组织机关，订立分期工作计划。所有工作，包括教育，农事，建设，卫生，保安，组织等，改进农村整个生活应有之事项。此种包括较复杂之改进机关，大都带有试验性质，用人费钱较多。其性能注重切实训练民众，使之逐渐加入改进机关，以后希望能将所有倡办事业，归还农民自办。

2. 单式者

系以农乡小学为推进工作之中心，采用已成方法，依循已就轨道，推进一切事业，故用人费钱均少。此项单式组织，亦颇注意与其他学术团体机关联络。

以上两种组织，复式者每每是改进会总会之所在，单式者多为分会之组织，如合作社之总社与分社然。

第五目　团友生活三阶段

该团团友生活——亦即是课程，分为集中生活，分工生活，实习生活三种：

（一）集中生活

自二十二年十月十日开工起，至二十三年二月止，头三周经过生活调溶训练之后，其余时间，完全正式授课。课程种类，分为教育，卫生，农事，经济，村政及组织，精神陶冶，农事操作，军事训练，事务练习九种。惟教学时，特别偏重后四种，是为集中生活。

（二）分工生活

自集团生活满期时起，至二十三年八月以前，将鸿英乡村小学师资训练所全部团友分往沪闵路一带试办单式组织之——小学中心——农村改进事业，农村服务专修科，一部团友往沪郊赵家塘吴家巷等处试办复式组织之——改进区——农村改进事业，另一部分团友分担该团本部农场园场及研究工作，小学与改进区之团友称为前方工作者。前后方团友，每星期集中团本部两次，讲解学术，讨论问题，是为分工生活。

（三）实习生活

在分工生活期满之后，入团时间，恰为一年；于是师训所团友举行结业，正式分派办鸿英乡村小学，专修科团友亦于九月选择十个区域，分别担任农村改进工作，此从事实际之"做""学"，是为实习生活。

所谓实习生活，又分为学业实习时期，与职业实习时期两种，前者自二十三年九月一日起至二十四年一月底止，为期五月，将各团友分配在该团各组工作，后者自二十四年二月一日起至六月底止，亦为期五月，将各团友由该团介绍出路或自行图谋，一面自力活动，一面受该团指导，赴各处农村实际工作，学业实习期内，专修科团友所参加之十个区域，为复式组织与特殊研究之两种农村改进机关。前者如沪郊农村改进区之赵家塘，金家塘，吴家巷，三办事处，与高桥改进会，湘湖改进区，黄渡农教馆，三林农教馆等处，后者如沪西园场，劳获畜养场，与该团团本部办事处等地。

至于师训所团友所参加者，全为单式组织之农村改进机关；如所办之鸿英小学本校三所与分校四所。至各处事业概况俟后分述，此处不赘及，兹将该团第三期工作旨趣及计划大纲附后：

漕河泾农学团第三期工作旨趣及计划大纲（二三，八，二九）。
"一、敬告团友：

甲、今后注意实际工作，应时时念及本团对于民族前途所负使命之大，与本人责任之重。

乙、且做且学，刻苦耐劳，能自治，能自动，不必师友之督促，而能向前迈步，斯为适应现社会之真正人才。

丙、资格即使可以混得，将来服务社会，必受自然淘汰，社会所需要者决不是好为高论，敷衍塞责，得过且过，毫无理智之人。

丁、要想在农村工作之中解决自己生活问题，先要问自己之能力，是否可以为农村解决问题，今日对本团工作，无兴趣者，将来对人对己，必无利益可言，早日退出，尚不失为见机之士。

二、修学工作期限

甲、学业实习时期——自二十三年九月一日起，二十四年一月三十一日止，计五个月，各团友分配在本团各组工作，是为第三期。

乙、职业实习时期——自二十四年二月一日起，六月三十日止，计五个月，各团友由本团介绍出路，或自谋出路，一面作自力之活动，一面受本团之指导，赴各处农村实际工作，是为第四期。

三、生活分配：

甲、分组工作：

子、本团办事处	计三人
丑、沪西园场	计三人
寅、劳获农场	计二人
卯、吴家巷	计五人
辰、金家塘	计二人
巳、赵家塘	计四人
午、黄渡	计二人

未、高桥　　　　　　　　　　计四人

申、荻山　　　　　　　　　　计二人

酉、鸿英小学共七校　　　　　计十五人

1. 前项分组与膳食津贴之支配，以团友之正额为次序，由本团执行部商承评议部，拟订公布执行。

2. 分组工作，每两个半月交替一次如本团认为必要时，得随时通知交替，或到两个半月交替时，仍行继续。

3. 每组由本团指定一人，或由本组团友互推一人为组代表，主持本组事务，每组每星期开小组会议一次，凡议决案及该机关领袖与本团之命令，由组代表负责执行，本组团友须绝对服从。

乙、集中讨究

子、第一次——学业实习期开始之三日，（九月一日至三日）注意准备进行的讨究。

丑、第二次——学业实习期中途交替后之三日，（十一月十五日至十七日）注重实际困难问题的讨究。

寅、第三次——学业实习期完了后之三日，（二月一日至三日）注重整个工作得失的讨究。

1. 集中地点在本团后方办事处，各团友均须先一日报到。

2. 讨究时先由各团友发表意见，次由导师加以决定。

3. 讨究时各团友事前须作问题之准备，事后须作经过之记录，由研究组主任干事汇集，交总干事查核。

卯、除上列后方集中外，每两星期就前方工作地点，轮流集中，讨究各一次

四、成绩考查

甲、第二期成绩考查

子、各团友第二期工作，由总干事会同各导师评定优劣后报请评议部转本社备案。

丑、成绩之高下，视各团友是否日记不断，思想正确，文字通畅，笔记详而扼要，工作努力，行为整饬等评定之。

乙、第三期内成绩考查

子、每团友备日记笔记各二本每星期由组代表收集。代表呈交总干事

及主任导师评阅。(日记交总干事，笔记交主任导师)。

丑、实际工作成绩，由本团视导员，随时前往视察，报告于总干事。

寅、团友实际工作之成绩，应由视导员随时，根据实际效果，搜集为重要参考材料，以资评定。

五、团友升降：

甲、团友仍分正额附额二种，凡正额成绩不良者，降为附额，附额成绩优异者，升为正额。

乙、学业实习期间团友之升降，以两个半月为一阶段。

丙、团友升降，本团评议部有最高决定权。

六、其他

甲、各团友实习心得，其有著为文字者得择尤登载于本团出版物。

乙、前项出版物，由本团提出经费十分之一充出版费。"

第六目　团友工作区事业概况

一、沪郊农村改进区

沪郊农村改进区总办事处设于上海沪闵路，全区范围跨上海市松江县上海县三行政区。面积约三百方里，人口约三万余名，为办事便利计，分设赵家塘，金家塘，吴家巷三办事处，兹将三处情形，分述如后：

A. 赵家塘办事处

赵家塘村居于上海县颛桥北二里计，办事处设于村内，改进区面积约二十余方里，居民有四百零八家，人口约一千七百九十八名，全区分为五小区，除赵家塘外，余为王家塘，何家塘，毛家湾，王家桥等区。

办事处于二十三年三月十二日开始筹备，六月底筹备终结，七月一日正式成立，定试验期限为三年。

"赵家塘改进会"为该区之总机关，以会员大会为主体。办事机关设委员会与办事部，办事部之下又分总务，教育，农事，建设，保安六股，除赵家塘总办事处外，其余四分区均设有分会，农学团共有五团友，参加各部工作。

该区经费，由中华职教社拨发。过去用去开办费三百五十元，经常费每月一百五十元，大概办公费占百分之三十五，事业费占百分之六十五。兹将全区事业概况分述如后：

一、教育方面

该区最初仅毛家湾分区有公立单级小学一所,容学生五十六名,社会教育,一无所有。自改进会成立之后,决定合学校教育民众教育为一体,以社会为整个教室,以民众为学生,期于三年之内,达到教育普及之目的。于是在赵家塘设立鸿英第二小学,在何家塘王家桥各设一分校,以区为其整个教育区,又在王家塘设立流动教育处,并帮助毛家湾原来公立之小学整顿一切。二十三年底全区有入学儿童二百三十五名,除原有在校学生及由他处转学者外,就学儿童已较从前增加二百零三名。至于社会教育,该区既不主张另办民众学校,故只在分区内设立一极简单之"民众教育场",其训练民众之方式,分场内活动与场外活动两种,场内者:注重公民陶冶,常识灌输,文字指导,于每晚集合;场外者:注重身体锻炼,公共卫生,社会服务。同年年底已设立三处,将来拟每学校区——即分区内设一民众教育场,据统计十四岁至三十岁之男女民众已入学者有八十四人,较以前增加七十九人;三十岁以上之男女民众,受过普通训练者有九十五人。全区尚有一教育会议之组织,所有区内一切教育问题,均由该会议讨论解决,故全区教育工作,极紧张统一。

二、民众组织方面

该区社会改进工作,颇知培养民众组织,除成立改进会会员大会——已有会员九十一人——为基础外,又依民众年龄性别不同,成为五种组织,分述如后:

第一,儿童,成立儿童作业团,指导其对于个人,家庭,社会。实习生活上之一切作业。

第二,青年男子,成立青年服务团,施以相当之教育与训练,以养成其能参加农村改进工作能力。

第三,青年妇女,成立妇女工艺训练所,从训练生产技术入手以期达到组织之目的。

第四,壮年老年之男子,成立居民家庭会议,期以沟通意见,化去其对于社会改进工作之阻力。

第五,壮年老年之妇女,成立家政研究会,指导其对于家庭之改革。

以上各种组织,均系先有事业,而后告以名义,因之减少许多阻力,其方法亦甚善也。

三、建设方面

该区经费较少，亦不愿因建设而增加地方负担，一切建设事业，均以利用民众所自有之力量为原则，如赵家塘村通达马路之新道，宽八尺，长数十余丈，即系商通民众，大家合力筑成者，并未另筹经费。又如该村傍之一美丽公园夏秋月明之夜，常有农友谈笑其间，亦系引动农民欣然合力筑成者，其他各桥梁等之建筑，大都如是。全区建设事业，皆由建设工程委员会设计推动建筑之。并设立作息钟，为作息之标准。

四、农事方面

该区对于作物改良，不愿随便推广他处无把握之种子，于调查地方情形之后，租定地亩，将各处收集较好之种子，先行试种。现尚在试种期间，候有相当成功时，再用展览方法推广。现办有小规模农民贷本处一所，（贷本一千元）办法似甚妥善灵活；生产合作社，亦正在筹备中，其他如养鱼，植树，种竹，推广家畜家禽，介绍新农具及防旱工作等等，均已分别计划进行。

五、保安方面

该区保安工作，先从卫生做起。赵家塘设有诊疗所，各分区亦设有简易药库，每逢春季举行普遍种痘，夏季举行扩大防疫，秋季举行大扫除，户口调查已举行一次，保甲均已成立，有守望所一处。其他如消防队，体育场，亦在筹设中。现在各村赌风，已自动减煞不少。

B. 金家塘办事处

金家塘在沪闵路东，距赵家塘五里，办事处成立于二十三年九月，办事部之下，有总务，教化，康乐等股。用教育为改进农业之中心，以邻近之张车村为基本试教地点——盖张车村为该区内较大之村落居户有九十余家，人口有五百多名；同时地点适中，又为最贫愚之村落也。

该办事处在张车村工作，先从联络农民感情做起，以设立简易医库治疗所，及提倡娱乐为入手事业。其他民众教育，农民夜校，均次第设办。为沟通感情与明了实况起见，曾举行农家访问与调查等，农学团团友参加工作者，共有四人。

C 吴家巷办事处

吴家巷在沪闵路西，距赵家塘十余里，办事处与金家塘同时成立，于办事部之下，设总务，农事，教育，建设，卫生等股，所划之区域，为上海市松江县交界处之姚家塘，杜家塘，朱库里及吴家巷四村，面积约十五方，人口共约一千左右，区内人民，多靠手工业为生活，其余之农民以种植菜蔬棉花为主要。

该区工作，以农村教育，农事改进为进行手段，以农村建设，民族复兴为目标，先从农家访问，农友谈话，教育经济调查，实际视察，地方领袖谈话等工作做起，以事业为改进农村之中心，其已进行之工作，如协助经营农场五十亩，办理民众学校，儿童，青年，妇女各部，创办国民教育团及一二三教育流动团，设立国民医库及治疗所，举行农村调查等等，农学团有五团友参与工作。

二、高桥农村改进会

高桥在黄浦江东岸，由地方热心人士举办农村事业。至二十三年底，改进会尚在筹备中，其办事处下分总务，农村教育，农村经济三部；漕河泾农学团有团友四人参加工作，已进行之工作，如乡民谈话会，地保茶话会，及全区教育界领袖讲演会之举行，地方概况之调查；民众教育处之设立，农村小学之整顿，民众宣传与组织工作之推行，工作进行计划之拟定等等。

三、黄渡坍石农民教育馆

黄渡坍石农民教育馆设于江苏青浦县坍石桥，主其事者为黄渡乡村师范及青浦县党部，青浦县教育局三机关，漕河泾农学团团友仅有二人参加工作。馆内分总务，教化，经济三股，该馆最近工作，为成立民众教育场，药库，俱乐部，推广优品种，及扩充信用合作社等。此外并注重农民组织，培养社会本身力量。

四、湘湖石岩生活改进区

湘湖石岩生活改进区，在浙江萧山县境内，主其事者为浙江省立乡村师范学校。漕河泾农学团团友参加工作者，仅二人，专负训练青年农友之责，兼及普通民众教育事项。该处环境尚佳，事业颇有进展希望。

五、三林农民教育馆

三林农民教育馆设于浦东三林塘，故有此名，为上海县教育局所办，漕河泾农学团团友仅有二人参加工作，该馆重要之事业，如办理合作社，特约农田，民众学校，民众茶园，青年服务团及保卫团等，并分基本试教区，与推广教育区，进行一切工作。

六、沪西园场

沪西园场位于上海漕河泾，创立于民国十八年，当时名曰上海园艺场；二十二年春由王志华秦翰才等先生接办，始改今名，资本一万元，按股召集，共有地七十亩。其设立宗旨，一方为农场经营农业，一方供都会人士游息之所，原定计划，拟办至相当程度后，即以农场为中心，设法增进农民财富，知识及自卫能力，以团体殖产始，而以农村建设终。漕河泾农学团成立后，即与该场合作；场中事务，赖该团团友经营，该团团友亦藉此为实习场，至二十三年九月，场务完全由该团主持；该场现有导师一人，团友三人，及工友九人，其重要工作，分为栽种花卉，蔬菜，果树，苗木，及园艺设计等。

七、劳获畜养场

劳获畜养场位于沪西漕河泾农学团傍，各曰"劳获"者，取其劳而后获之义也，有地十余亩，本为上海卫生局所有委托农学团代办，有干事一人主持，团友二人分任工作。该场之性质为试验与推广。其重要事业为试养外国种猪，及本国卵肉兼用鸡，就土法杂以科学方法改良之，此外并与其他团体合办社会教育等，但视为附带工作。

八、鸿英小学

鸿英小学分一二三区办理，第一三区本分校各一，第二区本校一，分校二，均成立于二十三年八月，经费全由上海鸿英教育基金董事会拨发，所有教师大都为漕河泾农学团鸿英小学师资训练所毕业之团友。校址皆在沪郊农村改进区内，其性系单式组织，以学校为农村改进事业之中心，兹将各校校址及其负责人员列表如下：

校区	校名	校址	校长	主事	导师	人数总计	备注
鸿英第一小学区	鸿英第一小学	金家塘	杜占云		潘炳泉 王观华 周斯泳	六人	
	鸿英一小分校	倪家桥		鲍文希	周本琳		
鸿英第二小学区	鸿英第二小学	赵家塘	蔡造时		沈新华	六人	
	鸿英一小一分校	王家桥		陈邦裁	范崇颜		
	鸿英二小二分校	何家塘		谈连伯	吴锦葆		
鸿英第三小学区	鸿英第三小学	张家塘	郁文焕		高步阶	三人	
	鸿英三小分校	王家塘		孙安吉			

第九节　昆山县自治实验区

徐公桥乡村改进区之改进事业，经中华职教社之积极进行，既有显著之成效，二十一年七月间昆山县地方人士乃请求扩大为地方自治实验区，后经徐公桥改进会与中华职教社会商结果，决定接受；并拟定计划，划原有昆山县之第三区为自治实验区，复经地方代表，呈请省县政府核准，于二十二年五月奉令，积极进行，期于三年之内完成地方自治，以达到农村之改进最终目的。兹将该区计划大纲及分年事业改进表抄后：

昆山县自治实验区进行计划大纲　二十二年三五月拟订核准

一、本实验区划昆山县第三区全区，呈请江苏民政厅核准设立，定名为昆山县自治实验区。

二、本实验区举办地方自治事业，悉遵国民政府颁布之地方自治法规办理。

三、本实验区受昆山县政府之指挥监督，并经徐公桥乡村改进会委员会之指导进行。

四、本实验区事业进行分年规定，以三年为期，完成地方自治；但遇特殊情形，得酌量延长时期（至多不得超过一年）

五、本实验区区长由本区公民选任；在民选未实行前，由县政府照章遴选合格人员，呈请民政厅核定。

六、区长民选时并选举区监察委员。

七、乡镇长闾邻长用民选制，选举乡镇长时并选举乡镇监察委员。

八、本实验区为谋事业之进展起见，每年召集区内各机关领袖及地方具有资望经验之人士与本区办理自治人员开区政讨论大会，研究全区兴革事宜。

九、本实验区每月举行区务会议，由区长乡镇长组织之；乡镇务会议由乡镇长闾长组织之；闾邻居民会议由闾邻长组织之，遇必要时得请本区内机关领袖及地方人士列席。

十、本实验区为增进实际效能起见，得聘请地方具有资望经验之人士组织评议会，评议区政工作效能，并贡献改进意见。

十一、本实验区为谋切实接近民众，并养成人人有自治能力起见，每年开区民大会一次,每半年开乡民镇民大会一次;如遇重要事,得召集临时会议。

十二、本实验区经费以地方原有自治费拨充,如遇特别需要时,得呈请昆山县政府转呈江苏省政府补助之;或另行募集。前项经区政讨论大会或区务会议之议决,呈请政府核夺。

十三、本实验区有给职办公人员,一律专职,常川驻会,绝对不许兼职,以专责成。

十四、本实验区分年事业进行表另行规定。

十五、本计划呈请昆山县政府转呈江苏民政厅核准备案。

昆山县自治实验区分年事业进行表

		第一年 二十二年 月起　月止	第二年 二十　年 月起　月止	第三年 二十　年 月起　月止
区政	一、组织区公所			
	二、区长宣誓就职			
	三、调查户口		三同上	三同上
	四、整理乡镇区域			
	五、整理闾邻编制			
	六、选举乡镇长及乡监察委员			
	七、乡镇公所成立			
	八、选举闾邻长			
	九、考查区内一切状况			
	十、训练乡镇长副			
	十一、立区境界标			
	十二、立乡镇境界标			
	十三、编订居民门牌			
	十四、召集区政讨论会	十四同上	十四同上
	十五、召集区务会议	十五同上	十五同上
	十六、召集乡镇务会议	十六同上	十六同上

续表

		第一年 二十二年 月起　月止	第二年 二十　年 月起　月止	第三年 二十　年 月起　月止
区政	十七、召集闾邻居民会议		十七同上	十七同上
	十八、组织评议会		十八召集评议会	十八同上
	十九、召集区民大会		十九同上	十九同上
	二十、召集乡镇民大会		二十同上	二十同上
	二一、订定各项章则		二一修订各项章则	二一同上
	二二、实行人事登记		二二同上	二二同上
	二三、组织区乡镇调解委员会		二三处理区乡镇调解事项	二三同上
	二四、区长分期巡察全区状况		二四同上	二四同上
	二五、整理全区公谷公差		二五同上	二五全区公谷公产整理清楚
				二六依法选举区长及区监察委员
建设	一、规定县道里道路线			
	二、规定街道丈尺			
	三、调查全区河道状况			
	四、调查全区桥梁状况			
	五、调查全区电政状况			
	六、改进市政			
	七、分期建筑县道里道			
	八、分期浚治河道			
	九、分期改善并修桥梁			
	十、分期建设菜场			
	十一、分期推广区内电话			
			十二指导居民改善房屋建筑	十二同上
				十三全区通行人力车

续表

	第一年 二十二年 月起　月止	第二年 二十　年 月起　月止	第三年 二十　年 月起　月止
教育	一、调查学龄儿童	一继续调查	一同上
	二、调查识字民众与不识字民众确数	二继续调查	二同上
	三、划定义教实验区励行普及教育	三继续积极进行	
	四、划定民教实验区推行民众教育	四继续积极进行	
	五、分期设立国民训练讲堂	五同上	五完全成立
	六、制定区乡镇公约		
	七、公民宣誓		
	八、分期推广小学及民众学校	八、继续推广	八同上
	九、设立民众教育馆		
	十、分期设立简易体育场	十同上	十完全成立
	十一、分期设立简易公园	十一同上	十一完全成立
	十二、设立图书馆		
	十三、改良茶馆	十三同上	十三完全成立
	十四、设立巡回文库		
	十五、分期设立民众茶园	十五同上	十五同上
	十六、组织青年服务团	十六切实训练	十六同上
	十七、组织俭德会		
	十八、成立古物保存所		
	十九、成立文献委员会		
	二十、制定区旗		
	二一、制定区歌		
		二二强迫学龄儿童入学	二二全区学龄儿童完全入学

续表

		第一年 二十二年 月起 月止	第二年 二十 年 月起 月止	第三年 二十 年 月起 月止
教育			二三设立公共娱乐场所	
			二四提倡盲哑及残废教育	二四开办学校或资助求学
			二五提倡职业教育	二五自办农业学校
				二六筹备奖学基金
				二七改进教师地位
				二八强迫失学民众识字
				二九组织教养院
				三〇举办妇孺救济所
农事	一、分区设立农事试验场	一继续推广	一各乡镇完全成立
	二、举办合作农业	二同上	二同上
	三、介绍优良种子	三同上	三同上
	四、介绍新农具	四同上	四同上
	五、改良肥料	五同上	五同上
	六、改良家畜	六同上	六同上
	七、防除害虫	七同上	七同上
	八、预防水灾旱灾	八同上	八同上
	九、提倡植树	九同上	九同上
	十、设立苗圃		
	十一、提倡各种副业	十一同上	十一同上
	十二、分区开办仓库	十二继续推广	十二各乡镇完全成立
	十三、分区组织合作社	十三继续推广	十三各乡镇完全成立
	十四、农产品展览	十四同上	十四同上

续表

	第一年 二十二年 月起 月止	第二年 二十 年 月起 月止	第三年 二十 年 月起 月止
农事	十五、家畜展览	十五同上	十五同上
		十六预防及治疗家畜疾病	十六同
		十七提倡储蓄	十七同上
		十八统一全区量斛	十八完全统一
			十九组织储蓄会
			二〇建筑堤岸
保	一、划定保卫区域		
	二、划定卫生区域		
	三、组织保卫团		
	四、组织消防队		
	五、联络区内警界举办联防	五同上	五同上
	六、励行卫生运动	六同上	六同上
	七、组织医院		七各乡镇设分诊所
	八、励行防疫	八同上	八同上
	九、严禁烟赌	九区内烟赌禁绝	
	十、建设公厕		
	十一、取缔露天厕所		
	十二、提倡公墓	十二设公墓	